Wartburg, 1210

Jean d'Aillon

Wartburg, 1210

Éditions de Noyelles,
avec l'autorisation des Éditions Plon

31, rue du Val de Marne, Paris

ISBN : 978-2-298-15821-2

Les principaux personnages

Adalbert, intendant du château de Falkenstein
Aignan le libraire, intendant de Guilhem d'Ussel
Alaric, chevalier, serviteur de Guilhem d'Ussel
Angelina, servante et dame de compagnie de Marguerite d'Antioche
Bartolomeo Ubaldi, chevalier
Blancheflor, fille du comte de Falkenstein
Constantin, frère de Marguerite d'Antioche
Eckhard, chef des chevaliers de Trifels
Engelhard, fils de Walram, *Hauptmann der Soldaten*[1] de Trifels
Estève, drapier, et sa fille Perrine
Laurent Fabre, charron, et son épouse Sancie
Fabrissa, aubergiste cathare, et sa fille Mabilla,
Flore, épouse d'Alaric
Fröhlich, Schlau et Mürrisch, nains travaillant dans une mine
Gottschalk, bailli impérial
Gregorio Orlando, écuyer de Guilhem d'Ussel
Gretel, fille de l'ancien intendant du *Kaiserpfalz* de Goslar
Frère Guérin, chancelier de Philippe Auguste
Guilhem d'Ussel, troubadour et chevalier

1. Capitaine des gardes.

Guillaume, fils d'Aignan
Philippe Hamelin, prévôt de Paris
Hermann Ier, landgrave[1] de Thuringe
Hermann, son fils aîné
Médard la Hure, ancien sergent d'armes de Mercadier
Jehan le Flamand, chevalier, serviteur de Guilhem d'Ussel
Ulrich Kolb, intendant du château de la Wartburg
Lamigotte, capitaine d'arbalétriers gascons
Marguerite d'Antioche, comtesse de Falkenstein
Peyre Thézan, neveu d'Alaric, écuyer
Raillard, ancien jongleur devenu marchand
Adolphe Shenk, chevalier du château de la Wartburg
Karl von Streit, chevalier du château de Scharfenberg
Thomas le cordonnier, serviteur de Guilhem d'Ussel
Waldemar, chasseur de loups
Wolfram d'Eschenbach, chevalier et *Minnesänger*[2]
Maître Walram, intendant du château de Trifels

1. Équivalent de comte, et souvent de prince; le terme vient de *Land*, « pays », et de *Graf*, « comte ».
2. Ménestrel.

Prologue

Début juillet 1209

Comme chaque matin, après s'être lavée au lait d'ânesse, la comtesse Marguerite d'Antioche se regardait dans le miroir d'argent afin de rechercher le moindre défaut dans son teint. Après un moment, n'ayant rien découvert, elle sourit et formula ces paroles devenues pour elle un rituel :

— Miroir, gentil miroir, dis-moi, dans le duché de Saxe, qui est la femme la plus belle ?

Comme chaque fois, sa dame de compagnie répondit en souriant :

— Vous êtes la plus belle du pays, *Gräfin*[1].

La servante présenta une chemise de soie à sa maîtresse. On était dimanche, et la dame d'Antioche voulait être resplendissante pour rencontrer le fils du landgrave de Thuringe.

1. Comtesse.

PREMIÈRE PARTIE

Blancheflor

1

Vendredi 24 juillet 1209

Sous un soleil écrasant, trois cavaliers en haubert recouvert d'un surcot sali par la poussière et la transpiration avançaient pesamment sur un sentier rocailleux qui serpentait entre des touffes de romarin, de ciste et de genévrier. Pas un brin d'air pour les rafraîchir et déjà une chaleur d'enfer, alors que la matinée commençait seulement. De grosses gouttes de sueur coulaient dans leur barbe. Les chevaux soufflaient et haletaient bruyamment.

Guilhem d'Ussel, Gregorio Orlando et Peyre Thézan avaient quitté le camp des croisés la veille en fin d'après-midi, après un ultime entretien avec Raymond de Toulouse, alors que les cendres de la ville martyre fumaient encore. Aucun ne voulait rester plus longtemps auprès de ceux qui avaient provoqué l'abominable massacre de Béziers.

*

Depuis des dizaines d'années, une hérésie se répandait dans le royaume de France : le catharisme[1]. Cette religion, dont les fidèles se nommaient « bons chrétiens, bons hommes ou tisserands », se disait chrétienne, mais assurait que le monde se partageait en deux principes : le bien, qui venait de l'Esprit saint et du vrai Dieu, le mal, dont l'origine se trouvait dans la matière créée par Satan. Les saints Évangiles révélaient les préceptes du bien : ne pas mentir, ne pas commettre de violence, ne pas jurer. L'Ancien Testament, au contraire, était, comme notre monde, œuvre de Lucifer.

L'Église cathare n'avait ni le faste, ni la hiérarchie, ni les monuments de celle de Rome. Elle distinguait seulement les bons hommes – les fidèles – et les « parfaits », qui avaient reçu un sacrement : le *consolamentum*, baptême de l'Esprit que ses membres ne recevraient qu'au moment de leur mort. Même issus de la noblesse, les parfaits travaillaient de leurs mains et sillonnaient les chemins, de ville en château, pour prêcher et porter leur bénédiction. Cette austérité et leur moralité, qui contrastait avec la corruption et la cupidité du clergé catholique, leur assuraient la vénération du peuple.

Au grand dépit de l'Église romaine, les cathares s'étaient solidement implantés dans les comtés de Toulouse et de Foix. Aussi, depuis des années, le pape Innocent III exigeait-il une croisade pour extirper cette hérésie dérangeante. Ceux qui y

1. Ce terme est apparu plus tard, mais, comme beaucoup, nous l'utilisons par facilité et dans un souci de simplification.

participeraient pourraient s'attribuer les biens des hérétiques, avait annoncé le Saint-Père.

Le roi de France, Philippe Auguste, avait longtemps refusé une telle expédition dans son propre royaume, mais la pression de l'Église, et de ses barons, était telle qu'il avait fini par céder.

Attirés par les gains faciles et la permission des violences, des dizaines de milliers de coureurs d'aventures et de ribauds s'étaient rassemblés à Lyon sous le commandement de l'abbé de Cîteaux, du duc de Bourgogne et du comte de Nevers. Cette armée, dont les membres portaient une croix, cousue ou peinte, sur leur cotte, leur écu ou leur baudrier, avait descendu la vallée du Rhône pour atteindre les terres cathares. En même temps, des troupes moins importantes les rejoignaient depuis la Flandre et le Bordelais en passant par le Périgord et l'Auvergne. D'autres, enfin, arrivaient du Saint Empire.

Les croisés avaient finalement atteint Béziers, une ville où les bons hommes étaient nombreux, que ses murailles rendaient imprenable… n'eût été une traîtrise.

C'est l'exploit qu'avait réalisé Bouchard de Beaumont, chevalier de petite noblesse mais de grande cupidité. Après avoir réussi à écarter Guilhem d'Ussel, ancien prévôt de l'hôtel du roi Philippe Auguste, il était parvenu à se faire passer pour un chevalier de Foix désireux de défendre la cité. Et, avec ses complices, il avait ouvert une porte.

Guilhem d'Ussel se trouvait alors également dans Béziers où il recherchait Amicie de

Villemur, une parfaite qu'il avait failli épouser. Ayant survécu au massacre, ses écuyers et lui-même avaient défié et terrassé Beaumont et ses acolytes dans un duel judiciaire, le lendemain du sac de la ville.

Les vainqueurs auraient pu recevoir les biens des vaincus. Mais Ussel avait fait connaître à Eudes de Bourgogne[1] sa décision de tout laisser aux malades et aux blessés de l'armée croisée, à l'exception de quelques chevaux et vivres.

Ils étaient donc allés choisir trois destriers et autant de coursiers, lesquels, mis en longe, transporteraient leurs armes et bagages. En vérité, Guilhem n'avait pas totalement respecté sa résolution car il avait aussi emporté des armes et harnois appartenant aux vaincus. Mais, en enfer, où les maudits se trouvaient maintenant, ils n'en avaient plus besoin.

*

En s'éloignant de Béziers, les trois cavaliers ne s'étaient jamais retournés. Ils voulaient oublier ce à quoi ils avaient assisté, tout en sachant qu'ils n'y parviendraient jamais. Les atrocités vues les hanteraient pour toujours. Ussel avait connu bien des massacres, il avait même été lui-même un massacreur, mais jamais il n'avait assisté à une boucherie de cette ampleur, à autant de férocité : femmes et enfants battus à mort, hommes écorchés vifs, clercs et religieux détranchés.

---

1. Le duc de Bourgogne.

La ville comptait cent mille habitants, réfugiés inclus, lui avait-on rapporté. Qui, tous, avaient été exterminés en une journée. « Tuez-les tous, Dieu reconnaîtra les Siens ! », avait clamé l'abbé de Cîteaux[1].

Alors que le crépuscule s'étendait, Guilhem n'avait cessé de penser à ses amis, le tisserand Bertaut et sa femme Jeanne, assassinés par les ribauds de l'armée croisée, à Amicie de Villemur, qui avait refusé de partir avec lui, persuadée que la ville était inexpugnable. Amicie, sa maîtresse du temps où il était capitaine des gardes de Raymond de Toulouse. Amicie, qu'il avait sauvée des griffes de son beau-frère. Amicie, touchée par la foi cathare devenue parfaite. Amicie, qui n'était plus à présent qu'une dépouille dans un charnier puant.

Comme il se tenait en tête, ses écuyers n'avaient pas vu les larmes qui coulaient, mêlées à la sueur, sur son rude visage, mais entendu ses sanglots.

Au soleil resconsant, ils étaient arrivés au bord de la Cesse, non loin de la tour fortifiée de Mirepeisset. Le groupe y avait établi un campement pour la nuit et s'était longuement baigné dans la rivière. Histoire de se rafraîchir, se détendre, mais surtout de se purifier de ce que ces hommes avaient vécu, comme si l'eau pouvait également laver leur esprit.

1. Arnaud Amaury.

Le lendemain, départ à l'aube crevant, après un solide repas de viande froide arrosé de vin pris dans les affaires de Beaumont.

*

Maintenant, plus de quatre heures s'étaient écoulées, et Guilhem avait hâte d'arriver à Lézignan. Ils y dîneraient et se reposeraient pendant la partie la plus chaude du jour, puis reprendraient la route vers Carcassonne.

Comme la veille, il chevauchait en tête, connaissant le chemin. S'il paraissait regarder droit devant lui, ses yeux restaient perpétuellement aux aguets afin de saisir le moindre mouvement insolite. De tous côtés, seuls des ennemis pouvaient surgir. Pour cette raison, il avait demandé à ses écuyers de porter leur haubert sur leur gambison, leur coiffe de mailles, et de garder casque et gantelets de fer, malgré le soleil qui les faisait cuire.

Guilhem s'efforçait de ne pas songer au passé mais aux temps à venir, seulement les souvenirs revenaient sans cesse, par vagues douloureuses. Le sentier qu'il suivait n'était pas différent des milliers de chemins qu'il avait parcourus depuis que, à treize ans, il avait quitté Marseille après avoir tué l'homme qui avait martyrisé sa mère. Âgé maintenant de trente-quatre ans, il avait vécu tant de vies : aiguiseur de lames, forgeron, voleur, troubadour, fredain, soudoyer, sergent d'armes, servant, et enfin chevalier. Il s'était mis au service de brigands et de capitaines redoutés comme Mercadier et Lambert Cadoc. Il avait été homme lige du comte de Toulouse, puis du roi de France, et même prévôt de son hôtel, on l'a dit. Il avait conduit d'impossibles entreprises, découvert des secrets oubliés comme la cachette du Graal et le grand arcane des rois de France, vaincu des adversaires hors du commun tels le roi d'Angleterre Jean ou le pape Innocent III, et délivré le roi Richard de sa prison de Trifels. Il avait aussi possédé un fief avec un château, l'avait rendu prospère grâce à ses serviteurs cathares, et venait de le rendre à Raymond de Toulouse.

Lamaguère ! Ce domaine avait été son asile, sa tanière. Lui qui n'avait connu que la mauvaise fortune et les malheurs des grands chemins avait accepté de dompter son tempérament d'aventurier pour faire de Sanceline une noble châtelaine. Sanceline qu'il aimait tant, et qui s'était éteinte voici presque trois ans en donnant le jour à sa fille, trépassée à son tour.

En proie à un désespoir profond, il avait voulu quitter la vie terrestre, persuadé de l'inutilité d'une lutte contre les malheurs qui l'affligeaient puisque le Seigneur le punissait pour ses crimes et blasphèmes. Et c'est ainsi qu'il s'était laissé surprendre par les gens de Bouchard de Beaumont, qu'il avait passé des mois au fond d'une basse-fosse où il avait cru mourir. Pourtant, Peyre et ses fidèles amis l'avaient tiré de là et la mire Rebecca de Rouen lui avait redonné goût à la vie. Après de telles souffrances, il pensait donc avoir payé sa dîme au Seigneur et voulait vivre à nouveau. Mais Dieu ne l'avait pas oublié. Dieu ou Satan, il ne savait. Pour les cathares, n'était-Il pas la même créature ?

La traque de Bouchard de Beaumont l'avait conduit à Lamaguère quand il avait compris, trop tard, que son fief était précisément la prise que ce démon recherchait. Certes, il était arrivé à temps pour empêcher que tous ses gens ne soient meurtris, mais les fredains de Beaumont en avaient occis plus d'une quarantaine. Quelles nouvelles épreuves l'attendaient ?

Il songea alors aux femmes qu'il avait aimées et perdues. Même s'il avait pu sauver Constance Mont Laurier, les autres avaient toutes disparu : Marion, Egelina de Camville, Amicie de Villemur, Sanceline...

Chassant ces funestes souvenirs, il s'efforça de ne penser qu'au difficile voyage qui s'annonçait. Dans quelques jours, il arriverait à Lamaguère, qu'il quitterait ensuite définitivement avec ceux qui voudraient l'accompagner, certainement tous les cathares de son fief, puisqu'ils ne pouvaient rester dans le Toulousain. Parviendrait-il à Rouen avec eux, à Rouen où la juive Rebecca qu'il aimait fort l'attendait ? Avec des femmes et des enfants, combien de semaines, de mois sans doute, faudrait-il pour traverser un royaume de France où hordes de croisés, compagnies de hobereaux sans foi et bandes de brigands s'en prenaient aux voyageurs ?

Peut-être devrait-il prier Dieu de l'aider, envisagea-t-il à plusieurs reprises, tourmenté par ces périls à venir. Pourtant, il repoussa chaque fois cette tentation. Ces dangers, il les surmonterait sans l'aide du Tout-Puissant. Ou trépasserait.

*

Derrière son maître, ignorant les combats qui se livraient dans son esprit, Gregorio se montrait plus insouciant. Des carnages, il en avait vu, et de plus effroyables encore, en Terre sainte, quand il achetait de fausses reliques pour son oncle. Pisan d'origine et aussi adroit au couteau qu'à l'arbalète, parlant plusieurs langues et redoutable raisonneur, Gregorio Orlando était un habile menteur, un fin tricheur et un redoutable imposteur. Bref, il était rompu à toutes les ruses et traîtrises. Longtemps, il n'avait vécu que pour son intérêt, jusqu'au jour où il avait donné sa foi à Guilhem d'Ussel. Malgré son cynisme affiché, le jeune Pisan était désormais prêt à mourir pour son seigneur. Il était également prêt à se sacrifier pour deux autres personnes qu'il aimait fort. D'abord, la gentille Iseult, fille du couple de jongleurs Flora et Raillard rencontrés sur les chemins avec son maître. Les jongleurs lui avaient sauvé la vie, et il n'aurait jamais imaginé tomber amoureux d'une bateleuse. Pourtant, c'était arrivé, et aujourd'hui il voulait l'épouser, tout en sachant que, en la prenant pour femme, il perdrait le service d'armes auprès de son seigneur et deviendrait un marchand, le père d'Iseult, installé à Rouen, désirant se lancer dans le commerce.

La seconde personne pour laquelle Gregorio était prêt à se sacrifier était Peyre, son ami, quasiment son frère, qui chevauchait derrière lui.

Si les deux écuyers avaient à peu près le même âge – la vingtaine –, singulièrement, tout les séparait. Peyre était un fruste paysan de Lamaguère alors que Gregorio sortait d'une famille de riches négociants. Bien que comme des frères, ils ne se ressemblaient point. Le Toulousain possédait un visage grossier au front haut, à la tignasse raide et aux épaisses arcades sourcilières, tandis que l'Italien affichait les traits fins d'une jouvencelle auréolée de cheveux bouclés. Le premier se montrait d'un naturel loyal et franc quand le second, nous l'avons dit, se complaisait dans la fourberie.

L'Italien se retourna et s'adressa justement à son compagnon :

— Crois-tu qu'on nous proposera du vin frais à Lézignan ?

— J'en doute, mon ami ! Les villageois ont dû apprendre que les croisés approchent et tous filer se réfugier à Carcassonne. On entrera dans un bourg désert.

Gregorio soupira. Il se doutait que le village serait abandonné. Mais ses habitants n'avaient pas dû emporter tout le vin. Enfin, il l'espérait.

La question avait pour un moment écarté les sombres pensées de Peyre Thézan, car lui aussi ne parvenait pas à chasser les images du *gran mazel*[1], les ruisseaux de sang, les cadavres qu'il fallait piétiner pour avancer, les corps exposés nus après avoir été dépouillés par les ribauds et ribaudes, ces gueux qui suivaient l'armée croisée uniquement pour piller, tuer et violer. C'étaient ces truands qui avaient pris la ville. C'étaient eux qui écorchaient les gens pour s'amuser. Peyre entendait encore les hurlements des victimes.

---

1. Une grande boucherie.

Il s'efforça de songer à Perrine qui l'attendait à Paris. Perrine, fille de drapier, qui avait pris son cœur le jour même où il l'avait aperçue. Perrine, la douce jeune fille qui serait, l'espérait-il, sa femme. Un futur bonheur qui le torturait car il ne pouvait imaginer sa vie sans son seigneur. Le sire d'Ussel avait fait de lui un écuyer, impossible de le quitter.

Le sentier bordé de figuiers sauvages grimpait doucement. Le ciel sans nuages était seulement traversé par des bandes d'oiseaux. Guilhem détacha sa gourde du pommeau de la selle et but longuement. L'eau était chaude, désagréable au goût. Il aurait donné cher pour une pinte de vin frais. Encore au moins quatre heures avant d'arriver à Lézignan. Il décida qu'ils feraient une halte en descendant de la colline qu'ils gravissaient. Un ruisseau ne coulait-il pas dans le vallon ?

Soudain, en haut du sentier, il s'arrêta. Des éclats de voix. Il se redressa sur sa selle, puis contraignit son destrier à reculer tandis que ses écuyers approchaient.

— On n'est plus seuls, annonça-t-il à mi-voix.

À son tour, Gregorio haussa prudemment le col. Plus bas, à quelque trois cents cannes, une dizaine de cavaliers avançaient. Tous lourdement armés, avec des croix rouges peintes ou cousues sur leurs écus, leurs robes ou surcots.

Des croisés rejoignant l'armée d'invasion.

Personne dans l'herpaille n'avait vu les trois hommes. Le chevalier en tête, les écuyers, les servants et les hommes d'armes bavardaient avec insouciance et bonne humeur. Tous se réjouissaient des pillages et du bon temps à venir dans ce riche pays. Le guidon tenait négligemment le pennon azur à bande d'or de son seigneur et clabaudait avec un servant. À cause de la chaleur, tous avaient ôté leur harnois. Casques, écus et haubert pendaient aux dosserets de selle. Une douzaine de chevaux de rechange ou de bât suivaient en longe.

— Ils viennent de Flandre, peut-être de Béthune dont je reconnais les armes, dit Guilhem qui avait fait reculer ses compagnons de telle sorte qu'on ne pouvait les apercevoir.

— Que faisons-nous, seigneur ? s'inquiéta Peyre.

Ayant compté onze hommes, il devinait que son maître ne tournerait pas talons. Donc ils devraient combattre à près de un contre quatre.

— Nous allons les renvoyer chez eux, ou en enfer, décida Ussel d'un ton dur. Prenez vos lances et écus. Ils ne s'attendent pas à nous rencontrer, et nous bénéficierons de l'effet de surprise.

Chacun s'équipa, gardant hache ou marteau à l'arçon, à portée de main, tandis que le seigneur prodiguait quelques conseils.

La troupe de croisés approchait, de plus en plus bruyante. Guilhem se dressait régulièrement pour repérer les premiers. Quand il les jugea suffisamment proches, il déclara :

— Allons !

Alors il éperonna son destrier, sa courte lance en avant.

Les Flamands mirent un temps à réagir, ébahis en voyant débouler trois cavaliers. Ce fut un instant de trop. Le chevalier qui commandait la troupe reçut de plein fouet la pointe de fer, laquelle perça sa robe, son torse, et le tua sur le coup.

Ussel avait lâché la hampe au moment où le métal pénétrait dans le corps de l'adversaire. Saisissant sa hache, il frappa, à droite, à gauche, provoquant un vide sanglant autour de lui.

Les écuyers, eux, avaient embroché leurs adversaires sans qu'aucun ait eu la possibilité de prendre une arme. À leur tour ils taillèrent, de l'épée pour Peyre et du marteau pour Gregorio. Deux Flamands tournèrent bride, d'autres, tombés au sol, plus ou moins gravement atteints, geignaient et demandaient miséricorde.

En moins de temps que pour dire une patenôtre, les chevaux furent libérés de leur cavalier. Peyre attrapa l'arc qu'il avait pris dans le campement de Beaumont, sauta au sol, encocha une flèche, tira et atteignit l'un des fuyards dans le dos. Gregorio, lui, avait saisi son arbalète au câble déjà tendu. Il mit pied à terre, posa un carreau et visa le second fugitif, qu'il désarçonna également.

Demeuré sur place, Guilhem surveillait les blessés. Soudain, l'un se redressa, dague en main. Calme, Ussel lui fendit le crâne de sa longue brette, sans même le regarder.

Plus de danger, jugea-t-il en parcourant des yeux les mourants.

— Rassemblez les chevaux, ordonna-t-il à ses écuyers, on les garde. Ils nous seront utiles.

— Que fait-on d'eux, seigneur ? questionna Gregorio en désignant les corps gémissants.

— Que Dieu décide de leur sort.

— Un prêtre... balbutia un blessé au bras tranché d'un coup de hache.

— À Béziers, tes amis les ont tous massacrés. Il n'y en a plus, répliqua Guilhem en récupérant sa lance dans le corps du chevalier tandis que Peyre s'était éloigné pour rattraper les montures apeurées réfugiées sous un grand figuier. Tu es venu dans ce pays pour y causer du mal, poursuivit Guilhem en flamand à l'intention du mourant. Le mal t'a trouvé !

2

Après avoir attaché sa monture et celle de ses écuyers à des arbustes, Ussel les rejoignit pour rassembler les coursiers des Flamands. Les bêtes furent encordées les unes aux autres, tout en les laissant bridées, avec selles, bâts et bagages. Les trois cavaliers reprirent alors la route.

Seulement, ils ne pouvaient avancer aussi vite qu'ils l'auraient voulu. Chacun devait entraîner sept ou huit chevaux derrière lui, et le moindre écart d'un animal, que ce soit en raison d'une frayeur soudaine ou simplement parce que la bête était attirée par une touffe herbeuse, entraînait la horde dans une mauvaise direction. À plusieurs reprises, le trio dut s'arrêter afin de calmer les coursiers trop farouches ou trop curieux.

— Nous ne pourrons pas continuer ainsi jusqu'à Lamaguère, seigneur, observa Peyre après une nouvelle halte. Il y a trop de chevaux. Pourquoi ne pas en vendre quelques-uns à Carcassonne ?

— Ce serait raisonnable, mais nous manquerons de montures pour notre grand voyage. À moins que Aignan ait réussi à s'en procurer. En attendant, je préfère les garder.

Après un nouvel arrêt pour calmer les bêtes, à l'occasion duquel ils perdirent beaucoup de temps, Guilhem se décida à changer d'avis :

— Tu as raison, Peyre. En poursuivant ainsi, nous allons mettre une semaine pour gagner Lamaguère. Nous vendrons six ou sept bêtes en chemin, si on trouve des acheteurs.

Ne faisant pas de nouvelles mauvaises rencontres, une heure plus tard ils arrivèrent en vue d'une enceinte de pierre surmontée d'un petit donjon, fortifications de médiocre hauteur, sans même un fossé. Le bourg de Lézignan serait rapidement pris par l'armée des croisés quand elle arriverait, jugea Guilhem.

Ils s'en approchèrent néanmoins avec prudence, redoutant d'être reçus à coups de viretons. Comme il n'en fut rien, Gregorio s'aventura jusqu'à la porte fortifiée, tenant son écu devant lui pour se protéger. À quelques toises, il déclara d'une voix forte :

— Mon maître, Guilhem d'Ussel, seigneur de Lamaguère, vous prie de nous recevoir avec nos chevaux. Nous disposons d'un sauf-conduit du comte Raymond. Et voulons seulement nous reposer et nous restaurer. Avant de repartir dans quelques heures pour Toulouse.

— Venez-vous de Béziers ? lança une voix depuis le chemin de ronde.

— Oui…

— L'armée croisée est-elle arrivée ? intervint une autre voix.

— La ville a été prise et pillée…

D'autres têtes apparurent entre les créneaux, apeurées.

— Impossible ! Menterie ! glapit l'une.

— Hélas, non ! Quelqu'un a ouvert une porte par félonie, et les ribauds sont entrés.

— Vous étiez avec eux ! hurla un autre. Et vous voulez recommencer ici !

— Non. Mais nous nous trouvions effectivement dans la ville, venus chercher une parfaite afin de la sauver. Las ! elle a refusé de partir. Nous sommes restés et avons assisté aux massacres... Nous nous sommes cachés pour échapper aux hordes de ribauds, et ensuite notre seigneur a défié celui qui avait ouvert la porte... Il y a eu ordalie devant le duc de Bourgogne, nous avons vaincu. Voilà pourquoi nous sommes ici. Et libres. Maintenant, nous retournons à Toulouse.

Le silence s'installa, ponctué par le chant des oiseaux, indifférents aux problèmes des hommes. Devant leur hostilité, Guilhem et Peyre rejoignirent Gregorio, et tous trois échangèrent quelques paroles.

— Inutile de rester, ils ont trop peur, décida Ussel. On continue jusqu'à Capendu.

Au même moment retentirent des bruits métalliques provenant de la porte. Dans un grincement, un battant s'entrouvrit, et un homme de petite taille, basané, au front ridé, revêtu d'un bliaut avec une épée au flanc, apparut. Près de lui se tenait un religieux à la tonsure de cheveux blancs. Certainement le prêtre. Guilhem savait le bourg partagé entre le vicomte de Béziers et l'évêque de Narbonne.

— Messire d'Ussel, soyez le bienvenu ! déclara le premier. Je suis Géraud Anselme et je tiens le château de messire Trencavel. On vient de me prévenir de votre arrivée, et je déplore qu'on vous ait laissés dehors, mais il faut comprendre les habitants : si je vous connais de réputation, ce n'était pas leur cas, et nous sommes tous très inquiets. Faites-moi l'honneur d'accepter mon hospitalité. Avec notre prêtre ici présent, nous entendrons volontiers votre récit.

Guilhem échangea un regard avec ses écuyers. La chaleur était écrasante. Un repos de quelques heures serait le bienvenu.

— Merci, messire, j'accepte avec reconnaissance, cependant je repartirai dès qu'il fera moins chaud. Je veux être à Capendu avant la nuit.

Ils pénétrèrent dans l'enceinte avec les chevaux, que des habitants conduisirent à un abreuvoir alimenté par une source. Peyre demeura avec eux, veillant à ce que les animaux soient dessellés, débâtés pour ceux qui transportaient des bagages, soignés et nourris. Gregorio, lui, accompagna son seigneur dans la salle basse du château, une pièce voûtée, fraîche, située au pied du donjon.

S'y réunirent le consul, le prêtre, quelques artisans et de riches laboureurs, vignerons et éleveurs qui s'étaient réfugiés dans les murs à l'approche de la croisade. Géraud Anselme fit servir le vin que Guilhem et Gregorio espéraient tant, ainsi que des cochonnailles. Le premier narra ce qui s'était passé à Béziers.

Quand il eut terminé, le consul demanda d'une voix angoissée :

— Les croisés vont-ils venir jusqu'ici ?

— Je l'ignore, mais vous devez vous attendre au pire. Dans quelques jours, il est vraisemblable qu'ils fassent route vers Carcassonne.

Il s'accoisa un instant avant d'ajouter sombrement :

— Ceux qui n'ont rien maraudé à Béziers voudront se rattraper. Ils ravageront le pays comme des loups, soyez-en sûr.

Chacun se regarda. La terreur était palpable, poisseuse, étouffante.

— Certains disent qu'ils sont plusieurs milliers... murmura Géraud du ton de celui qui espère un démenti.

— Bien plus, même. S'ils se présentent devant vos remparts, ne résistez pas. Ouvrez vos portes et laissez-les piller sans résister. Assurez-vous seulement qu'il n'y a pas de bons hommes dans vos murs, et encore moins de parfaits. Sinon, ils vous massacreront et les brûleront.

— Je suis adepte des deux principes et bon chrétien ! intervint un gaillard à la stature imposante, aux traits rocailleux, qui serrait nerveusement ses mains calleuses l'une contre l'autre.

— Alors partez ! Réfugiez-vous à Carcassonne. Vous y serez en sécurité.

— Mais, ma maison... mes biens...

— Vous les perdrez dans tous les cas. Sauvez au moins votre vie et celle des vôtres.

Observant le désarroi du cathare et de plusieurs de ses voisins, qui devaient également être des adeptes des deux principes, Guilhem proposa :

— J'ai deux douzaines de chevaux. Ceux qui veulent venir avec moi pourront les monter. Demain, j'atteindrai Carcassonne.

De nouveau, des échanges de regards, à la fois indécis et pleins d'espoir.

— J'accepte, mon sire, annonça le large d'épaules. Mon nom est Laurent Fabre, j'ai une épouse, un fils et un enfançon.

— Vous aurez deux chevaux. Prenez uniquement ce que vous avez de plus précieux.

— Qui nous dit que vous ne volerez pas ceux qui partiront avec vous ? s'enquit une voix agressive.

— Rien ! répliqua Guilhem sèchement.

Il fit emplir son hanap qu'il vida d'un trait.

*

Ils repartirent avant vêpres. Six familles les accompagnaient, munies de maigres biens. Les chevaux, peu chargés en bagages, portaient une personne et un enfant. Tout le monde trouva place sur les montures qui avaient pris du repos.

À Capendu, les réfugiés passèrent la nuit dans une grange tandis que Ussel et ses écuyers se voyaient offrir un lit au *castrum*. Le seigneur du lieu ne s'inquiétait guère de l'armée croisée. Parce qu'il était bon chrétien et qu'aucun cathare ne vivait dans le village, se justifia-t-il. Surtout, son frère, moine à Fontfroide[1], le protégerait.

Quand ils furent seuls, Ussel et ses écuyers parlèrent de la suite du trajet et surtout du grand voyage de Lamaguère à Rouen. Parmi les difficultés annoncées, Guilhem en voyait principalement deux : le manque d'hommes d'armes dans l'escorte, puisqu'ils seraient à peine une dizaine à avoir l'habitude des combats, et l'insuffisance de

1. Les cisterciens de Fontfroide s'opposaient aux cathares.

chariots et de chars pour transporter les enfantelets, les malades et les biens qu'il voulait ramener à Rouen.

— J'ai deux charrois à Lamaguère, Aignan devait en obtenir deux autres de nos voisins templiers, alors qu'il nous en faudrait le double.

— Et également deux fois plus d'hommes d'armes, ajouta Gregorio en grimaçant.

Et s'ils vendaient une partie des chevaux pris aux Flamands, ils ne pourraient plus les utiliser comme bât, songeait Peyre.

— Restons un mois ou deux supplémentaires à Lamaguère pour rassembler hommes et chariots nécessaires, suggéra-t-il. L'armée croisée n'atteindra pas Toulouse avant l'hiver, si elle y arrive.

— Nous pourrions, je te l'accorde, mais, dans ce cas, nous serons sur les chemins à la mauvaise saison. Et la pluie et la boue constitueront d'autres ennemis. Espérons que Aignan aura trouvé des solutions, conclut Guilhem.

Ils repartirent à la pointe du jour. En chemin, Peyre fit à son maître une autre proposition : pourquoi ne pas acheter des chariots à Toulouse, et les mener eux-mêmes jusqu'à Lamaguère ?

Bonne idée, reconnut son seigneur, seulement, conduire un gros chariot attelé à quatre chevaux requérait deux personnes. Il faudrait donc engager des cochers. En trouveraient-ils ?

Ils découvrirent la cité de Carcassonne à l'heure des chandelles allumant.

*

Les exilés de Lézignan se montrèrent rassurés en découvrant les massives fortifications construites par le Wisigoth Théodoric au-dessus des anciens murs romains. Ponctuée de tours rondes surmontées d'oriflammes claquant fièrement au vent, l'enceinte, parfois double, rendait la ville imprenable.

À la barbacane, les sergents d'armes les questionnèrent, mais le sauf-conduit de Raymond de Toulouse ôta toutes réticences, bien que la ville appartînt à Roger Trencavel, et que ce dernier fût fâché avec son oncle.

La troupe pénétra donc et découvrit que les ruelles et les places de la ville regorgeaient de réfugiés. Si beaucoup avaient trouvé hébergement dans des hôtelleries ou chez des amis, le plus grand nombre vivait dehors, et leurs visages ravinés de pleurs exprimaient la détresse la plus totale.

Arrivés à une placette, la plupart des gens de Lézignan quittèrent la troupe, remerciant Ussel de les avoir conduits en sécurité. Il ne s'enquit ni d'où ils allaient ni de ce qu'ils deviendraient. Durant le voyage, il avait évité de s'intéresser à leur sort et demandé à ses écuyers de faire de même. Ils connaîtraient sous peu de grands périls, aussi refusait-il de se charger d'autres âmes. En vérité, Guilhem devinait ce qui se passerait dans les mois à venir. Les barons et les chevaliers de l'armée croisée quitteraient l'ost pour rentrer chez eux, et ne resteraient dans le pays que les ribauds, les aventuriers sans fortune, les fanatiques et les avides de violence. Ceux-là mettraient villes et campagnes en coupe réglée sans trouver de résistance, tant le carnage de Béziers aurait terrorisé. Qui oserait prendre la tête d'une armée contre les envahisseurs ? Le comte Raymond de Toulouse ? Il avait rejoint les croisés. Le vicomte Trencavel ? Il avait montré son incapacité à se battre. Guilhem avait connu ce genre de guerre dans sa jeunesse, lorsqu'il chevauchait avec le redoutable Mercadier. Le conflit s'éterniserait des années et exterminerait la population. Quant à Carcassonne, ville certes imprenable par les armes, combien de temps résisterait-elle à un siège ? Les croisés étaient suffisamment nombreux pour se permettre de l'encercler et de l'affamer, tactique d'autant plus facile que sa population avait fortement augmenté avec les réfugiés.

Bien sûr, il ne dit mot de ces sombres conjectures aux gens de Lézignan, demandant seulement à quelques-uns de l'aider à guider les chevaux jusqu'à l'Ostal del Potz.

Cette auberge, il en connaissait l'hôtelier. Elle serait certainement pleine de monde, mais Guilhem savait qu'on lui trouverait un lit. De plus, un grand verger, à côté de l'établissement, et une vaste écurie recevraient ses montures. Il pourrait ensuite facilement envoyer un palefrenier au château des vicomtes de Carcassonne pour proposer des coursiers à la vente.

Deux hommes, avec leur famille, les accompagnèrent. Une fois à l'auberge, Guilhem leur remit quelques deniers de Melgueil et demanda à Peyre de leur donner des couvertures appartenant aux Flamands. L'une des familles s'en alla, mais Laurent Fabre, le large d'épaules aux traits rocailleux, resta sur place, se frottant les mains comme chaque fois qu'il était embarrassé. Évidemment, Ussel s'en rendit compte.

— Que veux-tu ? demanda-t-il plutôt fraîchement, présumant que l'homme espérait plus d'argent.

— Seigneur, pardonnez-moi, mais je vous ai entendus parler de chariots sur la route.

— Et alors ?

— Je suis charron. Et, sans me vanter, un bon. Je sais fabriquer et réparer tous les véhicules, tant les chariots à timon à quatre roues que les charrettes et les tombereaux.

— Et puis ?

— Je ne veux pas rester ici. Les croisés arriveront tôt ou tard, et nous, les réfugiés, on nous jettera dehors. Je refuse que ma femme et mon fils soient condamnés à mendier. Je suis honteux de vous avoir écouté, seigneur, mais j'ai compris que vous vouliez des chariots. Si quelqu'un peut vous en fabriquer, c'est moi. Je ne demande qu'à travailler. Mon fils m'aidera. À douze ans, c'est presque un homme. On sait aussi conduire ces voitures, or ce n'est pas chose facile et vous aurez besoin de cochers.

Ussel ne répondit pas tout de suite. Prendre ces quatre-là, c'était s'encombrer d'une femme et d'un enfançon. Mais le charron de Lamaguère avait été tué, et l'homme le remplacerait utilement, s'il se montrait bon artisan.

Il médita un instant en considérant la famille. La femme attendait, petite, frêle, tenant son nourrisson dans les bras, fataliste aussi. Elle faisait pitié.

Après tout, songea Guilhem, puisqu'il lui était impossible de sauver tous les réfugiés, pourquoi ne pas au moins protéger ceux-là ? Dieu envoyait-Il un signe pour lui pardonner ?

Il leva les yeux vers le ciel, sans rien remarquer.

— Sais-tu cercler ? s'enquit-il.

Les roues de bois des chariots s'usaient vite, aussi, pour les faire durer longtemps, on les entourait d'une bande de métal. Il s'agissait d'un travail de forgeron, un métier que Ussel connaissait bien, mais que certains charrons pratiquaient, plaçant à chaud un bandage de fer sur le pourtour circulaire du bois. Le fer dilaté se contractait en refroidissant, assurant le serrage de la roue. Seulement, l'opération se révélait délicate et pénible, car, pour les gros chariots, le bandage devait avoir l'épaisseur d'un pouce.

— Je le fais, seigneur. Si j'ai du chêne, du hêtre ou du frêne, en une journée de travail, je peux fabriquer deux à trois roues à rayon ou pleines, larges de trois pieds. Je sais aussi façonner les moyeux et les assembler, monter des freins et faire pivoter un timon, et même un essieu.

Guilhem n'ignorait rien des difficultés de la conduite des chars. Ceux à quatre roues tournaient difficilement, et, dans les descentes, plusieurs hommes étaient nécessaires pour les freiner. Il n'ignorait pas non plus qu'existaient des mécanismes pour ralentir les véhicules, mais les chariots de Lamaguère n'en possédaient pas. Lesquels viraient en outre difficilement. Si cet homme disait vrai, il se montrerait précieux puisque Thomas, qui s'occupait de tout ce qui était mécanique, ne connaissait pas grand-chose aux chariots.

— Mon fief est à Lamaguère, à dix lieues de Toulouse, tu le sais, mais nous n'allons pas y rester. Si j'ai besoin de chariots, c'est pour un long voyage. Un voyage périlleux aussi.

— Plus périlleux que de demeurer ici, seigneur?

— Peut-être pas! reconnut Ussel avec un sourire complice. Mais nous traverserons le royaume de France, et, si tu viens avec nous, tu quitteras pour toujours ce pays. Tu devras même apprendre une autre langue.

Laurent Fabre se tourna vers son épouse qui hocha la tête. Maintenant, l'espoir se lisait dans ses yeux.

— J'y suis prêt pour les miens, affirma le charron.

— Là où nous allons, tu ne pourras plus pratiquer ta religion et tu devras aller à la messe.

— Nous autres cathares savons prier sans église. Et, s'il faut aller à la messe, nous irons!

— Entendu! Vous repartirez demain avec nous et, si cela peut te rendre les choses plus faciles, sache que ceux qui feront le voyage sont, pour beaucoup, des bons hommes, comme toi.

Gregorio, qui avait assisté à la scène, intervint:

— Dans ces conditions, inutile de vendre les coursiers. Lui et son fils nous aideront.

Il ajouta en s'adressant au charron:

— J'ai obtenu une chambre avec un large lit. Je ferai mettre une paillasse pour ta femme. Maintenant, allons souper, pour faire connaissance.

3

Trois jours furent nécessaires pour atteindre Toulouse. Cependant, ils ne pénétrèrent pas dans la ville, faisant halte chez un charron charpentier dont l'atelier se situait hors des remparts.

En chemin, Ussel avait annoncé à Fabre qu'ils seraient trois ou quatre douzaines pour ce long voyage, dont six ou huit enfants et plusieurs femmes. Il y aurait beaucoup de choses à transporter, en particulier des vivres, des armes et des coffres, donc des charges lourdes, sans révéler toutefois qu'une partie serait de l'or.

— Les chariots à quatre roues sont les plus pratiques dans de telles équipées, seigneur, même s'ils ne portent pas plus de poids que les charrettes, avait expliqué un soir le charron. On peut aisément les clore avec des ridelles et des bâches en cuir de vache, et donc s'y abriter la nuit ou par mauvais temps.

Gregorio avait approuvé. Plus longues que les chariots, les charrettes permettaient de transporter de pesants fardeaux, mais étaient malcommodes pour des voyageurs, et surtout bien plus lentes car difficilement tirées par plusieurs chevaux. Toutefois, si les chariots se révélaient capables de rouler rapidement, ils rencontraient des difficultés pour tourner et encore plus pour descendre des pentes ; ils versaient aussi aisément dans les virages ; en l'absence de freins, les animaux pouvaient en outre se bousculer et se blesser en cas de chargement important. De surcroît, avec quatre roussins, deux conducteurs étaient nécessaires, dont l'un pour guider celui de flèche.

Maître Fabre avait également demandé si les véhicules utiliseraient les coursiers qu'ils conduisaient à Lamaguère.

— Avec ceux-là et d'autres que je possède dans mon fief.

— C'est grande misère d'utiliser de si fringants chevaux là ou des bœufs feraient parfaitement l'affaire.

— Je pourrais vous répondre que je ne possède pas assez de bœufs et que j'ai des coursiers et des roussins, mais, en vérité, les bœufs seraient trop lents pour une telle expédition. Avec des chevaux, on peut aller vite sur un chemin droit bien pavé, et, si la pluie ne nous immobilise pas, cela prendra moins de trois mois pour gagner Rouen. Avec des bœufs, il faudrait le double, donc voyager en hiver. Or notre convoi ne pouvant pénétrer dans les villes, que deviendrons-nous quand il neigera ?

Maître Fabre approuva. Décidément, son seigneur avait tout prévu.

Le charron toulousain possédait deux chariots et plusieurs charrettes de diverses tailles. Fabre les examina avec attention. Les chariots étaient différents dans leur forme, même si tous deux possédaient des roues de quatre pieds de haut et des timons qui permettaient d'atteler un couple de chevaux ou de bœufs. Le véhicule le plus court bénéficiait d'un timon articulé, et l'essieu avant pivotait légèrement sur un axe de fer, ce qui facilitait les manœuvres. En revanche, aucun ne disposait de freins. Peyre trouvait ces véhicules peu pratiques car le plus long ne dépassait pas dix pieds et lui paraissait bien petit, mais Fabre expliqua qu'un chariot de faible taille parvenait à transporter des poids importants si on les plaçait à l'arrière.

Guilhem décida d'acheter les deux. Les véhicules seraient conduits par Peyre et Gregorio, après y avoir attelé deux chevaux. Restaient les charrettes. Deux d'entre elles disposaient d'une caisse fermée de huit pieds de long et on les attellerait à une paire d'animaux de trait. Ussel les prit également après avoir discuté avec la femme et le fils de maître Fabre, qui assuraient être capables d'en conduire une. Le charron mènerait la quatrième. Ussel resterait donc à chevaucher, assurant la sécurité du convoi et libre ainsi d'aider l'un ou l'autre des cochers en cas de difficulté.

Bien sûr, ces voitures coûtaient cher. Le vendeur demandait sept et huit livres pour les chariots, quatre pour les charrettes. Mais Guilhem paya sans rechigner avec des pièces d'or et d'argent. Maître Fabre lui suggéra d'acheter également toutes les roues, essieux de chêne et moyeux que l'artisan possédait. Ces pièces seraient utiles pour fabriquer d'autres chariots ou procéder à des réparations. Ussel accepta, et acquit également des outils tels des tarières et des gouges, qui permettraient de faire travailler plusieurs ouvriers sur les véhicules à transformer.

Ils passèrent la nuit chez cet aimable artisan – qui leur fit quand même payer le couchage dans une écurie – et arrivèrent le lendemain en fin d'après-midi à Saint-Gilles, le château du comte de Toulouse. Le parcours s'était effectué sans véritables difficultés puisque les voitures étaient vides. Quatre ou cinq chevaux en longe suivaient chacune d'elles.

*

Dotée de deux tours carrées à chaque extrémité, d'un donjon et d'un pont-levis sur des douves, la forteresse du comte était entourée d'une palissade délimitant une basse-cour. Les gardes, qui se tenaient au portail, reconnurent Ussel, déjà venu une dizaine de jours plus tôt, et le laissèrent passer avec ses gens, voitures et chevaux. Ils traversèrent la grande cour déserte, puisque Raymond de Toulouse et les siens avaient quitté le château depuis des semaines, et s'arrêtèrent devant l'hôtellerie où logeaient voyageurs et invités du comte à l'époque où la cour de Saint-Gilles était réputée pour ses jeux de *fin amor*. Pour l'heure, l'établissement paraissait surtout abandonné.

Ayant mis pied à terre, Guilhem gagna le pont-levis où se tenaient des sergents et un chevalier qui le connaissaient, puisqu'il avait été capitaine des gardes du comte pendant des années.

Il expliqua faire halte pour rencontrer le seigneur Raillard de Fajac. Ce dernier, qui avait perdu un bras en Terre sainte, assurait l'intendance du château depuis des années et avait toute la confiance de Raymond de Toulouse.

Guilhem ajouta qu'il passerait la nuit sur place avec ses gens. En parlant, il désigna Peyre, Gregorio et Fabre qui dessellaient les montures, aidés par des palefreniers accourus lorsqu'ils les avaient vus arriver. Les bagages seraient entreposés dans la salle de l'hôtellerie et les chevaux conduits dans une pâture mitoyenne où se trouvaient déjà destriers et roussins.

Le chevalier de garde se nommait Roger de Lastour. Guilhem ajouta qu'il venait de Béziers où il avait rencontré le comte. L'autre aurait eu mille questions à lui poser, puisqu'il connaissait déjà l'effroyable nouvelle de la prise de la ville, mais il n'en fit rien, conscient que Ussel parlerait uniquement à l'intendant. Il le conduisit donc auprès de ce dernier, sur le point de se mettre à table.

On les introduisit dans la salle qui avait connu tant de banquets, de fêtes et de jeux d'amour dont Amicie de Villemur était souvent la reine. Sombre, sinistre, à peine éclairée par quelques flambeaux, la pièce était à l'image de ce qu'allait devenir le comté, jugea Ussel.

Debout autour de l'unique table, quelques gentilshommes en bliaut, des religieux, des serviteurs et plusieurs femmes bavardaient à voix basse, affichant tous une mine lugubre. Parmi eux, Fajac sursauta de surprise en voyant paraître

Guilhem. Son visage fatigué, encadré de cheveux complètement blanchis bien qu'il n'eût guère plus de la quarantaine, s'illumina. Il accourut vers le visiteur.

— Messire d'Ussel ! Dieu nous bénisse ! Votre retour est la première faste nouvelle depuis longtemps ! Nous avons tous appris l'épouvantable événement et je redoutais que vous ayez mis à exécution votre projet de pénétrer dans Béziers. Loué soit Jésus-Christ qui vous en a dissuadé !

Guilhem le gratifia d'un demi-sourire.

— Je suis malgré tout entré dans Béziers, mon ami, et mes gens et moi sommes les seuls survivants de ceux qui se trouvaient dans la ville. Si vous nous recevez à souper, je vous raconterai ce qui s'est passé.

— Dieu tout-puissant ! Vous étiez donc là-bas ! Vous êtes bien sûr mon invité, mon ami ! Êtes-vous avec vos écuyers ?

— Oui, et également un homme à mon service, qui est avec sa femme et ses enfants.

— Qu'ils viennent ! Votre retour et votre histoire nous consoleront des malheurs que nous redoutons. Roger, fais venir les gens de messire d'Ussel, ajouta-t-il en s'adressant à Lastour.

Des valets apportèrent bancs, écuelles et pots, et, après que les serviteurs d'Ussel se furent lavé les mains dans les bassines d'eau parfumée, chacun s'installa à la place qu'on lui indiqua. Le chapelain récita le bénédicité, ajouta une prière pour les innocentes victimes de Béziers, et l'on porta les soupes.

Guilhem avait commencé son récit avant de s'asseoir. Il le poursuivit en cédant de temps en temps la parole à Gregorio, afin de pouvoir manger à son tour. Peyre, lui, garda le silence, ne sachant pas s'exprimer en public aussi facilement que le Pisan.

Si beaucoup de convives demeurèrent silencieux, épouvantés à l'évocation des massacres et du duel judiciaire, Fajac et d'autres chevaliers posèrent nombre de questions sur l'armée croisée, sa force, sa férocité, et sur la position du roi de France quant à l'infâme croisade. Guilhem révéla que le duc de Bourgogne lui avait annoncé son départ à la fin des quarante jours de l'ost, refusant de rester avec le légat Amaury qui avait affirmé être décidé à tuer tous les habitants du Midi pour extirper l'hérésie, laissant Dieu choisir ceux qu'Il prendrait au paradis.

Le repas se termina donc dans une pesante inquiétude. Les femmes retenaient difficilement leurs larmes, et l'angoisse se lisait sur tous les visages. Chacun devinait la fin du bonheur et de l'heureuse insouciance qui régnaient dans le Toulousain depuis si longtemps. L'heure des malheurs sonnait, et le comté allait connaître l'enfer.

Un serviteur conduisit les voyageurs dans la chambre qui leur était destinée, mais Guilhem ne les accompagna pas et gagna celle de Fajac pour un long entretien avec l'intendant. Il lui confirma qu'il quittait le comté et qu'il avait rendu son fief au comte. Fajac tenta de le convaincre de n'en rien faire, expliquant avoir reçu un messager de Raymond de Toulouse lui assurant que sa soumission allait prendre fin, qu'il préparait la riposte et qu'il avait besoin de tous ses fidèles chevaliers.

Le seigneur de Lamaguère ne changea pourtant pas d'avis. Il fallait se battre dès l'arrivée de l'armée d'envahisseurs, répondit-il. Raymond avait cru jouer au renard avec plus fin que lui, dit-il. Après le massacre de Béziers, les croisés susciteraient une telle terreur que toutes les villes et tous les châteaux tomberaient dans l'escarcelle d'Amaury.

— Je ne vais pas attendre que le comte appelle à l'ost, conclut-il. J'ai des gens à sauver, et déjà payé un trop rude prix.

L'intendant n'insista pas, conscient que son interlocuteur serait inébranlable.

— En souvenir des belles années que nous avons vécues, que puis-je faire pour vous aider ? demanda-t-il courtoisement.

— Je manque de chariots pour transporter mes biens. Si vous m'en trouvez de solides, je les paierai un bon prix à leur propriétaire.

— Dès demain, j'enverrai des gens auprès de nos fermiers. J'arriverai bien à en dénicher un ou deux. Voulez-vous que je les fasse conduire à Lamaguère ?

— Je vous en serais reconnaissant.

Après un silence, Guilhem ajouta :

— Vous me manquerez, mon ami. Quant à Raymond, qu'il sache que je le défendrai toujours quand je serai reçu par le roi de France – si je le revois.

— Allez-vous reprendre votre charge de prévôt de l'hôtel ?
— Non... J'ai d'autres projets.

*

Ils repartirent à la pique du jour et passèrent la nuit au pied de la maison forte de Caumont, à cinq lieues de Lamaguère, où ils arrivèrent le lendemain soir.

Alors qu'ils n'étaient pas encore en vue du château, Guilhem, qui chevauchait devant la charrette de tête, entendit retentir le cor de la tour de garde signalant leur arrivée. Étrangement, quand il arriva aux premières maisons, personne n'était visible. Comme si le fief avait été abandonné.

4

Guilhem avança avec prudence, aux aguets, écu au bras, lance en main, hache d'arçon prête à être saisie. Un guidon flottait au sommet de la terrasse du château. En approchant, il reconnut celui-ci à ses armes, une vielle à roue, donc ses gens tenaient toujours Lamaguère – il en fut soulagé. La palissade de bois de la basse-cour, brisée par les ribauds de Bouchard de Beaumont, avait été entièrement reconstruite, mais pas la barbacane. Soudain, le portail s'ouvrit. Aignan, Alaric et Jehan le Flamand apparurent. Et se précipitèrent au-devant de leur seigneur.

Aignan le libraire avait possédé une boutique de parchemins dans le monceau Saint-Gervais. Quelques années auparavant, avec d'autres tisserands ou bons hommes de Paris, il avait été saisi par le juge ecclésiastique de l'évêché et aurait été brûlé avec sa femme et ses enfants si Ussel ne l'avait sauvé, tout comme ses amis, à l'issue d'un duel judiciaire. Bannis de la capitale, les cathares parisiens avaient suivi leur libérateur et lui avaient donné leur foi. Guilhem les avait conduits à son fief qui, en ce temps-là, pansait ses plaies après une longue guerre entre ses suzerains : le comte d'Armagnac et l'évêque d'Auch. Le château avait été brûlé, puis reconstruit par les Templiers qui l'occupaient sans droit. Guilhem avait rassemblé ses tenanciers et, avec les cathares, repris la forteresse au Temple.

C'étaient ces prétendus hérétiques qui, sous l'habile direction d'Aignan, avaient apporté la prospérité. L'un d'eux, Jehan le Flamand, jeune tisserand de son état ne craignant ni plaies ni bosses malgré sa religion qui réprouvait de faire couler le sang, était devenu écuyer de Guilhem qui, depuis peu, avait été adoubé chevalier. Quant à Alaric, tenancier vivant depuis longtemps sur le fief de Lamaguère et ancien gagier d'armes, lui aussi était devenu écuyer et chevalier.

*

Les voyant, Guilhem mit son destrier au galop et sauta à terre devant eux alors que son cheval ne s'était pas encore complètement arrêté. Il étreignit Aignan comme il l'aurait fait d'un père, puis ce furent Alaric et Jehan, ses quasi-frères. Sa famille.

Peyre et Gregorio, qui suivaient leur maître, descendirent à leur tour des chariots pour serrer ces amis dans leurs bras, Peyre enlaçant plus longuement Alaric, son oncle éloigné.

— Béni soit Jésus ! ne cessait de répéter Aignan, profondément ému, tant il craignait de ne jamais revoir son seigneur.

C'est alors que son regard s'arrêta sur maître Fabre, toujours dans la charrette qu'il menait, puis sur la femme avec le nourrisson et l'enfant, qui conduisaient un second véhicule.

— Laurent Fabre est charron, maître Aignan, déclara Guilhem en ôtant son casque à nasal et en abaissant sa cervelière trempée de sueur. Il remplacera notre pauvre charron et nous accompagnera à Rouen, avec son épouse, son enfançon et son fils.

Déjà d'autres habitants, prévenus par les sentinelles, sortaient de la cour du château. Le premier était Bartolomeo.

Ce dernier, ancien jongleur et enfant adultérin d'un noble cardinal romain, monseigneur Ubaldi, avait rencontré Ussel à Marseille, quand celui-ci conduisait une mission pour le comte de Toulouse. Bartolomeo et sa sœur, alors au service du Saint-Père, avaient aidé Guilhem à délivrer le vicomte de Marseille, enchartré aux Baux, et une solide amitié était née entre eux. L'ancien jongleur était devenu écuyer du seigneur de Lamaguère et sa sœur avait épousé un noble anglais, Robert de Locksley, comte de Huntington. Par la suite, Bartolomeo, ayant fait preuve de belles qualités de noblesse, avait été adoubé chevalier par le comte de Toulouse et avait épousé Alazaïs de Lasseube, fille du seigneur Eudes qui vivait dans le donjon d'un pauvre château voisin.

Guilhem et son ancien écuyer tombèrent également dans les bras l'un de l'autre. Durant un long moment, ce ne furent que douces brassées et franches étreintes. Ces marques d'amitié et d'affection terminées, Guilhem s'adressa à ses serviteurs, la gorge serrée :

— Je n'ai pu sauver Amicie de Villemur. Quant à Béziers, vous devez maintenant connaître son sort...

— Nous l'avons appris hier, seigneur, aussi craignions-nous le pire pour vous.

— Dieu est à mes côtés. Enfin, Lui ou un autre, plaisanta Guilhem sans sourire. Maintenant, il faut parler du départ. J'ai là quatre voitures et quelques chevaux pris à des croisés. Arriveront peut-être de Saint-Gilles encore un ou deux véhicules. Où en êtes-vous ici ? Quand pourrons-nous partir ? Le temps presse ! Chaque jour, de nouveaux croisés déferlent dans le Toulousain. Nous en avons rencontré, et il pourrait venir rôder quelques meutes par ici.

— J'ai acheté un grand chariot à Auch, seigneur, et le seigneur Adhémar nous en a vendu un appartenant au Temple.

— Et moi, j'ai apporté le mien, annonça Bartolomeo alors que tous se dirigeaient vers le portail.

Autour d'eux, les gens du château conduisaient des chevaux en les tenant par les mors et les brides.

— Il te manquera, objecta Guilhem.

— Non, car, avec Alazaïs, nous partons avec toi !

— Quoi ! Mais… ton château… ton beau-père…

— Le père d'Alazaïs a brusquement succombé en apprenant hier ce qui est arrivé à Béziers. Je t'avouerai que, depuis l'attaque de Lamaguère, je n'étais guère rassuré, aussi ai-je proposé à Alazaïs que nous allions avec toi. Nous confierons le château à Aldeguier. Tu le connais, c'est un vaillant et fidèle chevalier. Sa famille est fort respectée dans le pays, et il saura protéger Lasseube. Mon écuyer, Laguépie, et mon sergent d'armes, Pestillac, veulent nous accompagner, ainsi que deux arbalétriers et un valet d'armes, sans famille, qui suivent les deux principes et craignent de demeurer ici.

Guilhem prit Bartolomeo par le cou :

— Rien ne pouvait me faire plus plaisir, mon frère ! Nous allons nous retrouver sur les routes !

Jehan le Flamand, qui se tenait près d'eux, intervint :

— Il y a une autre surprise pour vous, seigneur, fit-il alors qu'ils franchissaient le portail pour entrer dans la basse-cour d'où surgissaient Thomas le cordonnier, Vidal et Ferrand.

Thomas, ami d'Aignan, était l'un des cathares parisiens arrivés avec Guilhem. Il savait tout faire de ses mains : coudre, coller, tailler, percer ou réparer. Aucune opération manuelle ne lui était étrangère. C'est lui qui s'occupait des instruments mécaniques du fief, que ce soient les métiers à tisser, les charrettes ou la sellerie. Quant à Vidal et Ferrand, le premier avait été engagé par Guilhem à l'époque où il craignait que Gilabert, seigneur de Saverdun, n'attaque Lamaguère pour reprendre Amicie de Villemur, et le second, ancien tenancier, bon chasseur et pisteur devenu guerrier, était cousin d'Alaric.

*

La basse-cour s'étendait devant la forteresse, construction de taille médiocre qui disposait seulement d'une grande salle surmontée de petites chambres et d'une tour d'angle. Ce manoir étant bien insuffisant pour toute la mesnie de Lamaguère, c'est dans la cour, protégée de sa palissade, que logeaient gardes et serviteurs, dans des bâtiments en bois et en torchis avec toits de pierre sèche. On trouvait également là le four, les écuries et les granges.

Les femmes et un valet s'activaient justement près du four, terminant les préparatifs du souper. Plusieurs hommes, eux, se tenaient devant l'écurie qui avait été agrandie et abritait quelques dizaines de chevaux. Mais ce n'étaient ni les préparatifs du repas ni les travaux de l'écurie qui constituaient la surprise annoncée par Jehan le Flamand.

C'était Lamigotte, un homme de petite taille, robuste, foncé de peau avec d'épais sourcils noirs, aussi touffus que sa moustache. Accompagné de plusieurs de ses mercenaires gascons, il approchait vers les nouveaux venus d'un pas nonchalant.

— Messire d'Ussel, vous ne vous attendiez pas à me revoir si tôt ! s'exclama-t-il, un large sourire amical éclairant sa face.

Un mois auparavant – un siècle pour Ussel avec tout ce qu'il avait connu depuis –, il avait rencontré Lamigotte en entrant dans Casseneuil, petit bourg fortifié d'une boucle de la Lède. Ce dernier commandait des arbalétriers et archers gascons engagés par Seguin de Balencs, le seigneur qui tenait la ville, afin de la protéger des croisés, elle qui abritait une importante communauté cathare.

Hélas ! Le lendemain de l'arrivée de Guilhem, une armée conduite par l'archevêque de Bordeaux,

Guillaume Amanieu, s'était installée autour de la cité pour en faire le siège. Le prélat avait exigé que les hérétiques albigeois sortent en tunique, pieds nus et sans coiffe, pour jurer foi envers l'Église et le Saint-Père. Sinon, il prendrait la ville, une menace non vaine tant son armée était forte. D'ailleurs, ne venait-il pas de mettre à sac plusieurs bourgs des environs qui n'avaient pas accepté ses conditions ?

Deux jours plus tard arrivaient à leur tour les troupes du comte d'Auvergne et celles du vicomte de Turenne qui, elles aussi, se joignaient à la croisade. Bien que pris au piège, Ussel et ses compagnons avaient réussi à vider les lieux en passant par la rivière, emmenant une aubergiste cathare et sa fille : Fabrissa et Mabilla.

Après leur départ, Guilhem avait appris que Seguin de Balencs avait finalement cédé aux croisés et livré les cathares, dont de nombreuses femmes, lesquelles, refusant de renoncer à leur foi, avaient été brûlées vives.

Compte tenu de cette bassesse, il demeura sur la réserve en découvrant le chevalier gascon. Bien sûr, celui-ci s'en aperçut :

— Je devine ce que vous pensez, messire.

— Je sais seulement que Balencs, votre seigneur, a livré Casseneuil, et que l'archevêque de Bordeaux a fait brûler les parfaits et les belles dames de l'hôpital, que j'aimais fort.

Le capitaine mercenaire serra la mâchoire, hocha la tête et appela :

— Guy, viens !

Le prénommé Guy était son sergent d'armes.

— Tu as assisté à nos débats à Casseneuil. Rapporte toi-même à messire d'Ussel ce que tu as entendu pour qu'il n'imagine pas quelque piperie de ma part.

— Messire de Balencs voulait négocier tant il craignait que la ville, dont il était coseigneur, ne soit pillée, dit le sergent. Messire Lamigotte s'opposait à lui, car il ne redoutait pas le siège. Casseneuil était imprenable et avait moult provisions, ce qui était vrai. Tous deux se sont affrontés.

Guilhem plissait le front.

— Le comte d'Auvergne exigeait qu'on remette les cathares à l'archevêque, que le bourg paie une amende de deux cents marcs d'argent et que nous nous retirions, ainsi que messire Balencs, reprit Lamigotte. Celui-ci a consulté les parfaits et les parfaites, qui ont accepté ces conditions pour sauver la cité. Nous sommes donc partis. Messire Balencs a gagné son château de Valens, mais j'ai refusé de l'accompagner. Guy et une poignée d'archers m'ont suivi.

Comme Guilhem gardait le visage fermé, le Gascon ajouta, un brin méprisant :

— Je suis un mercenaire, donc je devrais accepter les décisions de ceux qui m'engagent, quelles qu'elles soient ? Voilà ce que vous pensez ?

— Non.

— Un mercenaire a aussi une âme, de l'honneur et de la dignité, messire.

— Je vous l'accorde.

— Mes ancêtres étaient wisigoths. Mes gens et moi sommes ariens, et si nous ne partageons pas la religion des bons hommes, nous aussi avons été persécutés comme des hérétiques. Pour être clair, ce n'étaient pas seulement des gages qui nous avaient fait venir à Casseneuil, et en acceptant la décision de messire Balencs, nous avons perdu notre dignité. Certes, nous n'avions pas le choix, mais je ne pouvais demeurer à son service.

Ussel hocha lentement la tête, comprenant qu'il s'était vraisemblablement trompé sur Lamigotte.

— Comment êtes-vous arrivés ici ?

— Mes hommes et moi sommes de Pau, où nous rentrions, pauvres comme Job. En chemin, nous avons fait halte à Lectoure où le bayle nous a parlé de vous. Il nous a dit que vous craigniez d'être attaqués par des croisés, et que, peut-être, vous nous engageriez. Je vous avais jugé honorable, et c'était pour moi l'occasion de me racheter, si je pouvais protéger des cathares les armes à la main. Mes hommes ont approuvé. Nous sommes arrivés voici une semaine et avons appris ce qui s'était passé, trop tard donc pour nous faire engager. Mais maître Aignan nous a dit qu'à votre retour vous nous garderiez peut-être pour gagner le nord du royaume de France. Messires Alaric et le Flamand m'ont confirmé être prêts à me payer quatre besants par jour, trois pour Guy et deux pour chacun de mes hommes. J'ai donc accepté de vous attendre, d'autant plus qu'ici nous sommes bien nourris !

Il éclata d'un rire en saccades ressemblant assez au grognement d'un ours qui s'apprête à dévorer une brebis.

— Vous recevrez ces gages, confirma Guilhem en souriant, cette fois avec sincérité.

— Parlons affaires, alors. Combien de temps durera le voyage ? s'enquit le Gascon, brusquement plus sérieux.

— Au moins deux mois.

— Va pour deux mois. Je veux le quart des gages avant le départ. Le reste à l'arrivée. Je veux aussi cinquante pièces pour chaque mort à remettre à sa famille, et vingt pour chaque blessé invalide.

Guilhem avait été soudoyer, et ce que demandait Lamigotte était raisonnable.

— Marché conclu ! Aignan couchera tout cela par écrit et vous remettra la somme le jour du départ. En échange, il est entendu que vous nous accompagnerez jusqu'à Rouen et serez loyaux, quoi que je décide.

— Pour ma loyauté et celle de mes gens, elle vous est acquise à cette heure, et j'en ferai serment chez les chevaliers du Christ, si vous le souhaitez.

Il désigna l'église templière dressée de l'autre côté de la rivière.

— Mais vous n'avez pas seulement acquis notre foi, messire, vous disposez désormais des meilleurs archers et arbalétriers à cent lieues à la ronde. Certes, je suis gascon, mais je vous jure que je ne me vante pas !

— On verra ça ! Vous aurez l'occasion de vous mesurer à Ferrand et Peyre, qui sont bons tireurs.

Guilhem les désigna puis se tourna vers Aignan :

— Mon ami, nous sommes affamés, et cela fait un moment que ce fumet me torture.

Il montra le mouton entier qui cuisait sur une broche, près du four.

— Fais vite dresser des tables et prenons place dès que les rôts seront cuits.

À cet instant, Fabrissa et Flore, qui préparaient la soupe avec la jeune Mabilla, s'approchèrent avec respect.

Le cœur de Guilhem battit un peu plus fort à la vue de la première. Fabrissa, jeune veuve au visage mat, portait un ample bliaut et une coiffe qui retenait son épaisse chevelure noire et bouclée. Sans véritable beauté, elle était attirante par son sourire généreux. Il l'avait sauvée, ainsi que sa fille, à Casseneuil, et il aurait pu vivre une histoire d'amour avec elle si les liens qui l'attachaient à Rebecca, la mire de Rouen qui l'attendait, n'avaient été si puissants.

Quant à Flore, l'épouse d'Alaric, il s'agissait d'une maîtresse femme. Son premier époux, un serf, était décédé en Palestine où il s'était rendu pour se délivrer du servage, et bien que veuve sans ressources, elle était parvenue à revenir en France où Alaric était tombé sous son charme. Si, trop forte et sans beaucoup d'attraits, les méchants disaient qu'elle ressemblait à une outre, Guilhem connaissait son âme pure et vaillante. Flore avait sauvé ses gens à Rouen, et de nouveau à Lamaguère, n'hésitant pas à manier le couteau ou l'arbalète.

— Seigneur, j'ai tant prié pour vous ! dit-elle en pliant un genou.

— On vous a écoutée, dame Flore, et je devine que, si je suis ici vivant, c'est grâce à vos prières, répondit-il avec sincérité.

Alaric et le Flamand, qui bavardaient avec Peyre et Gregorio, se joignirent à eux et, brusquement, Ussel se souvint du charron et de sa famille.

Ce dernier, avec son fils et sa femme tenant l'enfantelet, attendait à l'écart, à la fois intimidé et embarrassé devant tant d'inconnus. Le seigneur de Lamaguère les héla donc avant de déclarer :

— Gentes dames, voici maître Fabre, qui remplacera notre charron. Son fils se nomme Elias, sa dame Sancie et le nourrisson Paul. Prenez soin d'eux et trouvez-leur une chambre.

— Celle de Geoffroi demeure vide, déclara Flore.

Geoffroi le Tavernier avait été tué dans l'attaque du château.

— Donne-la-leur.

— Dame Fabre, fit Flore avec chaleur, venez avec moi ! Je vais vous faire visiter les lieux, vous montrer où vous logerez et vous présenter à la noble dame Alazaïs de Lasseube, épouse de messire Bartolomeo, et à la dame de maître Aignan.

5

Elle entraîna la petite famille par l'estacade de bois permettant l'accès à la cour intérieure du château. L'échafaudage, qui surmontait une fosse servant d'abreuvoir, était le seul moyen de franchir l'entrée de la forteresse, ouverture voûtée située à près de deux toises du sol.

Peyre, Gregorio et maître Fabre s'éloignèrent avec Alaric et le Flamand, qui voulaient montrer les chariots du fief au charron. Ussel demeura donc devant Fabrissa, l'un et l'autre embarrassés, comme chaque fois qu'ils se retrouvaient tous les deux. Ils n'étaient pas amants, avaient failli l'être et ignoraient s'ils ne le deviendraient pas un jour.

— Je ne peux laisser ma fille seule s'occuper de la soupe, s'excusa l'ancienne aubergiste de Casseneuil au bout d'un moment de silence lourd de sens.

Elle s'éloigna, songeuse, et Guilhem la suivit quelques instants des yeux. Puis il se rendit jusqu'à l'abreuvoir où se tenaient, à l'ombre de l'estacade, plusieurs serviteurs du château, des réchappés de l'assaut conduit par Beaumont deux semaines plus tôt. Jusqu'ici ils n'avaient pas osé s'approcher du seigneur car ils étaient soit de naissance servile, soit nouveaux venus à Lamaguère.

Se trouvaient là Pujol, le valet du forgeron, solide gaillard aux muscles généreux mais à l'esprit lent ; un jeune palefrenier, Jaufre, seul rescapé des garçons d'écurie de Lamaguère ; un tenancier dans la quarantaine, Alphonse, qui avait perdu son épouse et ses trois fils, et dont le visage raviné et le regard égaré affichaient la perpétuelle détresse ; enfin, quatre Gascons, survivants d'une troupe engagée par Aignan quelques mois auparavant. Eux avaient pour nom Guiraud, Auzias, Albret et Comminges. Les deux premiers, dans la vingtaine, étaient frères, et les autres, plus âgés, venaient du même village.

Tous plièrent genou en voyant leur seigneur.

Guilhem posa son casque sur une grosse pierre, accola Alphonse, son tenancier, et demanda aux Gascons de l'aider à enlever son haubert dans lequel il cuisait, car la chaleur restait torride bien que le crépuscule approchât.

Guiraud et Auzias se précipitèrent. Comme il détachait son baudrier soutenant son épée, il les interrogea :

— Êtes-vous toujours décidés à partir avec moi ?

— Nous irons où vous irez, seigneur, affirma Pujol.

— Même en enfer ! fanfaronna Jaufre.

Songeant que le garçon d'écurie ne se doutait pas des épreuves qui les attendaient, et qui risquaient justement de ressembler à l'enfer, Guilhem ne dit rien et inclina le torse afin que les Gascons fassent passer la lourde robe de mailles par-dessus sa tête. Auzias la déposa ensuite près du casque tandis que Ussel soupirait de satisfaction en rajustant son baudrier sur son gambison de cuir écarlate.

— Dans combien de jours partirons-nous, seigneur ? osa le tenancier.

— Dès demain, tout le monde se mettra au travail sur les chariots et les charrettes. Les voitures seront nos sauvegardes durant le voyage, car nous n'entrerons pas dans les bourgs. Aux étapes, nous vivrons et logerons à l'intérieur. Maître Aignan et messire Bartolomeo vous donneront à chacun une besogne, et je peux déjà vous annoncer que toi, Pujol, tu auras en charge la forge où tu remplaceras son maître, que Jaufre vérifiera l'état des chevaux et qu'Alphonse rassemblera toute l'avoine qu'on pourra transporter. Vous autres, les Gascons, vous apprêterez les harnois des fredains qui ont succombé ici. Il faudra les adapter à chacun. Je veux que tous, hommes et femmes, soient en haubert ou en broigne avec un casque. Tout cela prendra au moins deux jours. Ensuite, nous partirons.

— Seigneur, on nous a dit que les croisés avaient emporté Béziers, interrogea l'un des Gascons, incrédule.

— C'est la vérité.

— Que sont devenus les habitants ? s'inquiéta-t-il d'une voix sourde, car évidemment il s'en doutait.

— Les ribauds croisés ont perpétré une boucherie. Il n'y a eu aucun survivant.

Livide, le tenancier se signa en tremblant.

— Comment est-ce arrivé ? Béziers était une grande ville, j'y suis allé, ses murailles étaient imprenables.

— À coup sûr, elles l'étaient, mais Bouchard de Beaumont, le maudit qui a conduit les fredains massacreurs ici, et que je poursuivais, a livré une porte par traîtrise...

Peut-être afin de rincer son esprit d'infectes remembrances, mais sûrement pour se rafraîchir aussi, Guilhem trempa sa tête dans l'abreuvoir alimenté par la source captée au cœur des collines. Comme doux était le goût de l'eau ! songea-t-il en avalant plusieurs goulées, avant de se redresser et de s'ébrouer, tout dégoulinant. Après quoi, il se lava longuement les mains.

Les hommes échangeaient des regards effrayés. Pourquoi le miséricordieux Jésus avait-il laissé perpétrer un tel massacre ? Satan allait-il vaincre partout ? frémissaient-ils.

— Qu'est devenu ce démon de Beaumont, l'assassin de ma famille ? s'enquit le tenancier quand le seigneur eut terminé ses ablutions.

Guilhem planta ses yeux dans les siens :

— Je l'ai tué comme le nuisible qu'il était, Gregorio et Peyre ont fait de même avec ses compères, et le duc de Bourgogne a fait pendre le reste de la horde. Cela ne te rendra pas les tiens, Alphonse, mais sache que tu as été vengé.

Il vit alors apparaître Colombe – l'épouse d'Aignan – et Alazaïs – celle de Bartolomeo – en haut de l'estacade. Guilhem contourna l'échafaudage et s'avança vers les dames.

— Que l'Esprit saint vous accompagne, leur dit-il.

Il n'avait pas cité Dieu, Colombe étant cathare et Alazaïs vaudoise.

— Seigneur, nous avions si peur de ne pas vous revoir, balbutia la première.

— Hélas, je n'ai pu sauver les parfaits de Béziers ni ma mie Amicie, fit-il sombrement.

— J'ai tant été heureuse ici, et pourtant maintenant j'ai hâte de quitter Lamaguère, seigneur. Après l'attaque du château, ce lieu me semble maudit.

— Peut-être l'est-il, reconnut Guilhem en songeant à la mort de son épouse Sanceline et de son enfant. Mais ce sont surtout certains hommes qui le sont, et ceux-là sèment le mal partout où ils passent.

Flore et Sancie parurent à leur tour, accompagnées de Gensame, une servante qui avait survécu à l'assaut de Bouchard de Beaumont et sauvé deux enfants perdus dans la cour : Orbria et Bernard, désormais orphelins. Derrière ces femmes, ce fut Mahaut, l'épouse de Jehan le Flamand, avec ses grandes filles, Hugonette et Jeannette, et son garçonnet, Simon, qui vinrent s'agenouiller devant leur seigneur.

Flanqué de Fabrissa, maître Aignan s'approcha alors pour demander à ce dernier s'il pouvait corner le repas, les arbalétriers de Lamigotte ayant monté les plateaux sur des tréteaux.

Ussel acquiesça, et l'intendant fit un signe à l'une des sentinelles, qui sonna du cor depuis le chemin de ronde. Dès lors, tout le monde se rassembla.

*

Gregorio arriva suivi de Mabilla qui trottinait derrière lui. La fille de Fabrissa vouait une admiration sans bornes au Pisan, qu'elle considérait comme un magicien depuis qu'à Casseneuil il avait fait disparaître un œuf pour le faire réapparaître dans la chevelure de sa mère. Un tour d'adresse appris de la jongleuse Iseult.

L'écuyer était accompagné de Peyre Adhémar, le commandeur templier qui avait en charge le moulin sur l'Arrats et l'église. Ce petit domaine du Temple était un alleu détaché du fief de Lamaguère au profit de la commanderie templière de Bordères. Les moines-soldats versaient chaque année un boisseau de seigle, un d'orge et un mouton, mais les paysans des manses devaient porter leur grain à moudre au moulin. En échange, ils pouvaient prier à l'église.

Guilhem accola Adhémar, lui proposant de se joindre à eux, ce que le moine chevalier refusa. S'il tolérait les hérétiques cathares, il ne tenait pas à partager leurs rites.

À part quelques couples qui restèrent ensemble, les hommes se regroupèrent, et les femmes seules, qui ne servaient pas les plats, se placèrent au bout des tables avec les enfants.

Quand chacun fut assis, Aignan, qui se tenait à gauche du seigneur, Bartolomeo étant à sa droite, saisit un pain de froment, cuit sous la cendre dans le four du château, que Fabrissa avait apporté enveloppé d'un linge blanc. Lui ayant fait toucher son cœur, il le posa devant lui en prononçant ces paroles : « Bénissez-nous, Seigneur. »

Il renouvela la prière avec d'autres pains, puis récita un Notre-Père en même temps que les convives, à l'exception de Guilhem qui refusait de prier.

— Mes amis, fit ce dernier lorsque ces rites furent terminés et pendant que Fabrissa, Mabilla, Sancie, Gensame, Hugonette et Jeannette coupaient d'épaisses tranches qu'elles déposèrent dans son écuelle et celles de ses fidèles, vous savez ce qui s'est passé à Béziers. Peyre m'a dit tout à l'heure qu'il avait la gorge sèche à force de l'avoir raconté.

Quelques hommes d'armes se fendirent d'un maigre sourire, mais la plupart étaient trop angoissés pour réagir à de telles paroles.

— Nous allons connaître un rude et long voyage de plusieurs semaines. Nous sommes trente-trois hommes, beaucoup ont l'habitude des armes, mais d'autres pas du tout. Ceux-là devront apprendre, et messire Bartolomeo et Laguépie les entraîneront dès demain avec Peyre, Alaric et Jehan le Flamand. Les dames et les enfants les plus âgés devront également s'instruire au maniement des arbalètes.

» Durant le trajet, chariots et charrettes seront nos logis, nos sauvegardes et nos celliers de vivres. Ils porteront nourriture, fourrage, vêtements, armes et literies, et devront être en parfait état. Maître Fabre, notre charron, y veillera.

Ce dernier se rengorgea et opina, tandis que son épouse rougissait de fierté en voyant reconnaître l'importance de son homme.

— Femmes et enfants voyageront dans les véhicules sauf s'ils veulent chevaucher. Les hommes à cheval formeront escorte.

— Que se passera-t-il si nous rencontrons des estropiats ? s'enquit Bartolomeo, dont l'une des filles de Jehan venait d'emplir le pot, tandis que les autres femmes distribuaient des tranchoirs de seigle ou de méteil[1] d'un demi-pied d'ample à ceux qui n'avaient pas reçu du pain de froment.

— J'ai été prévôt de l'hôtel du roi et j'en ferai état. Et s'ils ne veulent pas m'entendre, nous les exterminerons comme mes écuyers et moi l'avons fait avec les Flamands déjà rencontrés.

» Parle, Gregorio ! ajouta-t-il en voyant que son écuyer s'agitait.

— Nous les avons pris par surprise, seigneur. Les choses auraient été différentes s'ils s'attendaient à notre attaque.

— Tu as raison. On agira selon les circonstances. Je prendrai la tête de l'avant-garde et, si je rencontre une herpaille, nous la piégerons sans état d'âme.

Guilhem savait que ce ne serait pas si simple, mais il fallait rasséréner ses gens, car la confiance est mère de la victoire.

Ses paroles eurent l'effet souhaité et, après que le brouet eut couvert tranchoirs et tailloirs, des bavardages plus futiles s'installèrent. Guilhem raconta à Aignan ce qu'il était advenu de Bertaut et de sa femme, et à Bartolomeo ses rencontres avec Bourgogne, Nevers, Montfort et le comte de Toulouse.

1. Mélange de blé et de seigle.

La soupe terminée, on apporta le mouton, que Lamigotte et l'écuyer de Bartolomeo se chargèrent de découper. Chaque convive reçut une belle part, sauf les bons hommes et les bonnes femmes les plus pieux, comme Aignan, Thomas, Alphonse le tenancier, Colombe et Fabrissa, qui refusaient la viande.

Ensuite, on distribua des fruits et des confitures. Satisfait et repu, Ussel observait ses gens dans un mélange de satisfaction et de tristesse. Ayant perdu trop de fidèles au cours des jours passés, il se demandait combien, parmi ceux à ces tables, rejoindraient les absents.

6

Le lendemain, dès l'aurore, chacun se mit au travail. Après avoir examiné toutes les voitures, maître Fabre décida qu'aucune ne lui convenait. Il fallait changer des roues, en cercler d'autres, modifier ou allonger les timons, remplacer des essieux, installer de hautes et solides ridelles capables de résister à des viretons, et fabriquer des bâches de cuir.

Le charron s'occupa d'abord des essieux, puis des roues. Avec les éléments rapportés de Toulouse, la besogne fut simple, mais, pour beaucoup d'autres pièces, il fallut les fabriquer. Par chance, nombre d'hommes savaient manier scies et herminettes, et le bois de chêne, d'orme et de châtaignier qu'Aignan entreposait depuis des années ne manquait pas.

Thomas se chargea de coudre des bâches à partir des peaux tannées dont il disposait. Là encore, hommes et femmes furent mis à contribution et, les cuirs étant plus que suffisants, ils purent également assembler un pavillon bien utile lors des bivouacs en cas de pluie, tout le monde ne pouvant trouver place dans les chariots.

Les véhicules auraient besoin de trois douzaines de chevaux, car même si plusieurs voitures ne seraient tirées que par deux roussins, des bêtes de rechange deviendraient nécessaires. À ces animaux de trait s'ajoutaient les coursiers pour les hommes – une quarantaine –, plus des animaux de bât. Heureusement, entre les destriers apportés par Guilhem, ceux du fief et de Bartolomeo et ceux ayant appartenu aux gens de Bouchard tués dans l'assaut, les bêtes seraient en nombre suffisant.

La basse-cour du château ressemblait donc à une ruche bourdonnante. Guilhem se montrait partout, donnant des conseils, surveillant les travaux mais surtout intervenant à la forge, près de l'Arrats, car il en savait bien plus sur l'art des fèvres que le valet du forgeron.

Fabre avait fait porter les roues à cercler, dont certaines dépassaient quatre pieds de diamètre. Peyre jouait au maréchal-ferrant, vérifiant les fers des sabots des coursiers qu'on lui laissait, tandis que deux Gascons confectionnaient charnières, crochets, pivots, broches, chevilles et clavelles pour les timons et les roues.

Après des heures de travail exténuant à la forge, sous une chaleur d'enfer, Guilhem se fit remplacer et rejoignit Bartolomeo, lui aussi installé près de la rivière où il préparait le dangereux mélange de feu grégeois du perse Nedjm Arslan : six parts de soufre et de sel de roche pour une de charbon pétri dans de l'urine. Le fils du cardinal Ubaldi lui expliqua qu'il confectionnerait de petits sacs pouvant être attachés à des flèches, mais aussi des pots de terre à envoyer à la main. Ils avaient utilisé cette poudre à Rouen et savaient combien elle causait de dégâts, aussi Bartolomeo voulait-il en faire le plus possible tout en étant limité par la quantité de soufre dont il disposait.

Ussel revint ensuite au château en songeant que plus de trois jours seraient nécessaires pour achever ces préparatifs. En vérité, malgré la bonne volonté de chacun, et l'aide apportée par les autres tenanciers du fief, il manquait cruellement d'artisans et d'ouvriers capables de travailler le bois, le fer et le cuir. Combien auraient été utiles son ancien charron, son forgeron et les compagnons de Thomas qui, hélas !, avaient tous trouvé la mort.

À proximité de l'enceinte, il rencontra les deux fils d'Aignan en compagnie d'un Gascon. L'aîné, Guillaume, avait dix-sept ans, et son cadet, Raoul, seize. D'ordinaire, tous deux logeaient dans une tour de guet, en haut de la colline proche, d'où ils signalaient les visiteurs. Les garçons s'étaient courageusement battus, et avaient même été blessés lors de l'attaque de Beaumont, ce qui avait provoqué la fierté de leur père, mais l'avait également contrarié car, si Raoul respectait à peu près les préceptes de la religion des deux principes, Guillaume ne rêvait que de plaies et de bosses.

— Seigneur, on est venu nous chercher pour nous ajuster des broignes ! s'exclama ce dernier, terriblement excité.

— Tout le monde y passe, expliqua le Gascon en riant. Le sergent Guy a établi un atelier où mes camarades ajustent les mailles des hauberts et des cervelières, et retaillent les broignes.

— Qui assure le guet à la tour ? s'inquiéta Ussel.

— Deux des nôtres, seigneur, n'ayez crainte !

Tous quatre revinrent dans la basse-cour où Guillaume demanda :

— Seigneur, hier, sire Lamigotte m'a dit de prendre une épée parmi celles entassées dans un tonneau, mais je ne sais comment la choisir, pourrez-vous m'aider ?

— Bien sûr ! Il te faudra aussi une hache ou un marteau, une rondache et un casque. On va regarder ces harnois ensemble.

Dans la cour, tout le monde s'activait. Les enfants d'Aignan se dirigèrent vers l'atelier où Thomas et des Gascons, armés de pinces et de tenailles, découpaient et assemblaient tissus de mailles et plates de fer. Sur les tables étaient étalés toutes sortes de hauberts, gants, genouillères, pièces d'armure, corselets, casques et heaumes, ainsi que des gambisons et des gilets matelassés.

Pendant qu'on ajustait des cuirasses à Guillaume et Raoul, Guilhem se rendit aux tonneaux contenant des épées. Il s'agissait de demi-barriques, l'une pleine de brettes, une autre de haches et bardiches, une troisième de marteaux d'armes, d'épieux et de fauchards. À côté, des corbeilles d'osier contenaient dagues et couteaux.

Ussel tira plusieurs épées, les soupesa et, finalement, en retint deux, la plus lourde étant pour Guillaume. Il fit de même pour les haches et les cotels et apporta son choix aux enfants d'Aignan qui essayaient des broignes.

— Voilà qui fera l'affaire. Je vous donnerai également quelques leçons…

— Je m'en chargerai demain, seigneur, avec tous ceux qui n'ont pas l'habitude de manier l'épée, intervint Lamigotte.

— Vous êtes donc entre de bonnes mains...

Guilhem n'eut pas le temps de poursuivre car il vit le père des garçons arriver en compagnie du commandeur Peyre Adhémar. Derrière le templier suivaient deux frères servants.

— Messire Ussel, pardonnez-moi mais je suis allé demander de l'aide à messire Adhémar. Nous manquons de menuisiers pour les chariots, et ces servants s'occupent de l'entretien du moulin. Ils savent façonner à peu près n'importe quelle pièce de bois.

Adhémar avait été un ennemi, puis l'amitié et l'estime étaient nées entre lui et Guilhem. Il l'accola en le remerciant, et le templier lui répondit, goguenard :

— Vous me manquerez, seigneur d'Ussel, mais je ne veux pas vous cacher que mon soutien à vos préparatifs est intéressé.

— Je sais ce que vous désirez, messire, et je vous l'accorde volontiers. Après mon départ, vous pourrez reprendre le château, Raymond de Toulouse aura d'autres chats à fouetter que de vous le disputer. Cependant, en échange, je vous demande de vous occuper des tenanciers.

— Ne craignez rien !

— Même ceux qui observent les deux principes, insista Guilhem.

— Même eux. Vous savez que le Temple ne les considère pas totalement comme hérétiques. Donc nous les protégerons.

Il se tourna vers les servants :

— Vous deux ! Mettez-vous au travail sur les chariots.

Il désigna l'atelier de menuiserie où maître Fabre supervisait la fabrication de roues à moyeux.

— Messire d'Ussel, je viendrai vous saluer avant votre départ, et je prierai chaque jour Notre-Seigneur pour qu'Il vous donne bonne encontre durant ce long voyage.

Les deux hommes s'accolèrent, et Adhémar reprit le chemin de l'église du Temple.

— Ami Aignan, j'ai oublié de te parler d'un autre dessein que j'ai. As-tu de la peinture jaune et bleue ? s'enquit Guilhem en regardant s'éloigner le commandeur.

— Oui, et je peux en préparer sans tarder si j'en manque. Il y a de la guède partout pour faire du pastel et un champ entier de réséda peut me fournir du jaune.

— Je veux que les ridelles et les bâches des chariots portent les armes du roi de France. Trois fleurs de lys sur un écu bleu, surmontées d'une couronne d'or. Et aussi ces armes sur les écus des hommes et sur notre étendard.

Aignan demeura silencieux un instant, comprenant peu à peu où son maître voulait en venir.

— Vous souhaitez nous faire passer pour un convoi du roi ?

— N'ai-je pas été prévôt de son hôtel ?

— Mon fils Raoul est un bon peintre, comme les filles de Jehan et, je l'ai observé, Fabrissa. Je pourrai leur confier cette besogne après avoir dessiné les armes. Mais il faudra que je fasse un vernis afin de protéger les peintures de la pluie.

— As-tu ce qu'il faut ?

Un instant de réflexion.

— J'y parviendrai avec de la gomme de cerisier et de la colle de peau de lapin. Colombe, ma tendre épouse, la préparera.

— Est-elle dans le château ? Je ne l'ai pas vue dans la cour.

— Avec d'autres femmes, elles pétrissent dans la salle les pâtes des pains et tranchoirs à cuire demain.

— Allons les voir.

*

Ils se dirigèrent vers l'estacade, grimpèrent les marches de bois, franchirent la porte voûtée et traversèrent la petite cour où se trouvait une fontaine dont l'eau s'écoulait dans l'abreuvoir.

Ils entrèrent dans la grande salle. Effectivement, plusieurs femmes s'y tenaient avec quelques enfants. Puisant les farines de froment et de seigle dans des sacs provenant du moulin du Temple, elles préparaient des mélanges qu'elles malaxaient sur un pétrin improvisé formé de planches assemblées par Thomas le cordonnier. D'autres, aidées par les enfants, emplissaient de provisions des caisses et des paniers.

Tout ce monde cessa son activité en voyant entrer le seigneur.

— Mes dames, je viens vous parler de notre voyage, annonça Guilhem.

Elles se rassemblèrent devant lui.

— Vous ne l'ignorez pas, le trajet sera périlleux, fort périlleux, même. Nous rencontrerons bien des brigands avides qui chercheront à tirer aubaine du passage d'un riche convoi sur leurs terres. Aussi, pour écarter une partie de ces rapaces, nous nous ferons passer pour des gens du roi de France.

Échanges de regards intrigués entre les femmes.

— Dame Colombe, vous serez une tante de notre Sire que je serais venu chercher à Toulouse avec sa suite. Pour que l'histoire soit vraisemblable, voitures et cottes des hommes d'escorte seront peintes aux armes de Philippe Auguste. Vous vous vêtirez donc comme une noble dame. Je vous ai choisie, Colombe, parce que vous parlez parfaitement la langue d'oïl, ce qui n'est pas le cas de dame Alazaïs, se justifia-t-il. Dame Alazaïs restera donc l'épouse de Bartolomeo. Flore, qui parlez également en oïl, vous serez première dame de compagnie, et Fabrissa vous deviendrez une béguine. Je vous donnerai plus de détails dans les jours qui viennent. Colombe et Flore, quand nous rencontrerons du monde, vous ne prononcerez le moindre mot en occitan.

De nouveau, les femmes s'entre-regardèrent, plutôt ravies de jouer cette comédie. Alazaïs, en revanche, demeura maussade. Était-elle dépitée de ne pas avoir été choisie pour faire la parente du roi ? C'était bien possible, jugea Guilhem, mais, ne parlant pas les dialectes du Parisis, il n'avait pu la retenir pour ce rôle.

— Dès que vous en aurez terminé avec les provisions, vous taillerez guidons et étendards dans des draps peints avec des fleurs de lys. Dame Colombe, vous prendrez l'un des plus beaux bliauts que possédait Sanceline, ceux qui se trouvent dans la huche de la tour, et vous le broderez de fleurs de France.

» Aignan (il se tourna vers lui), tu veilleras à ce que ton épouse occupe le plus grand chariot et qu'il soit meublé somptueusement.

— Oui, seigneur. Votre idée est excellente. Nous allons nous éviter ainsi bien des tracas…

— Il en restera, hélas, car le roi de France est loin, et pas honoré par tous ses sujets.

— Justement, intervint Alazaïs, que se passera-t-il avec les seigneurs qui ne craignent pas leur souverain ? Ou les bandes d'Anglais ?

— S'ils envisagent de nous attaquer, ils le paieront cher. Nous les tuerons sans miséricorde, répliqua Guilhem.

*

Trois jours plus tard, les préparatifs se terminaient. En fin d'après-midi, Guilhem passa en revue les véhicules rassemblés dans la cour. Maître Fabre avait enduit les essieux de graisse de porc. Charrettes et chariots possédaient désormais freins et timons oscillants. Leurs épaisses ridelles, percées de meurtrières, permettraient sans risque de tirer des viretons.

La veille, un char à quatre grandes roues était arrivé de Saint-Gilles et avait aussitôt été transformé. À présent, quatre chariots étaient aménagés pour transporter dames et enfants, la suite et les proches de la « tante » du roi de France, ainsi que leurs bagages entreposés dans des huches. Des véhicules tous royalement décorés. Peints en vert ou en blanc, ils affichaient sur les ridelles de leurs flancs l'écu royal couronné. Deux charrettes portaient du fourrage, essentiellement de l'avoine dont les chevaux auraient besoin, tandis qu'un chariot débordait de roues, d'essieux, de matériel divers et contenait même une petite forge. Les deux derniers dégorgeaient de nourriture, de sacs de farine, de fruits de la dernière récolte, de barils de vin aussi.

Le lendemain, avant le départ, les chevaux de bât seraient chargés avec le reste des bagages et d'autres caisses de vivres. Enfin, Bartolomeo, le Flamand, Alaric et les écuyers iraient eux-mêmes chercher les coffres d'or de Guilhem rangés dans la cave du château, ensuite soigneusement répartis dans les véhicules.

*

Le soir, les voyageurs se rassemblèrent pour le dernier repas à Lamaguère. Les tenanciers du fief furent invités avec leur famille ainsi que Peyre Adhémar, qui, cette fois, accepta. Guilhem fit mettre en perce les tonneaux de vin qu'il n'emportait pas, et tout le monde se gava jusqu'à plus faim, essayant de ne pas penser à ce qui les attendait.

7

Le convoi arriva en vue de Montauban au troisième jour d'un voyage sans histoire. Il avait progressé de sept à neuf lieues quotidiennes, et Guilhem se montrait satisfait de la solidité et de la maniabilité des véhicules.

Les hommes se succédaient pour les conduire et commençaient à avoir une bonne pratique. Dans les passages difficiles, un second cocher montait sur le cheval de flèche, ou marchait en tenant sa bride. Ils auraient même pu aller plus vite s'ils n'avaient été suivis de molosses et d'un troupeau de moutons.

Les chiens, Alaric, Peyre et Ferrand avaient demandé à les prendre, les jugeant utiles pour la chasse et comme gardiens la nuit. Guilhem regrettant de laisser le troupeau de moutons de Lamaguère, une vingtaine de bêtes, il avait décidé de les emmener également. Bien sûr, ces animaux, conduits en général par Vidal ou Alphonse, avec l'un des fils d'Aignan, demeuraient à la traîne et arrivaient tardivement au lieu choisi par Guilhem pour le bivouac, toujours situé près d'un ruisseau, puisqu'il connaissait parfaitement le pays.

En vérité, le seul désagrément demeurait la chaleur. Oppressante dès le matin, elle transformait en fournaise les protections de fer vite brûlantes sous le soleil. Dans les gambisons matelassés, chacun était trempé de sueur, attaqué qui plus est par des essaims de mouches et moucherons voraces. Même ceux qui se tenaient dans les voitures souffraient, gênés par le manque d'ouvertures.

Malgré cela, à mesure qu'ils s'écartaient de Lamaguère, les habitants du fief se voyaient gagnés par une humeur plus enjouée, comme si l'éloignement du lieu où tant de leurs proches avaient trouvé la mort dissipait le cauchemar. Même l'inquiétude quant à leur sort, qui les avait longtemps rongés, s'apaisait. Il faut dire que les dangers redoutés ne se présentaient pas, que les haltes se révélaient agréables et les repas copieux.

*

Le camp fut dressé en bordure du Tarn, à quelques centaines de cannes du bac et en face des massives murailles de briques de la cité.

Montauban avait été fondée par Alphonse Jourdain, arrière-grand-père du comte actuel qui y avait d'abord construit un château sur un éperon surmontant un méandre du Tarn nommé Montalba, le « Mont-Blanc ». La ville s'était ensuite étendue autour de la fortification, bien protégée des incursions de routiers par les trois rivières qui l'entouraient comme par ses solides murailles. Un viguier, qui se faisait appeler vicomte, représentait Raymond de Saint-Gilles[1], et un capitoulat de

1. Le comte de Toulouse était issu de la branche de Saint-Gilles.

dix prud'hommes élu pour un an dirigeait la cité en appliquant la charte donnée par le fondateur selon laquelle ils devaient respecter les droits du comte, les franchises et les coutumes.

Montauban comptait de nombreux cathares et était donc fidèle à Toulouse. Or cette fidélité pouvait justement créer des difficultés, jugeait Guilhem. Jusqu'à présent, il avait évité les bourgs où on le connaissait, ne voulant pas qu'on apprenne son départ. Comme on le savait riche, la rumeur d'un convoi avec ses gens se répandrait vite, ce qui ne manquerait pas d'attirer les bandouillers. À Montauban, il était donc indispensable que l'on croie à la fable qu'il allait raconter.

Laissant le commandement à Bartolomeo, Guilhem se rendit jusqu'au bassin où se trouvaient les barques permettant de traverser la rivière. Gregorio et une escorte d'arbalétriers l'accompagnaient.

Lorsque Alphonse Jourdain avait créé la ville, il avait stipulé sur sa charte qu'il faudrait construire un pont fortifié sur le Tarn. Mais l'argent avait fait défaut, et rien n'avait été entrepris. Pour passer la rivière, il fallait toujours utiliser des barques, ou des gabares pour les gros chariots.

Quand Guilhem arriva devant l'anse qui servait de port, s'y trouvaient deux barquettes, un radeau et une longue gabare que trois ou quatre hommes manœuvraient avec des rames et des gaffes sous le regard attentif d'un maître marinier.

Ussel avait déjà fait affaire avec lui quelques années plus tôt. Il le salua et lui dit :

— Mon maître, j'ai besoin de vous demain, pour toute la journée. J'ai neuf chariots et une centaine de chevaux à faire traverser.

— *Fan Diou !* Ça va vous coûter cher, seigneur ! Et c'est pas dit que la journée suffise !

— La journée suffira : il y a une autre gabare en face, prévenez son patron que je la réserve aussi. Maintenant, dites-moi votre prix.

L'homme prit un air matois.

— Douze deniers par chariot, quatre par monture, deux par personnes. C'est le tarif, seigneur.

— J'ai aussi des chiens et une vingtaine de moutons.

— Disons trente deniers de plus.

— Entendu. Si nous sommes tous de l'autre côté demain soir, tu recevras en plus dix besants d'or. Sinon, tu auras moitié moins. Moi aussi, je connais les prix.

— Alors vous y serez, seigneur ! promit l'homme, visage réjoui.

En un jour, il gagnerait autant qu'en un mois.

— Les chariots arriveront avant la pique du jour, annonça Guilhem.

La troupe fit demi-tour et revint au campement où Lamigotte entraînait Jaufre le palefrenier et Alphonse le tenancier au lancer du javelot ; Gregorio faisait de même, mais à l'épée, avec Guillaume et son frère. Les femmes surveillaient la cuisson d'un mouton.

Guilhem prévint ses gens d'une prochaine visite et rappela ses instructions, en particulier que chacun apparaisse avec des vêtements bien brossés et des armes étincelantes. N'étaient-ils pas des gens du roi de France ?

Le souper s'ensuivit, durant lequel chacun s'installa sur des pierres ou des souches, à l'exception bien sûr des sentinelles. Ce fut après ce repas, complété de galettes de froment et d'amandes confites au miel, qu'un guetteur annonça le cortège. Ussel, qui avait remplacé son haubert par une robe écarlate et arborait à son double baudrier une épée offerte par le comte de Foix, fit placer ses gens devant les chariots, sauf Colombe, Fabrissa et Alazaïs qui restèrent près de lui, avec Bartolomeo. Quant aux enfants, ils devaient se dissimuler dans les véhicules.

La troupe parut. Trois cavaliers montés sur de robustes juments tachetées, tous revêtus de robes pastel à gros plis et larges manches laissant voir leur chainse. L'un d'eux brandissait un guidon à la croix cléchée rouge de Toulouse. S'ils portaient une épée attachée à des baudriers noués, ils n'étaient pas équipés pour se battre, d'ailleurs n'arboraient-ils que des chapeaux de feutre. Derrière suivaient deux personnages cahotant sur des mules grises, chacun en bliaut, l'un vert pomme et l'autre violet, et cale de toile couvrant les oreilles.

Le cavalier de tête était un homme râblé, à cheveux gris et longue barbe. Guilhem l'avait approché plusieurs fois à la cour de Saint-Gilles, au temps où il était capitaine des gardes. Il se nommait Giraud. Il s'agissait du viguier de Montauban choisi par Raymond de Toulouse, celui auquel l'usage donnait le titre de vicomte.

— Messire d'Ussel ! s'exclama-t-il en découvrant avec surprise le seigneur de Lamaguère, tandis que les regards de ses compagnons balayaient le bivouac, guignant les armes du roi de France qui s'affichaient sur les chariots et les cottes.

— Vicomte, répliqua Ussel en s'inclinant. Que l'Esprit saint vous protège.

— Et qu'Il vous offre bonne encontre, seigneur. À vous et à vos compagnons, répliqua le viguier en s'attardant sur Colombe, revêtue d'un bliaut immaculé au galon fleurdelisé.

Les visiteurs mirent pied à terre, et Guilhem présenta fort solennellement la femme d'Aignan comme étant Marguerite de Champagne, tante du roi de France. Puis il nomma Bartolomeo et son épouse Alazaïs de Lasseube, et, enfin, Fabrissa, dame béguine de Toulouse.

À son tour, le viguier désigna ses écuyers et les hommes en bliaut, deux des capitouls de la cité.

— Nous avons été prévenus d'un convoi aux armes de France, et sommes venus aussitôt, fit Giraud qui ne cachait pas sa curiosité. Je ne m'attendais pas à vous voir, messire d'Ussel. Je vous croyais à Paris. De plus, j'avais entendu dire que des croisés s'en étaient pris à votre fief.

— Fort juste, désirez-vous que je vous narre les raisons qui me conduisent ici ?

— Volontiers, messire, répondit un capitoul dont les yeux plissés exprimaient un mélange de méfiance et d'intérêt.

— Je suis, vous le savez, prévôt de l'hôtel du roi. Voulez-vous voir mes lettres et mandements ?

Sans attendre de réponse, il sortit de son aumônière deux parchemins pliés en quareignon qu'il tendit à Giraud. Le premier document portait le sceau rouge du roi de France sur un lé de soie rouge. Écrit en latin, le viguier le traduisit à haute voix :

À mes prévôts, baillis, seigneurs, chevaliers et fidèles amis

Je vous mande de recevoir et d'assister le seigneur Guilhem d'Ussel, notre homme lige, pour tout ce qu'il vous demandera, car il le fera par amour de moi. J'userai de la plus grande rigueur envers ceux qui s'y refuseront.

Philippe

Le second était celui que lui avait remis frère Guérin, le chancelier de Philippe Auguste, et qu'il avait montré aux capitaines de la croisade, à Béziers.

In nomine sancte et individue Trinitatis. Amen. Philippus Dei gratia Francorum rex… Ordonne à ses prévôts, barons, baillis, chevaliers, abbés et évêques d'obéir en tout à Guilhem d'Ussel, garde de la prévôté de mon hôtel, lequel exercera la justice en mon nom comme bon lui semblera.
Ceux qui n'appliqueront pas mon ordre le paieront de la confiscation de leurs biens, de leur vie ou du bannissement du royaume de France.

Suivait le monogramme royal, comprenant l'ensemble des lettres du nom PHILIPPUS, centré sur un H majuscule.

Et, plus bas : *Per manum fratris Garini*[1].

Sous le monogramme, à l'extrémité d'une double courroie de cuir blanc, pendait un sceau de cire jaune marqué de la fleur de lys.

Giraud, impressionné, tendit les documents aux capitouls, qui les saisirent avec un immense respect, n'ayant jamais eu en main un pli au sceau de France.

— Je vous propose de prendre siège sur ces souches, car mon récit sera un peu long.

Le viguier récupéra les plis qu'il rendit, et les gens de Montauban obtempérèrent, de plus en plus intrigués. Les femmes et Bartolomeo s'installèrent également sur un tronc d'arbre couché.

Guilhem commença en expliquant que le roi l'avait chargé de poursuivre et ramener à sa cour le sire Bouchard de Beaumont, chevalier félon qui avait été au service de son fils, afin qu'il soit également jugé pour hérésie.

Les gens de Montauban haussèrent les sourcils. S'agissait-il d'un cathare ? se demandaient-ils. Ussel les rassura :

— Il faisait partie d'une Église niant le péché et la Résurrection, et affirmant qu'il n'existait ni enfer ni paradis, ce qui autorisait ses fidèles à toutes les débauches. Je l'ai poursuivi jusqu'ici, ainsi que l'herpaille de ribauds qu'il avait rassemblée, car j'étais persuadé qu'il voulait rejoindre les croisés. En vérité, il cherchait surtout à se venger

1. Frère Guérin, chancelier de Philippe Auguste.

de moi. Il s'en est pris à mon fief, et mes gens l'ont mis en échec. Je l'ai ensuite pourchassé jusqu'à Béziers où je l'ai vaincu dans une ordalie devant l'abbé Amaury, juste après la prise de la ville.

— Y étiez-vous ? s'exclama Giraud.

— J'y étais.

— Vous risquiez votre vie ! intervint un capitoul.

— Je suis prévôt de l'hôtel du roi, et j'exécute les ordres de mon monarque, répliqua Ussel, martialement.

» Bref, après l'ordalie, j'ai rencontré le comte Raymond qui m'a demandé un service. La tante de notre roi (il désigna Colombe, qui baissa les yeux) s'était rendue en pèlerinage à Compostelle et, à son retour, les gens de son escorte avaient été atteints par la peste. Avec quelques dames de compagnie, elle s'était réfugiée chez les béguines, mais ne savait comment revenir en Champagne, car Raymond ne pouvait lui fournir d'escorte, prisonnier qu'il était de la croisade. Puisque je retournais auprès du roi, notre comte m'a demandé de la protéger.

» Messire Bartolomeo est venu avec nous car il souhaite rendre visite à sa sœur qui vit en Angleterre. Dame Fabrissa, béguine, accompagne la tante de notre roi pour rejoindre un béguinage en Champagne.

— Une tante du roi, dites-vous ? dit le capitoul, méfiant.

— Dame Marguerite, sœur cadette d'Adèle de Champagne, la mère de notre roi, est religieuse à Fontevraud. Adèle de Champagne a eu cinq sœurs, répliqua froidement Guilhem, feignant de juger surprenant qu'un homme cultivé ignore la généalogie royale.

Colombe approuva d'un signe de tête. Honteux d'être réprimandés ainsi, les capitouls se turent et, n'osant plus poser de questions, le viguier se leva, imité par ses compagnons. Tous s'inclinèrent profondément devant la royale tante.

— Que pouvons-nous faire pour faciliter votre voyage ? s'enquit alors le vicomte avec flagornerie.

— Nous avons besoin de pain ou de tranchoirs, de fromage, de fruits et de fourrage. Si des marchands peuvent nous en proposer quand nous aurons passé la rivière, je vous en serai reconnaissant, dit Guilhem. Tout sera payé en bonne monnaie, bien sûr.

— Ils seront prévenus dès ce soir, assura le capitoul, dont la méfiance s'était transformée en respect.

8

La journée du lendemain fut entièrement consacrée au passage du Tarn. Il fallut un voyage par véhicule. Dans deux d'entre eux se trouvaient les enfants, auxquels on avait imposé silence. Leur découverte aurait mis à mal le conte de Guilhem, car comment expliquer leur présence ?

Quatre ou cinq mariniers munis de perches faisaient avancer la gabare dans laquelle hommes et femmes prenaient également place. Aignan partit au premier voyage et acheta des vivres aux cinq ou six marchands qui attendaient sur l'autre rive. Prudent, Guilhem avait également envoyé quelques arbalétriers, sous le commandement de Guy, chargés de veiller à ce que tout se déroule bien.

Après les voitures, ce fut le transport des chevaux, plus long et plus difficile, car plusieurs bêtes se montrèrent farouches. Mais, en fin de compte, il restait quelques heures de jour quand le convoi se rassembla sur l'autre rive.

Proposant que les véhicules pénètrent dans l'enceinte, les capitouls offrirent un banquet en l'honneur de la tante du roi, mais Ussel déclina. Il aurait eu à donner d'autres explications, et

Colombe se serait montrée incapable de répondre à la plupart des questions posées. Les voyageurs repartirent donc pour établir un campement nocturne à une demi-lieue de Montauban.

*

Le convoi arriva à Cahors trois jours plus tard. Guilhem était venu à plusieurs reprises dans cette ville gouvernée par l'évêque Guillaume, religieux malveillant, redoutable ennemi de l'hérésie cathare. Cependant, le seigneur de Lamaguère comptait dans la cité sinon des amis, du moins des personnes qui lui avaient rendu service et qu'il estimait. En premier lieu, le commandeur de Sainte-Marie du Temple et son maître de la milice, Grimal de Salviac, ensuite le prévôt ecclésiastique, l'officier qui lui avait permis de retrouver Flore, enlevée par un fredain alors qu'il revenait de Rouen. Certes, le prévôt dépendait de l'évêque, mais il tenait également sa charge de son père et de son grand-père. Il disposait donc d'un pouvoir aussi étendu que le vicaire de l'évêché.

L'ancienne *Civitas Cadurcorum*, construite dans une boucle du Lot, était protégée par un solide rempart. Du midi, on y accédait depuis le pont Notre-Dame, édifice de pierre supporté par six arches et fermé à ses extrémités par des châtelets défensifs.

Quand les gardes aperçurent l'important convoi de véhicules escorté d'une troupe armée, ils firent clore les portes des châtelets tandis qu'un sergent partait prévenir le prévôt. Pour eux, il était hors de question de laisser passer des véhicules bâchés aussi nombreux, qui pouvaient renfermer des hommes d'armes projetant de prendre la ville. Après tout, c'était ainsi que procédait Peyragas, terrible brigand ayant jadis terrorisé le pays.

Aussi, lorsque Ussel et Bartolomeo se présentèrent à la porte, on leur demanda d'attendre devant la chapelle Notre-Dame-de-Saint-Georges, située à l'entrée du pont, un endroit où se dressait un échafaud avec une potence à laquelle étaient suspendus trois corps en partie dévorés par des corbeaux.

Le viguier apparut peu après, passablement inquiet puisque le sergent avait parlé d'une troupe du roi de France. En franchissant la poterne, il reconnut Guilhem d'Ussel et se montra rassuré.

— Très honoré seigneur, que toutes les bénédictions de Dieu vous préservent, déclara-t-il d'un ton malgré tout intrigué.

Il savait Ussel homme lige du roi de France et avait entendu dire qu'il était devenu prévôt de son hôtel. Y avait-il un rapport entre cette soudaine arrivée et l'armée de croisés que Philippe Auguste avait autorisée à ravager le Toulousain ? Il souhaitait évidemment en savoir plus.

— Venez-vous pour rencontrer monseigneur Guillaume ? s'enquit-il prudemment.

— Nenni, messire prévôt. Je ne fais que passer car je me rends à Paris. Mes chariots ne pénétreront même pas à l'intérieur de Cahors. Je crois me souvenir qu'il y a une hôtellerie hors les murs, près de la porte Sainte-Barbe. Nous y logerons.

— Votre troupe est nombreuse…

Du regard, il balaya les hommes à cheval qui attendaient.

— Elle est nombreuse car elle protège une noble dame, Marguerite de Champagne, tante du roi de France.

Le prévôt écarquilla les yeux. Jamais personne de la noblesse royale n'était venu en sa ville.

Guilhem lui montra alors le commandement de Philippe Auguste, puis répéta la fable livrée à Montauban, cette fois sans montrer les femmes qui demeurèrent enfermées dans les chariots.

— Dame Marguerite est fort fatiguée par ce voyage, poursuivit-il, cependant elle se montrera satisfaite si vous lui présentez vos respects.

— Je serai très honoré de connaître la tante du roi de France, confirma le prévôt, en vérité surtout curieux de découvrir ce que contenaient les chariots.

Guilhem se rendit au premier véhicule. Bartolomeo et son écuyer se tenaient devant, il les présenta ; le premier écarta le rideau de cuir qui fermait la partie haute de l'arrière, sans ouvrir la porte basse. Celle-ci, particulièrement épaisse, assurait une robuste protection contre des flèches. Seulement, quand elle était close, la lumière pénétrait uniquement par l'espace libéré par le rideau. L'intérieur du véhicule resta donc dans la pénombre, et le prévôt n'aperçut que deux femmes assises, Gensame et Flore, qui lui sourirent.

— Vous connaissez dame Flore, messire prévôt. C'est l'épouse de mon chevalier Alaric, qui demeurera désormais avec moi à Paris, fit Ussel.

Bartolomeo rabattit le rideau.

— Marguerite de Champagne se trouve dans la voiture suivante avec son amie béguine, poursuivit Guilhem.

Cette fois, ce fut Gregorio qui souleva un pan de la bâche arrière. Le viguier passa la tête dans l'ouverture, vit Colombe allongée sur des coussins et Fabrissa agenouillée près d'elle.

— La noble dame Marguerite de Champagne sommeille, expliqua cette dernière.

Le prévôt opina sans insister.

— Dans les autres voitures se trouvent l'épouse de messire Bartolomeo, ses suivantes, des bagages et des vivres, ajouta Guilhem. Mais vous pourrez rencontrer toutes ces dames, si vous nous accompagnez jusqu'à l'auberge.

— Je vais le faire afin que vous n'ayez pas de difficulté, déclara le prévôt, rassuré après avoir vu la tante du roi de France et vérifié que ce convoi, qui ne transportait que des femmes, ne pénétrerait pas en ville. Arnault, demanda-t-il au sergent qui était allé le chercher, fais ouvrir les portes !

*

Escorté par les hommes d'armes, le long convoi s'ébranla. Guilhem marchait en tête avec le prévôt et son sergent, tandis que Bartolomeo était remonté à cheval.

— Vous arrivez donc de Toulouse ?

— C'est cela, messire prévôt. Nous avançons lentement, à cause des dames.

— Avez-vous rencontré des croisés ?

— À Béziers, je vous l'ai dit, mais pas depuis Toulouse.

— Et des fredains, comme ceux-là ?

Il se retourna et désigna le gibet où étaient exposés les corps destinés à servir d'exemple et effrayer les malfaiteurs.

— Aucun ne nous a approchés. Qui oserait s'en prendre aux gens du roi de France ?

— Messire d'Ussel, vous savez comme moi que, pour bien des seigneurs du Quercy, le roi de France est aussi loin que Notre-Seigneur. Ils respectent leur baron, leur évêque, voire le vicomte de Limoges, mais le roi ne représente rien pour eux.

— Peu me chaut leur foi, mais qu'ils s'en prennent à moi, et ils finiront au royaume des taupes.

Ils arrivèrent sur l'autre rive. L'église Saint-Laurent se dressait près de la porte de la ville. À partir de là, un large sentier longeait l'enceinte. Le convoi l'emprunta sans difficulté jusqu'à une autre porte, celle de Sainte-Barbe. Quasiment en face se trouvait une grande hôtellerie entourée d'un mur. Cahors était une étape sur le chemin du pèlerinage de Saint-Jacques-de-Compostelle, aussi les auberges et les hospices pour pèlerins y étaient-ils nombreux, la plupart hors les murs.

Il y avait de la place dans la cour, les voitures y pénétrèrent sans peine. Pendant que les hommes les rangeaient et dételaient les chevaux, Guilhem et le prévôt se rendirent dans l'auberge afin de prendre toutes les chambres disponibles et le dortoir. Les voyageurs savoureraient leur première nuit dans un lit depuis une semaine, sauf ceux qui assureraient la garde.

Tandis que Aignan, l'ancien tenancier, et quelques femmes partaient se procurer des vivres, Guilhem, Gregorio et le jeune Guillaume se rendirent à la commanderie du Temple saluer le commandeur. Le Pisan avait demandé à son maître de prendre Guillaume avec eux car le fils d'Aignan brûlait de connaître une commanderie templière de l'intérieur, tant il avait grande estime pour l'Ordre. Ussel avait accepté.

Le prévôt les accompagna un moment en les prévenant qu'il les quitterait devant la commanderie car les relations entre les templiers du Quercy et l'évêque de Cahors n'étaient pas bonnes. En chemin, ils reprirent leurs discussions sur les dangers de la route.

— Dois-je craindre des fredains dans le Quercy ?

— Les détrousseurs qui infestaient le pays ont tous rejoint les croisés avec qui ils pilleront sans risquer de sanction. Voici trois mois, vous auriez certainement rencontré Ratier de Castelnau, qui faisait la loi dans les Causses, et il vous aurait imposé de lourds tributs pour traverser ce qu'il appelle ses terres, bien qu'elles ne lui appartiennent pas. Mais il a pris part au siège de Casseneuil avec tous les coquins du coin et il s'est mis à la tête des croisés du Quercy.

— Voilà une bonne nouvelle ! ironisa Guilhem.

— Il reste cependant son cousin, Helias de Laval, qui a une maison forte au Guet du roi et rassemble facilement quelques braconniers et charbonniers quand une occasion de pillage se présente.

— Près de Payrac, non ? Je me souviens d'une bâtisse en haut d'un escarpement…

— C'est cela. Cependant, je doute qu'il ose s'en prendre à une troupe aussi nombreuse que la vôtre.

*

À trois cents lieues de là, au sommet d'une montagne au cœur de la sombre forêt du Palatinat, sur le plus haut d'un triple rocher abrupt, se dressait un ancien monastère dans lequel on avait érigé un donjon imprenable. Cette formidable forteresse était l'une des résidences préférées du précédent empereur du Saint Empire romain germanique, Henri VI. Le château appartenait à l'archevêque Conrad de Scharfenberg, désormais l'un des chanceliers de l'empereur Otton.

Du sommet du donjon, une trompe sonna. Le guetteur avait aperçu un cavalier en train de gravir lentement le chemin rocailleux conduisant à la forteresse.

Prévenu par son ami Engelhard, capitaine des gardes du château, le seigneur Eckhard – qui commandait la chevalerie de Trifels et qui, pour l'heure, bavardait sur la terrasse avec les teutoniques logeant dans la forteresse – se dirigea vers le châtelet d'entrée. Un cavalier ne pouvait être qu'un messager, or Eckhard espérait une réponse à sa supplique.

Si Engelhard était un homme de stature imposante, avec de larges épaules et un cou de taureau, ces avantages étaient hélas gâchés par un embonpoint dû à la bonne chère et à l'absence d'exercice. Il n'en allait pas de même pour Eckhard, colosse tout en muscles. Cependant, la crainte qu'il imposait tenait moins à sa complexion qu'à son visage hideux et sévère. Hideux, à cause d'une balafre ramenée de Palestine qui traversait une joue et avait emporté son nez ; sévère, en raison de ses yeux bleus glacials au fond desquels personne n'avait jamais lu la moindre compassion.

Déjà, deux gardes se trouvaient au treuil de la herse et attendaient l'ordre.

Le cavalier apparut, casqué, vêtu d'un haubert court recouvert d'une casaque rouge avec un aigle noir peint sur le torse. Les armes de l'empereur. Il s'agissait bien d'un courrier. Le cœur d'Eckhard se mit à battre plus fort.

Gouverneur militaire du château, il ordonna qu'on lève la herse. Le cavalier pénétra et mit pied à terre en disant :

— J'ai un message pour maître Walram.

Walram était le *ministerialis*[1] de Trifels, Engelhard son fils.

— Suivez-moi ! ordonna Eckhard en échangeant un regard avec ce dernier.

Il ne demanda pas que l'homme lui confie le pli afin de le porter lui-même, conscient que le

1. L'intendant. Les ministériaux étaient des serviteurs de leur seigneur, mais avec des liens de servage et non de vassalité. Leur pouvoir était cependant tel qu'on les considérait comme nobles. À partir de la seconde moitié du XIIIe siècle, ils furent assimilés à des chevaliers.

messager aurait refusé. Les missives de l'empereur étaient remises en main propre à leur destinataire.

Engelhard resta à la herse, impatient de connaître le contenu du courrier. Bien sûr, il aurait pu demander à son ami de l'accompagner, mais il le savait sourcilleux quant à ses prérogatives. L'archevêque Conrad avait confié l'intendance du château à son père et le gouvernorat des chevaliers à Eckhard. Lui-même, *Hauptmann der Soldaten*, se trouvait sous les ordres de son ami, qui s'était imposé à la tête des autres *Ritter*[1]. De surcroît, si la lettre impériale le concernait, il préférait ne pas avoir à affronter son géniteur.

La porte du donjon était ouverte. Eckhard et le messager entrèrent et gravirent l'escalier jusqu'au deuxième étage, d'où ils gagnèrent la chambre de maître Walram.

Celui-ci vérifiait des comptes quand ils entrèrent.

— Une lettre de notre Sire l'empereur des Romains, annonça le chef des *milites*[2].

L'intendant se leva pour prendre le pli que tendait le messager, en vérité un petit paquet soigneusement fermé. Il examina le sceau impérial, puis trancha le cordon de son couteau, déplia le parchemin, qui contenait deux autres documents pliés et scellés, et entama sa lecture.

La missive avait été écrite au *Kaiserpfalz* de Goslar, le palais impérial où se tenait un *Reichstag*,

1. Chevaliers.

2. Le *miles* (plur. *milites*) est un homme libre portant les armes, vassal d'un seigneur et communément à cheval. Plus généralement, c'est un chevalier. Ce terme latin a donné le mot « militaire ».

assemblée de la haute noblesse de l'empire chargée de discuter des intérêts des princes et des villes.

Eckhard s'efforçait de cacher son impatience.

L'attente se poursuivit. Front plissé et bouche serrée, maître Walram relisait la lettre sans dissimuler son insatisfaction. Finalement, il leva les yeux :

— L'empereur accepte que mon fils et toi participiez à la croisade contre les hérétiques, lâcha-t-il d'un ton glacial.

Eckhard ne put retenir un grand sourire de satisfaction.

— Va prévenir Engelhard, poursuivit l'intendant avec une moue contrariée. Avant votre départ, je veux que tu prennes toutes les dispositions pour protéger le château durant votre absence.

— N'ayez crainte, seigneur. Je n'emmène que mes gens, Harold, et votre fils. Resteront ici les seigneurs von Miltitz et Dietrich avec leurs fidèles, et plus de trente gens d'armes et de pied, sans compter les chevaliers teutoniques.

Walram accentua sa grimace. Il se moquait de qui resterait, craignant surtout pour son benêt de fils.

— Dans combien de temps serez-vous de retour ?

— La croisade serait sur le point de partir, m'a-t-on rapporté. Il y aurait des dizaines de milliers de croisés. Nous serons en pays cathare avant l'automne et, en deux ou trois mois, les hérétiques seront réduits. À coup sûr, nous reviendrons pour Noël, avec messire von Streit.

— Si vous le retrouvez ! Lui est parti voici plus d'un mois, objecta aigrement l'intendant de Trifels.

— Engelhard et Karl von Streit sont comme deux doigts de la main. Ils se retrouveraient même en enfer, seigneur ! plaisanta Eckhard qui salua respectueusement l'intendant pour prendre congé.

— Attends, ce n'est pas tout !

Il montra l'un des deux autres plis, fermé par un ruban noir et un sceau écarlate.

— Notre Sire veut que tu portes cette lettre à un seigneur de France : le seigneur de Châteauroux. Tu iras voir mon clerc, qui connaît le royaume de France, et il t'indiquera où se trouve ce lieu. Cela vous imposera un détour, mais Otton ne veut pas faire tenir sa missive par un messager, car elle pourrait tomber en de mauvaises mains. Si vous deviez être pris, tu auras la charge de la détruire. Il y a une seconde lettre dont tu prendras connaissance, écrite par monseigneur de Scharfenberg et destinée au seigneur de Châteauroux.

Il tendit les deux documents.

— Soyez assuré que j'exécuterai fidèlement ces ordres, maître Walram, fit Eckhard en les saisissant.

Toujours contrarié, l'intendant fit un geste de la main signifiant que l'entretien était clos. Les deux hommes sortirent.

Quand l'archevêque Conrad de Scharfenberg avait appelé ses chevaliers à se joindre à la croisade contre les hérétiques cathares, l'intendant était intervenu auprès de l'empereur afin que les gens de Trifels en soient exemptés, malgré le vif désir d'Eckhard de partir piller le riche comté de Toulouse avec Engelhard et Karl von Streit, fils du prévôt du château de Scharfenberg. Mais il avait sous-estimé l'influence d'Eckhard sur monseigneur Conrad, et perdu. Son fils allait bel et bien s'engager dans une mauvaise aventure alors qu'il aurait pu lui succéder dans sa charge et être anobli sans risque.

Dès que le capitaine fut sorti, il se rendit dans la chapelle du château et se mit à prier, suppliant le Seigneur de protéger son enfant bien-aimé.

9

Guilhem et Bartolomeo soupèrent à la commanderie de Sainte-Marie du Temple et rentrèrent à l'hôtellerie avant la fermeture des portes de la ville.

Après une douce nuit dans des draps, les voyageurs reprirent la route sous un ciel si plombé qu'il ressemblait à celui du crépuscule. Le vent apportait la pluie, et Ussel s'en inquiétait car ils auraient plusieurs cours d'eau à franchir à gué. Si les averses gonflaient le lit des rivières, ils devraient s'arrêter pour attendre une décrue.

Il songeait également aux mises en garde du prévôt au sujet d'Helias de Laval. Il en avait parlé à Grimal de Salviac, le maître de la milice du Temple, qui lui avait confirmé les graves accusations pesant sur ce hobereau rapace. Laval était soupçonné d'être à l'origine de la disparition de nombreux marchands en route vers la foire de Brive. Soupçonné seulement, car on n'avait rien retrouvé des voyageurs, sinon quelques restes dévorés par loups, renards et vautours.

Maintenant que les Anglais s'étaient retirés du pays, il n'y avait plus de grandes bandes de Brabançons et de routiers comme Guilhem en avait connu dans sa jeunesse, mais chaque falaise abritant une maison forte pouvait servir de repaire à de méchantes gens se disant écuyers, leudes ou chevaliers. Entourés de quelques vauriens, maraudeurs, bergers ou soldeniers sans engagement, ces aventuriers exigeaient des droits de passage aux voyageurs, quand ils ne les rançonnaient pas. Quelques années plus tôt, Guilhem avait fait saisir l'un de ces malfaisants qui mettaient le Quercy en coupe réglée, alors qu'il s'apprêtait à piller le bourg de Martel.

Grimal de Salviac avait proposé à Ussel de faire étape dans des commanderies du Temple, nombreuses dans le pays, où ainsi ses gens et lui seraient en sécurité. Il lui avait remis un pli scellé portant les inscriptions : *SIGILLUM MILITUM DE TEMPLO XPISTI*[1] avec en son centre une représentation de l'église du Saint-Sépulcre, demandant à ses frères de bien recevoir les gens du roi de France. Une sauvegarde qui pourrait se révéler fort utile.

*

Comme d'habitude, Guilhem chevauchait loin devant l'avant-garde du convoi, cette fois avec Peyre. À quelques centaines de cannes derrière eux se trouvaient Bartolomeo, son sergent d'armes Pestillac et deux arbalétriers. Puis suivait la longue file des chariots, chacun avec deux conducteurs, et Gregorio allant et venant d'un véhicule à l'autre. Ensuite une arrière-garde de cavaliers commandés par Lamigotte et, bien plus loin, des retardataires

1. Sceau de la milice du Temple et du Christ.

menant le troupeau de moutons, déjà réduit de quelques bêtes. La caravane avançait lentement, car le chemin rocailleux grimpait.

Tout en restant vigilants, Guilhem et son écuyer bavardaient lorsque la voie se montrait libre à perte de vue. Cependant, le plus souvent, Peyre parlait seul, ou plus exactement il discutait avec sa monture.

Le Toulousain avait toujours aimé les chevaux. Quelques années plus tôt, il s'était attaché à une jument que des malfaisants avaient, hélas, tuée. Il avait pleuré et s'était montré sans pitié pour ses assassins. Au départ de Lamaguère, parmi tous les coursiers disponibles, il avait donc choisi une jument de couleur ferrant[1], aux oreilles courtes, aux grands yeux, à la crinière argentée épaisse et à la queue bien fournie. Il l'avait appelée Victoire. À cet animal joyeux, attentif et obéissant, il s'adressait comme à une amie, ce qui faisait pouffer Gregorio et sourire Ussel. Pourtant, ils avaient tort de se moquer car la bête répondait toujours aux paroles de son maître par des soufflements, des hennissements ou des coups de sabot.

Guilhem ne s'attachait nullement aux chevaux. Le sien avait une robe baie uniforme, un roux foncé couleur cerise mûre qui lui plaisait car assorti à sa selle pourpre. Toutefois, il n'avait pas choisi l'animal pour sa couleur, mais pour sa croupe large, ses côtés longs, son échine haute et ses sabots solides, et surtout sa vigueur et son obéissance. À ses yeux, un destrier n'était pas un

1. Grise.

ami, mais un outil. Moins utile cependant que son épée car, disait-il, on pouvait combattre à pied, mais pas sans brette.

— Seigneur, puis-je ouvrir mon cœur? demanda soudain le neveu d'Alaric.

— Peyre, tu m'as par deux fois sauvé la vie, quel maître serais-je si je ne t'écoutais pas ?

— Allez-vous redevenir prévôt du roi, à Paris ?

— Non. Je vous l'ai dit à tous : je veux que mes gens soient en sûreté, et ensuite reprendre la route.

— Pardonnez mon indiscrétion, seigneur, mais ne resterez-vous pas à Rouen ?

— J'y passerai l'hiver avant de partir dans le Saint Empire avec dame Rebecca, si elle accepte de venir avec moi.

— Dans le Saint Empire ? s'exclama Peyre, sidéré.

— Oui. Alaric t'a parlé du chevalier germain avec qui nous avons combattu les Valaques du comte Dracul...

Peyre opina.

— Je lui avais promis de le retrouver un jour, et le temps de le faire est venu. Il se nomme Wolfram d'Eschenbach, vit en Thuringe, une principauté allemande. C'est un troubadour et chevalier errant comme je l'ai été. J'ai besoin de retrouver cette vie, d'aller de château en château au gré du hasard, sans ambition ni soucis. Nous marcherons ensemble sur les chemins, avec ma mie Rebecca.

— Mais vous aurez besoin d'un écuyer ! Je resterai avec vous, seigneur.

Après un moment silencieux, Guilhem déclara :

— J'ai eu d'autres écuyers, Peyre, que j'aimais autant que toi, mais ils ont trouvé femme et je n'ai jamais cherché à les retenir. Je sais que Perrine t'attend à Paris. Épouse-la, et je serai à ton mariage. Par la suite, il me restera Gregorio.

Le silence revint durant un moment, tandis que Guilhem scrutait les hauteurs environnantes, guettant la moindre fumée, un quelconque mouvement ou un vol d'oiseaux inattendu. Il plissa le front quand, au loin, gronda le tonnerre. Comme il le craignait, la troupe rencontrerait la pluie. Et, dans ces causses, l'eau se révélait aussi dangereuse que les brigands.

— Gregorio et moi avons longuement discuté, seigneur, reprit Peyre qui, bien sûr, n'avait pas terminé mais ne savait comment s'exprimer.

— Je te taquine. Je sais que Gregorio brûle d'épouser Iseult. Rassure-toi, pour lui aussi je serai à sa noce.

— Vous ne pouvez voyager sans écuyer ni escorte, seigneur, surtout avec dame Rebecca.

— Cela ne me soucie pas. J'ai souvent vécu seul et, parmi nos gens, quelques hommes accepteront bien de courir l'aventure avec nous.

De nouveau, le silence. Ponctué de lointains fracas d'orage.

— Guillaume brûle d'être à votre service, seigneur, lâcha soudain Peyre, comme s'il voulait se débarrasser d'une vérité qui l'étouffait.

— Guillaume ? Mais ce garçon a dix-sept ans, ne sait pas se battre et son père est cathare, opposé à la violence et incapable de se défendre contre quiconque l'attaquerait !

— Pourtant Guillaume s'est courageusement battu quand les croisés s'en sont pris à votre château, seigneur. Il est fort adroit au lancer de couteau, je l'ai entraîné ! Et il sait parfaitement manier un arc.

Guilhem ne répondit rien, n'ayant jamais songé que le fils d'Aignan, qu'il avait connu à l'âge de six ans, puisse devenir écuyer, et le sien tout particulièrement.

— De plus, seigneur, il parle et écrit le latin, ce dont je suis incapable, s'exprime en langue d'oïl mieux que moi, son père lui a même appris quelques mots d'allemand, Gregorio de pisan et Jehan de flamand.

— Je n'imaginais pas qu'il fût si instruit, mais il est vrai que j'ai quitté Lamaguère depuis deux ans... Néanmoins, si je prends quelqu'un avec moi, je veux un guerrier sur qui compter, pas un jolet.

Peyre comprit que la discussion était close.

*

Pour le bivouac nocturne, le convoi se rassembla près d'un ruisseau. Comme à chaque étape, les voitures formèrent un grand carré avec pavillon dressé au milieu, les chevaux attachés à l'intérieur et les moutons dans un parc de branchages. Entre les véhicules, les voyageurs construisirent rapidement un muret protecteur en pierres, lesquelles ne manquaient pas.

Contrairement à ce que craignait Guilhem, l'orage s'éloigna vers le nord pendant la nuit.

Pourtant, le lendemain, lorsqu'ils reprirent la route, il faisait encore plus sombre que la veille, tant le ciel se tapissait de lourds nuages ténébreux. Le chemin qu'ils suivaient serpentait sur un plateau. Rocailleux et pentu, il ne permettait pas d'avancer vite, mais cela convenait à Guilhem car, ainsi, chariots et troupeau restaient ensemble. Devant eux, des éclairs sillonnaient le ciel obscur, comme pour révéler une porte de l'enfer.

Une heure plus tard, la pluie commença à crépiter et, très vite, se transforma en averse. Malgré tout, ils poursuivirent… avant de devoir faire halte après trois lieues de marche.

Trempés par les flots, ils érigèrent les murets de protection entre les voitures et devant les charrettes à hautes roues. Sous celles-ci, les sentinelles pouvaient demeurer assises sans être trempées.

Les hommes sommeillèrent à tour de rôle dans le pavillon. Le reste du temps, recouverts de leur chape, ils patrouillèrent autour du bivouac. Guilhem pensait que personne ne les avait repérés, d'autant plus qu'ils n'avaient pas fait de feu ; une précaution nécessaire pour ne pas être aperçus par des maraudeurs.

La nuit s'écoula sans incident, sinon la présence de quelques loups venus rôder autour du campement, attirés par les moutons, vite chassés par les molosses.

À l'aurore, la pluie devint diluvienne. Dans le pavillon, Guilhem tint conseil avec Bartolomeo, Lamigotte, Alaric, Aignan et le Flamand. Devaient-ils rester sur place jusqu'à la fin des averses – mais combien de temps dureraient-elles ? – et courir le risque d'être découverts par des gens de passage, ou poursuivre avec le péril que les flots ou la boue ne les arrêtent ? Tous préféraient repartir, aussi le convoi reprit-il la route, fort lentement.

De nouveau, Guilhem se mit en tête, cette fois avec Lamigotte qui connaissait le pays. Maintenant, le chemin descendait en serpentant vers la vallée de la Dordogne. La pluie les fouettait avec violence, mais heureusement l'eau s'écoulait rapidement dans des fissures du sol et ne formait pas de profondes flaques.

Par moments, dans la brume, ils apercevaient la Montjoie, l'un des points culminants de la région que l'on appelait aussi le Guet du roi car, de là-haut, par beau temps, la vue sur les Causses s'étendait jusqu'aux monts d'Auvergne. À cet endroit-là, Laval avait son repaire.

Ce devait être le milieu de la journée, bien que le soleil demeurât invisible, quand Lamigotte distingua une silhouette à cheval, loin devant eux, en contrebas, après une boucle du chemin. Ils s'arrêtèrent immédiatement. Guilhem se retourna. Bartolomeo et ses gens n'étaient pas loin, on apercevait même le premier chariot, le plus gros, celui servant de logis à la prétendue tante du roi. Deux hommes à pied retenaient le véhicule pour qu'il ne descende pas trop vite la pente, les freins trempés glissant sur le fer des roues.

Bartolomeo et les arbalétriers avaient rejoint Guilhem et Laguépie quand parut le cavalier : un destachalard sur un massif roussin d'âge avancé. Les ayant vus, l'homme continua sa route sans manifester surprise ou méfiance. Finalement, il s'arrêta à quelques pas du groupe. Le premier chariot venait d'arriver.

À l'évidence, l'inconnu n'était point marchand. Borgne avec une cicatrice du front à la joue, casque en pointe cabossé, broigne déchirée aux anneaux rouillés, heuses ferrées, gantelets de buffle recouverts de plaques de métal elles aussi rouillées, barbe détrempée qui lui couvrait le visage, sourcils noirs et broussailleux, il arborait aussi une lourde épée avec large garde et poignée de bois. Une hache franque pendait à sa selle, à côté de sa grande rondache à la peinture écaillée. Il s'efforça d'adoucir son regard de prédateur et sourit, dévoilant une mâchoire édentée.

— Dieu vous garde, mes seigneurs, fit-il aussi aimablement qu'un loup s'adressant à des brebis.

Guilhem ne le quittait pas des yeux. L'inconnu donnait l'impression de s'adresser à lui, mais, en vérité, de son œil unique, il observait les chariots qui arrivaient et évaluait les membres de l'escorte.

— Toi aussi, compère, répliqua Ussel d'un ton jovial. Comment est la route, plus bas ?

— Coupée, messire. Les ruisseaux ont grossi et vous ne pourrez passer. À votre place, j'attendrais ici la fin des pluies.

— Qu'en dis-tu, Bartolomeo ? Ce gaillard semble être de bon conseil.

— Sans doute, acquiesça le fils du cardinal Ubaldi avec cet air benêt qu'il prenait sans effort. Inutile de prendre des risques !

Le borgne approuva en inclinant la tête et ajouta :

— Que Dieu vous donne bonne encontre, mes sires.

Il reprit son chemin très lentement, examinant avec attention chaque voiture qu'il croisait et ceux qui les conduisaient. Puis il disparut à la vue des voyageurs.

— *Santa Maria !* Voilà quelqu'un à qui je ne confierais pas ma bourse, murmura Bartolomeo.

— On nous a vus de là-haut.

Guilhem désigna le Guet du roi.

— Je mettrais ma main au feu que Laval a envoyé cet espieur afin d'en savoir plus sur nous. Histoire de ne pas nous alarmer, le fredain a fait un détour pour arriver par la route en contrebas. Seulement, il a autant d'esprit qu'une limace : si on ne peut franchir la rivière à cause des eaux, d'où vient-il ?

Laguépie approuva d'un signe de tête assorti d'un sourire sinistre.

— Il va quand même prévenir ses compères.

— Et s'il disait vrai ? La route n'est peut-être pas totalement noyée, suggéra Aignan tout juste arrivé.

— On pourrait vérifier, proposa Bartolomeo, que son tempérament portait à éviter les combats.

— L'eau monte vite dans les creux, et se trouver devant un torrent trop large serait la plus mauvaise situation. S'il doit y avoir bataille, autant que ce soit ici où l'on peut se préparer et se protéger, répliqua sèchement Guilhem.

Le Flamand, Alaric et les autres hommes d'armes, qui s'étaient approchés, acquiescèrent.

Ussel indiqua une prairie à moutons parsemée de roches rougeâtres, qui s'étendait sur leur droite et se terminait devant un bois de chênes rabougris.

— Allons là-bas. Nous placerons les chariots près des arbres. Quand le camp sera dressé et les murs de pierre terminés, tu t'installeras dans le bois avec tes gens, dit-il à Bartolomeo. Alaric, dissimule-toi de l'autre côté du chemin avec les hommes que tu choisiras, là où les pins et les charmes sont nombreux. On ne vous verra pas, et deux flancs seront ainsi protégés. Les fredains ne s'attendront pas à être pris à revers. Messire Lamigotte, vous êtes avec moi le seul à connaître la maison forte de Laval, montez-y tout de suite avec Peyre, qui a l'habitude d'être silencieux et invisible dans les forêts. Surveillez ce qui s'y passe. L'aviseux va faire son rapport à son chef et il a vu qu'on était nombreux, donc Laval aura besoin de temps pour rassembler suffisamment de coquins. Quand leur herpaille se mettra en marche, vous viendrez me dire combien ils sont.

— Entendu.

Le chevalier planta son javelot dans le sol, mit pied à terre, ôta sa chape, détacha son baudrier soutenant épée, couteaux et diverses escarcelles, puis, ayant ôté son casque, servi par le sergent Guy, il fit passer son haubert par-dessus sa tête. Demeurant en gambison sous la pluie, il renoua son baudrier, remit sa chape, se recoiffa de son casque à nasal et alla prendre à sa selle l'arc et la trousse de flèches protégée de la pluie par un rabat de cuir. Les cordes se trouvaient dans l'un des sacs attachés à sa ceinture. Après quoi, il récupéra le javelot.

De son côté, Peyre faisait de même, aidé de Gregorio.

Près de son père et avec son frère, Guillaume regardait ces préparatifs en serrant les poings, mais personne ne remarquait son agitation. Brusquement, il osa faire deux pas vers Guilhem et, dégoulinant de pluie, plia un genou en déclarant d'une voix ferme mais chargée de respect :

— Seigneur, je vous en prie, laissez-moi aller avec eux ! Mieux vaut être trois dans ce genre d'expédition. Ainsi, l'un de nous pourra vous prévenir dès que les pendards se mettront en route pendant que les autres resteront à les suivre.

Guilhem secoua la tête.

— Trop dangereux !

— Guillaume a l'habitude des bois, seigneur. Je l'y ai emmené cent fois à Lamaguère, observa Peyre en prenant son arc.

Il avait fichtrement raison, reconnaissait Ussel en son for intérieur, mais Guillaume se montrerait incapable de se défendre devant des fredains de l'acabit de celui qui venait de passer. Malgré tout, il leva les yeux vers Aignan qui serrait la mâchoire, désapprouvant à l'évidence que son fils s'expose. Seulement, leur vie à tous était en jeu...

— Laissez-le y aller, seigneur, dit l'ancien libraire à contrecœur. L'Esprit saint le protégera.

— Filez ! ordonna Guilhem après un temps de réflexion, incertain d'avoir pris la bonne décision. Maintenant, vous autres, faites avancer les voitures dans la prairie.

Le pâturage se situant en surplomb d'environ un pied, il fallut ériger une rampe de pierres pour que les véhicules y accèdent. Ensuite, poussés et tirés, chariots et charrettes traversèrent la prairie jusqu'à l'orée du bois. Là, ils furent disposés en carré, les chevaux dételés et, les pierres étant en abondance, tout le monde se mit au travail pour ériger des murets de caillasses. Enfin, pas tout le monde, puisque Bartolomeo, ses gens et deux arbalétriers gascons avaient filé dans le bois afin d'y attacher les montures et se dissimuler tandis qu'Alaric faisait de même de l'autre côté avec Vidal, Ferrand et d'autres Gascons.

La pluie crépitait et fouettait les visages. Dans le petit camp fortifié, Guilhem assigna à chacun une place et livra d'ultimes conseils. Alaric et Bartolomeo gardant respectivement le couchant et le levant, Gregorio se plaça au septentrion avec Guy, Fabre et deux arbalétriers, tandis que Jehan le Flamand s'installait au midi avec le reste des Gascons, ainsi que Jaufre, Pujol et Alphonse.

Guilhem resta avec Aignan, son fils Raoul, Thomas le cordonnier et les quatre derniers arbalétriers.

Dans les groupes, chacun sommeillerait à tour de rôle sous les chariots, dans lesquels femmes et enfants demeureraient à l'abri. Cependant, les ridelles situées à l'intérieur du bivouac resteraient ouvertes de manière à pouvoir facilement saisir les armes entreposées.

*

Lamigotte et ses deux compagnons grimpaient silencieusement à travers une maigre végétation d'arbustes et de broussailles qui les dissimulait quand même depuis le Guet du roi. Soudain, Peyre retint le chevalier par l'épaule et désigna des volutes devant eux :

— De la fumée… Ce n'est pas de la brume… J'ai senti l'odeur du feu.

Le Gascon confirma d'un hochement de tête. Peyre lui fit signe qu'il allait approcher seul. Nouvelle approbation. Le Toulousain poursuivit donc, plié en deux, et déboucha devant un terre-plein sur lequel se dressait une bâtisse sans ouvertures, sinon des meurtrières et un passage voûté à quatre ou cinq pieds du sol. Les fumées provenaient d'un trou dans le toit et étaient d'autant plus épaisses que la pluie les transformait en vapeur. Un sentier traversait l'esplanade, venant d'on ne savait où pour certainement rejoindre le chemin qu'avait suivi le convoi. À l'écart, une seconde construction, en bois, abritait trois cagnes. Entre la maison et cette écurie se trouvait un puits avec un abreuvoir qui débordait en cascade.

Dissimulé en contrebas de cette plate-forme, le Toulousain s'interrogeait. Combien d'hommes pouvaient se trouver là ? Puisqu'il n'y avait que trois chevaux, chevalier et écuyers ne devaient pas dépasser ce nombre, mais les piétons étaient certainement aussi redoutables que les seigneurs. Autre question d'importance, y avait-il des chiens susceptibles de les repérer ?

10

Peyre fit demi-tour et se coula vers ses compères qui l'attendaient et auxquels il exposa la situation.

— Peut-on surveiller la maison sans être vus ? interrogea Lamigotte.

— Oui, en se dissimulant derrière des taillis, mais il n'y a aucun arbre pour s'abriter de la pluie, on sera trempés !

— On l'est déjà ! répliqua le Gascon dont le visage ruisselait.

Ils grimpèrent le talus et s'arrêtèrent derrière un gros massif de romarin. Chacun s'installa comme il put. Leur chape à capuchon ne les protégeait guère, et ils s'assurèrent que les trousses gardaient les flèches au sec.

Une heure s'écoula. La nuit était tombée quand des voix leur parvinrent. Au bout d'un moment apparurent une douzaine de frapparts, à pied, précédés d'un cavalier. Lamigotte reconnut le borgnat au casque en pointe cabossé. Le drôle avait rassemblé des compères qui n'avaient pas meilleure allure que lui. En sayon, pour certains protégés par une broigne ou une cuirasse de buffle bouilli, ils brandissaient épieux, doloires et haches. Trois ou quatre possédaient des arcs.

Le borgne se rendit à l'écurie avec l'un de ses acolytes, à qui il confia son cheval. Les autres attendaient en bas de la porte. En revenant, le chef de la horde cria :

— C'est moi, Mazet !

Un battant s'ouvrit dans la voûte, et deux individus apparurent avec une échelle qu'ils firent descendre. Mazet grimpa, puis ses compagnons.

Une fois les estropiats entrés, un mâtin roux se glissa jusqu'à l'ouverture et aboya à plusieurs reprises en direction des trois espions.

— Calme-toi, Coquart ! cria une voix.

La porte fut refermée, mais l'échelle resta en place.

— Que fait-on ? s'enquit Peyre.

— On attend qu'ils partent. Ensuite, on ira prévenir le seigneur d'Ussel. Pour l'heure, ils ne me paraissent pas trop redoutables.

Ce n'était pas l'avis de Guillaume, qui s'efforçait de maîtriser ses tremblements. S'il y avait déjà une dizaine de coquins à l'intérieur, cela faisait une vingtaine d'adversaires, songeait-il avec terreur. Qu'ils soient repérés, et ils étaient perdus. Que faire à trois contre vingt ? Et quelle mort auraient-ils ? Nul doute que ces estropiats les tortureraient pour s'amuser. Il aurait donné cher pour que sire Lamigotte lui demande d'aller prévenir le seigneur.

— Guillaume, tu vas avertir messire d'Ussel, annonça le chevalier gascon, comme s'il avait lu dans les pensées du garçon.

À moins qu'il n'ait remarqué quelques tressaillements incontrôlés.

Au prix d'efforts surhumains, le fils d'Aignan parvint à se maîtriser. Domptant sa terreur, il murmura d'une voix ferme:

—Mieux vaut attendre encore un peu pour découvrir s'il en arrive d'autres, seigneur.

Le visage ruisselant, Lamigotte le considéra un moment en plissant les yeux, avant de le gratifier d'un sourire satisfait.

—Tu as raison, mon gaillard...

Un silence chaleureux, avant ces paroles:

—Je sais que tu as la frousse, et rassure-toi: moi aussi. Le courage, c'est d'empêcher que la trouille nous commande. Tu y parviens, quand d'autres n'y arrivent jamais. Aussi, je suis content que tu sois avec nous.

Il s'adressa ensuite à Peyre:

—Tu avais raison sur Guillaume. On peut compter sur lui!

À ces mots, la terreur du garçon s'évanouit, laissant place à un profond sentiment de fierté.

Ils n'échangèrent plus un mot. Quasiment aucun bruit ne provenait de la maison forte. Mais la pluie qui dégringolait en cascade provoquait un vacarme assourdissant, aussi les trois hommes ne pouvaient-ils rien entendre d'autre. Dans leur cachette, Peyre voyait le sentier devenir torrent et s'inquiétait. Déjà, ils baignaient dans l'eau, et il craignait maintenant qu'un déluge de boue ne les emporte, comme il l'avait connu en se rendant à Prébayon quelques années plus tôt.

Soudain parvinrent un hennissement, des clapotis de sabots dans des flaques, et quelques éclats de voix. Les trois hommes tendirent l'oreille. Les bruits ne venaient pas du manoir mais du chemin. Une autre troupe arrivait.

Effectivement, des hommes apparurent. En tête, un cavalier dont la grande chape fendue laissait paraître des jambes couvertes de mailles. Un casque à nasal sous son capuchon. Une large et longue épée. Il brandissait aussi une lance dans la main droite. Un chevalier.

Il tendit son javelot à un piéton et se fit aider pour descendre de cheval. Lamigotte remarqua que l'homme n'avait plus de main gauche.

Derrière, une troupe de gueux similaires aux maraudeurs déjà entrés dans la maison, mais autrement plus importante. Quand les détrousseurs se rassemblèrent, Peyre en compta plus de trente. Mal équipés certes, mais pour la plupart porteurs de coutelas, d'épieux, de bardiches, de piques ou de vouges. Plusieurs tenaient des arcs, et quelques-uns de grosses et rustiques arbalètes.

Ils n'entrèrent pas et attendirent dehors, sous la pluie, quelques-uns s'abritant dans l'écurie.

Seul le chevalier grimpa l'échelle et frappa à la porte. Des chiens aboyèrent, et l'huis s'ouvrit.

— Monteynard ! On t'attendait ! clama une voix.

— Pas facile de rassembler tes gens avec cette pluie, Helias.

— Helias de Laval ! souffla le chevalier gascon à ses hommes.

— Ne t'inquiète pas, continuait le hobereau, on a tout notre temps. On va encercler les chariots et on attaquera à l'aube.

Les trois guetteurs se regardèrent.

— Guillaume, va prévenir le seigneur d'Ussel. Dis-lui qu'ils sont au moins soixante, et qu'ils attendront l'aurore.

— Messire, je préfère y aller, intervint Peyre. J'irai plus vite et plus silencieusement. Vous, suivez-les. Dès que j'aurai prévenu notre maître, je vous rejoindrai. Je ferai le cri de la hulotte, comme ça, deux fois.

Il émit un hululement.

— Entendu, file !

Peyre disparut. Guillaume sentait l'excitation monter. Maintenant, il allait devoir se montrer à la hauteur.

— Pour éviter que les chiens ne nous repèrent, on va descendre plus bas, décida Lamigotte.

Le rassemblement de la troupe prit du temps. Les hommes s'interpellaient bruyamment, échangeant force plaisanteries graveleuses. Plusieurs demandaient au nommé Mazet s'il avait vu des femmes dans les chariots. Le pillage s'annonçait fructueux. Tout le monde était réjoui.

Enfin la horde se mit en route. Les chiens étaient restés enfermés.

Lamigotte attendit que la bande se fût suffisamment éloignée avant de se décider à les suivre.

Les deux hommes avançaient lentement, avec grande prudence, s'arrêtant dès que leur parvenaient trop distinctement des bribes de paroles de ceux qui les précédaient. L'obscurité n'était pas complète et leurs yeux s'étaient habitués. Malgré cela, ils ne pouvaient éviter tous les gros cailloux et les racines disséminés sur le sentier qui les faisaient trébucher. La piste qu'ils empruntaient semblait faire un large détour en suivant la pente de la colline, mais, à coup sûr, elle déboucherait sur le grand chemin où se trouvait leur caravane.

Guillaume avait retiré son capuchon afin de mieux percevoir les bruits, même si le crépitement de la pluie dominait. Soudain, il distingua un clapotement anormal. Il se rapprocha de son compagnon pour lui glisser :

— Quelqu'un, derrière nous.

L'obscurité était telle qu'il ne put voir l'expression de Lamigotte, mais ce dernier répliqua dans un murmure.

— Aux taillis, vite ! Cachons-nous.

Il s'agissait de gros buissons sur leur gauche, dans la pente du coteau.

Aussitôt dit, aussitôt fait. Le Gascon avait posé son arc près de lui et tenait son javelot. Guillaume avait encoché une flèche, songeant que la corde mouillée serait détendue, donc moins puissante.

Peu après, deux ombres parurent. Des piétons qui marchaient allègrement, sans méfiance. Sans doute était-ce des retardataires de la horde. Le Gascon toucha le bras du fils d'Aignan, geste lui signifiant sans doute possible qu'il devait faire comme lui, puis il désigna le marcheur de tête et se frappa la poitrine. Quand les deux hommes passèrent à son niveau, il s'écarta des broussailles et lança son javelot sur sa proie désignée. Guillaume lâcha son trait sur le second. Immédiatement après, ils se précipitèrent, épée et hache en main.

Celui atteint par le javelot était tombé tandis que l'autre, qui avait pourtant reçu la flèche de Guillaume, avait seulement chancelé. Lamigotte s'apprêtait à abattre sa brette sur le premier avant de s'occuper du second, jugeant Guillaume incapable de vaincre ce genre de fredain. Seulement, pris par son élan, il glissa et s'affala dans une flaque. Pire pour lui, le javelot n'avait pas pénétré la broigne maclée de sa victime, et l'estropiat, à peine étourdi par la violence du coup et la chute, se redressait déjà sur ses genoux, tirait un coutelas de son baudrier et se jetait sur le Gascon.

Guillaume n'avait pas été plus heureux avec l'autre maraud. Sa flèche avait certes percé le bras gauche du drôle, mais l'autre membre restait valide. Et il l'utilisa pour dégainer lui aussi un coutelas.

Se voyant perdu, le fils d'Aignan balança la hache qu'il tenait. Le fer entra dans le visage du gredin, tranchant quasiment sa tête en deux malgré la présence d'un casque.

Soulagé, Guillaume se tourna vers le chevalier et vit avec terreur l'autre coquin se précipiter sur le Gascon, couteau en avant. Sans réfléchir, le garçon bondit et le renversa. Un corps à corps s'engagea qui dura le temps d'un battement de cils, car Lamigotte, relevé, enfonçait la lame de sa brette dans le dos du frappart. Qui s'affaissa sur Guillaume.

— Es-tu blessé, mon garçon ? s'enquit le chevalier, la voix inquiète.

— Je... Je ne crois pas, seigneur, répondit le fils d'Aignan en repoussant le cadavre dégoulinant de sang et d'eau mêlé.

À son tour, il se releva, et Lamigotte le saisit à pleine brassée :

— Mon gaillard, tu m'as sauvé la vie ! Cette fois, j'ai bien cru qu'on me rappelait, là-haut !

— Moi... aussi... seigneur ! haleta Guillaume qui fondit en larmes, tant l'émotion le submergeait.

Il avait failli quitter ce monde, tué un homme, et ce valeureux chevalier l'accolait comme un frère d'armes. C'en était trop pour le fils du libraire !

Lamigotte balaya la scène des yeux :

— Ne perdons pas de temps, aide-moi à jeter cette merdaille dans le ravin. Les loups s'occuperont d'eux. Il ne faut rien laisser ici, au cas où d'autres frapparts arriveraient. Ensuite, rattrapons les autres.

En peu de temps, cadavres et armes disparurent dans les buissons. Guillaume conserva l'un des coutelas, une belle lame au manche de cuivre. Une arme que le gueux avait dû arracher à une victime.

*

Ils repartirent et constatèrent les brigands désormais silencieux. Si Guillaume n'avait repéré les silhouettes des chevaux, ils seraient tombés sur la troupe arrêtée sous un grand chêne.

— Attendons, nous aussi, souffla Lamigotte en désignant un fourré.

— Que ferons-nous ensuite, seigneur ?

— Lorsqu'ils se mettront en marche pour l'assaut, on continuera à les suivre, et au moment où Alaric les prendra à revers, on en percera le plus possible de nos flèches.

Quand Peyre arriva près du campement, il hulula à deux reprises. Une hulotte lui répondit de la même façon, signal de son oncle Alaric, qui le rejoignit.

— Les nouvelles ? s'enquit ce dernier.

— Ils sont au moins cinq douzaines…

— Corne diable !

— Mais mal équipés… Et ils ne s'attendent pas à notre défense.

Alaric demeura un instant silencieux. Il avait avec lui son cousin Ferrand, Vidal, dont il appréciait la solidité, et les quatre arbalétriers gascons survivants de l'attaque de Beaumont contre Lamaguère. De solides et valeureux combattants mais, à sept, même en prenant les bandouillers par-derrière, que pouvaient-ils espérer contre soixante marauds ? Après l'effet de surprise, ils n'auraient nulle place où s'abriter, et la horde les taillerait en pièces.

Il dissimula son pessimisme pour que Peyre conserve confiance, chose aisée puisqu'il faisait nuit.

— Va prévenir le seigneur, fit-il d'une voix ferme.

Il revint vers ses compagnons, leur annonça la nouvelle et prit Vidal et Ferrand à part :

— Quand Guillaume sera avec nous, ne le quittez pas des yeux et empêchez-le de commettre des imprudences. J'ai promis à son père de veiller sur lui.

*

Pendant ce temps, Peyre gagnait le talus et traversait la prairie en appelant : « Modus, Olifan, Gaignon[1] ! » Les noms de ses chiens.

Immédiatement, les molosses aboyèrent joyeusement.

Guilhem, qui sommeillait sous un chariot, en sortit rapidement et franchit le muret, accompagné de Guy.

Peyre aperçut leurs silhouettes et courut à leur rencontre.

— Parle ! ordonna Ussel, impatient.

L'écuyer fit le récit de la reconnaissance et expliqua que Guillaume et le seigneur Lamigotte suivaient la bande, qui s'était mise en route.

— Messire, je peux maintenant me rendre au-devant des fredains. Je hululerai dès qu'ils arriveront pour prévenir mon oncle, et ensuite je retrouverai le seigneur Lamigotte.

Guilhem aurait préféré garder Peyre près de lui. En retournant surveiller la bande, son écuyer risquait de se faire prendre, et le perdre serait terrible. Mais, dans l'affrontement, l'information allait faire la différence, surtout en pleine nuit.

— Vas-y, mais ne tente rien contre ces brigands tant qu'ils ne nous attaquent pas.

— N'ayez crainte, seigneur, vous savez comme je suis froussard !

Peyre fila avant que son maître ne change d'avis, et ce dernier partit prévenir Bartolomeo.

---

1. Bâtard.

11

La nuit s'avança. Sans aucune alerte. Au fil des heures, la pluie devint moins forte avant de cesser complètement.
Dans les chariots, l'inquiétude régnait. Colombe n'avait pu trouver le sommeil, s'inquiétant pour Guillaume. Son mari et son fils Raoul montaient la garde dehors. Alazaïs, Fabrissa et sa fille lui tenaient compagnie. Les trois femmes craignaient plus pour leurs proches que pour elles-mêmes. Mais si Colombe et l'épouse de Bartolomeo priaient, Fabrissa tenait une dague qu'elle avait demandée à Jehan le Flamand. Jusqu'alors, elle avait toujours respecté les règles de vie des bons chrétiens, mais, depuis l'attaque du château de Lamaguère, un changement s'était opéré. Elle tuerait quiconque tenterait de s'en prendre à sa fille, à elle, ou à d'autres femmes ou enfants du convoi. En priant, elle avait expliqué sa décision à Jésus-Christ Roi et savait que, du haut des Cieux, le Fils de Dieu l'approuvait.

Dans le chariot d'à côté, Sancie Fabre donnait le sein à son nourrisson en s'efforçant de ne pas pleurer. Satan avait transformé sa vie en enfer. Son époux et elle vivaient heureux à Lézignan, ils étaient fortunés, honorés, et pourtant, en quelques jours, ils avaient connu la ruine avec l'arrivée des croisés. Maintenant, elle risquait de perdre son homme et de tomber entre les mains d'une horde de truands dont elle savait ce qu'ils feraient d'elle et de ses enfants. Finalement, les sanglots l'étouffèrent, et Elias, qui se tenait à l'extrémité du chariot, près de l'entrée, un marteau d'armes serré entre ses mains, se retourna.

— N'aie pas peur, maman, je veille sur toi... et sur vous, ajouta-t-il en s'adressant à Gensame, l'humble servante qui gardait contre elle Orbria et Bernard, sauvés lors de l'attaque de Lamaguère et devenus les enfants qu'elle aurait aimé avoir.

À l'intérieur du véhicule mitoyen, Mahaut, l'épouse de Jehan le Flamand, Hugonette et Jeannette, ses filles, et son garçonnet, Simon, ressentaient moins de craintes. Mahaut avait connu la prison à Paris, elle avait déjà traversé le royaume de France avec son mari, sous la conduite de Guilhem d'Ussel – un voyage plein de danger et d'agressions. Elle avait survécu à l'attaque de Lamaguère. Son époux Jehan avait montré sa valeur au côté de son seigneur et était devenu chevalier. Elle avait une confiance absolue dans les deux hommes. Son inquiétude venait surtout de Simon, son jeune fils, qui brûlait d'en découdre bien qu'il fût incapable de soulever une épée.

Flore était la seule femme restée dehors. Le torse protégé par une lourde broigne, casque sur le crâne, épieu à la main, une arbalète et ses viretons à portée, elle montait la garde avec les hommes, songeant à Alaric, auprès de qui elle aurait voulu se trouver.

Après avoir parlé à Bartolomeo et à ses hommes, Guilhem avait regagné sa place sous le chariot de Colombe.

Une fois allongé dans l'herbe, il s'était interrogé. Ce voyage n'était-il pas une folie ? Il avait cru faire le seul choix raisonnable, et maintenant, il doutait. Que risquait-il vraiment à Lamaguère ? Le château était défendable et pouvait résister à un siège. D'ailleurs, les croisés seraient-ils venus jusque-là ? Il n'en était plus certain. Surtout, il avait pris sa décision en se souvenant du précédent voyage qu'il avait fait entre Paris et Lamaguère, quand il avait conduit les cathares dans le Toulousain. Il y avait alors vingt-six cathares, avec beaucoup de femmes, d'enfants et de nourrissons, et juste une dizaine d'hommes d'armes avec Robert de Locksley, ses écuyers et des archers saxons. Ils disposaient d'un médiocre équipement, de peu de chariots, et pourtant, ils n'avaient pas connu d'attaques vraiment redoutables. Aussi s'était-il persuadé qu'il en serait de même dans ce nouveau voyage. En vérité, ils avaient eu de la chance. Et si la Fortune avait décidé de lui tourner le dos ? Dans quelques heures, une horde d'innombrables marauds allait déferler. Il savait qu'il la vaincrait. Mais à quel prix ?

Finalement, il tomba dans un sommeil d'oubli.

Il somnolait depuis un couple d'heures quand Aignan, qui assurait la garde du campement, s'approcha de lui.

Prévenu par son sixième sens, Ussel s'éveilla et s'accroupit en saisissant son épée.

— Seigneur, j'ai entendu plusieurs fois des hulottes ! déclara le cathare.

— Vers le chemin ?

En même temps, Ussel se glissait hors de son abri et coiffait son casque.

— Oui, et plus loin aussi.

Les maraudeurs arrivaient, et Peyre avait prévenu Alaric. L'aube était proche. L'assaut ne pouvait tarder.

— Aignan, préviens tout le monde et envoie un enfant avertir Bartolomeo.

Guilhem saisit l'arbalète posée dans le chariot et passa un vireton sous la fausse corde. Réfugiés sous le véhicule d'à côté, Alphonse et Pujol avaient entendu la discussion et sortaient à leur tour de leur abri. Très vite, tout le monde dans le camp fut averti. Le sergent de Lamigotte et ses hommes se rangèrent le long des murs de pierres, javelot en main et arc ou arbalète posés devant eux.

Sentant une présence dans son dos, Guilhem se retourna. C'était Flore qui avait abandonné son épieu pour une arbalète. Il ébaucha un sourire forcé, sachant que, dans quelques heures, nombre de ses gens seraient meurtris ou mourants. Une nouvelle fois, il s'interrogea sur sa décision de quitter Lamaguère. Mais il était trop tard pour les regrets.

— Je suis prête, seigneur... le rassura-t-elle d'une voix ferme.

*

Toujours suivis par Lamigotte et Guillaume, les truands atteignirent l'intersection du grand chemin. En tête et à cheval se trouvaient Mazet le borgnat et un nommé Bertucat, qui avait appris la sauvagerie avec le brigand Peyragas et eu la lucidité de le quitter avant qu'il ne soit pris. Derrière se tenait Helias de Laval.

Laval se disait chevalier mais n'était qu'écuyer. Il s'agissait d'un individu au physique singulier, petit, un cou presque aussi large que son torse et des cuisses de la taille de celles d'un taureau. Redoutable à l'épée à cause de sa force, il était également réputé pour son adresse à l'arc, capable d'atteindre un canard en plein vol. Enfin, le quatrième cavalier s'appelait Monteynard, manchot arrivé en dernier à la maison forte. Bâtard d'une famille de Savoie, il avait été lieutenant de Mercadier, le célèbre capitaine de Richard Cœur de Lion, jusqu'au jour où ce dernier l'avait chassé car, après la perte d'un bras au combat, Riou de Monteynard s'était mis à boire plus que de raison. Ivrogne invalide, le chevalier avait rapidement descendu les marches de la dignité et de l'honneur jusqu'à entrer au service de Laval, flatté d'avoir comme vassal un homme de noble race.

— Mazet, laisse ton cheval et va repérer les lieux. Bertucat, avertis les hommes que je ne veux plus entendre un mot, un bruit… fit Helias d'un ton qui ne permettait aucune réplique.

Le borgne descendit de selle et obtempéra. Il connaissait parfaitement les lieux et pouvait avancer sans bruit ni hésitation. Au bout de quelque trois cents cannes, il repéra la forme des chariots dans le champ et resta un moment à les observer. Aucun bruit. Pas de guetteurs apparents. Tout le monde dormait.

Quiconque aurait vu sa hideuse expression aurait frissonné. Satisfait, il revint près de son chef.

Au carrefour, les cavaliers avaient mis pied à terre. Mazet s'approcha de Laval avec nonchalance.

— Seigneur, tout s'annonce comme une partie de plaisir. Ainsi que je le pensais, ils sont dans le grand campas. On peut approcher si on y va maintenant. Même s'il y a des sentinelles, elles ne nous verront pas, avec l'obscurité. Aux premières lueurs du jour, on fonce sur les chariots et on prend ce qu'on veut !

Laval plissa les yeux, qu'il avait profondément enfouis dans la graisse de son visage, et son sourire se résuma à une affreuse ligne.

— Laissons les chevaux ici, décida-t-il en détachant sa hache de l'arçon. Mazet, fais passer la consigne aux hommes. Approchons-nous en silence et, au signal que je donnerai, que chacun fasse ce qu'il veut !

*

Flore ne termina pas sa phrase, car l'air s'emplit soudain de hurlements et de clameurs à glacer les sangs :

— *Chaple !*

— *Masèl !*

— *Mascanhar !*

— *Morta !*

La horde se précipitait dans un roulement de jurons, de menaces et d'insultes triomphantes.

— Mettez-vous à l'abri et attendez leur approche ! cria Ussel qui se cala dans l'angle d'un chariot, protégé des flèches ou des viretons des agresseurs tout en demeurant capable de riposter.

C'est alors que la prairie s'embrasa, et on y vit comme en plein jour. Les marauds apparurent à tous : quelques douzaines de scélérats déguenillés, avec des figures effroyables, des yeux de fauve, des bouches baveuses tordues par la rage et l'envie de tuer. Ils surgissaient par vagues, depuis le chemin, telle une armée de rats affamés armés de piques, d'épieux, de coutelas et de haches.

Des flèches éclairantes, préparées par maître Fabre et Thomas, continuaient de tomber en illuminant le pré. Envoyées par Jehan le Flamand, Gregorio, le sergent Guy et des Gascons, après avoir été enflammées, leur extrémité était formée d'étoffes imbibées de résine mélangée au feu grégeois de Bartolomeo. Une fois au sol, elles continuaient de brûler en formant des torches.

Cette illumination inattendue brisa l'assaut de la malemaisnie. Les marauds s'arrêtèrent un instant, stupéfaits, mais Laval et Monteynard leur hurlèrent de repartir à l'attaque. Ce qu'ils firent. Seulement, à cet instant, javelots, flèches et viretons volèrent, lancés depuis le bivouac. En pleine lumière et à courte distance, les assaillants étaient des cibles faciles. Une première ligne de coquins s'écroula. Immédiatement après, un autre groupe fut atteint par les traits des gens de Bartolomeo sortis du bois. Or, les hampes portaient des sacs de la poudre perse et enflammaient leurs victimes, dont les cris épouvantables brisèrent de nouveau la charge. Devant un tel carnage, même Laval parut hésiter.

Mais pas Mazet, qui entraîna quelques comparses sur le flanc sud du campement et sauta l'un des murets de pierres, sa grande épée à la main. À cet endroit-là, il trouva Alphonse, à qui il trancha le col d'un moulinet.

Avec lui, une poignée de coupe-jarrets pénétrèrent également dans le campement. L'un d'eux découvrit Gensame qui tendait la corde d'une arbalète pour Jehan. Il se précipita vers elle en gloussant, afin de la saisir, mais Jaufre s'interposa en brandissant un marteau d'armes que, malheureusement, il maniait mal. Son adversaire écarta facilement le bec de sa hache. Ayant voulu frapper avec trop de force, le palefrenier fut déséquilibré par ce coup. Le maraud lui assena alors au flanc un coup du couteau qu'il tenait dans la main gauche, puis le cogna à plusieurs reprises avec le fer de sa hache.

Ce misérable, Mazet et trois autres se virent entourés par le Flamand, Pujol et des Gascons. Le premier esquiva la hache de Mazet tandis que le combat s'engageait à quatre contre trois, avec un Pujol bien maladroit. La lutte allait être perdue quand Guilhem, qui venait de tirer un vireton sur l'un des hommes de la horde, accourut à la rescousse.

D'un coup de taille, il trancha une épaule, le Flamand creva l'autre œil de Mazet d'un coup d'estoc, et l'un des marauds, qui s'apprêtait à achever un Gascon tombé au sol, reçut un vireton dans la poitrine. Gensame venait d'utiliser son arbalète.

La suite et la fin de l'estourmie ne furent qu'une boucherie, l'autre Gascon achevant sauvagement les blessés en enfonçant son épée tenue à deux mains dans leur corps, tandis que Guilhem tranchait le col du borgne, devenu aveugle.

12

Pendant ce temps, une volée de flèches et de viretons avait fauché la dernière ligne de la herpaille attaquée à revers par Alaric et ses hommes, eux-mêmes renforcés de Lamigotte, Guillaume et Peyre.

Pris en tenaille, les maraudeurs se trouvant à l'arrière de la meute se retournèrent contre ces assaillants inattendus, tandis qu'un petit groupe de bandouillers conduits par Riou de Monteynard, qui n'avaient pas été atteints par les flèches enflammées, préférait s'en prendre au bivouac dans l'espoir d'y trouver un abri et du pillage facile. Une vague de scélérats déferla ainsi dans le camp.

Revenu à son poste, devant la prairie, Guilhem les attendait, sans écu ni rondache. Tenant fermement son épée sanglante à deux mains, il détrancha le premier maraud qui surgit devant lui. À quelques pas, le Flamand et Gregorio l'avaient rejoint ainsi que trois ou quatre arbalétriers accompagnés de Fabre, les autres défenseurs étant restés à leur poste.

En quelques instants, ce fut un enchevêtrement furieux de corps, de piques et de fers, immédiatement coloré d'écarlate. Gémissements, supplications, menaces, injures et cliquetis de fers s'emmêlaient. Les attaquants se montraient déterminés et enragés. Dans l'impossibilité de s'enfuir, ils n'avaient rien à perdre, et beaucoup se persuadaient que leur nombre ferait la différence puisqu'ils étaient une grosse vingtaine contre trois fois moins d'adversaires.

Seulement, à part Fabre, ces derniers étaient tous des guerriers aguerris. De surcroît, ils arboraient des harnois de fer quand les brigands du Quercy, à part Monteynard, étaient protégés de médiocres cuirasses, quand ils en portaient. Nombre de coquins furent donc navrés sans même avoir malmené les voyageurs.

Autour de Guilhem se répandaient des flaques de sang tandis que le sol se couvrait de morceaux de chair. C'est dans cette tripaille que le charron glissa et s'affala. Aussitôt, le bandouiller qu'il affrontait leva sa guisarme pour le clouer au sol.

Il n'eut pas l'opportunité de le frapper. Le maraud se raidit soudain et cracha un flot rougeâtre, blessé à mort par un épieu qui lui traversait le ventre et dont le manche était tenu à deux mains par Flore.

Hébété, encore empreint de terreur, Fabre se releva en balbutiant :

— Je… Je vous dois la vie !

— À charge de revanche ! répondit l'épouse d'Alaric en regardant autour d'elle pour venir au secours d'un autre combattant.

Mais les fredains s'écroulaient maintenant les uns après les autres. Ceux qui se défendaient encore reculaient en chancelant, indécis, ne sachant comment sortir du piège mortel dans lequel ils s'étaient placés.

Désespérés, certains demandaient merci quand Riou de Monteynard rassembla quatre ou cinq coquins qu'il entraîna vers la voiture de Mahaut, la plus proche de lui. Comme la ridelle était baissée, l'un des gueux grimpa d'un bond à l'intérieur et attrapa Hugonette. Un autre fit de même avec Jeannette. Les deux filles de Jehan le Flamand hurlèrent. Fou de terreur, ce dernier demeura figé en comprenant sa famille perdue.

— Laissez-nous partir, ou on les éventre ! hurla Monteynard.

À part ces survivants, les autres gueux entrés dans le bivouac, pour la plupart meurtris ou blessés, s'agenouillaient pour implorer miséricorde. N'ayant plus à combattre, les gens de Guilhem regardèrent leur maître, ne sachant comment agir. Il était aisé de tuer les cinq marauds menaçants, mais cela emmènerait Mahaut et ses enfants dans la mort. Ce à quoi, évidemment, ils se refusaient.

Guilhem s'avança seul vers le chariot, son épée sanglante en avant :

— Riou ? C'est toi, Riou ? s'enquit-il en croyant reconnaître le chevalier.

Riou de Monteynard avait été son capitaine dans la compagnie de Mercadier. C'était à lui qu'il avait annoncé qu'il quittait le mercenaire du roi Richard, après la mort de son maître et ami Arnuphe de Brancion.

— Guilhem ? s'exclama l'autre, éberlué.

— Que fais-tu avec ces gueux ?

Monteynard, le regard fou, ne répondit pas, puis, les yeux embués, il glapit :

— Tu peux pas comprendre ! Tu as tes deux mains, toi !

*

Dans la prairie, l'affrontement touchait également à sa fin.

Bertucat, Laval et une poignée de survivants qui avaient échappé aux flèches enflammées s'étaient regroupés pour faire front contre Alaric, Peyre, Lamigotte et leurs compagnons, tous décidés à n'accorder aucun quartier. Guillaume bataillait avec eux.

Autour, le terrain était jonché de corps sanglants, parfois suppliants et gémissants.

Quand Bertucat tomba, frappé à la tête par Lamigotte, les quelques rescapés demandèrent grâce. En vain. Tous furent sauvagement tailladés par les fers des haches et des épées.

*

Peyre ne se mêla pas à ce carnage. Estimant la bataille gagnée et songeant que son seigneur avait peut-être besoin de lui, il courut vers le bivouac.

Là, passant par-dessus le muret, il découvrit partout des corps étendus et ensanglantés, de rares blessés, et tous ses amis immobiles, pétrifiés, face à la voiture de Mahaut. À l'intérieur, deux marauds menaçaient les filles de Jehan, coutelas à la main. Près d'eux, Mahaut et son fils n'osaient bouger, tandis que le chevalier manchot criait :

— Laissez-nous partir ou on les tue !

Balayant l'épouvantable scène des yeux, il aperçut les autres femmes et les enfants dans les voitures, tous désespérés.

Dans cet épouvantable spectacle, où à part les blessés suppliants personne ne bougeait, un mouvement attira le regard du Toulousain. Dissimulé contre la roue d'une charrette, Gregorio lui faisait signe. Son ami brandissait une arbalète prête à servir.

Immédiatement, Peyre comprit et chercha une arme de tir autour de lui. Par chance, à portée de main, dans la charrette où se trouvait Fabrissa, il vit un arc et une trousse de traits. La jeune femme le regardait. D'un haussement de menton, il désigna l'arme, et la cathare la lui passa avec quelques flèches.

Pendant ce temps, le seigneur d'Ussel interpellait le chevalier manchot qu'il paraissait connaître. Le scélérat, qui tenait Jeannette, ordonna en hurlant :

— Apportez-nous des chevaux et disparaissez tous, ou je lui coupe...

La flèche de Peyre lui transperça la gorge tandis que le vireton tiré par Gregorio se plantait dans la poitrine de son compère.

Immédiatement, Guilhem plongea sa lame dans le torse de Riou, perçant la broigne. L'un des autres gueux tenta de monter dans le chariot, mais une nouvelle flèche de Peyre l'atteignit dans le dos. En un instant, tout le monde se précipita sur Riou et ses hommes, dont certains étaient déjà morts, et les étripèrent.

*

Dans ce désordre, Jehan le Flamand parvint à grimper dans la voiture pour enlacer sa mesnie.

Guilhem tourna le dos à ses gens, songeant tristement au lieutenant de Mercadier, un homme qu'il n'avait jamais aimé, mais estimé. Il se dirigea vers Peyre et Gregorio qui se congratulaient. Fabrissa et sa fille Mabilla étaient descendues de leur chariot et les rejoignaient.

— Seigneur, nous avons vaincu ! s'exclama Peyre.

— Oui, mais à quel prix ?

Il vit Colombe agenouillée devant Jaufre. La plaie dans son flanc et les blessures à sa tête ne laissaient aucun espoir. Le gentil palefrenier gémissait tandis qu'elle tentait de le consoler pour le grand voyage. Pas très loin, il découvrit la tête d'Étienne, séparée de son corps. Balayant des yeux le champ de bataille, il ne vit pas d'autre cadavre parmi les siens. Quant aux femmes et aux enfants, ils étaient tous saufs.

— Peyre, tu es arrivé à temps, dit-il au Toulousain en l'accolant. Quelles sont nos pertes dans le pré ?

— Je ne sais, seigneur, mais j'ai vu Pestillac tomber.

— Allons voir.

Ils passèrent le muret. Jusqu'au chemin, c'était une singulière vision : un ciel d'azur, lumineux comme celui du paradis, s'étendait au-dessus d'eux, tandis que le sol, naturellement rougeâtre, laissait s'écouler dans des flaques des flots de sang mêlés à la pluie. Partout, des débris d'épée ou de hampe, des armes, des portions de cadavres sans tête ou sans bras, des corps sanglants, souvent mutilés, dont certains bougeaient encore. D'autres étaient brûlés. Beaucoup hérissés de javelots, de flèches ou de viretons. Avec soulagement, Guilhem ne reconnut aucun de ses hommes. Les victimes n'étaient que des pendards. Quelques-uns gémissaient de douleur ou de désespoir. Il les ignora. L'odeur du sang, de la mort et de la chair grillée rendait l'air irrespirable.

Bartolomeo aperçut ses amis et s'approcha avec son écuyer Laguépie. Ce dernier, qui boitillait, avait gardé son épée à la main, et tous deux affichaient un air sombre.

— J'ai perdu Pestillac et Castin, mon valet d'armes, annonça le fils du cardinal Ubaldi, la gorge nouée. Laguépie a une entaille à la cuisse.

— Nous leur devons notre sauvegarde, fit Guilhem en l'accolant. D'autres morts ? Des blessés ?

— Rien pour mes gens. Quant à ceux qui se trouvaient avec Alaric, je ne sais pas. Lui et ses hommes n'étaient pas près de nous. Allons lui demander.

Déjà, Guilhem cherchait des yeux la robuste silhouette du Toulousain, sans l'apercevoir.

— Peyre, l'as-tu vu ?

— Non, seigneur… Ni messire Lamigotte. Mais, quand je les ai quittés, il ne restait que trois ou quatre ribauds, et leurs chefs avaient été vaincus. J'ai vu l'un d'eux frappé par Alaric d'un coup de hache. Laval n'était plus là, sans doute mort également. C'était là-bas.

Il désigna un groupe d'arbalétriers et Ferrand qui déplaçaient des cadavres. Alaric et Lamigotte gisaient-ils là ?

Guillaume, qui se trouvait avec eux, accourut, tenant une belle dague ciselée.

— Où est mon oncle ? demanda Peyre, maintenant inquiet.

— À la poursuite du sire de Laval ! répondit le fils d'Aignan. Avec messire Lamigotte.

— Explique ! ordonna Ussel.

— On se battait là où le sire de Laval et un autre chevalier avaient regroupé leurs gens…

Il lança un regard à Bartolomeo, qui approuva du chef.

— … C'était une terrible estourmie. Les coups s'emmêlaient dans un enchevêtrement de lames et un vacarme que je n'aurais jamais imaginés. Alors que j'avais estoqué l'un des gueux qui tenait cette dague (il montra l'arme dans sa main), messire Vidal m'a forcé à reculer, il voulait me protéger.

Un ton fâché. Le garçon se redressa, torse en avant :

— J'avais pas besoin d'être chaperonné, mais j'ai obéi. N'étant plus au cœur de la mêlée, j'ai aperçu le sire de Laval qui détalait comme un lièvre alors que son compère chevalier recevait un coup de hache de sire Alaric.

Guillaume le nommait ainsi depuis qu'il avait été adoubé chevalier.

— Seigneur Alaric s'apprêtait à le poursuivre quand l'un des coquins s'est interposé, et il a dû se défendre. Je voulais l'aider mais, une fois de plus, messire Vidal m'a retenu. Finalement, sire Alaric s'est débarrassé de son fredain, puis a donné un coup de hache sur la tête de celui qui combattait messire Lamigotte en lui criant de venir avec lui. Je les ai vus partir par là-bas, vers l'endroit où Laval et ses gens avaient laissé leurs chevaux.

Guilhem se tourna vers Bartolomeo, comme pour quêter son approbation.

— J'ai rien vu de tout cela. Avec mes hommes, on se battait plus loin contre des furieux qui savaient qu'on ne les épargnerait pas. Et j'avais pas le temps de surveiller ce que faisait Alaric !

— Peyre, combien y avait-il de chevaux ?

— Quatre, seigneur.

— Puisque Alaric et Lamigotte ne sont pas revenus, ils ont dû poursuivre Laval. Guillaume, conduis-moi à l'endroit des montures, et toi, Bartolomeo, file chercher nos destriers avec Peyre et Gregorio. Mais ensuite, tu resteras ici. Prends le commandement et prépare tout pour le départ. On ne va pas rester au milieu de ces cadavres qui pueront avant midi. Fais revenir les voitures sur le chemin. Cela prendra un bon moment et, si on n'est pas de retour, avance vers la Dordogne.

— Que fait-on des marauds blessés ?

— Laisse-les crever. Peu me chaut !

Il se tourna vers Guillaume :

— Allons-y !

*

Peu après, ils arrivèrent à l'intersection des chemins. Une vieille rosse était attachée à un arbre. Il manquait donc trois chevaux. Guilhem conclut qu'il ne s'était pas trompé : Alaric et Lamigotte pourchassaient Laval.

Ils attendirent avec impatience jusqu'au moment où Peyre, Gregorio et Vidal arrivèrent au galop avec, en longe, le coursier de Guilhem.

Celui-ci sauta en selle et dit à Guillaume de rentrer au bivouac. Le garçon obtempéra, mais chacun sentit au ton de son « Oui, seigneur » qu'il aurait souhaité participer à la chasse.

C'est alors qu'ils entendirent un long renâclement auquel répondirent les destriers. Un cheval approchait, qui avait senti ses congénères. Gregorio tira son épée.

La bête apparut. Elle portait deux cavaliers : Alaric et Lamigotte.

Guilhem vint au-devant d'eux, devinant que la seconde monture avait été blessée ou tuée.

— Que s'est-il passé ?

— Laval a fui en poltron, seigneur. Quand j'ai vu ça, comme nous étions assurés de l'emporter, je suis parti à sa poursuite avec Lamigotte, mais le trouillard avait de l'avance. Il a pris un cheval, sûrement le meilleur, et a filé. On est montés sur ceux qui restaient. Seulement, à un quart de lieue d'ici, ce serpent nous attendait et nous a tiré dessus avec un arc qu'il devait avoir gardé sur sa monture. Par chance, le cheval de Lamigotte a henni à cet instant, et messire lui a fait faire un écart. Ça l'a sauvé car c'est la bête qui a reçu le trait dans le poitrail. En un éclair, j'ai pris Lamigotte avec moi et filé dans les taillis. D'autres flèches ont été tirées, dont deux nous ont touchés, mais sans percer nos hauberts. Comme nous avions seulement nos haches et épées, je suis revenu chercher de l'aide.

— On va le rattraper, décida Guilhem. Seulement, Peyre et Gregorio n'ont ramené que mon coursier.

— Je prendrai le dernier cheval de ces fredains, décida Lamigotte.

Ussel secoua la tête.

— Je préfère que vous restiez ici. On ne sait pas ce que Laval a en tête, et mieux vaut que vous soyez avec vos arbalétriers si le convoi devait supporter une autre attaque. Nous sommes trois, et c'est suffisant pour prendre ce maraud et le pendre. Si avant midi on ne l'a pas capturé, nous reviendrons. En attendant notre retour, que le convoi reprenne la route. On vous retrouvera avant la Dordogne.

Lamigotte ouvrit la bouche pour répliquer, mais il prit conscience que Ussel avait raison. Mieux valait protéger les chariots. Et si Laval s'échappait, tant pis. Après tout, ils n'étaient ni prévôts ni baillis.

— Le chemin pris par ce scélérat conduit à sa maison forte, il s'y est peut-être réfugié ? suggéra Peyre.

— Possible, approuva Guilhem. Puisque tu connais la route, conduis-nous.

Il croisa alors le regard implorant de Guillaume et retint un sourire :

— Veux-tu venir avec nous ?

— S'il vous plaît, seigneur !

— Monte la haridelle qui reste, alors.

La petite troupe se mit en route avec le jeune homme, fier comme un coq d'avoir été choisi par son seigneur. Peyre étant en avant-garde avec Alaric, et Gregorio en arrière-garde, Guilhem en profita pour interroger le fils d'Aignan au sujet de la dague ciselée glissée dans sa ceinture.

— Elle appartenait à un fredain avec qui je me suis battu, seigneur.

Un silence de gêne.

— Mon père sera fâché quand il l'apprendra, mais je lui ai enfoncé mon épée dans le ventre. À la fin de la bataille, Vidal a découvert la dague en fouillant le cadavre et me l'a donnée en disant que je l'avais méritée. Mais si vous la voulez seigneur, elle est à vous. Son manche est en argent.

— Fais voir !

Guillaume la tendit. La lame, en bon acier, faisait un pied de long. Le manche tenait bien la main et le pommeau représentait deux têtes d'aigle finement ciselées.

— Un travail fait en Germanie, décréta Guilhem. Le maraud a dû la voler.

Il la rendit en déclarant.

— Tu as vaincu ton adversaire, ses armes t'appartiennent. Quant à ton père, ne t'inquiète pas de ses reproches. Il préfère avant tout te savoir vivant, et tu n'as fait que te défendre.

13

Peyre parvenait à suivre la piste du cheval de Laval. Même si le sol était rocailleux, il restait en effet quelques flaques de boue où les sabots du fuyard avaient couvert les traces de la horde. Seulement, après un long passage caillouteux, le Toulousain ne vit plus aucune marque. Contrarié, il attendit son maître.

— Seigneur, fit-il, je crains qu'il n'ait filé par les éboulis traversés tout à l'heure.

— Il savait qu'on allait le poursuivre. Et il doit connaître les endroits par lesquels il ne laissera pas d'empreintes.

— On peut revenir jusqu'à l'éboulis et chercher où il est passé. Je finirai bien par trouver.

Guilhem réfléchit.

— Non, décida-t-il finalement. Nous perdrons trop de temps. Sa maison est-elle loin ?

— Non, seigneur.

— Allons-y !

*

Ils repartirent et arrivèrent rapidement sur le terre-plein de la maison de Laval. Aucune monture visible. Une femme revenait de l'écurie. La vingtaine, cheveux pouilleux et en désordre, revêtue d'un bliaut rapiécé d'une incroyable saleté, si usé qu'il révélait ses tétons, elle demeura stupéfaite en découvrant ces cavaliers inconnus.

Prudemment éloigné, Guilhem parcourut les lieux du regard et estima que, par les meurtrières, on pouvait les tirer comme des canards s'ils approchaient. Il héla la femme :

— Toi, viens ici !

Terrorisée, elle ne broncha pas.

— Viens, te dis-je, sinon on mettra le feu à la maison !

— Qui êtes-vous, seigneur ? demanda-t-elle plaintivement.

— Ceux dont Helias de Laval voulait la malemort.

Un sourire inattendu apparut sur son visage fatigué.

— Où est-il ?

— En fuite. On cherche à le pendre.

— Il n'est point ici. Et si je savais, je vous le dirais et je le regarderais même danser au bout d'une corde avec joie.

Guilhem sourit et désigna la maison de l'index :

— Combien de gens à l'intérieur ?

— Ma tante et deux autres servantes. Nous sommes prisonnières, en servitude.

— Pas d'hommes ?

— Aucun de nos ravisseurs n'aurait voulu manquer le pillage espéré ! Que sont-ils devenus ?

— Ils nourrissent les vautours.

— Tous ?

— Ceux qui ne sont pas morts le seront demain. Les oiseaux sont nombreux et toujours affamés, par ici.

— Qu'allez-vous faire de nous ?

— Vous pouvez partir. Prenez ce que vous voulez dans la maison. S'il y a de l'or, emportez-le. Et rentrez chez vous.

Ébahie, elle tomba à genoux.

— Merci, seigneur... Mais, pour le prisonnier ?

— Quel prisonnier ?

— Un chevalier enfermé dans le cachot de la cave. Le seigneur Laval a exterminé sa troupe dans un guet-apens et uniquement gardé vivants son écuyer et lui. Depuis, il a envoyé l'écuyer chercher une rançon.

Intrigué, Guilhem descendit de cheval et demanda à ses compagnons de surveiller les alentours.

Il avança vers la femme pour lui dire de se relever et ordonna :

— Conduis-moi à ce prisonnier. Ensuite, tu pourras répéter à tes compagnes qu'elles sont libres.

— Seigneur, vous ne pouvez entrer seul dans cette maison ! intervint Gregorio.

— Je ne crains pas les femmes ! plaisanta Ussel.

— Laissez-moi vous accompagner, seigneur ! plaida Peyre.

Guilhem hésita un instant. Il se savait capable de se défendre et était persuadé que la prisonnière ne lui avait pas menti. Tout montrait qu'elle haïssait Laval et ses hommes qui en avaient fait des ribaudes, donc à ses yeux il ne courait aucun péril. Mais inutile d'inquiéter ses fidèles serviteurs.

— Je préfère vous savoir dehors pour me protéger. Mais je veux bien que Guillaume vienne. À la moindre difficulté, il appellera.

Visage radieux, le fils d'Aignan mit pied à terre et rejoignit son seigneur, main gauche fièrement posée sur la poignée de sa nouvelle dague.

La femme emprunta l'échelle la première, suivie de Guilhem et de Guillaume. Tous trois pénétrèrent dans une salle sombre au sol couvert de paille avec des couchettes de bois en désordre et un escalier de planches. Deux femmes emplissaient déjà un sac. Elles avaient entendu la conversation.

— Pouvons-nous vraiment partir, seigneur ? interrogea la plus âgée.

— Oui, emportez tout ce que vous voulez. Où se trouve le prisonnier ?

Elle désigna une trappe fermée par une barre de fer.

— En bas, mais enchaîné. C'est le seigneur Laval qui garde la clef.

— Guillaume, va chercher une hache et retrouve-moi.

Ussel examina la barre fermant la trappe. Un grossier cadenas empêchait son ouverture. Il balaya la salle des yeux et aperçut un marteau d'armes. Il alla le prendre, revint à la barre et assena un violent coup sur le cadenas... qui s'arracha.

En soulevant la trappe, il découvrit une obscurité totale.

La quatrième femme, qui se trouvait à l'étage, avait rejoint les autres. Toutes trois parlaient à voix basse.

— Y a-t-il une lanterne ? demanda-t-il.

— Je vais la chercher, mon sire, proposa la plus âgée.

Elle grimpa l'escalier quatre à quatre.

— Seigneur, Laval est donc en liberté ? questionna celle qui se trouvait dehors.

— Hélas, oui !

— S'il nous rattrape, il nous tuera.

— D'où venez-vous ? s'enquit Ussel.

— De Saint-Sozy. Et elles, de Creysse.

— C'est sur l'autre rive de la Dordogne ?

— Oui, seigneur.

— Je conduis des chariots du roi de France. Nous passerons la Dordogne à Pinsac. Si vous le voulez, restez avec nous jusque-là. Laval ne vous poursuivra pas sur l'autre rive.

— Merci, seigneur, fit la femme, soulagée.

Celle qui était montée revint avec une lampe en corne contenant une chandelle allumée. Maigre lumière, mais suffisante.

Guilhem la prit et emprunta l'échelle de la cave alors que Guillaume apparaissait hache en main.

L'endroit puait les excréments. Comme il avançait la lanterne pour mieux y voir, une carcasse étendue sur la paille sale remua et gémit :

— *Durst...*

« *Durst*[1] » ? Un Allemand ? s'interrogea Guilhem en examinant le prisonnier.

Barbe blonde hirsute, grouillant de vermine, visage hâve et amaigri au-delà du possible, les os de ses membres saillaient sous ses hardes, une

1. Soif.

simple chainse déchirée, une chaîne à son pied l'attachant au mur.

Ussel se tourna vers Guillaume qui l'avait rejoint et intima :

— La hache.

Le garçon la lui tendit. Guilhem s'accroupit et repéra un maillon plus rouillé que les autres. D'un seul coup de lame, il le brisa.

L'homme retint stoïquement un cri de douleur tant l'anneau qui le tenait avait meurtri sa chair.

Ussel rendit l'arme au fils d'Aignan et souleva le prisonnier – qui ne pesait guère. Comme lui quand on l'avait délivré, l'année précédente.

En tenant l'Allemand par la taille, il le soutint pour marcher, puis pour gravir l'échelle.

Guillaume, remonté, les aida à passer la trappe.

Essoufflé, le prisonnier délivré s'assit sur l'une des couchettes. Le fils d'Aignan et les quatre femmes, prêtes à partir, le regardaient avec compassion. Ses os saillaient au moindre mouvement, sa peau parcheminée laissait filtrer son ossature. Quel âge pouvait-il avoir, lui qui ressemblait à un vieillard ?

— Il a soif, dit Guilhem.

L'une des femmes prit un récipient près du foyer, un pot de terre cuite contenant encore un peu d'eau mélangée à du vin. Elle l'apporta à l'Allemand et l'aida à boire.

— Va dire à Gregorio de venir, ordonna Guilhem à Guillaume. Et que Peyre et Alaric continuent de surveiller les alentours.

Le garçon fila. Ussel se tourna alors vers le captif :

— *Tu loqueris latin ?*

L'autre opina faiblement.

Guilhem possédait de solides rudiments d'allemand, mais n'était pas certain de comprendre les réponses à ses questions. Or il parlait bien mieux le latin, proche de la langue d'oc.

— Votre nom ? demanda-t-il.

— Karl von Streit.

— Une femme m'a dit que vous étiez *miles*, que votre écuyer était parti afin de rapporter votre rançon, poursuivit Ussel, toujours en latin.

— Oui…

— Comment êtes-vous arrivé là ?

— J'ai fait confiance à un berger qui m'a indiqué le chemin… Il m'a conduit dans une embusque et mes gens ont été exterminés par des archers.

— Mais pour quelle raison traversiez-vous les Causses ?

— Je me suis croisé à la demande de mon seigneur, et je rejoignais l'armée de l'abbé Amaury, répondit l'homme.

— Croisé ?

Ussel se raidit. En vérité, il s'en doutait, tout en espérant que l'Allemand découvert s'était rendu dans les Causses pour une raison honorable. Mais puisqu'il s'agissait d'un de ces maudits croisés, il avait mérité son sinistre sort et ne lui accorderait aucune pitié. Il connaîtrait la même fin que les Flamands.

— Je suis ici pour ma foi et mon Dieu, confirma l'Allemand en latin.

— Dans ce cas, ton Dieu t'a abandonné ! cracha Ussel.

Les femmes s'étaient rendu compte de la tension survenue au cours de dialogue, même si elles n'avaient pas tout compris. Inquiètes de la tournure des choses, elles avaient reculé dans un coin sombre en tenant ferme leurs pauvres bagages.

À ce moment-là, Guillaume apparut, suivi du Pisan.

— On s'en va ! annonça leur maître qui se dirigeait déjà vers la porte après avoir fait signe aux femmes de sortir.

Elles se précipitèrent dehors.

— Et le prisonnier, seigneur ? s'étonna le fils d'Aignan.

— Qu'il crève ici ! On n'a pas le temps de le pendre.

Guillaume et Gregorio échangèrent un regard de désaccord.

— Seigneur, il est mourant, insista le Pisan.

— On ne peut l'abandonner, ajouta le fils d'Aignan.

Guilhem se retourna vers eux dans une posture agressive :

— C'est un croisé ! Il venait piller et massacrer nos gens et nos amis ! Qu'il crève !

Pourtant, il ne sortit pas et, au contraire, fit deux pas en direction de l'Allemand avant de désigner Guillaume :

— Streit, ce garçon qui s'inquiète de ton sort s'est battu contre les gens de Laval. Il a courageusement risqué sa vie alors qu'il n'est pas un homme d'armes. C'est grâce à son courage, entre autres, que tu es libre. Mais sais-tu qui il est ?

L'Allemand secoua doucement la tête, devinant son destin scellé. Il murmura même une prière.

— C'est un « bon homme », un « tisserand », un cathare ! poursuivit Ussel. Comme la plupart des gens qui sont avec moi et qui se sont battus contre les fredains de Laval. Oui, tu as été libéré par des hérétiques ! Sache que les gens comme toi, qui viennent dans mon pays pour massacrer, je les pends !

— Seigneur, vous ne pouvez le pendre, protesta Gregorio, front plissé et expression contrariée.

— Pourquoi ?

— Il est trop faible, il agonise presque !

— Peu me chaut ! Il a mille fois mérité la mort ! Mais tu as raison, ne le pendons pas. Laissons-le ici avec sa haine. Il périra de faim et de soif. Tel sera son enfer !

— Messire, intervint alors l'Allemand d'une voix faible, c'est mon seigneur et archevêque qui m'a ordonné de me croiser... Notre Saint-Père l'exigeait pour extirper l'hérésie.

— L'hérésie ! Quelle hérésie ? L'hérésie d'aimer les chrétiens ? L'hérésie de refuser le mensonge ? L'hérésie de protéger la vie ? Que sais-tu des cathares ? Des gens qui n'aspirent qu'à vivre en paix, contrairement à vous, damnés sauvages ! vociféra Guilhem, laissant soudain éclater la colère qui le rongeait depuis des jours et des semaines.

Un lourd silence s'abattit, qui parut s'éterniser jusqu'à ces mots murmurés par Karl von Streit :

— Peut-être me suis-je fourvoyé... Mais je ne demande rien, seigneur. Vous voulez ma vie ? Prenez-la, prenez ce qu'il en reste. Quant à ce jeune homme, je vois qu'il porte ma dague, la dague de mon père et de mon grand-père. Vous me dites qu'il s'est battu contre ce pourceau de Laval, alors il a mérité de la garder. Je la lui offre de bon cœur. C'est une arme solide qui vient d'une noble famille.

Devant ces fortes paroles, la colère de Guilhem baissa d'un cran. Au demeurant, jamais il n'aurait été capable de pendre ce mourant. L'abandonner à son sort, oui, pas le tuer, sinon dans un combat honorable.

— Quel maudit archevêque vous a envoyé ici ? s'enquit-il.

— L'archevêque Conrad. Mon père est *profos* au château de Scharfenberg.

— « Profos » ? Capitaine ?

— Juge, plutôt… Vous diriez « prévôt », je crois.

— Et Conrad, est-ce Conrad de Scharfenberg ? L'archevêque de Hildesheim ? Celui qui tient le château de Trifels ?

— Lui-même. Il est maintenant archevêque de Spire. Le connaissez-vous ?

*

Une vague de souvenirs submergea Guilhem avec une telle violence qu'il resta pris de court. Trifels !

Cela faisait combien ? Seize ans ! À l'époque, il était un jeune chevalier errant à la recherche d'un engagement, qui voulait fuir le passé, surtout le crime qu'il venait de commettre. Pour sauver une femme, il en avait tué une autre. Et celle qu'il avait navrée, Egelina de Camville, il l'adorait.

Ses dernières paroles résonnèrent soudain dans sa tête : « Tu m'avais dit que tu m'aimais… que tu me protégerais. »

Et il l'avait tuée.

Il frissonna. Pourquoi Dieu ravivait-il cet effroyable souvenir ?

Dans son errance, après la perte d'Egelina, il avait rencontré un groupe de chevaliers qui voulaient délivrer le roi Richard Cœur de Lion. Leur chef, Blondel de Nesle, l'avait engagé, et ensemble ils s'étaient rendus à Trifels, le nid d'aigle de l'empereur Henri VI. Jouant les troubadours, il avait fait passer un message à Richard, et le roi était parvenu à s'évader par une fenêtre. Mais tout n'avait été que cautèle et trahison et, dans leur fuite, c'est lui, Guilhem, qui avait permis à ses compagnons d'échapper à Engelhard, le fils de l'intendant de Trifels, ainsi qu'au seigneur Eckhard, qui commandait chevaliers et servants du château, lancés à leur poursuite.

*

— Non, répondit-il. Mais j'ai croisé maître Walram, l'intendant de Trifels, son fils, et le seigneur Eckhard. Sont-ils toujours là-bas ?

— Oui, Engelhard et Eckhard devaient se joindre à moi, mais notre empereur s'est opposé à leur départ, certainement à la demande du père d'Engelhard qui craignait pour lui.

— Il aurait été plaisant que je les découvre ici avec vous, eux aussi saisis par Laval, suggéra Guilhem en affichant un sourire guère ambigu.

S'il n'avait été aussi affaibli, le chevalier prisonnier aurait posé des questions, tant les paroles de son sauveur se révélaient intrigantes, mais il s'en montra incapable.

Il murmura seulement :

— S'ils avaient été là, nous ne serions pas tombés dans un piège... Eckhard a plus de servants que moi.

De nouveau, il s'accoisa.

Après les paroles de Guillaume, de son écuyer et du prisonnier, Ussel hésitait. Abandonner cet homme ici, fer au pied et dans ce misérable état, c'était le condamner à une mort lente et atroce. *A contrario*, cela ne ferait-il pas un croisé de moins ? Seulement, souhaitait-il vraiment que Karl von Streit termine sa vie ainsi ? Lui aussi avait été enfermé dans un tombeau, lui aussi avait enduré des conditions de détention atroces, lui aussi savait combien il aurait préféré mourir les armes à la main.

Les serviteurs d'Ussel le regardaient, cherchant à anticiper sa décision. Quant à l'Allemand, tête baissée et dos voûté, il paraissait indifférent à son sort.

— Je conduis un convoi pour mon roi, déclara finalement Guilhem. Si vous me donnez votre parole de ne pas tenter de gagner le Toulousain, et si vous acceptez de voyager avec les hérétiques que vous vouliez exterminer, avec ces gens que vous rêviez de massacrer et de brûler, je vous laisserai chez les bénédictins de Souillac dont l'abbaye est sur notre chemin. Les moines vous soigneront et, une fois gaillard, vous pourrez rentrer chez vous. À pied, comme un jaquet.

L'Allemand inclina la tête en signe d'adhésion, gratifiant Ussel d'un sourire éteint.

— Que Dieu vous bénisse pour votre miséricorde, messire. J'accepte votre généreuse proposition et je jure sur les quatre Évangiles et ma part de paradis que je retournerai à Scharfenberg dès que mon état me le permettra.

Il reprit son souffle après cette longue tirade.

— Soyez assuré que je ne porterai plus jamais la main sur un cathare, ou que le Seigneur me damne à jamais si je le fais.

Guilhem le considéra longuement. Quelque chose lui disait qu'il pouvait avoir confiance en cet homme.

— Gregorio, Guillaume, aidez-le !

Lui-même sortit le premier et expliqua à Alaric et Peyre qu'ils allaient chacun prendre une des femmes en croupe, et un prisonnier qu'il avait trouvé.

Guillaume fit monter l'Allemand devant sa selle afin de pouvoir le tenir quand il chevaucherait, Guilhem aida l'une des femmes à faire de même sur son coursier puis s'aperçut que Gregorio était retourné dans la maison, et que la dernière captive attendait.

— Pourquoi est-il rentré ? demanda Ussel à Peyre.

— Il n'a rien dit, seigneur.

Le groupe patientait depuis un moment quand, enfin, Gregorio sortit. Avec entre les mains un long coffret de bois qu'il tendit à son seigneur :

— Je suis allé visiter l'étage, au cas où il resterait quelque chose à emporter. Et j'ai trouvé ceci. J'ai pensé que ce qu'il contient vous plairait, seigneur.

Gregorio ouvrit la boîte et sortit une vielle à roue.

Guilhem attrapa l'instrument avec une immense émotion. C'était un magnifique objet, richement ciselé et incrusté d'ivoire. Lorsqu'il tourna la manivelle, pinça les cordes, d'un coup ses traits se détendirent.

14

Quand ils revinrent au bivouac, les chariots étaient partis. On avait entassé les corps des fredains au bord de la route pour servir d'exemple et effrayer d'éventuels autres malfaiteurs. Leurs cadavres seraient dévorés par les oiseaux et les animaux sauvages. Les blessés, eux, se trouvaient plus loin. L'un était même debout, appuyé à une branche, et regarda passer les cavaliers – qui l'ignorèrent. Seuls les femmes et l'Allemand observèrent les éclopés, avec une évidente satisfaction.

— Ils étaient nombreux, remarqua Streit en s'adressant à Guillaume.

En l'aidant à monter en selle, le fils d'Aignan avait indiqué qu'il baragouinait un peu sa langue.

— Plus de soixante, messire. Hélas ! Nous avons perdu plusieurs des nôtres.

— Croyez-vous en Dieu ? interrogea Karl von Streit.

— Je suis chrétien, messire ! protesta le garçon. Et j'observe scrupuleusement les prescriptions des saints Évangiles.

— Alors, pourquoi vous accuse-t-on d'être hérétiques ?

— Le pape le dit, messire, essentiellement parce que nous refusons d'entendre son clergé tant il est corrompu.

Troublé, l'Allemand ne poursuivit pas la discussion.

En vue des chariots, Guilhem reprit la tête du convoi avec Peyre, laissant Guillaume donner des explications à Aignan, et Alaric aux autres, quant à la présence des femmes et du nouveau venu. Ussel n'avait aucune envie de parler, son esprit était toujours en pleine confusion en songeant à Trifels, à sa jeunesse et à celle qu'il avait aimée, Egelina, la criminelle appelée aussi la Licorne.

De surcroît, il se posait mille questions, autant sur lui-même que sur l'Allemand. Il se savait violent mais s'était toujours efforcé de suivre son serment de chevalier – même si cet engagement avait été pris devant Mercadier, un capitaine qui n'observait, de son côté, aucune des lois de la chevalerie.

Néanmoins, les paroles qu'il avait prononcées lors de son adoubement résonnaient sans cesse dans sa tête : l'homme d'honneur devait accorder merci à un adversaire vaincu qui le demandait ; il avait l'obligation d'aider dame ou demoiselle dans la détresse ; enfin il devait prier le Créateur de toutes choses qu'Il ait pitié de son âme et se comporter en fidèle chrétien.

Bien qu'il se soit rarement conformé au troisième précepte, Guilhem avait toujours suivi le deuxième et à peu près obéi au premier. Seulement les règles de la chevalerie n'indiquaient rien sur la façon de traiter un croisé, l'un de ces massacreurs vus à l'œuvre à Béziers et à Lamaguère. S'il avait suivi ses inclinations, Ussel aurait écrasé l'Allemand comme de la vermine. Or il se reprochait ce sentiment peu glorieux puisqu'il s'agissait d'un prisonnier sans défense. Certes, il l'avait gracié, mais peut-être seulement parce que ses serviteurs lui avaient reproché sa dureté. Comment aurait-il agi s'il s'était trouvé seul ?

Il regrettait d'autant plus son attitude que ce Streit ne paraissait pas de la trempe d'un Beaumont. Peut-être même était-il un honorable chevalier convaincu par l'Église de devoir combattre une hérésie dont il ne savait pas grand-chose. Après tout, n'était-ce pas le cas du comte de Nevers et du duc de Bourgogne, même si ces feudataires du roi de France y avaient trouvé intérêt ?

Il songea alors aux Flamands qu'il avait exterminés. Aurait-il dû agir autrement ? Ne pas les agresser ? Mais ces hommes s'en seraient ensuite pris aux gens du comté de Toulouse, qu'ils fussent cathares ou non.

Toutes ces questions se bousculaient dans sa tête, et il n'avait pas de réponse. Ses pensées revinrent alors à l'Allemand. Quel singulier hasard qu'il ait délivré un féal de l'archevêque Conrad, un proche des gens de Trifels alors qu'il envisageait de se rendre en Allemagne pour y retrouver Wolfram d'Eschenbach !

Et si, pour une fois, le Seigneur Dieu lui prêtait main-forte ? Wolfram d'Eschenbach lui avait dit qu'il venait de Wartburg, en Thuringe, mais Guilhem ignorait où se situait cet endroit. Streit pourrait-il le lui indiquer ?

Ces cogitations furent interrompues par Lamigotte, qui le rejoignit et lui suggéra de faire halte.

— Seigneur, personne n'a voulu prendre de repue dans un champ au milieu de cadavres et de blessés. Mais vos gens ne se sont pas nourris depuis hier, sinon avec les quelques morceaux de pain et de porc séché que maître Aignan a fait distribuer. Maintenant que tierce approche, les ventres crient leur malefaim.

— Tu es dans le vrai. Je suis moi-même affamé, et j'aurais dû décider de cette halte plus tôt mais, vois-tu, j'avais l'esprit occupé.

— À cause de Laval, seigneur ?

— De lui, et de cet Allemand que j'ai tiré de sa geôle. Il va falloir que je lui parle.

Un bref silence.

— Je n'ai guère honoré mes obligations de capitaine. Je n'ai même pas demandé combien des nôtres ont été blessés.

— Peu, heureusement. Et aucun gravement. Mais nous avons perdu quatre hommes. Messire Bartolomeo les a fait porter dans une charrette afin qu'ils soient mis en terre à Pinsac et qu'une messe soit dite.

— Castin était cathare.

— Aignan l'a consolé, et il ne voit pas de mal à ce qu'il soit inhumé avec ses compagnons.

— C'est juste...

Au détour du chemin apparut un vaste champ traversé par un ruisseau.

— Qu'en dis-tu ? Pourquoi ne pas faire halte là ? proposa Guilhem.

*

Comme lors de chaque bivouac, les véhicules formèrent un carré, et les chevaux furent rassemblés au sein d'un enclos de fortune. Ensuite, chacun s'installa, qui sur une pierre, qui sur une souche, qui dans un chariot dont on avait baissé les ridelles. Les femmes distribuèrent le pain qui restait avec de la viande salée et du fromage.

Guilhem rejoignit Aignan, qui se trouvait avec son épouse. Colombe lui donna une belle tranche de pain et des saucisses. Il s'assit près d'eux et dévora ce repas avec appétit.

Tandis qu'il mangeait, l'ancien libraire annonça que le pain manquerait pour le souper, mais qu'il y avait encore suffisamment de blé et d'orge pour préparer des bouillies et faire cuire des galettes pendant quelques jours.

— Nous serons dans l'après-midi aux abords de Pinsac. On y fera des provisions, le rassura Ussel, qui n'ajouta pas : « Si nous parvenons à passer la Dordogne. » Car il craignait le gué impraticable.

Après une courte pause, due au fait qu'il hésitait sur la façon d'aborder la chose, il déclara :

— Vous pouvez tous deux être fiers de Guillaume… C'est un garçon valeureux. Et plus que cela.

Comme l'expression du père trahissait sa perplexité, Guilhem raconta ce qui s'était passé à la maison de Laval, et comment Gregorio et Guillaume l'avaient incité à se montrer miséricordieux envers le croisé prisonnier.

Le récit ravit le cœur du cathare, angoissé à l'idée que son fils prît goût au meurtre et à la guerre.

— Je lui ai demandé de s'occuper de l'Allemand, puisque tu lui as appris les rudiments de sa langue.

— Ils sont au chariot de dame Fabrissa. Pendant que Thomas lui retirait son fer, j'ai parlé avec ce chevalier. Il est très affaibli, mais il présente une solide complexion. Je suis persuadé qu'il reprendra des forces sans tarder. Surtout s'il peut se reposer à Souillac.

— Et les prisonnières de Laval ?

— Je me suis occupée d'elles, intervint Colombe. Avec Flore et dame Alazaïs, nous avons rassemblé quelques vêtements et les leur avons donnés. Elles ont beaucoup souffert et ont hâte de retrouver les leurs.

Guilhem se leva.

— Je dois maintenant parler à l'Allemand, dit-il.

Il se dirigea vers le chariot de Fabrissa, trois voitures plus loin.

Guillaume et Mabilla bavardaient près du véhicule tandis que l'ancienne aubergiste cathare, devant la ridelle baissée, taillait la barbe et la chevelure de Streit.

Ce dernier était toujours aussi hâve et décharné, mais son regard se montrait enfin vif. Il portait une chainse et des chausses propres, qui provenaient de Gregorio, et lui donnaient meilleure allure.

— Nous serons à Souillac demain, si nous passons la Dordogne ce soir, annonça Guilhem.

— Et cela me désole fort, répondit l'Allemand.

Contrarié, Guilhem plissa le front.

— Pourquoi ? s'enquit-il sèchement tandis que Fabrissa et sa fille s'éloignaient de quelques pas.

— Rassurez-vous, messire d'Ussel, je tiendrai parole. Mais mon cœur est triste en sachant que je ne verrai plus dame Fabrissa. Elle a tant fait pour moi, en quelques heures.

Guilhem haussa les sourcils.

— Dame Fabrissa vous a-t-elle raconté d'où elle vient ?

— Non… Mais je sais qu'elle pratique les rites cathares, Guillaume me l'a dit.

— Vous lui révélerez tout, Fabrissa, conseilla Guilhem en se tournant vers elle.

Elle opina du chef.

— Messire Guilhem, maître Aignan m'a parlé de la religion qu'il honore, de ses observances, et je n'y ai rien vu de répréhensible. Je suis donc encore plus honteux de ma présence ici. L'archevêque Conrad se trompe, et je le lui dirai.

— À votre place, je me tairais, ironisa Ussel, rasséréné. À moins que vous ne souhaitiez finir sur un bûcher. Mais, puisque vous allez mieux, messire, acceptez-vous de répondre à quelques questions ?

— Je le ferai sans fard.

— Connaissez-vous le château de Wartburg, dans un comté nommé Thuringe ?

— Je m'y suis rendu. C'est fort loin de Trifels. La Thuringe n'est pas exactement un comté, mais un landgraviat, disons une principauté. Son landgrave, qui est comte de Saxe, se nomme Hermann.

— Je connais Strasbourg et Trifels, mais j'ignore où se trouve le château de Wartburg par rapport à ces lieux.

— Au nord, et fort loin. Et chez nous, on l'appelle plutôt la Wartburg.

— La… ? Pourquoi ?

— *Wart* signifie « guet », dans notre langue, et *burg* « château fortifié sur une montagne ». Or, chez nous, *die Burg* a le caractère de la femme. On dit donc « la Wartburg ».

Guilhem sourit à l'explication.

— Est-il loin ? Ou plutôt, est-elle loin ? Combien de jours ?

— Vous rendez-vous là-bas avec ces chariots ?

Guilhem se mit à rire :

— Non, pour l'heure, je conduis une tante du roi de France à Paris.

L'Allemand demeura silencieux. La réponse de ce chevalier expliquait les bannières et les écus fleurdelisés, mais certainement pas la présence des cathares et des enfants. Néanmoins la courtoisie exigeait qu'il ne se montrât pas indiscret.

Ussel avait deviné ses interrogations.

— Les cathares et leurs familles dans ce convoi sont à mon service, dit-il. Après mon arrivée à Paris, ils demeureront chez moi pour s'occuper de mes biens, et je me rendrai seul en Thuringe.

— Je ne sollicite aucune explication, seigneur. Quant à voyager seul en Germanie, c'est fort dangereux. Surtout pour un étranger qui ne connaît pas les dialectes des contrées à traverser. Pour répondre à votre question : il doit y avoir cent lieues de Strasbourg à la Wartburg, avec des chemins difficiles ou inexistants, ainsi que des forêts épaisses et hostiles. Où l'on se perd facilement. Je dirai qu'il faut au moins vingt jours, à cheval. Peut-être même jusqu'à quarante. Si quelqu'un ici dispose de plume, d'encre et de parchemin, je peux vous dessiner la route et les bourgs par où je conseillerais de passer.

— Maître Aignan, le père de Guillaume, était libraire. Son fils vous portera une écritoire.

L'Allemand approuva sans mot dire. Nombre de questions brûlaient sa langue. Et, encore une fois, Guilhem devança sa curiosité :

— Vous vous demandez pourquoi un chevalier au service du roi de France désire se rendre au château de Wartburg.

— En effet. Votre roi n'a guère d'amis parmi les princes germains.

Après un instant de réflexion, il ajouta :

— Que savez-vous de la situation dans le *Reich* ?

— Que votre empereur est élu par des princes, et que vous en aviez deux jusqu'à l'année dernière, plaisanta Ussel.

— Ce n'est pas tout à fait exact, nous n'avions pas deux empereurs, car c'est impossible, puisque l'empereur est roi de Rome et doit être sacré par le Saint-Père, ce qui lui donne le droit de porter la couronne d'or et de tenir la sainte lance. Mais il y avait deux candidats que les électeurs n'arrivaient pas à départager. Chez nous, la royauté n'est pas héréditaire car c'est une diète de princes qui élit notre maître. Ces électeurs sont plus d'une centaine, avec beaucoup d'évêques, d'archevêques et d'abbés. Et tous ne sont pas égaux lors du vote.

Parmi eux, sept sont prépondérants : les archevêques de Mayence, de Trèves et de Cologne, le roi de Bohême, le comte palatin du Rhin, le duc de Saxe et le margrave de Brandebourg.

» Depuis plus d'un siècle, deux nobles familles se disputent l'élection : les Hohenstaufen et les Welch, lesquels descendent de l'empereur Lothaire III. Philippe de Souabe, fils de l'illustre Frédéric Barberousse, était un Hohenstaufen et Otton de Brunswick un Welch. Quand, l'année dernière, Philippe a été assassiné, Otton a définitivement été choisi empereur par les princes électeurs, même s'il n'a pas obtenu la majorité.

D'un mouvement de tête, Guilhem fit comprendre qu'il connaissait à peu près cette histoire, apprise à Rome. En Italie, les factions Welch et Hohenstaufen se nommaient guelfes et gibelins.

Le chevalier allemand planta son regard dans celui de Guilhem.

— Les affaires du Saint Empire vous intéresseraient-elles ?

— Nullement, et je ne m'en mêlerai point. Si je veux me rendre à Wartburg, c'est uniquement pour y retrouver un ami rencontré voici dix ans, dans le Toulousain.

Karl von Streit haussa les sourcils.

— Vous ne me croiriez pas si je vous contais ce que nous avons vécu. Il se nomme Wolfram d'Eschenbach et habite dans ce château. Il est également *Minnesänger*[1], troubadour, dit-on à

1. *Minnesinger*. Le *Minnesang* est un chant d'amour.

Toulouse, comme je l'ai été. Il m'a parlé des joutes de ménestrels dans les cours princières, et j'aimerais bientôt m'y frotter.

— Je connais Eschenbach sans l'avoir jamais rencontré. Le père de Dagmar, l'écuyer parti chercher ma rançon, a participé à plusieurs de ces joutes, dont l'une où le vaincu a été mis à mort.

— Wolfram m'a également rapporté cette singulière tradition.

— Les tournois poétiques de *Minnesänger* sont aussi honorables que ceux livrés à l'épée et à la lance. Certains princes les font se dérouler en présence d'un bourreau, pour inciter les participants à engager le meilleur d'eux-mêmes. Quoi qu'il en soit, les vaincus perdent toujours leurs armes et leur palefroi au détriment du vainqueur.

Il y eut un moment de silence avant que l'Allemand ne précise :

— La vielle à roue que votre écuyer vous a donnée appartenait à mon écuyer avant que Laval ne la prenne. C'est celle avec laquelle son père a remporté un tournoi.

— Je vous la rendrai.

— Non. Vous l'avez gagnée. Peut-être vous permettra-t-elle de remporter un tournoi.

*

Le convoi arriva en vue des murailles de Pinsac avant la nuit. Hélas, le bourg se situait sur l'autre rive de la Dordogne, et le fleuve avait à tel point gonflé qu'aucun passage à gué n'était envisageable. Les voyageurs ne pouvaient qu'attendre la décrue.

Le jour suivant, ils mirent en terre les victimes de l'attaque des gens de Laval. Comme à cause de la chaleur il était impossible d'attendre de gagner Pinsac, Aignan assura le service religieux en suivant les rites cathares. Streit se recueillit comme les autres catholiques.

Après cet office, un habitant de Pinsac parvint à traverser le cours d'eau avec sa barque. Guilhem expliqua qui ils étaient et put se rendre chez le procureur des bénédictins de Souillac, qui gouvernait le bourg. Il apprit qu'un autre gué, qu'il ne connaissait pas, existait plus loin en aval et décida de s'y rendre le lendemain.

Par une belle journée ensoleillée, il partit avec Peyre et Gregorio, laissant le convoi sous la garde de Bartolomeo et de ses fidèles.

Les trois hommes longèrent la rive et, à deux lieues de leur campement, en vue de Souillac, observèrent que le fleuve se séparait en plusieurs bras marécageux. Le marinier qui leur avait indiqué le gué avait parlé d'un grand saule qui en marquait le seuil. Peyre trouva l'arbre et engagea prudemment son cheval. Un lit de pierrailles formait un passage praticable. Même si le courant était fort, il parvint sans peine sur l'autre rive. Guilhem et Gregorio le suivirent.

Ils gagnèrent alors l'abbaye de Sainte-Marie, vaste construction fortifiée fondée par Géraud, abbé d'Aurillac. Une tour en marquait l'entrée, avec un porche fermé et une poterne où se tenait un frère portier. Ussel demanda à voir l'abbé. Le moine lui indiqua le déambulatoire claustral, exigeant des écuyers qu'ils attendent à l'extérieur. Leur seigneur pénétra donc seul au sein de l'abbaye.

Le cloître bordait l'abbatiale et se prolongeait par un jardin aux simples dans lequel travaillaient plusieurs frères. Ussel les salua. Quand il pénétra dans le déambulatoire, seuls deux bénédictins s'y trouvaient. Il s'approcha, demanda le seigneur abbé. Le plus âgé des religieux, un individu au visage marqué par la foi, répondit que c'était lui.

Guilhem déroula son mélange de vérités et de mensonges quant au convoi qu'il dirigeait. Il montra ses commandements royaux et raconta comment il avait vaincu les gens de Laval et découvert un prisonnier croisé.

— Cet homme a besoin d'être soigné et de reprendre des forces. De plus, son écuyer doit revenir dans le pays avec une rançon, poursuivit-il. Pouvez-vous lui accorder l'hospitalité ? Je paierai son séjour et laisserai un coursier pour lui permettre de rentrer en Allemagne, au cas où son écuyer ne se montrerait pas.

L'abbé accepta et promit que l'infirmier s'occuperait de lui. Guilhem remit dix besants d'or et déclara qu'il reviendrait le lendemain.

De retour au bivouac, il annonça avoir trouvé le gué. On convint de partir le lendemain matin.

L'Allemand allait mieux, annonça Aignan. Il était même parvenu à se dresser et à faire quelques pas, soutenu par Fabrissa. Après le souper pris en commun sur la grève du fleuve, Guilhem alla le voir pour le prévenir. En s'approchant des chariots installés près des arbres, il constata que Fabrissa se trouvait encore avec lui et s'était même occupée de son dîner. La proximité entre la jeune veuve et le Germain le contraria, aussi s'efforça-t-il de comprendre la raison de ce mécontentement. Après tout, Fabrissa n'était rien pour lui. Il l'avait sauvée, elle aurait pu devenir sa maîtresse, mais il ne s'était rien passé entre eux. Il se rendit compte alors qu'il s'inquiétait uniquement pour Fabrissa. Elle semblait s'être attachée à cet homme bien que son affection se révélât sans avenir. Streit était chevalier, Allemand, catholique, elle veuve, ancienne aubergiste et cathare. Au pire, il la séduirait pour l'abandonner.

Et lui n'allait pas le laisser faire.

— Messire, dit-il assez froidement alors qu'il était debout, appuyé contre le chariot, demain nous traverserons la rivière. Le seigneur abbé de Souillac a accepté de vous offrir l'hospitalité...

Soudain, comme pris d'un accès de folie, Streit se rua sur Guilhem. Il le bouscula et le fit même chuter. Une flèche – qui lui était destinée – le frôla et pénétra dans le dos de Fabrissa, alors entre les deux hommes. La jeune femme chancela puis s'écroula.

15

Goslar, duché de Saxe, août 1209

Otton, roi des Romains et maître du Saint Empire romain germanique, avait besoin de consolider son pouvoir avant de se rendre en Italie où il se ferait couronner.

En 1197, après la mort de l'empereur Henri VI – fils de Frédéric Barberousse et surnommé le Cruel pour sa façon de traiter ses ennemis –, une diète de partisans des Hohenstaufen avait élu son frère Philippe de Hohenstaufen pour occuper le trône impérial.

Mais deux grands électeurs, les archevêques de Cologne et de Trèves, soutenaient le cousin de Philippe, Otton de Brunswick, comte du Poitou, petit-fils d'Henri II Plantagenêt et fils d'Henri le Lion, un cousin et allié de Barberousse, devenu plus tard l'implacable ennemi d'Henri VI. Otton, candidat du parti Welch, était soutenu par le pape Innocent III car il avait promis d'abandonner la Sicile, jusqu'alors détenue par les Hohenstaufen.

Une longue lutte pour le trône s'était ensuivie pour se terminer par la victoire des Staufen sur l'armée Welch. Otton aurait donc perdu la partie si, en juin 1208, Philippe de Hohenstaufen n'avait été assassiné par le comte palatin de Bavière.

Dès lors, Otton était resté unique empereur. Unique, mais pas incontesté, car Henri VI avait laissé un fils, Frédéric, et beaucoup de barons germaniques jugeaient ce dernier, un Hohenstaufen, héritier naturel du Saint Empire. Cependant, le pape Innocent III avait reconnu le nouvel empereur, formellement élu par la diète de Francfort le 11 novembre 1208. Dans quelques mois, il serait couronné à Rome, selon la tradition impériale[1].

En attendant, en ce mois d'août 1209, Otton avait convié un *Reichstag* dans le palais de Goslar pour s'assurer de la loyauté de ses vassaux durant son absence. Il y avait là les princes électeurs, les ducs, comtes, margraves, landgraves et chevaliers les plus puissants de Germanie.

L'empereur les avait magnifiquement reçus, comblés de faveurs, avait organisé des bals fastueux et un magnifique tournoi au cours duquel les plus vaillants s'étaient vu généreusement récompensés. Enfin, il venait de leur offrir un splendide banquet dans l'immense salle du *Kaiserpfalz*.

Certes, tous les invités n'étaient pas présents tant les animosités demeuraient profondes. Certains n'avaient pas répondu à l'invitation. D'autres avaient seulement envoyé quelques fidèles. Mais, dans l'ensemble, ce *Reichstag* était un succès, jugeait Otton, qui avait multiplié les entretiens avec chacun, usant de récompenses

1. Il le sera le 4 octobre 1209.

et de menaces voilées afin d'obtenir leur fidélité quand lui-même serait en Italie.

Il avait ainsi reçu le chancelier du cardinal Siegfried von Eppstein, l'archevêque de Mayence et grand électeur, qui ne s'était donc pas déplacé mais lui devait beaucoup ; l'archevêque de Cologne Dietrich von Hengebach, grand électeur et archichancelier de l'empire, un féal qui l'avait toujours soutenu ; le duc de Saxe et le margrave de Brandebourg, deux princes électeurs qui lui avaient promis allégeance.

Cependant, certains avaient fait part d'une évidente réserve, en particulier son propre frère aîné, Henri de Brunswick, comte palatin du Rhin, grand électeur et archisénéchal d'Empire, qui, dans le passé, s'était d'ailleurs rangé du côté de son adversaire Philippe de Hohenstaufen. Quant au roi de Bohême, qui ne l'aimait pas, il ne s'était pas même déplacé, ayant seulement envoyé son sénéchal.

Ces défections n'avaient pas trop contrarié Otton car la plupart des burgraves, landgraves, rhingraves et comtes de moindre rang avaient tous juré leur foi envers le nouvel empereur.

Tous sauf un : Hermann, le comte palatin de Saxe et landgrave de Thuringe, ce territoire capital dans l'empire et d'une grande importance stratégique.

Qui plus est, Hermann avait ouvertement fait part de son désir de soutenir les droits de Frédéric, le jeune fils d'Henri VI. Et ce alors que, des années auparavant, Hermann s'était affronté avec l'empereur Henri VI qui voulait récupérer la Thuringe comme fief. Il avait néanmoins réussi à s'imposer comme landgrave et, à la mort d'Henri, avait soutenu Philippe de Hohenstaufen par intérêt. Si, plus tard, il s'était fâché avec lui et avait rejoint Otton, maintenant que Philippe était mort, Hermann, Hohenstaufen par sa mère, souhaitait que Frédéric monte sur le trône impérial, conformément au vœu de son père qui affirmait que les Hohenstaufen régneraient à jamais sur l'Empire germanique.

Goslar avait été fondée au xe siècle après la découverte d'argent dans les monts du Rammelsberg. Très vite, les mines se montrèrent d'une richesse telle que les empereurs germaniques y construisirent plusieurs palais comme ceux de Werla[1] et de Goslar, ce dernier château édifié par l'empereur Henri II qui avait ensuite définitivement annexé les lieux.

Frédéric Barberousse s'était vu contester cette propriété par Henri le Lion mais, finalement, les princes électeurs, qui choisissaient l'empereur, avaient reconnu ses droits, et le palais de Goslar, au pied du Rammelsberg, était devenu la résidence principale du chef du Saint Empire romain germanique.

*

Les murs de l'immense salle du *Kaiserpfalz*, masqués sous les bannières, étendards et

1. À environ quinze kilomètres de Goslar.

gonfalons des invités, entrelacés avec les aigles noirs des Welchs et ceux à deux têtes de l'Empire, n'avaient jamais connu banquet aussi grandiose. Entre les colonnes de bois qui supportaient le plafond, quatre longues rangées de tables de chêne couvertes de nappes blanches étaient servies par une armée de valets. Devant l'une d'elles, placé sur une estrade, trônait l'empereur entouré des grands électeurs et de leurs chanceliers. Près de lui se trouvaient les archevêques Albert de Magdebourg et Conrad de Scharfenberg, ce dernier venant d'être fait chancelier.

Aux autres tables étaient réunis les barons et des seigneurs de moindre importance et, à la dernière, rassemblés les femmes et les chevaliers d'escorte. Sur une scène, des musiciens jouaient de la harpe, du luth, de la vielle, de la flûte et du cor.

Entre les tables, jongleurs, ménestrels, dompteurs d'ours, de chiens, de chèvres et même d'oies faisaient leurs tours. Un lion enchaîné et rugissant avait été le clou du banquet.

Le repas, servi dans de la vaisselle en argent, avait débuté à tierce, par une succession de plats incroyables comme une volière en pâté dans laquelle s'ébattaient de véritables oiseaux, une forteresse en purée de pois, et des biches et des cerfs plus vrais que nature avec leur robe colorée au safran et dont la chair se composait de viande de bœuf. Sans compter les faux brochets poudrés d'argent et fourrés de gibier de chevreuil, ou les lièvres qui paraissaient vivants sous leur fourrure.

Le banquet terminé, Hermann de Thuringe, son fils aîné, qui portait le même prénom que lui, et Wolfram d'Eschenbach, leur ami, prirent respectueusement congé de l'empereur avant de gagner la vaste cour où les attendait leur escorte.

Si nombre d'invités logeaient dans les dépendances du palais, le landgrave habitait une grande maison à pans de bois dans le bourg de Goslar, demeure de deux étages avec écurie et grange qui avait appartenu à sa première épouse Sophie de Sommerschenbourg. Ses gens, huit lances[1] d'escorte et deux douzaines de domestiques, y trouvaient place bien que fort serrés.

La cour de *Kaiserpfalz* s'étendait devant le château avec de hauts chênes tout autour et une fontaine en son milieu. Les troupes, qui avaient accompagné les barons, attendaient sous les arbres et dans de grands pavillons où des valets leur avaient apporté les reliefs du repas et des outres de vin.

Les trois hommes se dirigèrent vers le petit groupe de cavaliers qui les avait accompagnés le matin : un chevalier banneret avec un écuyer, un sergent, quatre archers et un porte-étendard. Assis dans l'herbe, à l'ombre, car ils n'avaient pas jugé utile de monter une tente, ils se levèrent en apercevant leur seigneur. Les archers se précipitèrent

1. La lance était un groupe de cinq à dix hommes d'armes commandés par un chevalier. Elle comprenait un écuyer, un porte guidon, un sergent et quelques archers. Plusieurs lances se trouvaient sous les ordres d'un chevalier banneret.

vers les chevaux et commencèrent à les seller et à les brider.

— Restons-nous encore quelques jours, père ? demanda le jeune Hermann en marchant. L'empereur organise une grande chasse à l'ours demain, et on parle d'un nouveau bal.

Le fils du landgrave de Thuringe était un beau damoiseau de dix-sept ans, aux traits rudes et énergiques tempérés par des yeux turquoise d'une singulière candeur. Sa haute taille s'affirmait dans une robe cramoisie serrée à la taille par un double baudrier en peau de daim auquel pendaient un long poignard à poignée de fer poli et une grande aumônière carrée à fermoir d'étain. Une toque de feutre, surmontée d'une plume blanche, coiffait sa chevelure brune taillée court. Il portait des bas amarante et des bottes de buffle dépourvues des éperons d'or de chevalier, car il n'avait pas encore été adoubé.

— Non, mon fils. Tu le sais, les entretiens que j'ai eus avec l'empereur n'ont guère été cordiaux. Tu as vu comme moi l'archevêque Albert de Magdebourg à la table impériale, aussi je préfère quitter Goslar au plus vite...

Le landgrave avait de nouveau été reçu la veille par Otton, cette fois en présence d'Albert de Magdebourg, puissant seigneur de Thuringe qui l'accompagnerait à Rome. L'empereur avait encore insisté pour que Hermann cesse de soutenir Frédéric de Hohenstaufen, ce que le landgrave n'avait pas accepté, se justifiant par le fait qu'il ne pouvait se détourner de sa propre famille, mais en vérité parce qu'il voulait que la Thuringe demeure libre tant des Welchs que des Hohenstaufen. Otton lui avait alors fait comprendre qu'une révolte pourrait fort bien le chasser de son landgraviat, et que le pape approuverait qu'Albert de Magdebourg prenne sa place.

— ... Je connais Otton, il est parfaitement capable d'envoyer chez nous quelques bandes de mercenaires saxons susciter des troubles pour me déposer, aussi je veux préparer notre pays à sa défense.

Le landgrave arborait un élégant bliaut de cendal[1] écarlate bordé d'un galon d'or, avec un pallium en camocas[2] vert pomme serré par une broche d'or et un haut bonnet, écarlate également.

Sa barbe tirant sur le roux, son front large, son nez carré et surtout sa haute taille lui conféraient un air d'autorité. Hermann était apprécié de ses pairs pour sa courtoisie, son expérience, sa loyauté et sa science – ne parlait-il pas latin et la langue romane de France ? Mais il était également calculateur et bon stratège.

Derrière le père et le fils suivait le *Minnesänger* Wolfram d'Eschenbach. Ayant largement dépassé la trentaine, grand, imberbe, il portait courte sa chevelure blonde. Son nez retroussé et sa lèvre supérieure semblaient en permanence prêts à manier l'ironie. Sur sa robe couleur amadou, il arborait une dalmatique turquoise en fin velours

---

1. Étoffe de soie.
2. Tissu agrémenté de rayures d'or ou d'argent fabriqué en Terre sainte.

galonnée d'argent, sans manches, sur laquelle étaient brodées deux doloires. À sa ceinture en peau de cerf pendaient une escarcelle et une longue dague incrustée de pierreries offerte par le comte de Foix. Il tenait la harpe qu'il avait utilisée quand Otton avait demandé à quelques invités de chanter. Et avec laquelle il avait eu un grand succès en interprétant une romance composée à l'occasion du tournoi des *Minnesänger* de Nuremberg.

Wolfram était ce qu'on appelait un *Einschilditter*, un chevalier ne possédant rien sauf son écu. Pauvre, il avait longtemps vécu uniquement de sa voix, de sa musique et des chansons qu'il composait. Sa chambre, disait-il alors, était sans porte, les murs humides de sa cave pleuraient l'absence des bouteilles et, quand il appelait ses valets, seul l'écho répondait.

Pourtant, il était réputé et estimé des princes allemands, non seulement pour son talent de troubadour mais également pour son comportement chevaleresque jamais mis en défaut. À plusieurs reprises, le comte Hermann, landgrave de Thuringe, lui avait proposé d'entrer à son service, mais Eschenbach, trop fier pour accepter, préférait la liberté de vagabonder de château en château en jouant de la harpe en échange du gîte. Aussi restait-il pauvre et s'amusait-il à répéter : « J'habille mes héros d'étoffe de brocart et de soie, mais j'ai mes vêtements percés jusqu'aux coudes. »

Quelque dix ans auparavant, voyageant dans le Toulousain, il avait rencontré Guilhem d'Ussel, qu'il appelait « Kyot », avec son accent germanique.

Tous deux étaient partis à la recherche du Graal, une pierre ayant prétendument appartenu à Satan. Ils l'avaient découverte et, s'ils n'avaient pu la conserver, ils avaient rapporté une belle quantité d'or.

Dès lors, revenu riche en Thuringe, son pays natal, il avait finalement accepté l'hospitalité du landgrave. De surcroît, en 1206, il avait remporté le tournoi des *Minnesänger* du château de la Wartburg. Depuis, le comte Hermann lui avait confié l'éducation de son fils jusqu'à ce que celui-ci obtînt ses éperons de chevalier sur un champ de bataille. L'ambition du landgrave était que son enfant devînt aussi avisé et vaillant que le *Minnesänger*. Car Wolfram était non seulement un talentueux ménestrel mais également un valeureux combattant. Ne disait-il pas : « Que les dames n'aillent point s'aviser de m'aimer à cause de mes vers, qu'elles m'aiment pour la façon dont je tiens ma lance haute, qu'elles m'aiment parce que je suis un preux ! »

Le chevalier banneret Adolphe Shenk, qui commandait l'escorte du landgrave, rendit à son maître épée et baudrier, car les armes étaient interdites dans le *Kaiserpfalz*, mis à part couteaux et dagues indispensables aux repas.

Le comte Hermann noua son ceinturon et monta en selle. L'écuyer avait également donné sa brette à son fils et Wolfram retrouva la sienne avec satisfaction, car, s'il pouvait se passer d'un instrument de musique, il se sentait vulnérable sans épée.

Le guidon d'azur représentant un lion passant couronné d'or porté en tête, la troupe sortit par la porte du château ouvrant sur la ville. Comme elle gagnait la place du marché où se dressait la maison du landgrave, Hermann déclara à son père :

— Si nous partons demain, je dois faire mes adieux à la comtesse de Falkenstein, père.

— Va mon fils, et promets-lui que tu reviendras la voir, approuva le père en souriant.

— Wolfram, m'accompagnez-vous ?

— Volontiers ! La vue des attraits de cette noble dame enchante mon cœur pendant des heures. Je crois que je vais lui consacrer une ballade.

— Attention, mon ami, Marguerite sera, je l'espère, un jour ma femme ! plaisanta le jeune homme.

Arrivés devant leur demeure, Hermann et Wolfram descendirent de selle et traversèrent la place où les marchands repliaient leurs étals.

Avant d'entrer chez lui, le landgrave les suivit des yeux, fort songeur. C'était lors du bal au *Kaiserpfalz* que son fils avait rencontré Marguerite d'Antioche, comtesse de Falkenstein. Il était tombé sous son charme à l'occasion d'une carole, tandis qu'il la tenait par la main, puis ils avaient tous deux dansé une longue estampie[1]. Cette jeune et

1. Du germanique *stampjan* (« frapper »), car c'est par un accompagnement de battements de pieds et de mains qu'on aidait les jongleurs instrumentistes et joueurs de vielles à donner le rythme à cette danse.

charmante veuve, invitée par l'empereur, demeurait à Goslar dans la maison en face de la leur, de l'autre côté de la place du marché.

Hermann l'avait revue à plusieurs reprises devant l'église proche et avait décrit à son père sa douceur et sa maturité. Mais le landgrave ne prêtait guère attention à cette amourette, tout en reconnaissant la veuve fort séduisante. Les discussions avec l'empereur Otton occupaient entièrement son esprit tant elles se montraient inquiétantes. Or, voici une semaine, alors que Otton faisait savoir qu'il préparait un grand tournoi pour les plus vaillants chevaliers, son fils lui avait dit qu'il voulait épouser Marguerite d'Antioche !

Absurde ! avait-il répliqué. Hermann était promis à Judith, la fille d'Ottokar de Bohême, ce qui assurerait une solide alliance entre leurs familles. Son pays n'était pas belliqueux et son armée réduite, aussi avait-il toujours préféré la diplomatie et les mariages à la guerre. De surcroît, la veuve, bien que comtesse, semblait être d'obscure origine. Selon les lois de la noblesse allemande, un tel mariage pourrait provoquer la déchéance de son fils.

Mais ce dernier avait insisté, et parlé de la fortune de Marguerite. Une fortune très confortable. La jeune comtesse était le meilleur parti qu'il aurait jamais, assura-t-il. Au surplus, fille d'un médecin réputé, sa science était immense et sa foi encore plus grande. N'avait-elle pas démasqué une sorcière au sein même du palais impérial ?

Intrigué, le landgrave s'était donc renseigné, et on lui avait confirmé que Marguerite d'Antioche, veuve du comte Heinrich von Falkenstein, rencontrée alors qu'il participait à la quatrième croisade, et fille d'un clarissime[1] de la cour de Byzance, exploitait les plus riches mines d'argent du Harz[2]. Dès lors, un mariage ne pouvait être écarté, car l'épouse d'un futur landgrave aurait à cœur de protéger le pays de son mari et financerait à coup sûr une armée de mercenaires, s'il devenait nécessaire d'en venir jusque-là pour défendre la Thuringe.

Invitée, la comtesse avait assisté au tournoi dans la loge du landgrave. Son fils avait voulu lui faire honneur et, particulièrement motivé par sa présence, avait remporté la joute à la massue réservée aux écuyers. Ayant gagné un bracelet d'or, il le lui avait offert, tendu à la pointe de son épée. Le lendemain, elle lui avait envoyé une boucle de ses cheveux.

Le landgrave laissait donc désormais son fils faire sa cour, et advienne que pourra.

1. Médecin, voire sorcier.
2. Les montagnes près de Goslar.

16

En tombant, Guilhem avait tout vu, et surtout reconnu le sifflement du trait. Il se releva et découvrit la tache de sang qui se répandait sur le bliaut de la jeune femme et la pointe de la flèche sortant de sa poitrine. Fabrissa était perdue. Une bouffée de haine et de détresse l'envahit.

— Vous avez vu l'archer ! cria-t-il à Streit.

— Oui, une ombre, là-bas, dans le bois. J'ai aperçu un bref instant son arc bandé, et je vous ai poussé en comprenant que c'était vous qu'il visait.

Ému aux larmes, il murmura en pliant un genou et en se signant :

— Malheur à moi qui n'ai pas songé qu'elle était dans la trajectoire.

L'Allemand saisit les mains de Mabilla, également agenouillée devant sa mère, mais déjà Guilhem courait vers ses gens, sur la grève.

— Armez-vous ! Aux chevaux ! Laval vient de tuer Fabrissa !

Chacun comprit que le chef des fredains était venu se venger. Les chevaux se trouvaient dans une pâture proche. Voyant ses hommes s'y précipiter, après avoir saisi lances, arcs, haches ou arbalètes, Ussel obliqua vers la prairie. Il y arriva en même temps que Gregorio.

— Peyre est allé libérer les chiens ! cria le Pisan en saisissant la selle du seigneur pour la poser sur la croupe de son coursier.

— Attends-les, je passe en tête ! décida Guilhem en mettant les mors à la bête.

En quelques mots hachés, il raconta où était Laval, qui pour l'heure devait s'enfuir au triple galop.

Guillaume, Alaric, Jehan, Peyre et ses chiens déboulaient, suivis des arbalétriers de Lamigotte. Ce dernier expliqua que Bartolomeo mettait le camp en défense avec le reste des hommes. Femmes et enfants resteraient à l'abri dans les chariots, car qui pouvait prévoir ce qu'avait envisagé ce serpent ?

Laissant Gregorio répéter ce qu'il venait de dire, Guilhem sauta en selle et fila vers l'endroit où l'assassin s'était dissimulé.

Il n'y avait guère de traces. Examinant le sol et les branches brisées, Ussel repéra pourtant quelques marques de pas dans des débris de feuille. À l'évidence, Laval était venu à pied après avoir laissé son cheval plus loin.

Il s'engagea sur la piste et fut vite rejoint par ses compagnons, arrivés au galop. Peyre fit alors sentir les chiens, qui détalèrent sur une sente.

Ils les suivirent et s'enfoncèrent dans les bois, avec prudence, car le scélérat pouvait leur tendre un guet-apens, comme il l'avait déjà fait.

À deux ou trois cents toises, dans une futaie, ils découvrirent du crottin de cheval encore fumant. À partir de là, la piste fut facile à suivre dans la forêt. Tout le monde s'élança pour la traque. Si le désir d'attraper l'assassin, et de le punir, dominait les cœurs, beaucoup éprouvaient le sentiment de toute-puissance que les chasseurs ressentent à la poursuite de leur proie.

Entraînés par Gaignon le bâtard, les molosses jappaient de plus en plus bruyamment.

Durant un bref instant, Guilhem aperçut une ombre gris baucent[1] qui disparut.

— Là-bas ! hurla-t-il alors en piquant sauvagement le ventre de la jument de ses éperons.

La bête fit un bond en avant, et le baucent réapparut. Engagé dans une sente, Laval le contraignait à aller au galop. Malgré tout, derrière lui, Guilhem gagnait à chaque pas. Sa monture était puissante quand l'autre n'était qu'une haridelle.

À dix pieds de l'animal, Ussel tira son épée. Laval se retourna, terrorisé, et reçut le plat de la lame dans le flanc avec une telle violence qu'il bascula. Ses pieds s'arrachèrent des étriers, il tomba, puis roula plusieurs fois au sol où il ne bougea plus.

Guilhem arrêta son coursier et mit pied à terre. Déjà ses amis le rejoignaient.

Laval avait perdu connaissance. Sa chute en pleine vitesse avait été violente, et il était tombé sur des rochers. Un morceau d'os sortait de sa

1. Tacheté de blanc.

cuisse. Son bras droit était également dans une position anormale.

— Qui a une corde ? s'enquit Ussel.

Alaric détacha celle de sa selle et descendit à son tour de monture.

Guilhem prit le cordage, fit un nœud coulant et le passa au cou de l'assassin. Il attacha l'autre bout à l'arçon et remonta sur son coursier.

— J'ai vu un grand hêtre en chemin, dit-il d'une voix blanche.

Il fit avancer son cheval, et ses gens suivirent. Laval également, tiré par la corde qui lui serrait le cou. La douleur lui fit même reprendre ses sens. Déchiré par les branches et les cailloux, il se mit à hurler.

Quand ils arrivèrent au hêtre, le chef de bande vivait encore. Peyre et Alaric grimpèrent dans l'arbre, et Gregorio leur envoya l'extrémité de la corde. Les hommes tirèrent ensemble, puis attachèrent l'autre bout du cordage. Helias de Laval gigota un moment, essayant de hurler sans y parvenir. Puis son corps se ramollit.

Un silence suivit la pendaison. Guilhem ne bougeait pas, ses compagnons attendaient. Ce fut Gregorio qui intervint :

— Seigneur, je vais prendre des nouvelles de dame Fabrissa.

— Oui... mais le mal est fait...

Ils rentrèrent au bivouac sans mot dire.

*

Fabrissa se trouvait dans son chariot, Aignan et Colombe près d'elle, ainsi que sa fille, en larmes. Et, bien sûr, Karl von Streit. Quand Guilhem et Gregorio approchèrent, ils virent la flèche entrée dans le dos et ressortie au-dessus d'un sein toujours en place.

Aignan approcha de son seigneur.

— Elle vit toujours, mais je ne sais quelle décision prendre. Si je retire le trait, elle va mourir. Et si je le laisse, elle trépassera aussi.

Ussel se tourna vers Gregorio qui avait quelques notions de médecine, mais ce dernier baissa les yeux. Il n'y avait rien à faire. Fabrissa était perdue.

— Transportons-la chez les bénédictins, il y a au monastère un frère infirmier.

Gregorio secoua la tête:

— Elle passera en chemin, si elle est secouée.

— Elle nous quittera ici, si je ne fais rien! rugit Guilhem. Attelez des chevaux et mettez des coussins autour d'elle. Que deux d'entre vous montent dans le chariot pour la soutenir en cas de cahots. Il ne faut pas que la flèche bouge.

En peu de temps, le chariot fut prêt. Durant les préparatifs, Alaric et Gregorio racontèrent la fin de Laval. Guilhem n'intervint pas, puis remonta en selle, alors le véhicule se mit en branle, escorté de quelques hommes. L'Allemand et Aignan étaient montés dans le chariot avec Mabilla, qui sanglotait sans chercher à se maîtriser.

Fabre faisait le cocher, ayant l'habitude de conduire un véhicule en douceur. Peyre et son oncle marchaient, guidant le cheval de tête.

Ils arrivèrent au gué alors que la nuit tombait. Fabrissa vivait toujours, mais demeurait dans l'inconscience, hors quelques gémissements de douleur si une roue cahotait.

Ils franchirent le fleuve et gagnèrent l'abbaye. L'enceinte était close mais, après plusieurs coups de cloche, un portier et le prévôt arrivèrent. Guilhem ayant expliqué qu'ils avaient une blessée, on fit pénétrer la voiture dans la tour servant de barbacane et quelqu'un alla prévenir l'abbé. Le cellérier déclara aux cavaliers qu'ils devaient laisser leurs armes avant d'entrer.

Ils obtempérèrent. S'ouvrit alors la porte intérieure.

Déjà l'abbé arrivait. Il reconnut Guilhem, qui expliqua en quelques mots la raison de leur venue.

Les bâtiments claustraux et réguliers étaient fermés par une seconde clôture, mais la cour, ainsi que l'hôtellerie, l'église et l'infirmerie qui s'y trouvaient demeuraient ouverts au monde séculier, et les femmes y étaient admises.

Guidé par le prévôt, le chariot avança jusqu'à la porte de l'infirmerie, un bâtiment isolé, condition nécessaire pour éviter les épidémies. Les hommes transportèrent Fabrissa dans une salle sombre et fraîche garnie de trois grabats vides. Le moine infirmier, qui avait sa cellule à côté, apparut en tenant un chandelier de terre. C'était un homme dans la quarantaine, au visage doux et attentif, qui ne put retenir une grimace de mauvais augure en découvrant la flèche au travers du torse de la jeune femme. Sur ses instructions, on allongea la blessée sur le flanc, dans le premier lit. Le moine découpa le bliaut par-devant et par-derrière à l'aide de forces qu'il était allé chercher sur une longue table où s'étalaient toutes sortes d'instruments et de pots.

Demandant à Aignan de tenir sa chandelle au-dessus de la blessure, l'infirmier l'examina.

— Le fer n'est pas ébarbé, le passage est net, dit-il, comme si c'était une bonne nouvelle.

Il trempa une étoffe dans une bassine et l'utilisa pour nettoyer les plaies du sang qui les souillait.

— Je dois retirer la hampe, c'est un travail délicat, précisa-t-il après avoir effleuré le bois de la flèche comme s'il cherchait à l'apprivoiser. Laissez-moi, je vous prie.

Comme Mabilla gardait sa main dans celle de la mourante, il demanda d'une voix tendre :

— C'est votre mère ?

— Oui, déglutit-elle entre deux sanglots.

— Elle est entre les mains du Seigneur, jouvencelle.

Il s'adressa ensuite à Guilhem et ses gens :

— Vous ne pouvez rien faire ici et vous me gênerez quand je vais opérer. Allez prier pour elle à l'église.

— Messire von Streit a également besoin de soins, fit Guilhem en désignant l'Allemand soutenu par Peyre et Alaric. Il est resté longtemps prisonnier dans un cachot de Laval.

— Notre seigneur abbé m'a avisé.

L'infirmier se tourna vers ce dernier, qui hocha la tête.

— Aidez-le à s'allonger dans le lit d'à côté, dit-il à Peyre.

— Que sont devenus Laval et ses troupes ? s'enquit alors l'abbé, une ombre d'inquiétude dans la voix, Guilhem n'ayant guère donné de détails sur ce qui s'était passé.

— J'ai branché Laval. Quant à ses hommes, ils nourrissent les animaux au Guet du roi.

Les deux religieux échangèrent un regard horrifié.

— Ont-ils eu l'assistance d'un serviteur de Dieu ?

— Pour quoi faire ? C'est chose inutile pour aller en enfer.

— Laissez-moi, maintenant ! intervint le frère infirmier, d'un ton contrarié.

Colombe prit une main de Mabilla et parvint à l'entraîner, toujours sanglotante. Les hommes suivirent.

*

Se rendre dans l'abbatiale ne posait aucun problème de conscience à Aignan et son épouse, puisqu'ils avaient dissimulé leur foi pendant des années à Paris. Peyre et son oncle priaient dans les situations les plus désespérées, car pourquoi se priver de l'aide de quelques saints ? Guilhem, lui, n'y voyait aucun intérêt. Cependant, où aurait-il pu aller en pleine nuit ? Quant à Fabre, il ne rejetait pas tout de l'Église de Rome, et Mabilla était trop malheureuse pour protester.

Ils s'installèrent donc sur le sol, dans une absidiole du chevet, puisqu'il n'y avait aucun siège.

Les heures s'écoulèrent. Peu avant prime, tous sommeillaient, même Mabilla dans les bras de Colombe, quand un moine vint les chercher afin de les conduire à l'infirmerie. Il tenait une lanterne pour les guider.

— Le père abbé vous attend, dit-il seulement.

— Ma mère ? demanda Mabilla.

— Elle vit encore, jouvencelle, mais vous interrogerez notre infirmier qui vous en dira plus.

L'abbaye baignait dans le silence. Quelques lampes à huile dans des niches de mur éclairaient leur chemin.

Ils pénétrèrent dans l'infirmerie, où l'abbé les attendait. Fabrissa était dans son lit, allongée sur le dos, blanche comme de la craie, revêtue d'une chemise de la même couleur, mais tachée de rouge à la poitrine. La flèche avait disparu. Le moine infirmier se trouvait près d'elle ainsi que deux autres religieux qui priaient à genoux. Streit se tenait assis sur son grabat.

— Votre mère est vivante, annonça l'infirmier à l'enfant. Elle est éveillée et vous a demandée, mais elle n'a que peu de conscience car je lui ai fait absorber des graines d'opium afin qu'elle ne souffre pas.

— Va-t-elle guérir ? demanda Guilhem.

— La bonté de Dieu est grande et le trésor de Ses grâces infini. Priez le Seigneur. Pour l'heure, elle est très faible, cependant ce n'est pas ce qui m'inquiète. J'ai coupé la hampe de la flèche et l'ai retirée. Je ne crois pas le poumon atteint, mais le bois était sale. Dans ce genre de blessure, la gangrène s'installe vite. Auquel cas, ce sera la fin.

Guilhem savait cela. Combien de compagnons avait-il perdus ainsi quand il était plus jeune ! Le roi Richard lui-même n'était-il pas mort d'une infection après avoir reçu un vireton d'arbalète dans le cou ?

Mabilla avait repris la main de sa mère.

— Messire d'Ussel, que comptez-vous faire maintenant ? s'enquit l'abbé.

— Nous attendrons un peu et nous l'emmènerons.

— Vous la tuerez ! affirma sèchement l'infirmier. Dans quelques jours, je saurai si sa plaie s'est infectée. Auquel cas, je ne pourrai rien pour elle. Mais, même si Dieu lui prête vie, elle aura besoin de deux mois, au moins, pour guérir, et ne pourra voyager avant.

Guilhem coula un regard vers Aignan, qui serra les lèvres en secouant la tête, faisant comprendre qu'il refusait d'abandonner la jeune femme.

— Nous resterons à Souillac trois jours. Ensuite, j'aviserai, décida Ussel.

Il se tourna vers l'abbé.

— Me prêterez-vous un champ pour mes chariots et mes chevaux, mon seigneur ?

— Il y a des pâtures à moutons entre l'abbaye et la Dordogne. Installez-vous où vous voulez.

— Que l'Esprit saint vous bénisse, remercia Ussel.

— Messire, puis-je vous parler ? intervint alors l'Allemand, couché sur le grabat.

— Bien sûr.

— Dame Fabrissa m'a soigné avec bonté. C'est à moi maintenant de lui rendre la pareille. Si elle guérit, je m'engage à m'occuper d'elle et de sa fille, et je les amènerai où elle le désirera.

Nouvel échange de regards avec Aignan.

— Pourriez-vous la conduire à Paris ?

— Certainement.

— Alors nous en reparlerons. Seigneur abbé, pouvons-nous passer le reste de la nuit ici ?

— Frère Bernard va vous conduire à l'hôtellerie. Vous y trouverez de quoi vous reposer. La jouvencelle peut demeurer dans l'infirmerie, sur le dernier lit.

*

Située à proximité, l'hôtellerie n'était qu'une salle voûtée au sol en terre jonché de paille. La pièce, entièrement en pierre, contenait deux huches et un grand châlit de bois couvert d'une large paillasse aux draps rugueux. L'endroit était simple, mais propre, et les latrines proches.

À l'aube crevant, après quelques heures de sommeil, Guilhem et ses gens se rendirent de nouveau auprès de Fabrissa. Hélas, la fièvre l'avait prise et elle délirait. Messire von Streit lui parlait, bien qu'elle n'entendît pas, et Mabilla pleurait.

Il fut convenu qu'Alaric et Fabre conduiraient le chariot à la pâture avec Aignan et Colombe, tandis que Peyre et Guilhem iraient chercher les autres voitures.

Tous deux revinrent donc au bivouac où Bartolomeo s'inquiétait de leur longue absence. Peyre expliqua ce qui s'était passé, et où ils allaient s'installer pour plusieurs jours. Sans tarder, on attela les chevaux, et le convoi s'ébranla vers le gué, qu'il franchit sans grandes difficultés.

Dès lors, rien ne s'opposait plus à ce que les captives de Laval rentrent dans leur famille. Néanmoins, comme les voyageurs resteraient près de l'abbaye, Guilhem demanda à Lamigotte de les escorter avec quelques hommes, car une mauvaise rencontre était toujours possible. Ils partirent avec des provisions et les deux chevaux pris à la maison forte auquel Guilhem joignit la monture de Laval. Les femmes les revendraient, ce qui leur ferait un pécule.

Après leur départ, Ussel retourna à l'infirmerie pendant qu'Aignan et Thomas partaient acheter des provisions nécessaires à la poursuite du voyage.

L'état de Fabrissa s'était dégradé. La plaie était devenue rouge, boursouflée et purulente. La jeune femme souffrait beaucoup malgré les potions que lui faisait absorber l'infirmier, qui se montrait fort pessimiste.

En revanche, la santé de l'Allemand s'améliorait rapidement. Il s'alimentait et commençait à marcher sans aide, en s'appuyant sur un bourdon.

Deux autres jours s'écoulèrent. En présence d'Ussel, Karl von Streit avait narré à l'abbé la façon dont il était tombé entre les mains de Laval et la fin de sa troupe de croisés. S'il ne dit mot de la présence des cathares dans le convoi, il parla de son écuyer qui devait apporter sa rançon et qui découvrirait la maison de Laval vide. Pour le retrouver, Guilhem proposa que l'abbé fasse savoir dans les bourgs environnants qu'un chevalier allemand se trouvait au monastère. Si l'écuyer arrivait, il serait ainsi prévenu. Et quand Streit partirait, si son serviteur n'était toujours pas là, il lui laisserait une missive.

Deux journées passèrent encore sans que l'état de Fabrissa s'améliore, bien au contraire, car le délire ne la quittait plus. Sa fille et l'Allemand demeuraient auprès d'elle pour tenter de soulager ses douleurs, sans y parvenir.

Devinant qu'il n'y avait plus d'espoir, Guilhem décida de partir. Il remit une belle somme au prieur pour les services qu'il avait rendus, et une autre à messire von Streit. Il fut convenu qu'à son décès Fabrissa serait mise en terre dans le cimetière de l'église. Aignan voulait lui administrer le *consolamentum*, le sacrement des bons chrétiens, mais cela aurait fait d'elle une parfaite si elle survivait, aussi Guilhem s'y opposa-t-il, refusant qu'elle soit engagée dans des obligations qu'elle n'aurait pas souhaitées.

Dans tous les cas, le seigneur Streit promit de rester jusqu'à la fin. Il conduirait ensuite Mabilla à Paris, à la maison d'Ussel, dans la rue de la Vieille-Draperie. Là, ses serviteurs s'occuperaient d'elle et le préviendraient. Quant à sa mère, au cas, invraisemblable, où elle survivrait, il la laisserait avec sa fille. Les pièces d'or que Guilhem remit à l'Allemand, ainsi que deux coursiers, lui permettraient de voyager et ensuite de rentrer dignement au château de Scharfenberg.

*

Le convoi s'ébranla à la Saint-Barthélemy[1] sous une chaleur écrasante. Le chagrin et le découragement pesaient dans les cœurs. En quelques jours, les voyageurs avaient perdu six des leurs, et leur périple était loin d'être terminé.

L'abandon de Fabrissa et de Mabilla torturait les femmes qui les avaient connues. Colombe, Mahaut, ses filles et Gensame ne cessaient de pleurer, même si Aignan et Thomas s'efforçaient de les rassurer et leur promettaient qu'elles reverraient Mabilla, persuadés que messire von Streit serait de parole.

Guilhem lui-même s'était muré dans le silence, convaincu d'être la cause de la mort de la jeune femme.

Ils arrivèrent à Brive sans nouvelle avanie. Là, ils firent d'abondantes provisions et prirent la route de Limoges. Le voyage dura une semaine, désormais sous un soleil agréable. Sans la peine qui broyait les cœurs, le voyage aurait relevé de la douce promenade.

Limoges se profila devant eux le jour de la Saint-Grégoire[2]. Guilhem préféra éviter la ville, n'ayant nulle envie que l'archidiacre, qu'il avait croisé quelques semaines plus tôt et qui avait affiché son zèle pour l'extermination des hérétiques, apprenne sa présence et cherche à le rencontrer.

Après avoir fait provision de vivres, le convoi prit la route vers Châteauroux.

---

1. Le 24 août.
2. Le 3 septembre.

17

En 1201, le pape Innocent III avait appelé à une nouvelle croisade à laquelle beaucoup de nobles allemands avaient répondu pleins d'ardeur. Une armée s'était rassemblée à Venise avec, parmi les croisés, le comte Heinrich von Falkenstein, qui appartenait à une vieille et riche famille du Harz. Vassaux du duc de Saxe et du landgrave de Thuringe, les Falkenstein avaient vu leurs terres érigées en comté en 1155.

Heinrich avait laissé son château, situé à une douzaine de lieues de Goslar, à la garde de son frère utérin, auquel il avait également confié sa fille Blancheflor.

Mais, à Venise, des désaccords avaient surgi pour transporter l'armée croisée[1]. Aussi, lassé d'attendre, le comte, particulièrement fortuné, avait affrété une nef pour son seul usage et pris la mer vers Acre. Seulement, après une violente tempête, son navire, avarié, avait tout juste pu rejoindre la côte près d'Antioche, une ville qui se prétendait principauté bien que minuscule et complètement isolée.

---

1. Cette croisade se terminera par la prise de Constantinople en avril 1204.

Alors que le comte cherchait un moyen de gagner Acre, la dysenterie le saisit. Il dut s'aliter et crut sa mort prochaine. Par chance, son hôtelier connaissait quelqu'un pouvant le soigner : Charles Melissene, clarissime et médecin de l'empereur de Constantinople, mire réputé contraint de s'exiler à Antioche après une sombre affaire d'empoisonnement.

L'homme de l'art s'occupa du comte avec compétence et envoya même sa fille Marguerite comme garde-malade. D'une grande beauté, pétrie de connaissances dans les domaines les plus subtils, la femme s'occupa si bien de son malade que celui-ci en tomba amoureux. Une fois guéri, le comte demanda sa main à son père, qui la lui accorda à condition qu'il retourne en Allemagne avec sa fille.

Les noces eurent lieu à Antioche. Peu après, les époux embarquèrent dans une nef marchande se rendant à Gênes. De là, ils gagnèrent la Saxe avec les servants du comte ayant réchappé à la tempête et aux maladies.

Le bonheur du couple dura hélas peu car, après son retour à Falkenstein avec sa nouvelle épouse, accompagnée de son frère et d'une servante qui lui servait de dame de compagnie, Heinrich, dont la santé restait fragile, succomba à une mauvaise fièvre.

Marguerite aurait dû hériter de tous les biens de son mari, mais son beau-frère avait contesté la succession en invoquant les lois de la noblesse allemande. Il avait affirmé que son demi-frère était responsable d'une mésalliance en épousant la fille d'un médecin, ce qui lui faisait perdre son état de comte, le titre devant dès lors lui revenir. La nouvelle comtesse avait alors prouvé, devant le tribunal du margrave de Brandebourg, que les clarissimes étaient nobles et donc la requête du frère de sang sans objet. Et si elle avait dû abandonner le château de Falkenstein, en attendant que Blancheflor atteigne ses seize ans, elle avait hérité de la plupart des riches mines d'argent creusées dans le massif du Harz et obtenu de garder Blancheflor jusqu'à l'âge où elle entrerait en possession du château et de la fortune de son père.

Ne pouvant vivre à Falkenstein, Marguerite avait fait construire devant la place du marché de Goslar une vaste maison de deux étages à la façade en sapin rouge magnifiquement ciselée sur laquelle chaque fenêtre en arcs brisés était entourée de frises de lierre surmontées de chapiteaux exhibant des fleurs de chardon. L'élégante construction faisait l'admiration du voisinage, même si les gens de Goslar regrettaient l'absence de niches abritant des statues de saints, comme l'usage l'exigeait dans le pays, et qu'ils trouvaient quelque peu inquiétantes les extrémités des solives des encorbellements, toutes sculptées de têtes cornues.

Évidemment, belle et fortunée, Marguerite d'Antioche était un parti recherché dans le duché de Saxe. Les prétendants se montraient nombreux et, pourtant, elle les avait tous éconduits, voulant, disait-elle, consacrer tout son temps à sa belle-fille.

Cette profession de foi était un mensonge car, en vérité, elle aspirait à devenir épouse de l'empereur. Seulement, pour parvenir à ses fins, elle avait besoin d'être reçue à la Cour, une invitation inconcevable, même quand Otton venait au château de Goslar, car, si elle était comtesse, elle était également veuve et sans appui. Dès lors, pourquoi l'empereur se serait-il intéressé à elle ?

Au début de l'hiver 1208, une singulière affaire avait éclaté au *Kaiserpfalz*. L'épouse du *ministerialis* avait été accusée de sorcellerie par un bailli envoyé spécialement par l'empereur. Or, les charges contre cette femme étaient quasiment inexistantes, et Marguerite d'Antioche avait perçu que l'accusation relevait d'un coup monté. Le bailli, un nommé Gottschalk, n'était là que pour écarter l'intendant du château – un serviteur de la famille des Staufen –, et, sans preuve, l'incrimination de l'accusée risquait fort de se retourner contre lui. La comtesse de Falkenstein était donc allée trouver le magistrat et lui avait proposé un pacte. Elle témoignerait contre l'épouse du *ministerialis*, et sa déclaration ferait foi tant sa réputation était grande dans l'hermétisme. En échange, le bailli la ferait inviter lors de la prochaine visite de l'empereur. Il avait accepté, elle avait témoigné, et la femme avait été brûlée sur la place du marché et son mari décapité.

Le bailli avait tenu parole, et Marguerite avait été invitée au bal donné lors du *Reichstag*.

Seulement, rien ne s'était passé comme prévu. La comtesse était venue avec les moyens de séduire Otton : une fiole contenant un philtre dont elle n'avait qu'à s'imprégner les mains. Il suffirait que l'empereur les touche pour qu'il tombe sous son charme et demeure à sa merci. Mais l'amour a ses propres lois et, tandis qu'elle cherchait un prétexte pour approcher le souverain, elle avait été abordée par le fils du landgrave de Thuringe.

La foudre l'avait alors frappée. Un flot d'émotions confuses avait pris possession de son corps et de son esprit, et ces violents sentiments lui avaient ôté toute raison. Pour la première fois de sa vie, Marguerite d'Antioche était tombée réellement amoureuse.

Elle avait sur-le-champ oublié Otton pour rester avec le jeune homme durant le bal. Cependant, une fois rentrée chez elle, elle avait retrouvé une certaine lucidité et son désir de devenir impératrice. À ses yeux, aucune opposition n'existait entre son ambition et son amour. Elle disposait d'une immense richesse grâce à ses mines d'argent et possédait des talents ignorés de tous. En les mettant au service du jeune Hermann, elle ne doutait pas de faire de lui le futur duc de Saxe, un grand électeur, et ensuite de le porter sur le trône du Saint Empire romain germanique, après avoir fait disparaître Otton, chose aisée avec les recettes secrètes qu'elle connaissait.

Encore fallait-il que ce jeune homme l'épouse. Si elle devait avoir une dizaine d'années de plus que lui, la différence d'âge n'était pas grande. Après tout, feu son époux n'avait-il pas vingt ans de plus qu'elle, quand elle avait convolé ?

Dans sa chambre, elle s'était longuement examinée dans son miroir, y recherchant plus que d'habitude une marque de son âge, et n'en avait trouvé aucune. Un sourire avait illuminé son visage.

Les jours suivants, son frère et sa servante, mis dans la confidence, avaient surveillé la maison du landgrave de Thuringe située en face de la leur. Et chaque fois que le jeune Hermann sortait, en général en compagnie d'un chevalier plus âgé que lui, souvent aperçu avec une harpe de *Minnesänger*, elle-même les imitait et, feignant la surprise, expliquait qu'elle se rendait à l'église St. Cosmas und Damian. À plusieurs reprises, elle avait effleuré les mains du jeune homme, les imprégnant de son philtre magique. Des rencontres qui avaient fortifié l'amour du fils du landgrave.

*

La comtesse se trouvait dans sa chambre et songeait à sa belle-fille Blancheflor, qui aurait seize ans à Noël, quand sa dame de compagnie entra :

— *Gräfin*, vous avez une flatteuse visite, annonça la servante, sourire complice aux lèvres.

— Qui donc, Angelina ?

— Votre amoureux, le seigneur Hermann.

Marguerite se saisit de son miroir d'argent, s'y mira longuement et, ne relevant aucun défaut à corriger, reposa l'accessoire, se leva et sortit.

Sa chambre se situait à l'étage. Du haut de l'escalier de bois aux balustres sculptés, elle considéra son visiteur. Ses visiteurs, plutôt, puisqu'ils étaient deux.

Aucun n'avait jusqu'à présent pénétré dans la maison de la dame d'Antioche, aussi le *Minnesänger* examinait-il les lieux avec curiosité. Entièrement lambrissée de panneaux de sapin ciselés aussi rouges que ceux de la façade, la pièce possédait peu de meubles. Mais un lutrin portant un livre en parchemin éveilla l'intérêt du visiteur. L'ouvrage, en latin, s'intitulait *Antirrhetica Apophasis Megalê*. Troublé, Eschenbach plissa le front en tournant quelques pages. Les nombreuses miniatures représentaient toutes des scènes infernales. Songeur, son regard s'égara alors vers les panneaux de boiserie, et il remarqua qu'eux aussi montraient des démons qui torturaient des damnés de toutes sortes de façons. Pire, l'un d'eux montrait un sabbat au sommet d'une montagne avec un diable cornu et fourchu entouré de sorcières dépoitraillées.

Il se tourna vers Hermann pour lui faire part de son malaise, mais ce dernier s'était immobilisé en découvrant Marguerite d'Antioche qui descendait majestueusement l'escalier.

Elle portait une robe émeraude à larges manches serrée par une ceinture enrichie de pierreries enchâssées dans de l'argent. Par-dessus, un mantel violet couvrait ses épaules. Sa chevelure était maintenue par un disque d'argent qui cerclait également une barbette de soie blanche lui entourant le cou et nouée sous le menton.

Elle gratifia le fils du landgrave d'un sourire ensorceleur et, alors seulement, Hermann reprit ses sens et s'avança avant de plier un genou.

Le *Minnesänger* l'imita par courtoisie.

— Messire, quel honneur pour moi de vous recevoir, fit-elle d'une voix aussi douce que le chant d'un rossignol.

— Gente dame, hélas !, le désespoir brise mon cœur.

— Pourquoi donc ? s'enquit-elle avec un soupçon d'inquiétude.

— Mon père a décidé de regagner la Thuringe au plus tôt. Nous partons demain, et je viens vous faire mes adieux.

Elle resta muette de saisissement avant de parvenir à demander :

— Vous reverrai-je, beau sire ?

— Oui, noble dame ! Je m'y engage. Je reviendrai avant Noël...

À ce moment, une porte s'ouvrit au fond de la salle, et une jeune fille entra. La jouvencelle avait une peau d'une blancheur parfaite, avec des lèvres vermeilles comme le sang, et des cheveux noirs comme le bois d'ébène. Brusquement muet, interloqué par une telle beauté, Hermann la regarda s'approcher.

— Pardonnez-moi, ma mère, déclara la pucelle d'une voix mélodieuse, j'ignorais que vous aviez des visiteurs.

En tenant les pans de son bliaut couleur bouton d'or brodé d'azur, elle fit une charmante révérence à Hermann et à Wolfram.

— Ma belle-fille, Blancheflor de Falkenstein, déclara Marguerite d'un ton sec. Mon enfant, ces nobles seigneurs sont nos voisins venus me saluer avant leur départ.

Submergé par une vague d'émotions irrépressible, Hermann ne quittait pas la jeune fille des yeux. Hébété, comme frappé par la foudre, il ouvrit la bouche, mais aucun son n'en sortit. Amusé, Wolfram s'en aperçut et, comme leur hôtesse ne les avait pas présentés, lui-même le fit :

— Mon compagnon est le fils du landgrave de Thuringe, gente damoiselle, et je suis un chevalier errant, un simple *Minnesänger*.

— Je suis très honorée de vous rencontrer, messires. Veuillez m'excuser de vous avoir interrompus.

Elle leur fit une nouvelle révérence, s'inclina devant sa belle-mère en demandant pardon de cette intrusion, puis se retira.

Un silence, vite pesant, s'installa.

— Cette jouvencelle est donc la fille du comte de Falkenstein ? s'enquit Eschenbach, pour le rompre.

— En effet, répondit froidement Marguerite qui s'adressa ensuite à Hermann :

— Puis-je vous espérer pour les fêtes de la Nativité ?

— Oui, noble dame, répondit le fils du landgrave.

Mais son ton n'était plus le même. Il ajouta après une hésitation, en s'inclinant profondément :

— Je suis votre très humble serviteur, *Gräfin*.

Elle hocha la tête, plaquant un sourire de circonstance sur son visage.

Le *Minnesänger* s'inclina également, mais Marguerite l'ignora. Ils se retirèrent.

— Singulière maison, lâcha Wolfram en traversant la place du marché.

— La demeure d'une riche et noble dame, et de sa fille.

— Certes. Mais tous ces démons… Avez-vous remarqué ? J'éprouverais un malaise certain à vivre dans un tel lieu.

— Il y en a autant dans les églises ! répliqua le jeune Hermann en haussant les épaules. Ils sont là pour nous rappeler, à nous pauvres pécheurs, ce qui nous attend si nous ne respectons pas les lois divines.

— Sans doute…

— On dit cette dame fort savante sur la cabale. Sa foi serait grande autant que sa science, et elle aurait même démasqué une sorcière au sein du palais.

Wolfram avait également entendu ce récit, qui lui avait déplu.

— Le livre que j'ai feuilleté est fort rare. Savez-vous qui en est l'auteur ? demanda-t-il.

— Comment le saurais-je ? Je ne l'ai pas regardé, répliqua Hermann avec brusquerie.

Il n'avait aucune envie de discuter de cette maison ni de son contenu. Pourquoi Wolfram ne lui parlait-il pas de cette jeune fille, Blancheflor ? Comment avait-il pu ignorer son existence ?

— Simon le Mage. Un sorcier de Samarie, celui qui voulut acheter à Pierre le moyen de faire des miracles[1].

Hermann haussa de nouveau les épaules.

1. Actes des Apôtres 8, 9-24.

— As-tu déjà vu une jouvencelle aussi… resplendissante, je ne trouve pas le mot juste, que Blancheflor ? dit-il.

— Plus resplendissante que sa belle-mère ? persifla le *Minnesänger*, contrarié que son élève ne l'entende pas.

*

Fâchée tant par le départ soudain du landgrave que par l'apparition impromptue de sa belle-fille, Marguerite d'Antioche remonta dans sa chambre où elle trouva sa servante à qui elle demanda de la laisser seule.

S'approchant de la fenêtre, elle s'efforça de se remémorer chaque mot et chaque geste du jeune Hermann. Elle se souvenait parfaitement qu'il n'avait d'yeux que pour elle et que son émotion était sincère et palpable quand il avait annoncé le départ de son père. Elle avait même distingué des larmes au coin de ses yeux. Un damoiseau de son âge était incapable de tricher. Mais Blancheflor était entrée. Le jeune homme ne la connaissait pas, ne l'avait jamais vue, chose normale puisque sa belle-fille sortait uniquement accompagnée de son frère Constantin ou de sa dame de compagnie, qui plus est toujours coiffée d'une guimpe qui lui couvrait une partie du visage. Or, l'attitude de Hermann avait complètement changé devant elle. Il était resté pantois, stupéfait, quasiment égaré. Ensuite, il s'était montré désireux de partir, comme si elle-même n'existait plus. Pourquoi cette enfant lui avait-elle fait une telle impression ? Qu'avait donc de plus cette mijaurée ?

Bouleversée, elle marcha jusqu'à la desserte sur laquelle se trouvait son miroir d'argent.

Cet objet avait une histoire. Marguerite le tenait de son père qui, lui-même, l'avait acquis auprès d'un savant thaumaturge l'ayant découvert dans le sanctuaire de Déméter. Il était constitué d'un manche en argent représentant le corps de la déesse et d'un disque de bronze poli si magnifiquement qu'il reflétait tous les détails. Mais ce n'était pas sa perfection qui en faisait la valeur, c'était ses pouvoirs. Le miroir ne renvoyait pas seulement les visages quand on le regardait, il montrait également la réalité sans tricher. Son père avait même affirmé que l'objet était capable de parler, mais, bien qu'elle l'ait souvent interrogé, l'instrument n'avait jamais répondu. Aussi, parfois, c'était la dame d'atours qui s'en chargeait.

Elle prit l'objet et se mira en questionnant à haute voix :

— Miroir, gentil miroir, dis-moi, dans le duché de Saxe, qui est la femme la plus belle ?

L'objet demeura silencieux, mais elle observa avec surprise que l'image qui apparaissait se montrait trouble, comme couverte de buée. Puis cette effervescence se dissipa, et un visage parut.

Celui de Blancheflor.

La stupéfaction l'envahit, puis la rage l'étouffa. Incapable de se maîtriser, elle jeta le miroir sur son lit.

18

On était le 9 septembre, lendemain de la Nativité de la Vierge, selon Aignan le libraire, qui tenait décompte des jours du voyage.

C'était la pique du jour. Il avait commencé à pleuvoir la veille, et les hommes, trempés, attelaient les chariots après une nuit passée sous les futaies. Selon messire d'Ussel, qui connaissait bien le pays, ils ne seraient pas loin de Châteauroux quand ils sortiraient des bois. Ensuite, le convoi éviterait la ville.

C'était une forêt de grands chênes, parsemée d'étangs et de mares peuplés de canards, de bécassines et de faisans. Les cerfs, également nombreux, avaient bramé toute la nuit, comme si ces voyageurs les dérangeaient et qu'ils exigeaient leur départ. Il y avait aussi des loups dont les hurlements avaient retenti à plusieurs reprises.

La présence de ces bêtes inquiétait Lamigotte, qui pourtant paraissait n'avoir peur de rien. Gregorio, de garde avec lui, l'avait interrogé sur ses craintes, qu'il trouvait singulières. Le Gascon avait répondu que ce n'était pas les loups qui lui faisaient peur, mais leurs meneurs, ceux qui les conduisaient. Il s'agissait de charmeurs, de sorciers et même parfois de loups-garous, des êtres diaboliques fréquents dans le Berry. Prenant forme humaine, ils se faisaient passer pour des bûcherons ou des ermites, mais, en vérité, il s'agissait de damnés qui, dans un langage secret et magique, pouvaient commander aux animaux de se jeter sur les voyageurs ; et alors aucune arme ne savait les arrêter.

Lamigotte ayant rapporté cette histoire à d'autres, tout le monde connaissait maintenant l'existence des morts-vivants. Chacun se pressait donc pour lever le camp et quitter la forêt maudite.

Guilhem était le premier à vouloir partir sans tarder, mais nullement par crainte de loups ou de sorciers. Ses inquiétudes provenaient de Guillaume de Chauvigny, le seigneur de Châteauroux, dont ils traversaient les domaines.

La veille, ils avaient rencontré une troupe accompagnant le garde-chasse de Chauvigny, un chevalier qui s'était présenté comme Raoul Lapérouille. L'homme avait d'abord interpellé insolemment Bartolomeo qui conduisait le convoi, n'ayant pas reconnu les bannières royales car, à cause de la pluie, elles étaient collées le long de leur hampe. Ayant enfin remarqué les fleurs de lys sur les cottes et les écus, il s'était amadoué.

Guilhem était intervenu pour débiter son histoire avec quelques changements. Cette fois, ce n'était pas la tante du roi qu'il escortait, car la véritable vivait à l'abbaye de Fontevraud, pas très loin de là, et les gens de Châteauroux auraient pu la connaître. Dorénavant, Colombe était une tante de Barthélemy de Roye, chambrier du roi, qu'il escortait à Amiens.

Roye, chevalier picard, avait été remarqué par Philippe Auguste durant la courte croisade à laquelle le roi avait participé. Devenu son homme de confiance, il avait d'abord été garant de sa cassette avant d'être chargé de diverses missions confidentielles. C'est lui, par exemple, qui avait préparé la conquête de la Normandie. Il était également venu à Châteauroux afin de s'assurer de la fidélité de Guillaume de Chauvigny, et à ce titre le garde-chasse avait forcément entendu parler de lui. Roye était désormais l'un des hommes les plus puissants de la Cour, l'un des favoris du prince Louis, héritier du royaume ; Guilhem jugeait donc son nom suffisant pour qu'on ne lui cherche pas de noises.

Chauvigny aurait pu se montrer menaçant, ou au moins trouver un prétexte pour nuire aux gens du roi, car sa loyauté était récente et sujette à caution. Son père, André le Preux, devait tout à Richard Cœur de Lion, qu'il avait accompagné à la croisade et qui lui avait fait épouser l'héritière de la seigneurie de Châteauroux. Mais Jean sans Peur ayant été contraint de céder le Berry à Philippe Auguste, son fils avait été obligé de prêter un serment personnel au roi de France. Cependant, le monarque doutait de la fidélité de son nouveau féal, raison pour laquelle il avait envoyé Roye faire jurer aux habitants qu'ils se tourneraient contre leur seigneur dans le cas où celui-ci s'écarterait de ses engagements vassaliques.

La fable d'Ussel avait été avalée, et Lapérouille s'était montré aimable et avait même autorisé les voyageurs à chasser quelque menu gibier dans la forêt.

*

Toutes les bêtes étaient attelées et le convoi s'apprêtait donc à repartir quand retentit une chevauchée. Des cavaliers approchaient.

— Que chacun se tienne prêt ! cria Guilhem en saisissant une lance empennée d'une fleur de lys.

Sans doute s'agissait-il des hommes de Chauvigny, peut-être conduits par messire Guillaume lui-même. Mais venaient-ils transmettre des compliments et des assurances de fidélité au prévôt de la cour du roi, ou tramaient-ils quelque méchante manigance ?

Évidemment, il s'avérait inenvisageable de combattre, tant Guillaume de Châteauroux disposait de gens d'armes. En somme, si cette arrivée était malveillante, seule la parole devrait convaincre. Raison pour laquelle Ussel n'était pas monté en selle.

En haubert, il s'avança sur le chemin tête nue, rassuré malgré tout en observant les arbalétriers de Lamigotte prenant position derrière les voitures pour le protéger.

Les cavaliers parurent. Une vingtaine de chevaliers et d'archers. Mais si la bannière de tête portait les losanges écarlates des Chauvigny, les autres guidons, ainsi que les écus, affichaient un lion debout tandis que les cottes couvrant hauberts et broignes portaient, elles, une croix noire.

Des croisés allemands.

Les deux chevaliers en tête s'arrêtèrent devant lui. L'un d'eux était le garde-chasse Lapérouille, l'autre un colosse balafré et sans nez.

— Seigneur d'Ussel, Dieu vous donne bon matin et bonne encontre, déclara aimablement le garde-chasse. J'ai parlé de vous à mon seigneur qui vous salue et vous implore d'assurer au roi de France qu'il lui garde sa foi sincère.

— Vous remercierez votre très honoré sire… et l'assurerez que je ferai… mon devoir, bafouilla Guilhem.

Il avait du mal à trouver ses mots car, pendant que le garde-chasse s'exprimait, il venait de reconnaître le visage tailladé du chevalier à côté de lui, une découverte si incroyable, si imprévue, si invraisemblable qu'il avait du mal à l'accepter.

L'homme était un géant d'au moins sept pieds qui devait peser moitié plus que lui. Comme il portait un casque pointu sans nasal, on voyait parfaitement sa peau claire et ses yeux bleus, froids comme de la glace, surtout la balafre qui lui traversait le visage, trace d'un coup d'épée lui ayant arraché le nez. Il se nommait Eckhard et commandait la chevalerie du château de Trifels.

Quinze ans plus tôt, Guilhem d'Ussel, Robert de Nesle et quelques fidèles de Richard Cœur de Lion avaient surpris et navré plusieurs de ses hommes en les assiégeant dans l'abbaye Sainte-Marie de Niedermunster, les contraignant à une honteuse reddition et à la remise d'une belle rançon : cent marcs d'argent, des hauberts de fines mailles, des dagues ciselées et de fins coursiers.

Par chance, Eckhard ne parut pas identifier son vieil ennemi. La chose pouvait s'expliquer par le fait qu'à l'époque Guilhem était imberbe et se faisait passer pour un troubadour. De plus, il n'avait jamais révélé son nom.

— Que le Saint-Esprit soit garant de votre bonne route, messire, ajouta Ussel en recouvrant son sang-froid. À vous et à vos compagnons.

En parlant, s'il évita de croiser les yeux du chevalier balafré, il guigna discrètement les autres cavaliers et remarqua avec une quasi-certitude Engelhard, le fils de l'intendant de Trifels, même si ce dernier avait beaucoup grossi et s'était enlaidi. Streit ne lui avait-il pas dit qu'Engelhard souhaitait participer à la croisade contre les albigeois, mais que son père s'y était opposé ? Le gros avait dû finalement le convaincre !

Lapérouille remercia le prévôt de l'hôtel du roi pour sa courtoisie, le salua d'un long signe de tête et poursuivit son chemin. Toute la troupe s'ébranla derrière lui.

Guilhem les regarda passer et reconnut alors un troisième Allemand, un homme de haute taille, à la courte barbe rousse et au visage rose, coiffé d'un casque à pointe sans nasal : Harold, le damoiseau qui, à l'époque, l'avait conduit au château de Trifels, maintenant adulte, dans la trentaine.

En passant devant lui, le cavalier le considéra un court moment et fronça les sourcils comme on le fait quand on cherche à se remémorer un vague souvenir. Il poursuivit son chemin mais, à quelques toises, se retourna et ouvrit la bouche, à l'évidence saisi par la surprise.

Guilhem devina qu'il l'avait reconnu. Que pouvait-il se passer s'il prévenait son seigneur ? Une bataille à coup sûr, un affrontement que Lapérouille ne pourrait éviter, Eckhard et Engelhard ayant un rude compte à régler avec lui.

Il décida dans l'instant que si Harold l'accusait d'être le faux troubadour de Trifels, il nierait effrontément. Après tout, ils n'avaient aucun moyen de l'identifier formellement.

Mais il ne se passa rien, et la troupe disparut après un détour du chemin.

— Partons-nous, seigneur ? s'enquit Alaric.

Guilhem était resté plongé dans ses souvenirs, et maintenant, l'esprit en ébullition, les questions affluaient. Pourquoi Lapérouille accompagnait-il ces croisés allemands ? Et pour quelle raison ces derniers passaient-ils par Châteauroux pour se rendre dans le Toulousain ? Le chemin le plus court était la Bourgogne, puis la vallée du Rhône, nullement par le Berry.

— Oui, allons-y, Alaric ! Qu'on m'apporte mon cheval, répondit-il.

Gregorio était également près de lui, aussi lui expliqua-t-il brièvement :

— Ces croisés, j'en connais plusieurs.

— Vous, seigneur ?

— Oui. Je les ai combattus et leur ai infligé une raclée, voici une quinzaine d'années. M'ont-ils reconnu ? Je le crains, et si c'est le cas, nul doute qu'ils vont revenir pour se venger de ce que je leur ai fait subir. Heureusement, ils ne sont pas très nombreux. Néanmoins, nous allons prendre toutes les précautions nécessaires. Je vais demeurer en arrière-garde, au cas où ils feraient demi-tour pour nous rattraper.

— Entendu, seigneur, je préviens messires Bartolomeo et Lamigotte.

*

Un peu plus tard, en fin du convoi, en compagnie d'Alaric, du Flamand et de ses écuyers auxquels s'était joint Guillaume, Guilhem raconta l'évasion de Richard Cœur de Lion, et expliqua qui étaient ces Allemands.

Pendant ce temps, ces mêmes Germains traversaient la forêt de Châteauroux, toujours guidés par le garde-chasse. Eckhard et ses hommes étaient arrivés une semaine plus tôt, quasiment un mois après leur départ d'Allemagne. Leur troupe n'avait pas avancé rapidement car aucun d'eux ne connaissait la route, et seuls le *Leiter* des *milites* et le *Hauptmann der Soldaten* de Trifels baragouinaient la langue d'oïl apprise en Terre sainte, alors qu'ils participaient à la croisade conduite par Henri VI.

Certes la croix qu'ils affichaient sur leurs cottes et leurs bannières leur servait de sauvegarde mais, malgré cette divine marque, peu de monde offrait de les aider. Ils étaient des hommes d'armes, et on avait tout à redouter de ces gens-là, jugeaient les habitants des contrées traversées.

Ils s'étaient donc perdus à plusieurs reprises, d'autant plus facilement que Eckhard et Engelhard se montraient chiches à dépenser leur cliquaille.

À Châteauroux, Guillaume de Chauvigny les avait cependant magnifiquement reçus quand il avait appris qu'ils apportaient un pli de l'empereur Otton. Certes, il avait déchanté en découvrant que la missive ne lui était pas destinée, puisqu'elle s'adressait au roi d'Angleterre, mais la lettre de Conrad de Scharfenberg, écrite en latin, lui indiquant qu'il devrait faire parvenir ce courrier impérial à un fidèle de Jean, pour que ce dernier la transmette à son tour à son souverain, constituait une immense marque de confiance. Chauvigny avait compris qu'il se tramait une alliance contre le roi de France, et qu'il y tiendrait un rôle important dont il tirerait profit.

Nous l'avons dit, son père avait été un fidèle des Plantagenêts. Certes le seigneur de Châteauroux avait dû depuis prêter serment au roi de France, mais son cœur battait toujours pour l'Angleterre. Il avait donc promis à Eckhard de s'acquitter scrupuleusement de sa mission. La lettre serait portée au sénéchal de Bordeaux, ville rattachée à la couronne anglaise, et parviendrait ensuite au roi Jean.

Chauvigny avait ensuite offert l'hospitalité aux croisés durant quelques jours avant de demander à son garde-chasse de les guider jusqu'à la sortie de ses terres, sur la route de Limoges.

Ce fut le soir, lors de la halte dans une commanderie templière, que Harold fit part de ses soupçons à ses maîtres. Eckhard tomba des nues :

— Cet homme serait l'infâme troubadour qui a fait évader le faux Richard Cœur de Lion ?

— Et qui nous a pillés à Sainte-Marie de Niedermunster ? renchérit Engelhard, incrédule.

— Je crois... J'ai reconnu son nez busqué, ses yeux, surtout son regard d'oiseau de proie. Je l'avais bien observé à Trifels.

— Nombre d'hommes possèdent ces traits, répliqua Engelhard en haussant les épaules.

— Je sais, messire, reconnut Harold un brin penaud, mais je suis quasiment certain de moi, aussi ai-je préféré vous le dire, tout en me doutant que vous vous moqueriez.

— On ne peut pas vérifier, remarqua Eckhard, après un instant de réflexion, mais, si c'est lui, on le retrouvera. Et on lui fera payer cher son audace...

— Comment ? s'enquit le capitaine des gardes de Trifels.

— Il se nomme Ussel, d'après le nom qu'a lâché le garde-chasse, et il dirigeait un convoi aux armes du roi de France. On se renseignera sur lui, et, une fois la croisade finie, on fera un détour par Paris. Avec un peu de chance, nous apprendrons qui il est, là-bas.

Le *Leiter* des *milites* sourit. Et son expression exprimait toute la mauvaiseté du monde.

*

Le convoi de Guilhem avait poursuivi sa route sans alerte. Passé Châteauroux, la pluie redoubla et se mit à tomber sans discontinuer. Les chariots s'embourbèrent. Certains jours, ils n'avancèrent que d'une demi-lieue. Tout le monde était épuisé. Il fallait sans cesse pousser, tirer, empierrer les chemins et combler les ornières. Cet enfer dura jusqu'à Orléans, où ils arrivèrent pour la Saint-Mathieu[1].

La vue des tours de la petite ville fut un soulagement pour les voyageurs, surtout celle de la Tour neuve, pour Guilhem, qui savait que Philippe Auguste avait fait construire cette haute fortification afin de protéger la cité du côté de la rive. À partir d'ici, ils se trouveraient dans la partie du royaume de France la plus sûre. Partout, dans les villes et les campagnes, prévôts et baillis nommés par le roi faisaient régner l'ordre, et il n'y aurait plus péril à tomber sous la coupe de quelque hobereau insolent. Certes, restaient les dérobeurs de chemins, mais ces marauds ne s'attaquaient jamais à un convoi aussi important et protégé que le leur.

Bien avant le fleuve et le pont des Tourelles s'étendait une campagne de vignes et de vergers parsemée d'établissements religieux, de fermes et d'auberges. Guilhem décida d'une halte dans la plus grande, laquelle disposait d'une vaste écurie et d'une cour ceinte par de hauts murs.

Ils y demeurèrent la journée du lendemain, car Aignan devait faire des provisions et les fermes

---

1. Le 21 septembre.

des alentours proposaient tous les vivres qui leur seraient nécessaires. Guilhem tint également conseil avec ses amis pour parler de la suite du voyage. Sa présence n'était plus indispensable jusqu'à Rouen, le chemin étant désormais sûr. Lui voulait gagner Paris au plus vite afin de rencontrer le roi. Philippe Auguste aurait été fort fâché s'il apprenait que son ancien prévôt s'était rendu à Rouen avant de venir lui raconter ce qui s'était passé à Béziers.

Mais plus encore, il était nécessaire que le roi apprenne que le seigneur de Châteauroux avait reçu des Allemands. Que des chevaliers de Trifels se soient joints à la croisade du Midi n'avait rien d'étonnant, puisque les croisés venaient de toutes les contrées de la chrétienté, mais leur détour par le Berry n'avait qu'une explication : ils avaient apporté un message à Guillaume de Chauvigny.

Un tel message ne pouvait provenir que de l'empereur Otton, et compte tenu des relations passées entre les Chauvigny et les Anglais, ce courrier ne pouvait qu'être adressé au roi Jean.

Deux jours après l'arrivée des voyageurs à Orléans, leur convoi franchit la Loire. Au châtelet du pont des Tourelles, les laissez-passer de Guilhem firent merveille auprès des gens de garde. Arrivés sur l'autre rive, les chariots et les cavaliers longèrent l'ancienne enceinte romaine par un chemin extérieur à la ville et n'eurent pas à y pénétrer. À une lieue d'Orléans, ce fut la séparation.

Après avoir confié le commandement du convoi à Bartolomeo, Guilhem, accompagné de Peyre, de Guillaume et de Vidal, prit le chemin de Paris tandis que le reste de la troupe se dirigeait vers Chartres.

19

Pour Ussel, le choix de ses compagnons avait été évident. Il avait retenu Peyre, qui brûlait de revoir Perrine, la fille du drapier Estève à laquelle il avait donné son cœur ; Guillaume, pour sa fidélité et parce qu'il rêvait de revoir la ville qu'il avait quittée dix ans auparavant lorsque ses parents condamnés pour hérésie avaient été bannis par le roi de France ; et enfin Vidal, jugeant prudent d'avoir avec lui un homme d'armes avéré quand il gagnerait Rouen, après avoir laissé son écuyer dans la capitale. Certes, Guillaume avait montré sa valeur, mais le jeune garçon ne possédait ni la vigueur ni l'expérience des combats de Vidal.

Si le premier jour de voyage ils demeurèrent casqués et en haubert, le lendemain, Ussel jugea inutile de rester couvert de fer, surtout avec un soleil qui transformait leur harnois en four. Ils se vêtirent donc légèrement, d'une robe pour Guilhem et d'un surcot pour les autres, après avoir mis leur harnois avec les bagages que portait leur second coursier, tenu en longe.

Vers nones ils aperçurent le sommet de clochers au-dessus de frondaisons. Ussel confirma à ses compagnons qu'ils se trouvaient tout près de

Paris. Ces tours, c'étaient celles des églises Saint-Marcel et Saint-Hippolyte, un bourg à l'entrée de la capitale. Plus loin, il leur désigna la pointe d'un autre clocher.

— C'est celui de l'abbaye Sainte-Geneviève, qui se trouve dans l'enceinte de la ville. Nous arriverons bientôt.

Ils longeaient alors des parcelles de vigne et de blé bordées de chênes et d'ormes. Guilhem connaissait bien ce chemin et se mit à chantonner une ritournelle entendue la première fois qu'il était passé par là, une quinzaine d'années plus tôt :

Ma amiette est fort jolie
Beau bras et bouchette riant,
Vermeillette à dents blancs…

Il se revoyait à dix-neuf ans, fier de ses éperons dorés de chevalier, quand il voulait entrer au service du roi de France. Son compagnon se nommait Gilbert, un gentil fripon repenti qui l'avait conduit au bourg Saint-Germain où il avait rencontré celle qu'il avait aimée… et qu'il avait tuée.

Il cessa brusquement de chanter. Malgré les ans passés, la douleur se révélait toujours aussi vive.

Peyre, Guillaume et Vidal avaient échangé sourires et clins d'œil quand ils avaient entendu leur seigneur fredonner, la première fois depuis longtemps. Et quand il se tut soudainement, le fils d'Aignan regarda Peyre, autant surpris que lui. Ils considérèrent les alentours, où rien n'expliquait ce singulier changement. Pourquoi leur seigneur replongeait-il dans le silence ?

Comment auraient-ils pu deviner que c'étaient les bois et les pâtures, les vignobles et les moulins autour d'eux qui, en ravivant des souvenirs, venaient de meurtrir leur maître ?

*

Ils poursuivirent leur route sans mot dire et atteignirent la porte Saint-Jacques, qu'ils franchirent après qu'Ussel eut montré son laissez-passer.

Dans cette rue – en vérité un chemin de terre raviné –, Peyre, qui l'avait déjà parcourue maintes fois, fit état de ses connaissances auprès de ses compagnons, tandis que son seigneur marchait en tête sans s'intéresser à rien. Après des semaines de voyage dans les campagnes et les forêts où résonnait surtout le chant des oiseaux, le vacarme de la ville se révélait insupportable pour Guilhem. Les cloches des églises carillonnaient sans cesse, assourdissant tintamarre qui se mélangeait aux grincements des roues des charrois et des charrettes, aux braiements, aux hennissements, aux bêlements, aux couinements et autres mugissements des animaux errants. Enfin, couvrant souvent ce tumulte, les cris et les chansons des colporteurs, des crieurs de vin, des jongleurs et, plus encore, les vociférations des querelles incessantes lui meurtrissaient les oreilles.

La troupe s'engagea sous le Petit Châtelet. Reconnu par les gardes, l'ancien prévôt de l'hôtel du roi y fut salué avec déférence. La rivière franchie, les quatre hommes longèrent l'enceinte du Palais et tournèrent à main droite dans la rue de la Vieille-Draperie.

Évidemment, rien n'avait changé depuis leur départ, quelques mois plus tôt, même si Guilhem avait l'impression que des années s'étaient écoulées tant il avait connu de mésaventures. N'avait-il pas retrouvé et châtié celui qui l'avait enchartré durant des mois, et qui avait failli le faire mourir de désespoir? N'avait-il pas perdu et laissé derrière lui bien des gens qu'il aimait, à commencer par Fabrissa?

Devant la maison du Coq Vert, ils descendirent de leurs montures.

— Peyre, conduis les chevaux à l'abreuvoir avec Vidal. Faites-les boire et revenez. On va ouvrir l'écurie où vous les dessellerez. Ensuite, rejoignez-moi avec les bagages, décida Ussel avant de secouer la cloche de la porte.

Le portier le reconnut par la grille dans l'huis et ouvrit aussitôt. Il ne put retenir ses larmes.

— Seigneur... Seigneur! répétait-il entre deux hoquets d'émotion.

Guilhem l'accola et pénétra dans la salle basse, suivi d'un Guillaume intimidé. Le garçon découvrait la maison parisienne de son maître et lorgnait partout. Devant lui grimpait un grand escalier de bois à la rampe ciselée. Sur le même mur, une haute huche à plusieurs portes, toutes ferrées, et une tapisserie représentant une licorne couchée devant une dame richement vêtue. En face, un autre coffre, celui-là à dossier ciselé et couvert de coussins, servait de banc. Dans un recoin, un plateau et des tréteaux. Sur la droite, près d'une fenêtre, une chaire sculptée couverte d'un tapis, et un pupitre avec son siège. Au fond, une porte et une cheminée devant laquelle une servante, assise sur un tabouret, cousait.

Découvrant le visiteur, celle-ci abandonna sa besogne et se précipita, avant de s'agenouiller devant lui, elle aussi les larmes aux yeux.

— Seigneur, balbutia-t-elle. Loué soit Jésus-Christ de vous avoir ramené... On a dit tant de choses sur ce qui se passait dans le Midi...

— J'ai quitté mon fief pour toujours, Annette. Où est ton mari ?

— Il est sorti acheter du bois, seigneur, il va revenir.

Son regard s'attarda sur le jeune homme qui accompagnait son maître, et cette curiosité amena un sourire sur les lèvres d'Ussel.

— Il s'appelle Guillaume, c'est le fils de mon intendant à Lamaguère.

Il ne précisa pas que ses parents avaient été parisiens et bannis. Personne ne devait apprendre qu'il était revenu avec des cathares.

— Les gens de mon fief, hommes, femmes et enfants, sont en route pour Rouen avec Gregorio et mes chevaliers. Seuls Guillaume, Peyre et un fidèle serviteur nommé Vidal m'ont accompagné ici. Ces deux-là sont allés faire boire nos coursiers, et, pour tout te dire, je suis autant assoiffé qu'eux. Je me sens capable de vider un tonneau de vin !

— Je cours chercher des pots, seigneur !

Elle trottina vers la porte située au fond de la pièce, et Guilhem se tourna vers le portier, qui attendait avec soumission et déférence.

— Gilbert, va ouvrir l'écurie et aider mes hommes quand ils arriveront de l'abreuvoir. Il y aura huit montures à desseller et brosser. On repartira dans une heure pour la rue de la Tixéranderie.

Le serviteur s'exécuta, et Guilhem dénoua la double ceinture de son baudrier pour poser sa lourde épée sur le banc-coffre. Puis il alla s'asseoir sur sa chaire, proposant à Guillaume de prendre un tabouret près de lui.

— Ma chambre est au-dessus, expliqua-t-il en désignant l'escalier. Peyre et Gregorio ont la leur et il en reste une inoccupée où tu t'installeras avec Vidal.

Annette revint, un pichet de clairet frais et deux hanaps entre les mains.

— Restez-vous à Paris, seigneur ? demanda Annette.

— Quelques jours, annonça Ussel en prenant le pot. Je dois rencontrer notre souverain. Puis je me rendrai à Rouen, mais Peyre demeurera ici.

À ce moment, le mari d'Annette arriva tout essoufflé car il venait de rencontrer Peyre à l'abreuvoir et s'était pressé pour revoir son seigneur. Il se confondit en bénédictions et louanges envers Dieu et tous les saints du paradis pour lui avoir ramené son maître bien gaillard. Sa femme dut l'interrompre car il aurait pu continuer ainsi durant des heures.

— Le maître va rester quelques jours, Étienne. Je vais sortir me procurer de quoi préparer un beau souper.

— Volontiers, Annette, car nous avons déjà faim, approuva Guilhem. Comme je te l'ai dit, Peyre logera ici quand je serai à Rouen, mais, dans le cas où il serait absent, je vous préviens de la venue d'un Allemand accompagné d'une jouvencelle nommée Mabilla. Il vous la confiera. Je veux qu'elle soit traitée comme ma fille.

Annette échangea un regard surpris avec son époux. Leur seigneur aurait-il une fille ?

— Nous nous occuperons d'elle comme d'une princesse, promit-elle.

— J'ignore quand je reviendrai la chercher, aussi est-il possible que Peyre la conduise lui-même à Rouen. Mais si ce n'est pas lui, vous ne la confierez qu'à ceux que vous connaissez : Gregorio et Jehan le Flamand. Si elle veut se promener dans Paris, vous l'accompagnerez, car elle ne parle que la langue d'oc.

Peyre et Vidal entrèrent et il les invita à le rejoindre. Annette alla chercher d'autres hanaps tandis que Guilhem livrait à son mari quelques informations sur leur voyage.

— En mon absence, y a-t-il eu des visites ? demanda-t-il ensuite.

— Voici deux semaines, un clerc du palais envoyé par le chancelier Guérin nous a dit de vous faire savoir que, dès votre retour, son maître voulait vous rencontrer. Et avant-hier, le prévôt Hamelin est passé pour apprendre si vous étiez revenu, ou si nous avions des nouvelles de vous.

— Je me rendrai au palais tout à l'heure, dit Guilhem en vidant le reste de son hanap d'un trait. Pas d'autres visites ?

— Si, seigneur, presque toutes les semaines, la gentille Perrine est venue s'enquérir de messire Peyre et repartait fort triste.

Guilhem se tourna vers son écuyer en passant une main dans son épaisse barbe :

— Il serait malséant de rencontrer maître Estève et sa fille dans l'état où nous sommes. Allons nous laver et nous faire tailler le poil dans la rue des Étuves, ensuite on se changera pour aller voir ta jouvencelle et son père.

Ussel se tourna vers Vidal afin de lui expliquer :

— Ces étuves sont proches.

Chacun termina son pot de vin, Guilhem reboucla son ceinturon, et ils repartirent à pied.

*

Au bout de la rue de la Vieille-Draperie, ils tournèrent en direction de l'Outre-Grand-Pont et prirent à droite rue du Vieux-Moulin, qui contournait la chapelle Saint-Symphorien. Les étuves se situaient dans une ruelle.

La matrone à l'entrée leur fit payer deux deniers par personne pour se baigner dans le même bain et se faire ébarber et raccourcir la chevelure. Ils sortirent de l'établissement une heure plus tard, frais, reposés, et revinrent à la maison du Coq Vert où ils enfilèrent des vêtements propres.

En vérité, ils avaient emporté peu d'habits, puisqu'ils avaient abandonné tout ce qu'ils possédaient à Casseneuil, mais Guilhem et ses écuyers avaient laissé à Paris quelques vêtements avant de partir pour Villeneuve, à la fin du mois d'avril. Dans ce dont il disposait, Ussel choisit une robe de fine toile azur galonnée de fleurettes violettes avec un chapeau de feutre, Peyre une robe de velours lavande à la couleur passée et les autres des surcots grèges et des bonnets de velours qui se trouvaient dans leurs bagages.

Une fois prêts, ils revinrent à l'écurie où le portier et le mari d'Annette avaient brossé les chevaux. Guilhem sella lui-même sa monture, à laquelle il commençait à s'attacher, et Peyre flatta longuement Victoire en lui expliquant qu'elle allait rencontrer une douce damoiselle aussi jolie qu'elle, ce qui fit pouffer Guillaume.

Ils partirent, franchirent la rivière sur le Grand-Pont et gagnèrent la rue de la Tixéranderie. Peyre devançait ses compagnons, se frayant adroitement un passage au sein de la cohue qui grouillait dans cette voie où les drapiers étaient nombreux. Guillaume, lui, chevauchait derrière son seigneur. Maintenant, il reconnaissait les lieux. Enfant, ses parents le confiaient parfois à ses amis, les Bertaut, des tisserands qui habitaient rue des Deux-Portes, de « bons chrétiens » comme eux. Dame Bertaut lui avait même plusieurs fois demandé de l'accompagner pour l'aider à porter des draps dans la rue de la Tixéranderie.

Guilhem songeait également aux Bertaut, qui avaient sauvé la vie de Robert de Locksley, gagné le Midi avec lui et si tristement trouvé la mort à Béziers. Une fois de plus, il s'interrogea :

pourquoi Dieu faisait-Il trépasser les meilleurs de Ses fidèles ?

Peyre venait d'arrêter sa monture devant les étals d'une boutique peints en vert. Comme Guilhem se trouvait encore à quatre ou cinq toises de lui, et que des badauds l'empêchaient d'avancer plus vite, il ne pouvait distinguer ce qui se passait chez le drapier. Il vit seulement son écuyer descendre de cheval, provoquant d'acerbes remarques de clients gênés par sa jument. Soudain, la porte de l'échoppe s'ouvrit, et une jeune fille blonde sortit pour se précipiter dans les bras du Toulousain.

Guilhem sourit, parvint à avancer en écartant les curieux et lança à Guillaume :

— Avec Vidal, prenez nos chevaux et conduisez-les à l'écurie de la porte Baudoyer, par là ! Ensuite, attendez-y-moi.

À son tour, il mit pied à terre et rejoignit les amoureux.

La jouvencelle riait et pleurait à la fois tout en caressant le cou de son soupirant.

Sourire aux lèvres, Guilhem se tourna vers l'ouvroir de la boutique. La mère de Perrine, matrone portant barbette, regardait sa fille avec adoration, tandis que maître Estève, debout, en robe d'étamine mauve et bonnet sinople sur lequel était attachée une médaille de saint Blaise tenant un porcelet, fronçait les sourcils, mécontent que sa fille s'expose ainsi aux regards des badauds. Derrière lui, un commis qui vérifiait les sceaux de pièces de laine s'était arrêté et considérait la scène avec bonhomie. C'est alors que le drapier aperçut Ussel, ôta son bonnet et s'avança jusqu'à l'étal :

— Très honoré seigneur, la bonté de Dieu est grande puisqu'Il vous a ramené chez nous !

— Dieu vous dit bonjour, maître Estève, répondit Guilhem, qui se tourna ensuite vers le couple pour ajouter : ne restez pas dehors, tout le monde vous regarde !

Guillaume attrapa la bride du cheval de Peyre et rejoignit Vidal.

Perrine s'était ressaisie. Encore un sourire à son amoureux, et elle fit entrer les deux visiteurs par la porte toujours ouverte.

— Nous venons d'arriver, expliqua Guilhem à maître Estève, et Peyre était pressé de venir vous annoncer notre retour, après notre départ inopiné, voici quelques mois. Aviez-vous bien été prévenu ?

— Oui, messire, deux fois, même, par un page et par un clerc du palais. Mais, depuis quelques semaines, Perrine se désespérait d'être sans nouvelles et redoutait le pire.

— Le pire n'a pas toujours lieu, même s'il arrive trop souvent, fit sombrement Guilhem. Je ne vais pas demeurer à Paris, mais mon écuyer restera chez moi, rue de la Vieille-Draperie. Il aura l'occasion de vous raconter notre voyage, si vous ne craignez pas d'entendre un triste récit.

Perrine baissa les yeux tandis que sa main frôlait celle de Peyre.

— Votre autre écuyer, messire Gregorio, n'est pas avec vous ? s'enquit Estève, qui n'avait aperçu le Pisan qu'une fois.

— Non, il est resté avec mes gens.

Le drapier hocha la tête plusieurs fois, comme si l'explication lui suffisait.

— Messire d'Ussel, j'ai tant de choses à vous dire ! Puis-je vous proposer un gobelet de clairet de Montmartre dans ma chambre ?

— Volontiers, avec cette chaleur !

— Hugonette, Perrine, passez devant. Pierre (il s'adressait au commis), garde l'échoppe et fais patienter les clients.

Les deux femmes gravissant l'escalier, il fit signe à Guilhem et Peyre de monter derrière elles et ferma la marche.

Le palier desservait une seule pièce : la chambre du maître, qui était suivie de deux salles en enfilade. Une échelle conduisait au solier, logis des serviteurs.

Une fois entrés, maître Estève leur fit signe de prendre place sur les coussins d'un coffre à dossier ciselé, près du poêle en terre cuite. Perrine et sa mère se rendirent à une armoire et, ayant ouvert l'une des portes, la jouvencelle sortit une cruche émaillée et la matrone deux hanaps de verre soufflé. Le drapier demeura debout tandis que les femmes servaient les visiteurs.

— Messire d'Ussel, j'avais toujours envisagé de marier ma fille à un honnête bourgeois parisien, c'est dire si j'ai eu du mal à m'habituer à l'idée qu'elle épouse un homme d'armes, quelqu'un du Midi, qui plus est.

Peyre baissa les yeux.

— Mais c'est ce que veut Perrine et je ne cherche que son bonheur. De surcroît, messire Peyre m'a dit qu'il accepterait de quitter le métier des armes pour travailler avec moi.

Cette fois, ce fut Perrine qui baissa les yeux de contrariété. Elle voulait convoler avec un gentilhomme, pas avec un marchand.

Son père se tourna alors vers elle avec un sourire chaleureux.

— Bien sûr, je connais ses aspirations. Je ne crois pas qu'elle souhaite que messire Peyre coupe des robes et vende des étoffes. C'était donc un dilemme pour moi. J'ai prié le Seigneur afin qu'Il m'éclaire, et Il m'a entendu.

Guilhem haussa des sourcils dubitatifs. Le Seigneur écouterait-Il Ses fidèles ?

— Au mois de juin, j'ai eu de la visite, messire d'Ussel, poursuivit le drapier. Quelqu'un que je ne connaissais pas, mais dont messire Peyre m'avait parlé : il s'agissait de maître Raillard, accompagné de son fils aîné.

Ussel hocha la tête sans mot dire.

— Votre écuyer, messire Gregorio, serait, par rapport à la fille de maître Raillard, dans la même situation que messire Peyre vis-à-vis de ma Perrine.

— C'est cela ! s'exclama ce dernier.

— Maître Raillard était venu à Paris en barque. Il m'a dit que messire Gregorio envisageait une association avec son ami dans le négoce des draps, et il voulait m'en parler.

Il se tourna vers le Toulousain.

— Vous aviez fait devant moi une allusion à une telle association.

— Oui, nous en avons discuté avec Gregorio, mais sans véritablement réfléchir à la façon de la conduire.

— Justement ! C'est pour cela que maître Raillard voulait me rencontrer. Il m'a fait part des idées de messire Gregorio : acheter à Rouen du drap venu d'Angleterre et le transporter par barque à Paris pour le revendre. Je lui ai répondu que cela m'intéressait, mais que le drap anglais était de piètre qualité. Les bénéfices ne seraient donc pas prodigieux. En revanche, ils pourraient être autrement plus importants en nous procurant de l'étamine d'Arras ou des draps de Douai, de Lille ou de Saint-Quentin. Il en est convenu, bien qu'admettant ne rien connaître aux draps, et m'a dit alors que Gregorio avait également suggéré de se rendre, par l'Oise, à Courtrai, à Bruges et à Gand afin de rapporter à Paris les laines les plus recherchées.

— Ce négoce peut en effet engendrer de gros profits, confirma Guilhem qui comprenait pourquoi le drapier avait demandé où se trouvait son second écuyer. Peyre et Gregorio l'ont appris quand nous avons été mêlés à une sombre affaire mettant en cause des marchands marseillais, voici quatre ou cinq ans. L'un d'eux m'a assuré que le gain peut atteindre le double des dépenses.

Il s'agissait de maître Vivaud, un négociant marseillais de ses amis, qui lui avait expliqué qu'une pièce de drap achetée à Valenciennes se revendait trois à six fois plus cher à Gênes, alors que les frais de transport ne faisaient que doubler son coût.

— C'est cela, confirma le drapier.

— Mais avec des risques importants, précisa Ussel. Entre autres celui des brigands de grand chemin qui peuvent rapiner vos marchandises, ou votre argent.

— Certainement ! Cependant, ces risques seraient réduits si nous étions accompagnés de guerriers tels que messires Peyre et Gregorio.

De nouveau, Guilhem approuva.

— Bref, nous avons discuté de tout cela avec maître Raillard et je lui ai fait une proposition.

— Laquelle ?

— Le mois prochain se tiennent deux grandes foires en Champagne. Celle de Saint-Ayoul à Provins et celle de la Saint-Rémi à Troyes. Pourquoi ne pas nous y rendre ensemble afin d'y acheter des draps que je revendrai en partie à Paris et qu'il proposerait, pour le reste, à des drapiers de Rouen ?

— A-t-il accepté ? s'enquit Peyre.

— Évidemment ! Et il doit arriver ici d'un jour à l'autre. Nous devons ensuite partir avec ses fils dans un solide chariot tiré par deux mules que je me suis procurées...

Estève ne termina pas sa phrase, mais chacun comprit qu'il aurait souhaité que Peyre les accompagne.

Ce dernier posa son regard sur son maître, espérant une réponse favorable.

— Tu le sais, Peyre, je veux te laisser à Paris, alors pourquoi ne les accompagnerais-tu pas ? suggéra justement Ussel.

Et après s'être efforcé de dissimuler un sourire, il précisa :

— Peut-être même que ta jouvencelle pourrait aller avec vous afin d'aider son père à choisir les plus belles pièces à la vente. Si les marchands sont nombreux, le choix sera difficile pour maître Estève.

— Oh, oui, père ! s'exclama Perrine qui n'était jamais sortie du quartier de la Grève.

En entendant la proposition de Guilhem d'Ussel, le visage de la mère s'était décomposé. Quant au drapier, il demeurait bouche ouverte, muet de saisissement, n'ayant jamais envisagé cette possibilité.

— C'est... trop périlleux pour ma fille... balbutia la matrone, épouvantée à l'idée de laisser Perrine partir sur des routes hantées par des esforceurs de femmes.

Mais déjà Estève s'était ressaisi :

— Le comté de Champagne est bien gouverné par la comtesse de Champagne sous l'autorité de notre roi, qui protège les foires. Il y aura cent vingt sergents à cheval qui surveillent les routes, la rassura-t-il.

Il prenait conscience que sa fille, fort expérimentée pour juger de la qualité d'un drap, lui serait très utile lorsqu'il s'agirait de choisir parmi des centaines de tissages différents.

— Je sais que les prévôts sont nombreux et qu'il y a peu de brigandage, confirma Guilhem, et je peux même faire une autre proposition qui rassurera plus encore dame Estève. En galopant demain toute la journée, tu seras à Chartres le soir, Peyre. Il ne te sera pas difficile d'apprendre si notre convoi est déjà passé, et tu pourras donc le rejoindre avant ou après cette ville. Raconte tout à Gregorio, je suis certain qu'il voudra participer à l'expédition, même si cela l'empêche de voir Iseult. Après tout, son père et ses frères lui parleront d'elle, ce sera à peu près comme s'ils étaient ensemble.

Il se retint de sourire, mais pas Peyre, qui annonça :

— Je pourrai partir maintenant, seigneur !

— Tu ne gagnerais pas beaucoup de temps. Reste plutôt ce soir avec maître Estève qui te fournira des détails utiles pour ce voyage, et tu quitteras Paris demain matin avant la pointe du jour.

Un bref silence de réflexion, puis vint cette autre suggestion :

— Je pense à une chose. Aignan et Bartolomeo n'ont plus besoin de transporter autant de vivres et de fourrage. Comme ils sont dans le royaume de France, ils peuvent trouver chaque jour ce qui leur est nécessaire. Demande donc à Aignan s'il ne peut pas libérer l'une des charrettes que vous conduirez à Paris. Maître Estève et Raillard pourront ainsi acheter plus de draps.

— Je suis malheureusement limité par mes pécunes, grimaça le drapier. J'ai même dû emprunter pour l'achat du chariot.

Guilhem s'adressa à son écuyer :

— Dans ce cas, je vous conseille, avec Gregorio, de vous associer dans cette société. Tu disposes d'une somme déjà coquette chez moi, et je t'ai promis un pécule pour tes noces. Utilise une part de cet argent à l'achat d'étoffes que maître Estève revendra.

Le drapier approuva de plusieurs hochements de tête.

— Merci de votre bonté, seigneur, je ne la mérite pas.

Il se tourna vers son futur beau-père :

— Combien de temps serons-nous absents de Paris ?

— La foire de Provins dure deux semaines et celle de Troyes deux mois, avec huit jours d'entrée en franchise, dix jours de vente du drap et quinze de paiement. Nous reviendrons donc environ huit à dix semaines après notre départ, surtout si l'on achète d'autres articles, car il se tient également à Troyes une foire du cuir tanné où l'on vend un grand choix d'épices orientales, de cuirs de Cordoue et de fourrures.

— Il me navre de vous laisser si longtemps, seigneur, fit Peyre en grimaçant. Et encore plus si Gregorio est avec moi, car vous n'aurez plus d'écuyer.

— Je te l'ai dit, j'ai déjà été sans écuyer, et pendant quelque temps je prendrai Guillaume comme servant si son père est d'accord. Je vais rester à Rouen tout l'hiver et j'aurai là-bas tous les serviteurs dont j'ai besoin. Je te retrouverai en décembre, n'aie crainte.

Il se leva.

— Maître Estève, je dois me rendre au palais maintenant. Je vous laisse Peyre, que je reverrai ce soir ou demain matin avant son départ. Je reviendrai vous saluer avant de quitter Paris.

20

La troupe des Allemands arriva à Martel le soir du jour de la Saint-Rémy[1]. Martel, cité fortifiée érigée sur une éminence, se situait aux confins du Quercy, du Périgord et du Limousin, non loin de la Dordogne, sur la voie gallo-romaine reliant Brive à Cahors. Riche ville marchande longtemps disputée entre les Anglais et le comte de Limoges, elle avait failli être pillée par la bande du brigand Peyragas quelques années plus tôt, aussi le bailli Pierre de Cornil, nommé par Gui de Limoges, imposait-il que les gardes des portes du bourg prennent les armes de quiconque voulait faire étape.

Eckhard, Engelhard, Harold, les écuyers, le sergent, les servants et archers allemands étaient couverts de fer et portaient épées, haches, marteaux d'armes et arbalètes. À la vue de cette bande redoutable, les sentinelles gardèrent prudemment la herse baissée.

Les croisés s'arrêtèrent donc devant le pont-levis, et Engelhard, qui baragouinait le mieux la langue d'oïl, expliqua que lui et ses hommes rejoignaient l'armée croisée.

1. Le 1er octobre.

Le capitaine de la porte saisit à moitié le discours et, de l'autre côté de la herse, s'exprima à son tour par gestes : il sortit son épée du fourreau, la montra aux visiteurs, puis la confia à l'un des gardes près de lui, faisant comprendre que tout serait rendu au moment du départ. Les voyageurs pouvaient néanmoins garder dagues, couteaux et lances.

Les Allemands avaient déjà subi de telles mainmises en pénétrant dans des bourgs, aussi s'y prêtèrent-ils sans barguigner. Le sergent et un servant rassemblèrent les armes de leurs compagnons qu'ils passèrent sous la herse de bois, levée partiellement pour l'occasion. Cet équipement fut rangé à l'étage et on laissa pénétrer les cavaliers.

Un des gardes les conduisit alors à la seule hôtellerie de la ville, une bâtisse à pans de bois avec une écurie dans une cour. La troupe mit pied à terre, et son guide dit quelques mots aux palefreniers qui allaient s'occuper des chevaux. Eckhard donna ordre à deux servants de vérifier qu'on traite bien leurs montures, et de faire ensuite porter leurs bagages dans leur chambre.

Après quoi, toujours conduits par l'une des sentinelles de la porte, les croisés pénétrèrent dans une salle basse au sol de terre, jonché de paille et d'herbes sèches. L'endroit puait un mélange de vinasse, de bois brûlé, de suif et de relents de soupe. Le plafond bas, en branches à peine équarries noircies par la fumée, était encrassé de toiles d'araignées. Une échelle permettait d'accéder à l'étage.

Une dizaine de clients assis autour de deux plateaux de planches, posés sur des tréteaux, clabaudaient avec un gros bonhomme chauve en tablier de cuir. À coup sûr l'aubergiste. Les discussions cessèrent quand les étrangers entrèrent.

Le garde de la porte expliqua à l'hôtelier qui étaient les voyageurs. Satisfait de voir tant de clients emplir son établissement pour la nuit, ce dernier les gratifia d'un sourire de bienvenue avant d'annoncer le prix de la soupe, des grabats et de l'écurie.

Il tendit le pouce et l'index.

— Deux deniers de Limoges pour chacun, avec le fourrage du cheval, traduisit le guide.

Engelhard fronça les sourcils. Trésorier de l'expédition, il dénoua l'escarcelle de son baudrier, une bourse qui commençait à s'aplatir, et en tira un denier d'argent de l'évêché de Toul qu'il présenta à l'aubergiste. Jusqu'alors, deux de ces pièces, ou d'autres monnaies allemandes de poids équivalent, avaient suffi pour un homme et un cheval quand ils passaient une nuit dans une auberge, car, la plupart du temps, ils dormaient à la belle étoile.

Le cabaretier prit la monnaie, qu'il examina, avant de secouer la tête et de sortir de sa propre bourse un gros d'argent qu'il montra en déclarant.

— Deux gros !

Désignant ensuite la monnaie de l'Allemand, il leva six doigts, faisant comprendre que le denier de Metz valait bien peu en rapport du gros de Limoges.

Engelhard prit un air effaré, secoua la tête, reprit sa pièce et dit :

— *Zwei !*

L'aubergiste refusa d'un battement de l'index universel, aussi Engelhard fit-il demi-tour, s'apprêtant à partir.

La monnaie d'argent était rare, il le savait, et le cabaretier ne pouvait que céder. Effectivement, ce dernier lança rageusement :

— Entendu, deux des vôtres !

Le chevalier se retourna et compta trente-huit pièces que l'autre encaissa avec un sourire servile.

— Harold, Günther, allez voir les lits ! ordonna le capitaine des gardes de Trifels.

Puis il demanda à l'aubergiste, en langue d'oïl :

— De la soupe, du pain, du vin et des volailles pour tout le monde.

L'autre comprit et fit déplacer ses clients afin de libérer une table, avant d'aller tirer des pots de piquette dans un tonneau.

Peu après, Harold étant revenu et, ayant fait monter leurs affaires dans un dortoir meublé de grabats envahis par la vermine, les Allemands s'attablèrent devant des écuelles contenant une épaisse tranche de pain recouverte d'une soupe aux pois et au lard, avec nombre de pichets pour étancher leur soif. Quelques canards rôtissaient dans la cheminée, répandant un appétissant fumet.

Les autres clients avaient repris leurs conversations quand entra dans la salle un homme en surcot rouge peint de bandes transversales jaunes ; les armes des seigneurs de Turenne. Large d'épaules, avec un visage en triangle terminé par une barbe en pointe bien fournie, le nouveau venu affichait un air d'autorité. Une lourde épée pendait à son double baudrier. Quatre gardes l'accompagnaient, tous équipés d'arbalètes.

L'homme avança pour s'arrêter devant la table des Allemands :

— Je suis Pierre de Cornil, bailli de Martel. Mes gens viennent de me prévenir que vous venez de Germanie.

Son regard balaya rapidement les surcots à la croix noire.

— Vous seriez des croisés...

Engelhard et Eckhard échangèrent quelques paroles dans leur langue pour être certains d'avoir saisi, puis le fils de l'intendant de Trifels expliqua dans un français laborieux :

— Mon nom est Engelhard. Je viens de Rheinland, pour punir les hérétiques...

Il désigna la croix noire sur sa poitrine.

— Entendu... fit Cornil. Vous partirez donc demain.

— Demain ?

Engelhard mit un instant à comprendre, puis confirma :

— *Ja, morgen !*

— Bien ! fit le bailli, soulagé, car il s'inquiétait de la présence de ces rudes guerriers entre ses murs.

Il pouvait maintenant les questionner sur un autre sujet :

— Connaissez-vous un seigneur dénommé Streit ?

Cette fois, Engelhard ne comprit pas. Il interrogea Eckhard qui, pas plus que lui, n'avait percé les paroles du bailli.

— Karl von Streit ! répéta ce dernier, un ton plus haut.

Devant les regards bornés des étrangers, Cornil sortit un morceau de parchemin qu'un messager de l'abbé de Souillac lui avait porté. Il y était écrit, en latin, qu'un Karl von Streit était soigné à l'abbaye et qu'on devait en informer tous les Germains de passage susceptibles de le connaître.

Il tendit le document à Engelhard qui le lut et le comprit, car le chapelain de Trifels lui avait enseigné la langue latine.

— Karl von Streit ! s'exclama-t-il en prononçant le nom tout autrement que le bailli. Que lui est-il arrivé ?

Mais ces derniers mots étant dits en allemand, le bailli ne saisit rien, sinon que son interlocuteur connaissait à coup sûr le fameux Streit.

Dans un latin approximatif, il précisa que cet Allemand était blessé et logeait à l'abbaye de Souillac. Il ne savait rien de plus et proposa qu'un de ses hommes guide les étrangers là-bas dès le lendemain. Ainsi, il en serait définitivement débarrassé.

Cette fois Engelhard appréhenda le sens de la suggestion et l'accepta d'un « *Ja !* ».

On était à basses vêpres[1] et il restait une heure de jour. Il fit donc comprendre, par gestes agrémentés de mots latins, qu'il voulait qu'on le conduise tout de suite.

— Non, demain ! Il est trop tard ! expliqua le bailli.

---

1. Entre quatre et cinq heures.

Il répéta plusieurs fois : « Demain », et Engelhard sut qu'il ne changerait pas d'avis.

D'un signe de tête, il fit donc mine d'accepter mais, dès que le bailli fut parti, demanda aux autres clients dans la salle, qui avaient suivi la discussion avec force commentaires amusés, que l'un d'eux le conduise à Souillac.

Un des buveurs ayant compris l'expliqua aux autres, qui clabaudèrent sur la proposition. Seulement, personne n'avait envie de partir.

Engelhard sortit alors un denier génois en argent, une monnaie dont Henri VI avait ordonné la frappe pour partir en croisade, et fit comprendre qu'il le remettrait à qui le conduirait à l'abbaye.

Aucun de ces Quercinois n'avait vu une pièce de cette taille, d'ailleurs, peu avaient vu de monnaie d'argent, aussi plusieurs se levèrent-ils, décidés à servir de guide. Satisfait, Engelhard demanda à Eckhard de choisir, puisqu'il était le capitaine de l'expédition. Parcourant les candidats des yeux, ce dernier désigna un maigrichon à l'œil vif après lui avoir demandé, par gestes, s'il était capable de monter un cheval.

Laissant le commandement à Harold, les deux chevaliers se rendirent à l'écurie avec leur guide et firent préparer des montures, puis allèrent à la porte de la ville où le maigrichon expliqua qu'ils partaient pour Souillac et reviendraient à la nuit. Les chevaliers ayant repris leur épée, les Allemands mirent leur coursier au trot derrière celui qui leur montrait le chemin.

*

Si Engelhard et Eckhard avaient tant hâte d'apprendre ce qui était arrivé à Streit, ce n'était pas seulement parce qu'ils le connaissaient. En vérité, une longue amitié, nous l'avons dit, et une vieille ambition les liaient.

Streit, fils du prévôt de Scharfenberg, château constitué d'un gros donjon appartenant à l'évêque Conrad, avait pour compagnon de jeu Eckhard, rejeton d'un chevalier qui possédait une maison forte dans les environs. À douze ans, leurs pères avaient envoyé les damoiseaux au Trifels, la forteresse voisine résidence préférée de l'empereur Frédéric Barberousse, qui appartenait également à l'évêque, afin qu'ils complètent leur apprentissage du métier des armes car, dans ce grand château, moines teutoniques, chevaliers, *milles* et *Wehrmänner*[1] étaient nombreux.

Là-bas, ils s'étaient liés à Engelhard, le fils de maître Walram, l'intendant des lieux, qui avait leur âge.

Maître Walram, rappelons-le, était *ministerialis*, c'est-à-dire serviteur de l'évêque. La noblesse allemande se voyait, en ce temps, partagée en sept rangs féodaux répartis en deux classes. Au sommet se tenaient l'empereur, puis les princes d'Église, ensuite les princes laïcs, enfin les comtes, margraves et landgraves. Ceux-là formaient le *Hochadel*, la haute noblesse. Au-dessous se trouvaient les vassaux des précédents, puis les ministériaux, serviteurs des princes, et enfin les chevaliers et écuyers qu'on nommait *Militär*.

---

1. Hommes d'armes.

Restaient les *Edelfreien*, les hommes d'armes libres, également nobles, mais ne possédant rien sinon leurs armes et leur monture. Parmi eux, il y avait les *milites* non adoubés.

Eckhard et Karl von Streit étaient voués à devenir des *Edelfreien*, et Engelhard à rester dans la servitude, comme son père. En 1189, ces *Edelknecht*[1] avaient tous les trois dix-sept ans quand l'empereur Frédéric Barberousse, instruit de la perte de Jérusalem, était venu à Trifels annoncer qu'il avait besoin de toutes les forces de l'empire afin de délivrer la Ville sainte et de reprendre le tombeau du Christ. Les trois jeunes hommes y avaient vu une occasion unique de gagner leurs éperons de chevalier, et maître Walram n'avait pu s'opposer au départ de son fils et de ses amis.

Les trois cent mille combattants de l'armée croisée, chevaliers, écuyers, laboureurs ou même serfs affranchis pour libérer le tombeau du Christ, voulaient faire fortune ou au moins acquérir de la gloire. Partis dans l'ivresse des conquêtes, ils avaient vite déchanté. L'expédition avait gagné la Terre sainte en passant par Constantinople, un rude voyage marqué par de sévères pertes dues à la disette, aux épidémies, à la neige, aux attaques des Turcs et, plus terrible que tout le reste, à l'implacable discipline exigée par l'empereur. Aucune faute ne restait impunie et, la plupart du temps, la mort était l'unique châtiment.

Après quelques mois de ce régime, les trois damoiseaux s'étaient mués en féroces combattants,

1. Damoiseaux.

et leur amitié s'était renforcée après qu'ils se furent mutuellement sauvé la vie à plusieurs reprises.

À proximité d'Antioche, l'armée allemande avait franchi un fleuve le long duquel elle campa. L'empereur voulut s'y baigner, mais, hélas !, le courant était si fort qu'il se noya dans un endroit où l'eau ne venait pourtant pas à sa ceinture. L'aîné des fils de Frédéric étant resté en Allemagne pour gouverner les États de son père, seul le cadet, Frédéric de Souabe, l'avait accompagné. À la mort de l'empereur, le commandement lui revint mais beaucoup de chevaliers et de piétons, lassés de la terrible discipline et découragés après des mois de marche, refusèrent de continuer avec lui et reprirent le chemin de leur pays.

Malgré tout, quarante mille hommes demeurèrent fidèles au jeune prince, dont Karl von Streit, Eckhard et Engelhard.

Ces troupes marchèrent vers Acre afin de renforcer l'armée des croisés qui l'assiégeait, la ville ayant été livrée à Saladin en juillet 1187. Mais les hommes de Frédéric de Souabe, harcelés par les mahométans, manquaient de chevaux et de vivres. De plus, une épidémie les éprouva rudement. Après quelques semaines, le découragement envahit les survivants dont beaucoup étaient désormais décidés à déserter. Heureusement, le fils de Barberousse parvint à trouver suffisamment de bateaux pour rejoindre Acre par la mer, mais ce furent des troupes exsangues qui débarquèrent devant le port, en janvier 1191. Malgré leur état, les Allemands combattirent vaillamment et, après un assaut particulièrement meurtrier,

Frédéric de Souabe remit les éperons d'or aux plus courageux de ses guerriers. Parmi ceux-ci se trouvaient Streit, Engelhard et Eckhard, lequel avait été gravement blessé d'un coup d'épée au visage. Tous trois étaient devenus des *Einschildritter*, des chevaliers sans fief dont le seul bien était un bouclier.

Le lendemain, hélas !, Frédéric de Souabe fut tué dans un nouvel assaut[1].

À compter de ce jour, rien ne retint la débandade, et la plupart des Allemands rentrèrent au pays. Eckhard, lui, s'y refusa et parvint à convaincre ses amis de rester. Il jugeait qu'Acre allait bientôt tomber et ne voulait pas retourner chez lui les mains vides. En avril 1191, Philippe Auguste débarqua à son tour, puis en juin ce fut Richard Cœur de Lion. Avec ces renforts, la citadelle se rendit en juillet et, en août, Richard fit massacrer la garnison de Saladin qu'il avait pourtant promis de libérer contre rançon. Par un chanceux concours de circonstances, aidé de ses compères, Eckhard parvint à saisir un parent de Saladin. Celui-ci promit de payer mille besants si on lui permettait de fuir. Les amis acceptèrent, et la finance leur fut portée quelques jours plus tard.

C'était une vieille coutume de la Germanie que les chevaliers, qui pouvaient les entretenir, s'entourassent d'hommes d'armes dont le nombre et la valeur faisaient leur grandeur et leur force. Ces compagnons, qu'on appelait des leudes, des fidèles ou des vassaux, s'attachaient à la fortune

1. Le 20 janvier 1191.

de leur chef, partageaient sa demeure et devenaient ses commensaux. Avant de quitter Acre, les trois chevaliers avaient donc engagé des hommes d'armes et des écuyers allemands qui ne savaient comment rentrer chez eux. À lui tout seul, étant le plus fortuné, Eckhard en avait recruté une quinzaine.

Ils avaient ensuite pris place sur une cogue et, après un voyage sans histoires, avaient débarqué à Gênes, pour arriver à Trifels en décembre.

Les trois chevaliers pouvaient alors acheter quelque terre, des alleux[1] comme il y en avait beaucoup autour de Trifels et de Scharfenberg. Mais l'évêque Conrad, ne voulant pas se séparer de si valeureux combattants, leur avait demandé de lui prêter hommage et remis à chacun un fief de bourse, une rente leur permettant d'entretenir servants et fidèles. À Engelhard, il avait confié le commandement des hommes d'armes de Trifels, et Eckhard, qui possédait le plus grand nombre de serviteurs, de *Gesellen*[2] et de *milites*, était devenu *Leiter*, maître de la chevalerie de Trifels, ses opposants ayant été vaincus lors d'une joute mémorable.

*

Alternant trot et galop, les trois cavaliers arrivèrent sans tarder à l'abbaye bénédictine. Après avoir longuement tiré la chaîne de la cloche,

---

1. Terre libre de redevance, sans hommage, comme l'étaient les fiefs.
2. Compagnons, vassaux, leudes.

un moine vint ouvrir, et le guide expliqua au portier que des chevaliers voulaient rencontrer l'Allemand.

Ces paroles suffirent. Le portier conduisit directement les visiteurs à l'hôtellerie où ils découvrirent un Streit amaigri, assis sur un banc de pierre, paraissant méditer dans la fraîcheur de la soirée. Les voyant arriver, celui-ci se dressa d'un bond, stupéfait, et s'avança vers eux en écartant les bras :

— Engelhard, Eckhard ! Mes amis ! Par quel miracle êtes-vous arrivés ici ? s'exclama-t-il.

— Et toi, mon frère ? s'enquit le premier en l'accolant avec émotion.

— Longue histoire ! Êtes-vous seuls ?

— Non, Eckhard a ses gens et j'ai les miens. L'empereur nous a finalement autorisés à partir, au grand déplaisir de mon père.

— Il s'est toujours inquiété pour toi.

— Il a tort. Je suis chevalier et je crois lui avoir montré ce dont je suis capable. Mais parlons de toi, que t'est-il arrivé ? Que fais-tu ici ? Tu as l'air gaillard, bien que pas très gras ! Et où sont tes gens ?

— Je les ai perdus. Nous sommes tombés dans un piège. Je suis seul responsable de leur fin, répondit sombrement le chevalier.

— Explique !

Engelhard s'assit sur une souche et fit signe à ses amis de prendre place sur le banc.

Streit serra un instant les lèvres, comme répugnant à raconter l'erreur qu'il avait commise. Mais, finalement, il commença :

— Nous avions passé la Dordogne. Rencontrant un berger, je lui ai demandé si j'étais bien sur le chemin conduisant à Cahors. Il m'a répondu que non, qu'il fallait prendre un sentier que nous avions laissé à notre droite plus tôt dans la journée.

« Mais il n'allait pas vers le Midi », ai-je protesté.

« Pendant un moment, mais ensuite il débouche sur la crête et redescend vers Cahors », a-t-il affirmé.

» Je l'ai cru. Que risquions-nous ? Nous n'étions pas en pays ennemi, j'avais douze hommes d'armes valeureux. J'ai commis une terrible erreur de jugement. Nous sommes revenus en arrière et avons donc pris le sentier qu'il m'avait indiqué. On grimpait depuis un moment, sans inquiétude, quand subitement une volée de flèches a atteint nos chevaux et plusieurs de mes fidèles. Une horde sauvage a surgi. Les gueux devaient être cinquante, ou plus. Ils ont massacré mes gens à coups d'épieu, ne laissant en vie que mon écuyer, mon porte-guidon et moi-même.

Les larmes sourdaient de ses yeux.

— Le guet-apens était conduit par un nommé Helias de Laval, un fredain qui rançonnait les voyageurs. Il m'a interrogé et, sur la promesse d'une rançon, il a laissé partir mon écuyer qui doit la rapporter. Mon serviteur et moi avons été enfermés dans une cave, enchaînés. On nous nourrissait à peine, mon porte-guidon était blessé, sa blessure s'est infectée, et il est mort dans mes bras. Les jours et les semaines se sont écoulés, sans espoir. J'étais certain de finir comme mon serviteur quand un homme est entré dans mon cachot. Il commandait une troupe conduisant un convoi à Paris et m'a annoncé avoir exterminé la bande de Laval qui l'avait attaqué.

À ce point de son récit, Streit avait décidé de ne parler ni des cathares, ni de Fabrissa, ni de Mabilla, qui demeurait dans l'infirmerie, car l'abbé avait jugé inconvenant qu'elle restât dans l'hôtellerie avec un homme. Avec ses amis, il avait combattu les infidèles et massacré férocement femmes et enfants en Palestine, aussi devinait-il qu'Engelhard et surtout Eckhard ne comprendraient pas combien il avait changé.

— Je ne pouvais même plus marcher. Cet homme m'a conduit dans cette abbaye, et m'a fait soigner par les moines. Depuis, j'attends le retour de mon écuyer. L'abbé a prévenu les prévôts des bourgs alentour qui doivent signaler aux Allemands de passage que je suis ici.

Engelhard opina.

— C'est comme ça que nous avons été prévenus, confirma-t-il.

Un moment de silence, puis cette question :

— Tu es guéri, qu'est-ce qui te retient ici ? Pourquoi ne pas repartir avec nous ?

— Mon écuyer ! Je dois être là quand il arrivera.

Eckhard n'avait pas dit un mot, mais une singulière idée lui avait traversé l'esprit, et il essayait de la mettre au clair. Streit avait parlé d'un convoi, or ils en avaient croisé un près de Châteauroux, celui du présumé Ussel. Se pouvait-il que ce soit le même ?

— Qu'était-ce que ce convoi que conduisait celui qui t'a délivré ?

— Des chariots avec des gens du roi de France. Ils gagnaient Paris avec une parente de leur monarque.

Engelhard, qui avait l'esprit fin, comprit tout de suite où Eckhard voulait en venir.

— Tu as eu une sacrée chance ! Connais-tu le nom de celui qui t'a libéré ? Il faudrait le récompenser.

— Ussel, Guilhem d'Ussel. C'est un noble chevalier.

Streit surprit le regard effaré qu'échangeaient ses amis.

— J'allais vous parler de lui, car vous le connaissez certainement ! Quand je lui ai dit que je venais du Trifels, il m'a révélé y être déjà allé. J'ai donné vos noms, et il m'a assuré vous avoir rencontrés !

— Possible, simula Eckhard d'un ton dubitatif, mais je n'en ai aucun souvenir. Il vient tant de monde au château quand l'empereur s'y trouve. Et toi, Engelhard, ce nom te dit quelque chose ?

— Non… Mais je me souviens d'un chevalier troubadour avec qui j'ai parlé, voici une quinzaine d'années. Il me semble qu'il se nommait Guilhem.

— C'est sûrement lui ! Il joue de la vielle à roue et je lui ai donné celle de mon écuyer.

— Voilà un homme que j'aurais plaisir à revoir, poursuivit le *Leiter* de la chevalerie de Trifels avec un sourire de circonstance, qui le rendit encore plus hideux. La croisade terminée, nous pourrions aller le saluer… T'a-t-il dit où il vivait ?

— Oui, à Paris, rue de la Vieille-Draperie, mais il serait inutile d'y aller car il va se rendre en Thuringe.

— En Thuringe ? s'étonna le capitaine des gardes.

— Il veut y retrouver un ami, un chevalier et *Minnesänger* réputé que vous connaissez : Wolfram d'Eschenbach.

De nouveau, un échange de regards entre les deux visiteurs. Un échange signifiant : « Le diable vient de nous livrer ce malfaisant, il paiera cher ce qu'il nous a fait. »

Mais Streit ne comprit rien à ce dialogue silencieux et ajouta :

— Sans mes gens, je renonce à cette croisade, d'ailleurs...

Il se retint de poursuivre, de dire qu'il la jugeait indigne.

— Quand Dagmar arrivera, nous rentrerons à Scharfenberg, j'indemniserai les familles de ceux qui m'ont accompagné et j'irai à la Wartburg remercier cet Ussel, s'il s'y trouve.

Eckhard avait déjà pris sa décision. Il tenait sa vengeance et n'envisageait pas d'en dire mot à son ami, car, sur cet Ussel, leur opinion différait.

— Nous allons alors te laisser, trancha-t-il. De quoi as-tu besoin ?

— De rien, mes amis. Ussel m'a laissé une belle somme et un destrier. C'est un noble cœur.

Le *Leiter* des gens de Trifels sentit la haine gonfler dans son cœur. Non seulement Ussel l'avait trompé, vaincu, volé, mais il lui avait pris son ami !

Ils se quittèrent plutôt fraîchement. Streit avait l'impression que ses compagnons de croisade lui cachaient quelque chose, mais, dès qu'ils furent partis, il n'y pensa plus. Il avait hâte que Dagmar arrive. Et de rentrer chez lui.

21

Guilhem, Guillaume et Vidal laissèrent Peyre chez le drapier et revinrent dans l'île où ils gagnèrent le palais, dans lequel ils pénétrèrent par la porte fortifiée située en face de la rue de la Vieille-Draperie.

Les hommes de garde marquèrent leur surprise en revoyant l'ancien prévôt de l'hôtel, absent depuis des mois. Ce dernier prit aimablement de leurs nouvelles et s'informa sur la Cour. Il apprit ainsi qu'un nouveau prévôt, nommé Godefroy Lhermite, l'avait remplacé. Guilhem le connaissait, car il s'agissait d'un des capitaines de Lambert Cadoc[1]. Lhermite n'était ni pire ni meilleur que lui, bien qu'il n'eût guère d'esprit, mais il était loyal, et le roi n'avait sans doute guère eu le choix car beaucoup de ses chevaliers avaient rejoint la croisade et il manquait à coup sûr de *milites* fidèles. Après tout, la tâche du prévôt de l'hôtel consistait surtout à maintenir l'ordre dans le palais et à la Cour, à en chasser les vagabonds et les filous, à régler les différends entre les officiers domestiques de la maison du roi. Pour les crimes et délits ordinaires, le prévôt de Paris assurait parfaitement la besogne.

---

1. Capitaine mercenaire de Philippe Auguste.

— Frère Guérin est-il au palais ? s'enquit Ussel après ces brèves discussions.

— Non, messire, répondit un sergent à la longue moustache pendante. Le chancelier accompagne notre noble monarque.

— À Vincennes ?

— Je ne sais, messire, répondit l'autre en écartant les bras, tout en tenant sa lance. Vous pourriez vous renseigner au logis du roi, mais je crains que vous ne voyiez là-bas que des clercs qui ne vous révéleront pas grand-chose.

Le logis du roi était, comme son nom l'indique, la demeure royale quand Philippe habitait à Paris – Vincennes étant sa principale résidence. Situé au couchant de l'île, après l'église Saint-Nicolas[1] et la Grosse Tour[2], il s'agissait d'un bâtiment rectangulaire, fortifié, flanqué à chaque extrémité d'une tour carrée crénelée.

— Messire Barthélemy de Roye est également avec le roi, je suppose, poursuivit Ussel.

— Je l'ignore, messire, mais je ne l'ai pas vu depuis… au moins deux semaines.

— Voici messire Hamelin ! intervint un autre archer. Vous devriez l'interroger.

Effectivement, Philippe Hamelin, garde de la prévôté de Paris[3], venait de passer le perron de marbre noir et descendait ces marches qu'on appelait les grands degrés[4].

---

1. Qui sera détruite et remplacée par la Sainte-Chapelle.
2. On appellera plus tard ce donjon la tour Montgomery.
3. Le prévôt.
4. L'escalier extérieur qui conduisait à la grande galerie du palais.

Reconnaissant Ussel, il marqua sa surprise en s'arrêtant un instant, puis son visage s'illumina d'un grand sourire, et il dévala rapidement les dernières marches. En s'approchant, bras tendus, il déclara :

— Je n'en crois pas mes yeux ! Nous avons tous beaucoup prié pour vous, messire, et le seigneur Dieu nous a entendus et vous a préservé.

— Croyez-vous ? fit Guilhem d'un ton singulier.

Les deux hommes s'accolèrent sincèrement, car ils s'estimaient fort.

Le garde de la prévôté approchait de la quarantaine et désormais sa chevelure et sa barbe étaient parsemées de fils gris. Il portait une épaisse robe écarlate, fleurdelisée sur le torse, et une lourde épée dans un large fourreau de bois tendu de cuir rouge.

Derrière lui approchèrent ses servants, qu'Ussel ne connaissait pas.

— J'ai appris vos exploits à Béziers, et j'ai hâte d'en connaître les détails !

— Le roi m'avait demandé de retrouver Beaumont et ses complices pour qu'ils soient jugés. Je n'ai pu les ramener, mais je les ai punis. Comment savez-vous ce qui s'est passé ?

— Frère Guérin vous en dira plus, mais je peux vous révéler que le duc de Bourgogne a écrit à notre monarque pour lui annoncer qu'il abandonnait la croisade. Dans cette missive, il a fait un long récit des événements de Béziers, dont nous-mêmes avions entendu parler avec horreur. La lettre est arrivée voici une dizaine de jours, juste avant le départ du roi. Il me l'a fait lire et m'a dit souhaiter vous entendre dès votre retour. Si vous reveniez, car il craignait fort pour vous.

— Je suis revenu, fit sombrement Guilhem. Seulement, je viens d'apprendre que le roi n'est pas là, ni frère Guérin.

— Tous deux sont partis à Villeneuve[1] où Sa Majesté devait rencontrer des barons de Champagne.

Ussel réfléchit un instant avant de proposer :

— Je pourrais y aller, cela ne fait que deux jours de chevauchée.

— Ce serait inutile. Notre monarque a ensuite prévu de se rendre à Amiens et à Reims, mais sans frère Guérin, qui devrait revenir d'ici à quelques jours, certainement avant la Saint-Michel[2].

— Dans ce cas, j'attendrai. Pourquoi ne viendriez-vous pas souper chez moi maintenant ? Vous me raconterez ce qu'il s'est passé à Paris durant mes longues absences.

— Entendu, et j'espère en savoir plus sur la prise de Béziers.

Le prévôt, venu à pied puisqu'il habitait dans le Grand Châtelet, abandonna ses servants et monta en croupe derrière Vidal pour gagner la maison du Coq Vert, toute proche.

*

1. Villa Nova Regis, Villeneuve, située entre Sens et Montereau, était à l'origine un château bâti par Louis VII, le père de Philippe Auguste, afin de protéger le domaine royal face au comté de Champagne. Philippe y faisait construire le donjon.

2. Le 29 septembre.

Le souper était prêt et particulièrement copieux car Annette s'était surpassée pour son maître. Comme le voulait l'usage, les domestiques prirent place à la table commune, mais demeurèrent silencieux, impressionnés par la présence du garde de la prévôté. Peyre, lui, n'était pas rentré.

En ce vendredi, le repas consista en brochets et en carpes, les uns farcis de champignons et les autres en sauce, mais également en sarcelles rôties, puisque l'Église considérait ces volatiles d'eau comme de la viande maigre. Hamelin rapporta quelques anecdotes de la Cour et parla des écoliers de l'Outre-Petit-Pont, toujours plus turbulents dans leurs querelles et qu'il ne pouvait punir comme il le désirait parce que protégés par l'université.

À aucun moment il ne remarqua que le damoiseau nommé Guillaume, en face de lui, était l'un des enfants qu'il avait arrêtés dix ans plus tôt, avec les familles de tisserands, d'hérétiques, qui cachaient Robert de Locksley sous la tour du Pet-au-Diable.

Guilhem, de son côté, ne parla que des massacres commis par les ribauds lors de la prise de Béziers, et du duel judiciaire qui s'était ensuivi. Sur son fief il ne dit mot, et sur le voyage avec ses gens il préféra demeurer évasif.

Peyre arriva à la fin du souper et s'excusa de sa longue absence. Son maître expliqua au prévôt que son écuyer allait convoler avec la jolie Perrine et que, pour l'heure, il s'apprêtait à partir avec maître Estève vers les foires de Champagne. Messire Hamelin, qui connaissait déjà les projets du drapier, félicita le jeune homme.

*

Le lendemain, comme convenu, Peyre quitta Paris dès l'ouverture de la porte Saint-Jacques, où son seigneur l'accompagna en lui délivrant d'ultimes conseils. Guilhem passa ensuite le reste de la journée à jouer de la vielle et à composer un chant pour sa chère Rebecca qui l'attendait à Rouen. Pendant ce temps, ses compagnons se promenaient dans la ville, et Guillaume se rendit au coin de la rue du Coq, là où se trouvaient la maison où il avait vécu et la boutique de libraire de son père. Un autre marchand y était installé. Le fils d'Aignan demeura longtemps sur place, les larmes aux yeux.

Quand il revint rue de la Vieille-Draperie, Guilhem lui demanda de l'accompagner chez le drapier Estève. Vidal était déjà là, aussi partirent-ils ensemble.

Le futur beau-père de Peyre les reçut avec chaleur. Guilhem lui remit vingt livres en besants d'or, somme que Peyre voulait mettre dans la société drapière, et lui-même en laissa trente, sa propre participation à l'expédition.

Le lendemain, dimanche, tout le monde se rendit à la messe à la cathédrale, mais Ussel n'y pria point.

*

La nuit était tombée ce dimanche 27 septembre et, à la lueur des braises du foyer, Guilhem discutait encore avec Guillaume et Vidal au sujet de Peyre, de son voyage à Chartres et de la prochaine vie de l'écuyer, quand il serait bourgeois et époux d'une drapière.

Annette leur avait porté du nougat. Une coupe de pommes et un pichet de vin trônaient sur la table autour de laquelle ils bavardaient.

— Peyre ne sera jamais chevalier, déclara à un moment Guillaume, une ombre de regret dans la voix.

— Pourquoi donc ? Des marchands peuvent être adoubés s'ils se sont montrés valeureux et loyaux. Peyre a fait ses preuves au combat, il est écuyer et…

La cloche de la porte tinta, et il s'interrompit.

— Un visiteur, à cette heure ? murmura-t-il.

Il se leva pour saisir son épée posée sur un banc. Guillaume et Vidal l'imitèrent, et tous trois rejoignirent le portier qui guignait par la grille de la porte.

— Je vois un archer avec un flambeau, et peut-être un clerc avec lui, annonça ce dernier.

— Ouvre !

L'autre s'exécuta, les deux visiteurs pénétrèrent. Guilhem reconnut dans le clerc un serviteur qui travaillait avec frère Guérin. Le secrétaire le salua d'un « Loué soit Jésus-Christ », avec un sourire poli. Guilhem fit de même.

— Messire le chancelier de notre bien-aimé et glorieux souverain souhaite vous rencontrer demain matin à la pique du jour, dit-il. Il vous attendra dans sa chambre de la tour de la Librairie.

— Messire Guérin est donc de retour ?

— Nous venons d'arriver de Villeneuve. Il vient d'apprendre votre visite par messire Hamelin.

— Et notre roi ?

— Il est parti pour Amiens.

Donc, je ne verrai que Guérin, songea Guilhem.

— Dites à messire le chancelier que je serai là, fit-il.

— Je vous attendrai devant sa porte.

Le clerc s'inclina et se retira avec l'archer.

*

Le lendemain matin, lundi 28 septembre, le jour n'était pas encore levé, mais la luminosité perçait quand Ussel partit au palais escorté par Vidal et Guillaume. Tous trois s'y rendirent à pied et découvrirent la cour de Mai déjà emplie de chevaux et de mules.

Guilhem songeait que pour la première fois frère Guérin le recevrait dans ses appartements. Certainement un immense honneur, car le chancelier n'avait d'entretien privé qu'en compagnie du roi ou dans le scriptorium situé au nord par la tour Bonbec, une grande salle à trois travées ogivales éclairée par de hautes fenêtres aux verres dépolis sertis dans du plomb. Là, dans des cellules aux cloisons de bois sculpté comprenant un pupitre, un lutrin et une armoire à vantaux décorée d'arcatures et de colonnettes, des clercs et des copistes en robe grise préparaient ou recopiaient sur des parchemins les actes royaux et les jugements destinés aux baillis et aux prévôts du royaume. Frère Guérin y travaillait également dans une petite pièce en hauteur, devant une fenêtre d'où l'on voyait la tour du Louvre, devant la Seine.

Deux cheminements étaient possibles pour gagner la tour de la Librairie, l'une des deux tours carrées qui encadraient le logis du roi, expliqua Guilhem à ses compagnons, alors qu'ils se trouvaient dans la cour de Mai. Le premier était de contourner l'église Saint-Nicolas et, ensuite, le grand donjon, puis d'emprunter l'escalier à vis ouvrant sur l'une des arcades de la façade du logis royal. Le second était de franchir les grands degrés conduisant au perron de marbre noir, et de suivre les allées du palais jusqu'aux appartements royaux.

— L'escalier depuis le logis du roi n'est utilisé que par frère Guérin et ses serviteurs. Personne d'autre ne peut le prendre. Moi-même je ne l'ai jamais gravi. Je vais donc vous laisser ici, où vous m'attendrez, et passer par les appartements du roi.

Il monta les marches du perron et suivit la première galerie. Après quoi, par un autre corridor, il longea la salle du roi, grande chambre de justice où Philippe Auguste réunissait ses vassaux. En chemin, il croisa peu de monde, sinon des hommes d'armes qui le reconnurent et le saluèrent, en s'interrogeant sur le retour du prévôt de la Cour. Il déboucha enfin dans une salle des gardes, là où il venait souvent quand il avait en charge la justice du palais. Cette pièce voûtée en arcs d'ogive, avec deux piliers au milieu, précédait la chambre verte, chambre d'apparat du roi, tapissée de fleurs de lys.

Là encore, il connaissait la plupart des archers qu'il salua rapidement, car il aperçut le clerc venu la veille. Le secrétaire se tenait devant l'entrée d'un escalier en limaçon bâti dans le mur de la tour de la Librairie.

— Frère Guérin vous attend, messire d'Ussel, déclara-t-il.

Ils s'engagèrent dans le passage, le clerc en tête. En haut, après s'être annoncé avec le heurtoir, ce dernier ouvrit une porte, pénétra et fit entrer Guilhem.

C'était une chambre carrée aux murs en plâtre blanc, sans lambris ni tapisserie, avec seulement exposés une grande croix de bois portant un christ sculpté et un étendard fleurdelisé à la croix blanche. Le mobilier, des plus simples, se composait d'une fourme au dossier d'osier, avec deux marches pour y accéder, située sous une fenêtre ogivale garnie d'un vitrail de verre clair. En face se trouvait un châlit à une seule place encastré dans la muraille. Sur le troisième côté, bûches et fagots étaient entassés dans une huche mitoyenne de la cavité murale servant de foyer. Enfin, sur le quatrième, un immense dressoir aux portes peintes, avec casiers et étagères emplis de livres, de rouleaux de documents et de chartes. Près de la cheminée, un lutrin et un pupitre sur lequel traînaient plumes, canifs et mines de plomb avec, suspendus sur un flanc du meuble, des encriers en corne de différentes couleurs.

Le chancelier du roi était assis sur la fourme garnie de coussins de fourrure. Il lisait un rouleau qu'il déposa quand la porte s'ouvrit. Son visage s'éclaira quand il vit Ussel entrer.

Sage frère Guérin, comme le surnommait le roi, était un chevalier hospitalier qui s'était distingué par sa vaillance à la bataille de Tibériade[1]. Au retour de la croisade, il était entré au service du cardinal de Champagne, l'oncle du roi, mais Philippe, appréciant ses judicieux conseils, sa foi, son honnêteté et ses grandes capacités de travail, l'avait voulu près de lui.

Guérin s'était d'abord occupé de l'intendance du royaume, puis des chartes, des traités, et des actes de la chancellerie. Il était désormais le plus proche des conseillers du monarque, même s'il partageait la confiance royale avec le templier frère Aymard, qui s'occupait des finances, et Barthélemy de Roye, chargé des affaires militaires et judiciaires.

Comme toujours, il était revêtu du simple bliaut noir à la croix blanche des « gardiens des pauvres[2] ». À présent sa tonsure était entièrement blanche et sa maigreur et son visage hâve témoignaient de sa vie ascétique et du travail qui le minait.

---

1. Ou bataille de Hattin. Elle a eu lieu en juillet 1187 près du lac de Tibériade, en Galilée. Saladin l'avait emporté sur Guy de Lusignan, et la défaite des croisés lui avait ouvert la porte de Jérusalem.
2. Nom que se donnaient les chevaliers hospitaliers de Jérusalem.

— Loué soit Jésus-Christ de vous avoir protégé et ramené sain et sauf, seigneur d'Ussel, déclara-t-il d'une voix grave et chaleureuse.

— La bonté de Dieu est grande, répliqua ce dernier qui n'en pensait pas un mot. Et parfois surprenante.

Un silence prudent, puis ces paroles de frères Guérin :

— Voulez-vous dire que vous ne vous attendiez pas à revenir parmi nous ?

— Je me suis posé beaucoup de questions, et je n'ai jamais connu les réponses.

— Peut-être devriez-vous prier plus souvent pour les avoir, messire. Mais je sais que Dieu vous aime, et, du haut des Cieux, Il l'affirme, puisqu'Il vous a gardé en vie, répliqua le chancelier dans un mélange de douceur et de fermeté. Prenez place près de moi. Je veux tout connaître de votre voyage, de votre quête de ce félon de Beaumont, de ce qui s'est passé à Béziers, et de votre retour. Le duc de Bourgogne nous a livré quelques informations, cependant fort partielles.

Son regard pétillait malicieusement. Ce n'était plus le conseiller du roi de France ni le moine qui parlait, mais le chevalier qui s'était distingué valeureusement à Tibériade et qui recevait maintenant un égal. D'un geste, il incita son visiteur à venir sur la fourme.

Conscient de l'honneur qui lui était fait, Guilhem s'exécuta et s'assit au bout du siège.

— Alors mon récit sera long, messire.

— J'ai tout mon temps. Notre roi veut savoir ce qui se passe dans le Midi et où conduira cette croisade, poursuivit Guérin.

— Je peux déjà répondre à cela, messire, mais ma franchise vous déplaira.

— J'ai besoin de cette franchise.

— Entendu. Alors voici ma réponse : cette croisade conduira au mal. Et si Innocent III avait vu ce à quoi j'ai assisté, il aurait compris qu'il sera damné pour l'éternité, à moins qu'il ne s'en réjouisse comme un disciple caché de Satan.

Le visage de frère Guérin n'affichait guère de couleur, et pourtant il pâlit. Autant que le roi, autant qu'Ussel, le chancelier avait désapprouvé l'appel à la croisade du pape, jugeant infâme qu'un roi de France traite ses sujets comme des infidèles, mais Innocent III était le représentant de Dieu sur terre et l'hospitalier qu'il était ne pouvait concevoir que le successeur de saint Pierre soit accusé de se comporter comme un serviteur de Lucifer.

— Simon, laisse-nous ! ordonna-t-il au clerc qui attendait devant la porte.

Ce dernier sortit et, d'un geste, frère Guérin fit signe à Ussel de poursuivre.

22

— Après avoir quitté Villeneuve avec mes écuyers, nous nous sommes rendus dans le duché de Nevers pour découvrir quel chemin avait pris Bouchard de Beaumont, puisque messire Donzy[1] vous avait dit qu'il y avait séjourné.

— Avez-vous rencontré le duc par la suite ?

— Oui, à Béziers, où il s'est comporté en homme honorable avec moi. Je n'ai rien à lui reprocher et j'ai eu l'impression qu'il avait désapprouvé le sac de Béziers, autant que le duc de Bourgogne.

Guérin hocha lentement la tête. L'information était d'importance. Le duc de Nevers et Philippe Auguste ne s'aimaient pas. Nevers, feudataire téméraire et ambitieux, s'était approprié le comté par la force après avoir épousé la fille du duc légitime, une jouvencelle de huit ans. Cela contre la volonté du roi. Il avait ensuite soutenu la croisade albigeoise uniquement par intérêt, Innocent III n'ayant autorisé ses noces avec une enfant qu'à condition qu'il s'engage à combattre des infidèles. En se croisant contre les cathares, Donzy échappait à un départ pour la Palestine.

1. Hervé de Donzy, comte de Nevers, l'un des chefs de la croisade contre les albigeois.

La méfiance régnait donc entre le roi et son comte. Le chancelier craignait que ce dernier ne s'éloigne encore plus de son suzerain, ce qui provoquerait immanquablement un conflit armé. Le fait qu'il ne se fût pas opposé au prévôt de l'hôtel pouvait être interprété comme un signe d'apaisement.

— J'ai finalement retrouvé la trace de Beaumont, poursuivit Ussel. Avec sa compagnie de marauds, dans laquelle se trouvait Crassebec, il avait filé vers Limoges. Mais, là-bas, je l'ai de nouveau perdu et, par erreur, j'ai poursuivi une autre herpaille.

Il raconta alors son passage à Casseneuil et ce qui s'était ensuivi, puis son retour à Lamaguère au moment de l'attaque de Beaumont et de sa malemaisnie, et il s'étendit sur ce qui était arrivé.

— En quelques heures, j'ai perdu la moitié de mes gens, fit-il avec émotion. Des serviteurs que j'aimais, qui m'aimaient, et que j'aurais dû protéger. Beaumont en voulait seulement à mes biens, à l'or qu'il croyait que je possédais, et j'ai compris trop tard ses intentions. Je l'ai retrouvé après dans Béziers assiégé.

— Comment pouvait-il y être entré ?

— J'ignorais qu'il avait réussi à y pénétrer avec de faux laissez-passer. Pour ma part, je m'étais rendu dans la ville avec le dessein de sauver une hérétique, une cathare.

Guérin plissa le front, et ses lèvres marquèrent sa contrariété.

— Oui, une fidèle des deux principes. Qu'oncques ne fut plus belle femme. Je devais l'épouser, voici huit ans, mais elle a choisi de devenir parfaite, et je l'ai perdue.

Il regarda le visage maintenant impassible du religieux.

— Je devine combien vous devez me désapprouver.

L'autre demeura mutique.

— Puis le Seigneur m'a envoyé Sanceline, cathare aussi, qu'Il m'a reprise, car Il a dû juger que je ne la méritais pas. À moins qu'Il ne veuille, Lui aussi, punir les hérétiques.

*

En vérité, un flot d'émotions et de douloureux souvenirs avait envahi frère Guérin et expliquait son silence. Guilhem remarqua alors les larmes qui sourdaient à ses paupières.

À vingt ans, le moine faisait partie de l'immense armée de deux mille chevaliers conduite par le grand précepteur de l'ordre de l'Hôpital de Saint-Jean de Jérusalem. Avec eux marchaient des dizaines de milliers de fantassins et de mercenaires musulmans. Ils allaient à la rencontre des troupes de Saladin qui venaient de massacrer une centaine d'hospitaliers. Mais le chef des infidèles avait empoisonné les puits, et la soif les avait arrêtés. Puis les musulmans avaient déferlé. Les croisés étaient affaiblis, assoiffés, mal commandés, et, malgré leur vaillance, ils avaient été vaincus. Guérin, blessé, avait pu regagner Ascalon avec le grand commandeur de l'Hôpital, mais les autres moines, faits prisonniers, avaient tous été décapités.

À Ascalon, il avait été soigné par une musulmane, Rabia. Il l'avait aimée, mais c'était un amour impossible et, quand le commandeur avait connu sa faute, il lui avait ordonné de rejoindre Acre. Frère Guérin avait failli refuser d'obtempérer, il avait envisagé d'épouser l'infidèle, même de se convertir à l'islam, mais, finalement, poussé par ses amis, il l'avait abandonnée. Plus tard, Ascalon avait été pris par Saladin, et tous les musulmans qui s'y trouvaient, considérés comme traîtres et renégats, y avaient été massacrés. Il ignorait ce qu'était devenue Rabia.

*

— Dieu est amour, murmura-t-il enfin, d'une voix hésitante. Mais les hommes ne peuvent pas toujours interpréter Ses volontés.

Guilhem n'intervint pas, il venait de comprendre que le chancelier avait, comme lui, connu un effroyable malheur. Avait-il aimé une hérétique ? s'interrogea-t-il.

— Continuez, messire, parvint à dire frère Guérin en détournant la tête pour que son interlocuteur ne s'aperçoive pas de ses faiblesses.

— Celle que je voulais sauver se nommait Amicie de Villemur. Je l'ai rencontrée, et elle a refusé de quitter la ville. J'ai tout tenté pour la convaincre, mais c'était inutile. Et alors que j'allais partir, le siège a commencé.

Il raconta comment une porte avait été livrée, par Beaumont justement, et le massacre qui s'était ensuivi. Comment ses écuyers et lui avaient survécu, comment ils s'étaient livrés, ainsi que le duel judiciaire que les chefs de la croisade avaient accepté.

— Le lendemain de ce combat, nous sommes partis. Auparavant, j'ai rencontré le duc de Bourgogne qui m'a dit vouloir rentrer sur ses terres, révulsé par ce qui s'était produit et par la décision de l'abbé de Cîteaux qui aurait dit des habitants de Béziers : « Tuez-les tous, Dieu reconnaîtra les Siens ! » J'ai parlé également avec le comte Raymond, pour lui faire part de ma décision de rendre mon fief. Il m'a demandé de rester, de lui faire confiance, mais, après ce massacre, c'était impossible. Enfin, j'ai eu un entretien avec Simon de Montfort qui, lui, ne regrettait rien.

— Cela ne m'étonne pas. Mais pourquoi avez-vous rendu votre fief ? Rien ne vous y obligeait.

— Je ne pouvais demeurer vassal d'un suzerain ayant abandonné les siens, même s'il m'a juré qu'il défendait ses gens. Mais, plus encore, j'étais certain que mon château subirait d'autres attaques de croisés. Les gens de Beaumont avaient certainement révélé que mon fief était riche, et qu'il y vivait quelques cathares. Il pouvait même y avoir des survivants dans sa malemaisnie. Rester à Lamaguère signifiait vivre perpétuellement sous cette menace, car qui sait combien de temps durera cette croisade ? Mieux valait partir pour toujours.

— Combien de gens vous ont accompagné ?

— Peu, moins de deux douzaines, que des fidèles, et j'avais engagé des mercenaires pour nous escorter. Il y avait également avec moi Bartolomeo Ubaldi, mon ancien écuyer, avec son épouse. Lui aussi abandonnait ses terres. Nous avions une dizaine de chariots et des chevaux pour tout le monde. Au début, le voyage s'est bien passé, mais, dans le Quercy, nous avons été attaqués par une bande d'écorcheurs. Seulement, ces fredains avaient sous-estimé mes gens et, malgré leur nombre, le triple des nôtres, aucun n'en est sorti vif, sinon leur chef. En le recherchant, nous sommes allés chez lui, une modeste maison forte, et j'ai découvert un chevalier allemand prisonnier. Quelqu'un de peu d'importance, mais vous allez comprendre pourquoi je vous en parle. Puis-je faire une digression ?

— Faites, messire.

— C'est une histoire que j'ai contée à notre souverain, un soir où nous étions avec son fils...

Guérin demeura impassible, mais il savait de quoi il s'agissait : de ce mystérieux voyage en Normandie, voici trois ans. Quand Philippe II était parti seul avec Louis et cet Ussel, au grand déplaisir de Lambert Cadoc. Jamais le roi ne lui avait dit de quoi il s'agissait. Le chancelier avait deviné un secret que seuls les monarques du royaume de France devaient apprendre. Et que cet Ussel connaissait. Il en ressentait une pointe de jalousie.

— Je n'avais pas vingt ans quand j'ai été engagé par une troupe de chevaliers normands, poursuivit

Guilhem… afin d'aller délivrer le roi d'Angleterre, alors prisonnier en Allemagne.

L'hospitalier écarquilla les yeux et haussa les sourcils de stupéfaction, puis gratifia son interlocuteur d'un sourire ironique.

— Vous n'avez pas réussi, cette fois !

— Justement, si. Laissez-moi vous narrer la suite.

Guilhem raconta donc l'épopée : comment il avait pénétré dans le château de Trifels où Richard Cœur de Lion était emprisonné, comment il l'avait délivré, la réalité du piège qui leur était tendu, et comment il avait trompé et vaincu les chevaliers de Trifels : Engelhard et Eckhard.

— Incroyable ! s'exclama seulement frère Guérin.

— C'est au retour de cette expédition que je suis entré au service de Lambert Cadoc. Mais, revenons à mon voyage. L'Allemand que j'avais délivré était un croisé. Je croyais le haïr, et pourtant je me suis rendu compte qu'il était un honorable chevalier. Le château d'où il venait étant proche de Trifels, j'ai fait allusion à Engelhard et Eckhard. Or, il les connaissait et était même leur ami. Je ne lui ai bien sûr rien révélé de ce qui nous avait opposés et il m'a déclaré que ses deux compères auraient dû se joindre à lui, mais que l'empereur ne les avait pas autorisés à partir en croisade.

Guérin écoutait avec attention, se demandant où son interlocuteur allait en venir avec tant de digressions.

Guilhem devina les interrogations de l'hospitalier, aussi lui déclara-t-il :

— Rassurez-vous, messire, j'ai presque terminé et j'en viens à ce qui va vraiment vous intéresser. J'ai laissé cet Allemand dans un couvent afin qu'on le soigne, car vous imaginez l'état dans lequel il se trouvait après des mois dans un cachot (Guilhem avait décidé de ne pas parler de Fabrissa ni de sa fille). Quelques jours plus tard, ayant fait halte dans la forêt de Châteauroux, avec l'accord du garde-chasse de messire Guillaume de Chauvigny, je vis passer une troupe qui se dirigeait vers le midi, conduite par ce même garde-chasse. Il s'agissait de croisés allemands, et leurs chefs étaient Engelhard et Eckhard, qui ne m'ont pas reconnu.

— Par quel miracle ?

— Vous l'avez dit, les voies de Dieu peuvent être impénétrables. Cependant, en l'occurrence, il n'y avait aucun mystère…

Guilhem se tut, attendant que frère Guérin conclût lui-même.

— L'empereur ne voulait pas que ces deux-là se croisent, mais il aurait changé d'avis ? suggéra le chancelier. Ou alors, il ne voulait pas les laisser partir, car il allait avoir besoin d'eux ? Trifels est au septentrion de l'Alsace, m'avez-vous dit. Passer par Châteauroux a donc impliqué un détour pour ces gens…

Il se tut un instant pour mieux réfléchir et se passa une main sur le menton. Seule une rumeur assourdie des bruits de la ville parvenait dans la pièce.

— Ces deux-là ont porté un message à Guillaume de Chauvigny. Chauvigny dont les accointances avec les Plantagenêts sont connues, lâcha-t-il.

— Voilà ! Il se pourrait que se prépare quelque méchante alliance entre le roi d'Angleterre et l'empereur d'Allemagne.

— Entre Jean et Otton, l'entente est depuis toujours établie, comme le prouvent les nombreuses ambassades que le roi d'Angleterre a envoyées en Allemagne, les voyages qu'a faits Otton en Angleterre et les sommes d'argent considérables que l'oncle a remises au neveu. Notre monarque a essayé de les brouiller en suggérant une alliance à l'empereur, et j'espérais beaucoup de cette proposition, mais avec ce que vous venez de découvrir, j'ai l'impression qu'Otton nous a roulés dans la farine. Reste à savoir si ces deux-là préparent quelque chose contre le royaume de France.

— Le craignez-vous, messire ?

— Je ne crains rien de Jean, ruiné et sans soutien, mais Otton est riche, et si les princes électeurs le soutiennent, il peut rassembler une formidable armée contre nous. Alors Jean n'hésitera pas à nous prendre à revers. Dans cette conjecture, comment savoir dans quel camp se placeront ceux qui se sont toujours montrés adversaires du roi ?

— Vous pensez aux Flamands ?

— Au comte de Flandre, bien sûr, mais également à Renaud de Dammartin[1]. Cependant, Otton ne tentera rien avant un an ou deux, peut-être plus. Il est à Rome en ce moment, et je sais qu'il envisage de partir ensuite pour la Sicile.

---

1. Le comte de Boulogne.

Guérin demeura songeur un moment avant de demander :

— Souhaitez-vous reprendre votre charge de prévôt de l'hôtel ?

— Non, messire. Pour l'heure, mes gens gagnent Rouen où j'ai une maison. Je vais les rejoindre car on m'attend là-bas. J'aspire au repos et aux plaisirs de la vie. Je souhaite de ne plus faire couler le sang.

— C'est à votre honneur, et je vous comprends… S'agit-il d'une femme ? s'enquit l'hospitalier avec un fin sourire.

— Oui, celle qui m'a soigné et sauvé après mon emprisonnement.

— Pourtant, vous venez de me dire que vous vouliez vous rendre en Allemagne.

— C'est juste, mais pas avant l'année prochaine. Je passerai l'hiver à Rouen près de celle que j'aime, et peut-être, si elle le désire, m'accompagnera-t-elle.

— En Germanie ? Un rude voyage !

— C'est une femme forte qui aspire à connaître le monde.

— Où voulez-vous vous rendre dans l'empire ?

— En Thuringe. J'y ai un ami chevalier troubadour. On dit *Minnesänger*, là-bas. Nous avons vécu de grandes choses ensemble, et mon unique ambition est désormais de chevaucher avec lui, d'aller de château en château comme un simple ménestrel, en sa compagnie et celle de mon aimée. Plus de bataille, plus de combat sanglant, uniquement des cansons et des ritournelles, annonça Guilhem avec un sourire ravi.

— Je suis certain que Dieu comblera vos désirs. Le roi voudra cependant vous entendre.

— Je reviendrai à Paris quand il le souhaitera.

— Il sera au palais à partir des ides d'octobre[1]. On vous attendra. Mais quand vous partirez pour la Thuringe, revenez me voir. J'aurai une lettre à vous remettre pour le landgrave.

À cette proposition, Guilhem s'efforça de ne pas montrer sa surprise : comment frère Guérin connaissait-il Hermann de Thuringe ?

Évidemment, le chancelier devina son interrogation.

— Le landgrave a fréquenté la cour du père de notre roi dans sa jeunesse. Il parle notre langue et il s'est souvent montré adversaire des Welch. Il pourrait donc devenir notre allié contre Otton. Mais nous en reparlerons. Pour l'heure, j'ai besoin d'une autre confirmation de votre part : je veux être certain qu'aucun hérétique ne vous a accompagné.

— Aucun, messire ! mentit Guilhem. Il y a avec moi mes chevaliers et leurs familles, et mon intendant dont le fils aîné m'accompagne comme servant. Vous le savez, les cathares refusent de faire couler le sang. Auraient-ils pu se défendre dans un tel voyage ?

Frère Guérin opina, hésitant à demander à Ussel de jurer.

— Je ferai part de tout cela au roi, dit-il finalement, faisant comprendre que l'entretien était terminé.

1. Après le quinzième jour du mois.

Cependant, Guilhem, lui, n'en avait pas fini :

— J'ai une humble requête à soumettre à notre souverain, messire. Pourrais-je compter sur votre bienveillance, s'il vous interroge ?

— Quelle requête ? interrogea Guérin, intrigué, car Ussel n'avait jamais sollicité de faveurs.

— Je vous l'ai dit, messire Bartolomeo Ubaldi, qui a été mon écuyer, m'accompagne. Vous le savez peut-être, c'est le frère de la comtesse de Huntington.

Hochement de tête.

— Bartolomeo est savant comme un clerc. Il parle parfaitement latin, plusieurs langues italiennes, il est fort adroit et d'une loyauté sans faille. Il m'a accompagné dans plusieurs entreprises, à Londres, à Rome et à Rouen. Sa sœur est donc l'épouse d'un puissant baron anglais qui s'est opposé à Jean, et lui-même est fils de cardinal romain. Il connaît la cour papale et la Ville sainte. Je crains qu'il ne s'ennuie à Rouen, alors j'ai pensé que notre roi pourrait utiliser ses talents.

— Peut-être, fit Guérin après un long moment de réflexion, car Philippe Auguste choisissait lui-même avec soin ses serviteurs. Le roi doit désigner quelqu'un pour la prévôté de Pont-de-l'Arche. Il songeait à un bourgeois de Rouen pour s'occuper des comptes, des revenus domaniaux et des ressources extraordinaires. Bartolomeo Ubaldi a-t-il l'habitude des chiffres ?

— Plus que l'habitude ! Il calcule comme un Lombard et jongle avec les nombres aussi bien qu'avec des balles ! plaisanta Guilhem.

Guérin sourit.

— Quand vous reviendrez à Paris, qu'il vous accompagne. Notre souverain l'interrogera et décidera.

Cette fois, l'entretien était bel et bien clos, et Guilhem demanda son congé.

*

Lorsqu'il quitta la tour, son ventre criait de malefaim. Il n'avait pas vu le temps passer et était resté de longues heures avec le chancelier. Il se pressa et retrouva ses hommes qui se languissaient dans la cour de Mai. Moins affamés que lui, car ils avaient acheté des pâtés chauds à un marchand ambulant qui vendait sa marchandise dans l'enceinte du palais.

Ils sortirent et allèrent dîner dans un cabaret de la rue Saint-Barthélemy. C'est là que Guilhem annonça qu'ils partiraient pour Rouen le lendemain.

Ils revinrent plus tard à la maison du Coq Vert. Vidal s'occupa de vérifier l'état des chevaux et leur équipement tandis que son maître, escorté par Guillaume, se rendit sur le Grand-Pont.

Quelque soixante et dix ans plus tôt, le roi Louis VII avait décidé que les changeurs devaient s'y établir. Les orfèvres les avaient rejoints, et c'était là qu'on trouvait le plus grand choix de bijoux.

Après avoir examiné ce que lui présentèrent plusieurs bijoutiers, Guilhem choisit pour Rebecca un bracelet d'or magnifiquement ciselé.

Le soir, lors du souper, il rappela à ses serviteurs qu'un Allemand nommé Karl von Streit viendrait, accompagné d'une enfant appelée Mabilla. Il la laisserait et on devrait s'occuper d'elle comme de sa propre fille.

*

Ils partirent le lendemain, jour de la Saint-Michel. Après une halte pour la nuit, ils arrivèrent à Rouen la veille de la Saint-Rémy. Guilhem était pressé de revoir Rebecca et, aussitôt qu'ils eurent passé les enceintes, il fila vers la cathédrale, mettant son cheval au trot en bousculant les badauds sur son chemin.

Quelques mois plus tôt, au début d'avril, quand il était parti à Paris pour enfin expliquer son absence au roi de France, il avait prévenu Rebecca qu'il serait certainement absent durant plusieurs mois car la traque de Bouchard de Beaumont serait longue. Il voulait qu'elle s'installe dans sa maison dont Médard la Hure était l'intendant et où chacun la traitait comme son épouse, mais elle avait refusé. Elle avait des malades à soigner, et c'était chez elle, rue de Juifs, qu'ils venaient, avait-elle dit.

Rue des Juifs[1], il arrêta sa jument devant la bâtisse à pans de bois, aux ouvertures protégées par des grilles et dont la porte ferrée était flanquée de pilastres de bois torsadés surmontés de chapiteaux feuillus vert et noir. Il sauta au sol et tira

1. Le *vicus Judaeorum*.

plusieurs fois la chaîne de la cloche. Le guichet en bronze s'entrebâilla. On dut le reconnaître, car presque aussitôt la porte s'ouvrit.

Mais lui identifia à peine Samuel, le concierge de Rebecca. Le colosse qu'il était avait effroyablement maigri, et sa barbe d'un noir de corbeau était désormais blanche. À ses yeux hagards, Guilhem comprit qu'un malheur était arrivé.

23

Lundi 28 septembre 1209.

Sous un soleil écrasant, Peyre arriva à Chartres peu après haute none[1], le surlendemain de son départ de Paris. Avec un second destrier en longe, il avait ménagé Victoire tout en chevauchant d'un bon train. Près de Rambouillet, fief de Simon de Montfort, il avait passé la nuit dans une ferme conseillée par son seigneur.

En vue de l'enceinte de la ville érigée par le comte de Chartres et son neveu Philippe Auguste, il se dirigea vers la porte du Châtelet, la plus proche et la plus importante des douze de la cité. Chaque fois qu'il rencontrait charrette, colporteur, ânier ou berger, il les interrogeait pour savoir s'ils avaient croisé plusieurs véhicules royaux, mais sans obtenir la moindre réponse positive.

À la porte fortifiée, il franchit le pont-levis et se renseigna également. Là, un garde lui révéla qu'une dizaine de chariots étaient passés peu avant none. Oui, les bâches, les écus et les surcots des hommes d'armes portaient les fleurs de lys. L'un des chevaliers d'escorte lui avait demandé si, sur la route de Dreux, se trouvait quelque ferme

1. Entre une et deux heures de l'après-midi.

où ils pourraient acheter du blé. Ils s'étaient déjà ravitaillés à l'abbaye de Saint-Jean, avait-il dit, mais le prieur n'avait pu leur vendre de froment.

On leur avait indiqué la ferme du père Martin, dans le faubourg, près de l'église Saint-Saturnin.

Peyre remercia, mit son cheval au trot et, peu après, découvrit chevaux et chariots installés dans une vaste prairie, devant un corps de ferme. Il se pressa et aperçut Gregorio, reconnaissable de loin à ses cheveux bouclés. Le Pisan faisait boire un cheval à un abreuvoir. Il le héla, bien qu'étant encore loin.

Plusieurs hommes l'avaient déjà repéré sur le chemin, et des arbalétriers de Lamigotte, ne l'ayant pas reconnu, le mirent en joue. Même en terre royale, la vigilance restait de mise. Cependant, très vite, les gens d'armes l'identifièrent et baissèrent leur balestre.

L'ayant entendu, Gregorio laissa le cheval et courut vers lui en vociférant :

— Peyre ! D'où viens-tu ? Que fais-tu là ? Où est notre seigneur ?

Maintenant, tout le monde l'avait vu. Chacun abandonna ce qu'il faisait pour venir à sa rencontre.

— Notre seigneur est resté à Paris ! Il m'envoie te chercher ! cria Peyre joyeusement.

Arrivant enfin près du convoi, il s'arrêta devant Gregorio et sauta au sol. Les deux amis s'accolèrent, vite rejoints par Bartolomeo, Alaric et leurs compagnons.

— J'ai laissé messire à Paris, expliqua Peyre à la cantonade. Il doit rencontrer le chancelier frère

Guérin. Je suis venu pour quérir Gregorio, car nous devons escorter un convoi jusqu'à des foires de Champagne.

— Explique ! intervint le Pisan qui commençait à comprendre.

— Allons d'abord nous mettre à l'ombre ! proposa Alaric, car ils se tenaient en plein soleil.

Flore approchait à son tour avec Alazaïs, toutes deux dévorées de curiosité.

Le groupe se dirigea vers un hêtre sous lequel étaient rangés trois chariots. En marchant, des hommes avaient saisi les brides des chevaux de Peyre, qui racontait :

— Maître Estève s'apprête à partir pour deux grandes foires avec maître Raillard et ses fils. Ils achèteront des draps de qualité qu'ils revendront à Paris et à Rouen. Notre seigneur a proposé que je les accompagne, et ma douce Perrine viendra avec nous. Messire a suggéré que tu te joignes à nous. Tu peux quitter le convoi désormais, puisqu'il n'y a plus de danger jusqu'à Rouen.

— C'est certain ! approuva Bartolomeo. Si tu veux y aller, fais-le, Gregorio.

— Bien sûr, que je souhaite partir avec eux, mais cela est si soudain, je ne sais que dire... Sais-tu si Iseult accompagne son père ?

— Je ne crois pas, maître Raillard a jugé qu'il s'agissait malgré tout d'un voyage périlleux.

Gregorio grimaça de dépit, mais il comprenait la décision du père.

— Messire Bartolomeo, puis-je partir dès maintenant ? demanda-t-il.

— Sans doute, mais Peyre voudrait peut-être se reposer, ou au moins boire et se rassasier. Et ses chevaux ont besoin de soins.

— Merci ! fit Peyre en prenant justement la gourde de vin que Flore lui tendait. D'autant que je n'ai pas tout dit : messire d'Ussel m'a suggéré de revenir à Paris avec l'un des chariots. Maître Estève n'en possède qu'un et, avec un deuxième, on transporterait bien plus de pièces de draps.

— C'est possible, accepta Bartolomeo après avoir échangé un regard avec Alaric. Maître Aignan et Thomas sont allés acheter du blé à la ferme, qu'il faudra transporter. Mais on a moins besoin de fourrage, et on chargera différemment les voitures. Plusieurs femmes pourront aussi monter à cheval. On ira en parler à maître Fabre qui répare une roue, là-bas.

Finalement, le déchargement d'un des chariots fut plus long que prévu, aussi Peyre et Gregorio ne partirent-ils que le lendemain au lever du jour. Le convoi reprit la route d'Évreux, tandis que les deux amis, qui conduisaient ensemble le chariot vide attelé avec deux chevaux, revenaient sur le chemin de Paris. Leurs destriers suivaient, en longe.

Évidemment, ils avancèrent moins vite qu'en chevauchant et, quand ils atteignirent la capitale, messire d'Ussel était déjà parti pour Rouen, et maître Raillard venait d'arriver avec ses fils.

*

Dirigé par Bartolomeo, le convoi mit quatre jours pour gagner Évreux et trois de plus pour parvenir à Pont-de-l'Arche. Bartolomeo, le Flamand, Alaric et Flore connaissaient Rouen pour y être venus avec leur seigneur, et savaient qu'il serait ensuite difficile de traverser la cité avec tous leurs véhicules et leurs chevaux. Aussi fut-il décidé de ne pas emprunter le pont Mathilde. Après une nuit à l'abbaye de Bonport, ils franchirent le pont à péage et suivirent la route, large et bien pavée, qui conduisait jusqu'à l'enceinte, puis contournèrent la ville par le nord, à travers le faubourg de Rougemare.

Arrivés devant la porte Beauvoisine, chariots et cavaliers firent halte sur le chemin, et Bartolomeo franchit seul le pont-levis. Là, il expliqua aux sentinelles qu'il conduisait un convoi pour messire Guilhem d'Ussel, lequel logeait devant le cimetière du prieuré Saint-Lô, dans l'ancienne maison de l'échevin Raoul le Gros. Il présenta le sauf-conduit que son ancien maître lui avait laissé.

Le chevalier de service ne posa pas de questions. Il connaissait la maison de maître le Gros, l'une des plus belles de la ville, car cet échevin était fortuné avant qu'il ne quitte Rouen pour s'être compromis avec les Anglais, et il savait qu'un riche chevalier parisien l'avait achetée. De surcroît, les chariots et les cavaliers qui attendaient sur le chemin arboraient des fleurs de lys.

Il laissa donc entrer le convoi, qui prit la rue conduisant au pont Mathilde, et Bartolomeo envoya en avant le Flamand afin qu'il annonce à Médard leur arrivée. Jehan avait été choisi, puisqu'il connaissait la maison où ils se rendaient et parce qu'il savait s'exprimer en normand, la langue que parlaient les Rouennais.

La bâtisse étant proche de la porte, il y arriva vite. Rien n'avait changé depuis son départ. Des charpentes de construction s'empilaient dans le cimetière du prieuré de Saint-Lô où deux ouvriers clabaudaient. En face, sur la façade à pans de bois de la maison de son seigneur, la statue de sainte Anne tenant Marie à la main était toujours là, tout comme l'épi doré au faîte du pignon.

Pourtant, un je-ne-sais-quoi le rendit mal à l'aise. Il regarda autour de lui, recherchant une raison à ce trouble, mais n'observa rien d'anormal. Des gens vaquaient à leurs occupations dans la ruelle qui conduisait aux remparts ; des boutiques étaient ouvertes ; une jeune femme secouait une étoffe par une fenêtre et s'arrêta pour le regarder.

Il descendit de cheval et appela un bambin qui jouait avec un chiot.

— Tu veux gagner une obole, compère ?

— Oui, seigneur, répondit le gamin, admiratif devant ce colosse en haubert, avec épée, couteaux et éperons.

— Surveille mon cheval. Et crie si quelque gueux s'intéresse à lui.

— Oui, seigneur, mais il y a pas de voleur à Rouen !

Le Flamand le savait, mais il préférait ne pas courir le risque. Il alla à la porte de la maison et tira la chaîne de la cloche.

Quand l'huis s'ouvrit, il reconnut le concierge que Médard la Hure avait engagé quelques mois plus tôt. L'autre se souvint également de lui.

— Seigneur ! s'inclina-t-il.

— Messire d'Ussel est-il présent ?

— Oui, seigneur, il est ici. Entrez, maître Médard m'a prévenu de l'arrivée des gens du seigneur.

Ils passèrent dans la grande salle dont deux murs étaient peints de scènes bibliques.

Un manchot chauve, en robe sombre galonnée, moustache et barbe hirsutes, parlait avec la cuisinière et l'ancienne jongleuse Flora. Avec ses crocs jaunis, son nez écrasé tel un groin, l'homme avait tout d'un vieux sanglier. C'était Médard.

Sergent d'armes au service du sinistre capitaine Mercadier quinze ans plus tôt, c'était lui qui s'était occupé du jeune Guilhem, contraint d'entrer dans la compagnie du routier de Richard Cœur de Lion. Il lui avait appris à combattre avec toutes les armes imaginables et l'avait préparé au tournoi qui lui avait permis de devenir chevalier. Bien plus tard, Guilhem ayant quitté Mercadier, il avait retrouvé Médard blessé par des paysans qui s'en prenaient aux routiers, l'avait soigné et lui avait acheté un cabaret. Maintenant, le vieil homme s'occupait de la maison de Rouen.

— Messire le Flamand ! s'exclama-t-il en le voyant entrer.

— Beau sire, Dieu vous bénisse ! s'écria Flora, l'épouse de Raillard.

Toujours aussi avenante, elle paraissait cependant à la fois préoccupée et soulagée, ce qui troubla Jehan.

Quant à la cuisinière, elle reprit la bénédiction de la jeune femme, en affichant un sourire sans joie.

— Gracieuses dames, du haut des Cieux, Jésus vous dit bonjour, répondit le Flamand en pliant le torse comme il l'avait vu faire à la cour de Raymond de Saint-Gilles.

En vérité, il s'interrogeait. Son seigneur n'était pas dans la pièce. Sans doute se trouvait-il avec la douce Rebecca, mais pourquoi Flora, qu'il avait toujours connue joyeuse, se montrait-elle réservée ? Et où étaient Guillaume et Vidal ?

— Messire t'a prévenu, je suppose, poursuivit-il à l'intention de Médard. Les chariots me suivent, il faut ouvrir le portail de l'écurie.

— Allons-y ! Avez-vous fait bonne route ?

— Depuis Orléans, oui. Où est notre sire ? Et ses valets d'armes ?

— Messire d'Ussel est dans sa chambre. Il est arrivé avec Vidal et un jeune garçon nommé Guillaume. Pour l'heure, ces deux-là sont dans une autre maison que j'ai louée hier.

Ils empruntèrent la porte ouvrant sur le grand jardin. À l'extérieur, ils entrèrent dans une vaste écurie avec cinq chevaux attachés devant des mangeoires de foin. À l'autre bout se trouvait un portail fermé par une barre de bois posée sur des crochets de fer.

Chacun d'eux saisit une extrémité de la poutre. Ils la soulevèrent, la déposèrent au sol et écartèrent les vantaux, l'un après l'autre.

Déjà, dans la rue, Ferrand arrivait avec Lamigotte, et retentissaient le vacarme des roulements des véhicules et les cris de ceux qui menaient les bêtes.

Malgré les explications de Médard, Jehan demeurait préoccupé. Pourquoi messire d'Ussel n'arrivait-il pas ? Dame Flora ou le portier avaient maintenant dû le prévenir.

Il posa la question à l'ancien sergent.

— Hum… Il reste souvent dans sa chambre, en ce moment, répondit sombrement la Hure en sortant dans la rue afin de surveiller le convoi.

Jehan ne le quitta pas et fit signe au bambin, qui tenait toujours les brides de son cheval, d'entrer dans l'écurie.

— Est-il… malade ?

— Non, non… Je ne crois pas…

Une réponse tellement embarrassée que le Flamand s'inquiéta vraiment. Médard était comme un père pour Guilhem, il voulait le protéger. Que se passait-il ? Pourquoi ces paroles évasives ? Il regarda autour de lui et vit Bartolomeo qui mettait pied à terre.

— Je veux savoir où est notre seigneur ! exigea-t-il.

Il parla si fort que l'ancien jongleur s'approcha, accompagné par Flore, elle aussi descendue de sa monture.

— Il y a eu un grand malheur… Il va lui falloir du temps, balbutia Médard dans une grande confusion.

Jehan comprit aussitôt que la saison des épreuves était revenue.

— Dame Rebecca ? fit-il d'une voix étranglée.

Le rude sergent d'armes hocha la tête, les larmes aux yeux.

— Que s'est-il passé ? cria le fils du cardinal Ubaldi.

— Au début de l'été, la peste s'est répandue en ville. Dame Rebecca n'a pas arrêté de soigner les malades et, voici un mois, alors que l'épidémie se terminait… Hélas ! Elle a été atteinte à son tour. Avec maître Raillard, nous avons fait venir les meilleurs mires… Mais rien n'y a fait… Elle est passée… Guilhem l'a appris en arrivant, car il s'était rendu chez elle. Quand il est ensuite venu ici, le désespoir l'avait pris. Depuis, il ne quitte plus sa chambre. Il demeure silencieux et s'alimente à peine. Il nous a juste prévenus de votre arrivée.

— Je vais lui parler ! décida Bartolomeo. Flore, Jehan, venez avec moi !

Il aperçut Alaric qu'il héla afin qu'il les rejoigne également.

— Lamigotte fait entrer les chevaux dans le jardin et décharger les chariots. On verra plus tard ce qu'on en fera, poursuivit-il.

— Sachant que vous arriveriez avec beaucoup de montures, messire, j'ai loué une autre maison au bout de la rue, celle à l'image de Sainte-Apolline. Elle possède un grand pré clôturé le long du rempart. Et comme elle était vide, j'ai envoyé le jeune Guillaume et Vidal pour qu'ils reçoivent les artisans qui vont meubler les pièces, lui dit Médard.

— Riche idée que tu as eue ! Fais-y conduire les chariots à mesure qu'ils seront vidés.

Bartolomeo rentra dans l'écurie avec ses amis. Ils passèrent par le jardin et entrèrent dans la salle. Tous grimpèrent les marches de l'escalier quatre à quatre, sans mot dire mais en songeant à la même chose. L'année précédente, quand leur seigneur était sorti du cachot où Beaumont l'avait fait enfermer, il n'avait plus goût à rien, et c'était Rebecca qui l'avait sauvé et lui avait rendu le désir de vivre. Maintenant qu'elle était trépassée, allait-il retomber dans ce terrible état ?

Au premier étage se suivaient trois chambres en enfilade. Celle du milieu était la plus grande.

Ils y trouvèrent Guilhem assis sur sa chaire, devant la fenêtre en encorbellement sur la rue. Il tenait sa vielle sur les genoux et paraissait méditer. Flora se trouvait près de lui, s'efforçant de ne pas pleurer.

Ils s'approchèrent, ne sachant que dire. À part le Flamand et Flore qui ne l'avaient pas connue, tous avaient aimé Rebecca. Mais elle était juive, et ils ignoraient tout de cette religion, sinon que l'Église la condamnait. Était-elle dans un paradis ? Son Dieu était-Il le même que le leur ? Devaient-ils souhaiter quelque chose pour sa vie dans l'au-delà ? Bartolomeo, qui avait plus de notions religieuses que les autres, étant enfant de cardinal et romain d'origine, décida de parler :

— Personne n'oubliera jamais dame Rebecca, seigneur. Oncques meilleure femme ne vit, et elle restera pour toujours dans nos cœurs.

— Bonne, douce et sainte femme, certainement, et pourtant Dieu me l'a reprise. Comme Marion, Sanceline et... Maudit soit-Il, murmura Ussel.

Flora et Flore se signèrent discrètement. Maudire Dieu était un péché mortel. Cependant, les hommes ne bronchèrent point. Seul le Flamand faillit dire : « Ce n'est pas Dieu, mais Satan, qui gouverne ce monde. » Heureusement, il se souvint à temps que Flora ignorait qu'il était cathare, et qu'il ne devait montrer aucun signe de sa foi.

Leur maître demeura encore un moment silencieux, puis il se leva en faisant sonner les cordes de la vielle. Il regarda alors chacun de ses amis avec un sourire chaleureux, mais empreint de tristesse :

— Avez-vous fait bonne route et bonne encontre ?

— Oui, seigneur, répondit Bartolomeo.

— Gregorio est-il parti avec Peyre ?

— Oui, seigneur.

— J'ai eu trois jours pour pleurer, Flora, dit-il en se tournant vers la femme de Raillard. Maintenant, le deuil est terminé, et j'ai pris ma décision.

Il s'adressa alors à l'épouse d'Alaric :

— Flore, tu as presque le même nom que Flora, je veux que vous soyez amies. Présente-lui les femmes et les enfants de notre voyage et préparez un grand souper. Nous serons serrés dans la grande salle, mais nous y tiendrons tous. Bartolomeo, Médard a loué une autre maison. Qu'on y porte des literies et distribue les chambres. Que chacun soit bien logé.

À ce moment, Aignan et Thomas apparurent, conduits par le portier.

— Vous arrivez à point, mes amis. Thomas, fais le tour de la maison avec les autres afin de la découvrir. Aignan, reste avec moi.

Chacun comprit que leur maître voulait parler à son intendant, et tous se retirèrent, s'inquiétant seulement de ce qu'il avait dit : « J'ai pris ma décision. »

— Aignan, mon ami, mon père presque, j'ai à te parler de ton fils, commença Ussel quand ils furent seuls.

*

Goslar, duché de Saxe, le jour de la Saint-Luc[1]

Depuis des semaines, Marguerite observait sa belle-fille. Elle comparait le teint de neige si naturel, légèrement carné sur les joues, avec celui de son visage, sur lequel elle devait étaler une fine crème de sa fabrication afin d'en masquer les ridules. Elle remarquait les mains de Blancheflor, plus fines que les siennes, et jalousait ses cheveux de jais, quand les siens étaient couleur feuille morte. Quant au corps de la fille de son époux, il devenait chaque jour plus proche de celui d'une déesse antique.

Après chacune de ces comparaisons, Marguerite devait reconnaître que Blancheflor était mille fois

1. Le 18 octobre.

plus belle qu'elle. Alors elle s'enfermait dans sa chambre et pleurait toutes les larmes de son corps.

Fière et orgueilleuse de sa beauté, ne pouvant supporter qu'une autre la surpassât, elle était devenue incapable de voir sa belle-fille sans que son cœur chavirât. Mais ce n'était pas seulement la jalousie qui la faisait souffrir, bien que ce sentiment grandît comme de la mauvaise herbe en plein champ, elle songeait au jeune Hermann qui allait revenir vers Noël. Nul doute qu'il ne s'intéresserait qu'à « l'autre ». Alors il lui faudrait dire adieu à ses projets de devenir impératrice de Germanie. Quel gâchis !

Ces pensées ne lui laissaient aucun repos. Ni de jour ni de nuit. Elle se mit à haïr cette belle-fille, qu'elle n'avait jamais aimée, et décida de sa fin plus rapidement que prévu. Car Marguerite avait toujours envisagé la disparition de Blancheflor. À seize ans, nous l'avons dit, la jouvencelle hériterait des biens et des titres de son père, et la veuve qu'elle était perdrait une partie de sa fortune. De plus, elle avait observé que, souvent, Blancheflor la regardait avec crainte : aurait-elle surpris son secret ? Pourtant, elle s'était toujours montrée fort prudente, ne faisant ses incantations que dans une grotte de la montagne proche. Mais, savait-on jamais, peut-être la petite peste l'avait-elle suivie et découvert qu'elle s'était donnée au démon.

Ce dimanche, sa décision était prise. Le soleil se levait, et la journée s'annonçait belle malgré une grande fraîcheur. Angelina venait de terminer de l'habiller ; elle lui demanda de faire venir son frère Constantin.

Ce dernier ne ressemblait guère à sa sœur. Homme fruste qui n'aimait que la chasse, passant des journées entières dans les forêts à la recherche d'ours ou de sangliers qu'il éventrait sauvagement à coups d'épieu, barbu, hirsute, peu loquace, il alimentait la maisonnée en gibier en toute saison et n'aimait rien tant que dépecer les animaux rapportés.

Conduit par Angelina, il entra dans la pièce.

— Assieds-toi ! ordonna Marguerite en désignant une escabelle. Hier, j'ai dit à Blancheflor que, dans deux mois, pour ses seize ans, elle prendrait possession du château de Falkenstein. Elle doit s'y préparer, réfléchir à la vie qu'elle aura là-bas et, pour cela, s'y rendre et en parler avec son oncle. C'est un voyage de trois jours. Je lui ai proposé de partir aujourd'hui avec vous. Angelina, tu seras sa suivante, et Constantin son garde du corps. Le beau temps permet un tel déplacement.

Constantin se montra étonné, car sa sœur, il le savait, redoutait le moment où Blancheflor aurait seize ans.

— Bien, dit-il pourtant.

— Ce n'est pas tout. Le troisième jour, quand vous serez dans la forêt qui jouxte le château de Falkenstein, vous vous arrêterez près du ruisseau que tu connais afin d'y faire boire vos montures. Angelina, tu offriras à Blancheflor une des pommes appétissantes que j'ai préparées. Je sais qu'elle les adore. À peine aura-t-elle croqué sa chair qu'elle perdra connaissance. Alors, mon frère, tu l'éventreras.

Constantin frémit à peine, et Angelina ne broncha pas.

— Tu possèdes toujours la patte d'ours avec griffes utilisée pour Hans ?

— Oui, ma sœur.

— Tu l'emporteras et tu lacéreras le corps de Blancheflor afin qu'on croie qu'une bête l'a mise à mort. Ensuite, tu t'écorcheras, tu déchireras la robe d'Angelina pour donner l'illusion de l'avoir défendue contre l'animal. Quand vous gagnerez le château, vous direz que des ours vous ont attaqués. Qu'ils ont blessé votre maîtresse et qu'il faut lui porter secours. Vous conduirez les gens de Falkenstein jusqu'à son corps et eux-mêmes constateront la mort de la pauvre enfant.

24

À la mi-octobre, Eckhard, Engelhard, Harold et leur troupe arrivèrent en vue des murailles de Paris.

Armés et équipés comme ils l'étaient, avec emblèmes de croisés sur les cottes et les écus, ils savaient qu'ils seraient immanquablement interrogés par le prévôt de la ville, certainement désarmés, et peut-être bannis puisqu'on disait le roi de France peu favorable à la croisade et n'appréciant guère les Allemands. Aussi Eckhard choisit-il prudemment de demeurer hors de l'enceinte.

Ils trouvèrent une hôtellerie dans le faubourg Saint-Marcel. Le fils de maître Walram expliqua à l'aubergiste qu'ils venaient du nord de la Germanie, d'une ville nommée Köln, dans le but de rejoindre la croisade contre les hérétiques. S'ils avaient fait un détour par Paris, c'était parce que son frère était clerc dans une école de la rue Saint-Jacques et qu'il voulait passer quelques jours avec lui.

Engelhard avait, une fois, entendu l'archevêque Conrad parler des écoles de Paris, pour la plupart situées dans une rue Saint-Jacques, à proximité d'une abbaye nommée Sainte-Geneviève, et fréquentées par de nombreux écoliers allemands.

Ces explications suffirent à l'hôtelier, qui n'ignorait pas que la bibliothèque, le scriptorium et le cloître de l'abbaye étaient réputés pour leurs enseignements. Il prévint cependant les Allemands que Saint-Marcel étant dans la prévôté de Paris, ils recevraient à coup sûr la visite des sergents du prévôt, qui passaient chaque semaine.

Maintenant, le plus difficile restait à faire : trouver Ussel, et le punir. Or, Engelhard et Eckhard ne connaissaient rien de la ville et savaient seulement qu'il s'agissait de la plus grande de la chrétienté.

Le lendemain de leur arrivée, ils demandèrent à l'hôtelier si un valet ou une servante pouvait les conduire rue Saint-Jacques. Engelhard ignorait, assura-t-il, l'école que son frère fréquentait.

Moyennant une obole, un garçon d'écurie pris en croupe sur le cheval d'Eckhard les guida jusqu'à la porte Saint-Jacques, proche, et leur indiqua la direction de l'abbaye Sainte-Geneviève. Il ne pouvait faire plus, dit-il, car il ne connaissait pas Paris où il se rendait rarement.

En robe et sans arme, les deux Allemands se firent passer pour des négociants, et on les crut sans peine. Après la prise de la Normandie, et grâce à la politique favorable aux marchands conduite par le roi de France, en particulier son opposition aux péages indus et aux redevances abusives, l'activité commerciale de la capitale s'était grandement développée.

Mais, une fois le pont-levis et la porte Saint-Jacques franchis, nos deux compères ne surent vers où se diriger. Autour d'eux s'étendaient des prairies, des vergers et des vignobles avec de rares fermes et bâtisses en torchis et quelques chapelles et oratoires. Rien n'indiquait où pouvait se trouver la rue de la Vieille-Draperie. D'ailleurs, il n'y avait aucune rue, seulement un chemin fréquenté par des chariots, des charrettes, des ânes et des piétons. Comme il devait conduire au cœur de la ville, ils décidèrent de le suivre.

Peu à peu, maisons, étables et granges se firent plus nombreuses, et le chemin se transforma en une voie bordée d'échoppes en pierre ou à pans de bois dans lesquelles marchands et artisans travaillaient. La rue restait d'une saleté repoussante, avec un ruisseau d'égout qui serpentait au milieu et dans lequel se vautraient porcs, chiens, pigeons et poules. Par endroits s'empilaient des tas de détritus, de crottin et de fumier.

Les deux Allemands essayaient de ne pas se salir, et pourtant Eckhard reçut les éclaboussures d'un pot d'eaux usées, ce qui provoqua chez lui une rage noire que son ami peina à calmer.

Au bout d'un moment, les maisons avec boutiques ou ateliers s'accrurent encore. Les plus nombreuses étaient celles de pelletiers et cordouaniers[1]. Puis se succédèrent des serruriers et des enlumineurs, les uns ayant pour enseigne de grosses clefs, les autres des plumes.

*

1. Artisans travaillant le cuir.

Ils débouchèrent sur une rivière aux rives bordées de maisons érigées sur des piliers de chêne entre lesquels on distinguait les flots. En face se dressait une immense église nantie d'échafaudages d'une hauteur considérable. Avisant le seul pont protégé par une massive forteresse, ils s'y dirigèrent, et Engelhard décida de se renseigner pour savoir s'ils devaient le franchir.

— La rue de la Vieille-Draperie ? C'est dans l'île ! leur répondit celui qui faisait payer l'octroi, en indiquant un passage sous le châtelet qui conduisait au pont.

Les Allemands s'y engagèrent et, après avoir questionné un enfant, lui remirent une maille de cuivre afin qu'il les guide.

Cependant, une fois au début de la rue en question, l'enfant s'étant éloigné, ils hésitèrent. Si Ussel était arrivé à Paris, il pouvait brusquement surgir et les reconnaître.

La voie étant bordée de boutiques devant lesquelles se pressaient des badauds, Eckhard jugea que, dans le cas d'une rencontre avec leur ennemi, celui-ci ne ferait pas attention à eux. D'ailleurs, il ne les avait pas reconnus dans la forêt de Châteauroux. Par précaution, le chevalier allemand garda tout de même une main devant son visage afin de dissimuler sa balafre.

Ils parcoururent la rue sans découvrir le moindre indice quant à l'endroit où le maudit pouvait loger. Comment se renseigner sans se faire remarquer ?

Eckhard décida de prendre des risques. À la fin de la voie, dans un renfoncement, s'étalait un petit parvis où se dressait une chapelle. Il expliqua à son compagnon ce qu'il attendait de lui, puis tous deux pénétrèrent dans le sanctuaire.

Devant l'autel se tenait un prêtre, petit homme rondelet et souriant. Le religieux les vit et s'avança vers eux.

— Que Dieu soit garant de votre âme, mes maîtres, leur dit-il. Je n'ai pas l'honneur de vous connaître mais soyez les bienvenus dans Saint-Pierre-des-Arcis.

— Que Dieu vous protège et protège votre église, mon père, déclara Engelhard dans son mauvais français. Nous venons pour honorer une promesse.

— Laquelle ? s'enquit le prêtre avec un brin de surprise.

Aussi loin qu'il se souvenait, il n'avait jamais vu des étrangers venant honorer une promesse dans son église !

— Nous sommes marchands et arrivons de Köln, en Germanie. Voici quelques jours, nous avons été sauvés d'une méchante agression de brigands par un chevalier qui, de deux coups d'épée, a frappé et occis les voleurs qui s'en prenaient à nous.

— Dieu vous l'a envoyé, car vous avez le cœur pur, conclut le prêtre.

— Certainement, mon père ! Mais ce généreux sauveur était pressé, attendu ailleurs. Il ne nous a pas dit son nom, seulement qu'il était prévôt, et comme nous tenions à le remercier, il nous a recommandé d'aller offrir obole à

Saint-Pierre-des-Arcis, l'église de la rue où il loge, afin que soient dites des messes pour son salut.

L'Allemand détacha sa bourse et en tira six écus d'argent qu'il tendit au religieux.

— Par ma foi, je vous promets que je le ferai, mes maîtres, mais quel dommage d'ignorer le nom de ce chevalier, gémit le prêtre en prenant les pièces avec une évidente satisfaction.

À ce moment, un homme âgé, en sayon crasseux, qui posait des bougies de suif sur un chandelier, s'approcha en traînant les pieds. Un sacristain, certainement.

— J'ai entendu vos paroles, mon père, et le seul prévôt qui vit dans la rue est Robert Hamelin, celui de l'abbaye Saint-Éloy, frère du prévôt de Paris. Mais il ne manie pas l'épée !

Eckhard, qui avait suivi la conversation, fronça les sourcils. Se pouvait-il que plusieurs prévôts habitent dans la rue ? Voilà qui serait jouer de malchance.

— C'était un homme dans la trentaine, brun, avec un nez busqué, comme un bec d'aigle, insista-t-il.

— Alors ce n'est pas le prévôt de l'abbaye Saint-Éloy ni de Paris, répliqua le prêtre. Votre description ne leur ressemble pas.

— Et si c'était messire d'Ussel ? proposa celui en sayon. Il était prévôt de l'hôtel du roi !

— Mais, Jacquou, il est parti depuis des mois ! protesta le prêtre en écartant les mains.

— Point ! Il est revenu. Frère Gérard, de Saint-Éloy, m'a dit que messire Hamelin l'avait annoncé à son frère.

— Cet Ussel a quel âge ? interrogea Eckhard, soulagé qu'on ait enfin nommé celui qu'il recherchait, mais feignant toujours la fable racontée par son ami.

— Plus de trente ans, et moins de quarante. Et il a bien le nez busqué. De plus, il est plutôt féroce, m'a-t-on dit.

— Ce doit être lui ! affirma Engelhard. Je lui ferai parvenir une coupe en argent pour le remercier. Mais ne lui parlez pas de nous, ce sera la surprise. Dans quelle maison loge-t-il ?

— Celle à l'enseigne du Coq Vert, répondit le prêtre en désignant la droite.

Après moult remerciements, les Allemands repartirent, plus que satisfaits.

Restait à attirer Ussel dans un piège. Revenus sur leurs pas, ils passèrent devant la maison du Coq Vert sans dire mot, mais en examinant attentivement façade et porte. Tous deux conclurent qu'il serait difficile de pénétrer de force, les huis ferrés semblant solides.

Ils filèrent par la rue de la Juiverie.

— On ne pourra pas entrer chez lui, dit Engelhard à voix basse à son compère.

— Tu as raison. Il faut donc l'attirer quelque part pour lui régler son sort.

— Comment ? Et où ?

— Une auberge ! On l'attendra dans une chambre avec nos hommes. Et, dès qu'il entre, on le massacre !

— Bien ! Mais comment l'attirer ?

Pas de réponse.

Dans la rue dégorgeant de monde, Eckhard regardait vaguement les échoppes quand il aperçut une enseigne à l'image de saint Martin.

— Allons voir, dit-il à son ami en la désignant.

C'était une grande auberge à la façade en encorbellement. Les Allemands s'arrêtèrent en face, et le *Leiter* des *milites* de Trifels examina les fenêtres des deux étages.

— Il doit y avoir de grandes chambres, on pourrait le faire venir ici.

— Mais, comment ? répéta son ami.

Eckhard recula dans une étroite impasse afin que des oreilles indiscrètes ne l'entendent pas.

— Pourquoi ne pas lui faire accroire que Streit l'attend ici ? suggéra-t-il. Qu'il est malade et ne peut se déplacer. Ussel viendra à coup sûr, et, dès qu'il entrera dans la chambre, on l'abattra de quelques carreaux d'arbalète, sans le tuer, afin qu'il sache qui est venu le punir.

— Qui irait le chercher ? Si on se rend chez lui, il nous reconnaîtra, et impossible d'envoyer l'un de nos hommes puisque aucun ne parle la langue d'ici.

Eckhard grimaça. Pour l'instant, il n'avait aucune solution.

— Allons déjà voir si on peut louer une chambre.

Dans l'auberge, ils avisèrent le maître des lieux qui discutait avec ses valets.

Oui, il pouvait leur laisser une chambre libre située au deuxième étage, dit l'hôtelier. Une salle fort grande, mais très chère.

Engelhard, qui menait la discussion, ne marchanda pas. Il paya les huit deniers demandés et prévint qu'il occuperait les lieux le lendemain avec ses gens. Huit deniers par nuit ! insista l'hôtelier.

L'affaire faite, les deux Allemands repartirent. Restait à attirer Ussel dans le piège.

— Rentrons à Saint-Marcel, peut-être pourra-t-on envoyer un messager, quelqu'un de l'auberge.

*

Ils franchirent le petit pont et reprirent la rue Saint-Jacques, chacun se torturant l'esprit afin de trouver une solution.

C'est alors qu'Engelhard remarqua le clocher de Sainte-Geneviève.

— Il y a certainement des écoliers allemands, là-bas, dit-il.

— Et alors ?

— Ils parlent forcément la langue du Parisis. On pourrait en engager un qui irait porter notre message.

Eckhard réfléchit un moment avant de hocher la tête. L'idée était séduisante.

— Allons voir cette école ! décida-t-il.

Un chemin montait sur la colline, bordé de vergers et de prairies. Plus haut, ils apercevaient les bâtiments conventuels. À un détour, ils croisèrent un moine ventru qui descendait vers la ville.

— Dieu vous dit bonjour, fit poliment Engelhard en ôtant son bonnet.
— Dieu est garant de notre âme, mon gentil maître.
— Saint homme, lui dit Engelhard, y a-t-il des écoliers en ce moment ?
L'autre le dévisagea longuement avant de s'enquérir :
— Cherchez-vous quelqu'un ?
— Oui, un cousin venu étudier à Paris. J'ignore où il vit, alors j'ai pensé le retrouver ici.
— Il y a plusieurs écoles. Quel enseignement suit votre cousin ?
— La théologie, bien sûr.
— Maître Jocelin l'enseigne demain. Revenez, peut-être y verrez-vous votre cousin. Que le Seigneur vous donne bonne encontre.
Il les salua en déclarant encore :
— Dieu est bonté.
— Inutile d'aller plus loin, non ? fit Eckhard une fois le moine éloigné.
— Oui, nous reviendrons demain.

25

Le jour suivant, avant l'aube, ils quittèrent l'auberge de Saint-Marcel avec deux hommes qui portaient chacun un gros sac contenant deux arbalètes dissimulées dans des vêtements. À la porte Saint-Jacques, Engelhard expliqua que ses serviteurs transportaient des habits à vendre. Il défit le cordon d'une des besaces pour prouver sa bonne foi, mais les gardes s'en désintéressèrent. Le commis de l'octroi réclama seulement le paiement d'un denier par sac.

Passé l'enceinte, ils se séparèrent, et Engelhard fila à Sainte-Geneviève. Sur le chemin conduisant à l'abbaye, il rencontra plusieurs jeunes clercs. À chacun il demanda, en allemand, s'il venait de Germanie. À leur regard absent, il devinait qu'ils ne comprenaient pas.

Il arriva devant la porte où plusieurs élèves attendaient qu'on leur ouvre. De nouveau, il interrogea à la cantonade. Surprise, un chétif jeune homme à blonde tonsure répondit en allemand être de Bavière.

Engelhard se présenta comme étant Conrad Freising, marchand orfèvre venant de Heidelberg pour affaires, puis déclara :

— Par le plus grand des hasards, j'ai retrouvé à Paris un seigneur proche de ma famille, il se nomme Karl von Streit, et son père est prévôt du château de Scharfenberg. Il est malheureusement malade et ne peut se déplacer depuis l'hôtellerie où il loge. Or, porteur d'une importante lettre, il doit rencontrer le prévôt de l'hôtel du roi, messire d'Ussel, qui loge à proximité de son auberge. Il m'a donc demandé d'aller chez ce dernier et de lui demander de venir le voir. Mais j'en suis incapable !

— Pourquoi ?

— Je ne parle pas la langue du Parisis ! Je commerce en flamand, ici.

— Ce messire d'Ussel parle peut-être flamand.

— Hélas, non ! Messire von Streit me l'a confirmé.

— Ennuyeux... mais, pourquoi me parler de cela, messire ?

— J'ai besoin que quelqu'un aille dire à messire d'Ussel que Streit l'attend à l'auberge. Cependant, je ne peux m'exprimer qu'en allemand, voilà pourquoi je cherche un clerc allemand parlant le Parisis !

Le clerc se gratta l'oreille, n'ayant aucune envie d'être mêlé à cette singulière affaire.

— Que ne sollicitez-vous ceux avec qui vous êtes en relation d'affaires ? s'enquit-il pour se débarrasser du fâcheux.

— J'y ai pensé, mais c'est délicat... La lettre que doit donner Herr von Streit est très confidentielle. Personne à Paris ne doit savoir.

Il prit un air de conspirateur.

— Elle est destinée au roi de France, et un clerc comme vous sait garder sa langue. Évidemment, comme tout travail mérite salaire, je vous remettrai un besant d'or pour cette commission.

— Un... besant ! s'étouffa le jeune homme.

Avec cette somme, il s'assurerait bombance un mois ! La perspective chassa ses inquiétudes.

— Que dois-je faire ?

— Vous rendre à la maison du Coq Vert, dans la rue de la Vieille-Draperie, faire venir le seigneur d'Ussel et lui expliquer que messire von Streit l'attend à l'auberge à l'Image-Saint-Martin, dans la rue de la Juiverie. Vous pouvez y aller maintenant.

— Impossible : les portes du cloître vont s'ouvrir et le magister arriver. Revenez à none.

— Non, c'est maintenant ou jamais. Et vous ne manquerez pas votre leçon car la rue de la Vieille-Draperie n'est pas loin. Je vous accompagne et vous donnerai votre besant dès que vous aurez transmis le message.

L'appât du gain fut le plus fort.

— Allons-y vite, alors, fit le clerc.

Ils partirent en se pressant. Engelhard se réjouissait. Son plan se déroulait parfaitement.

Ils gagnèrent la rue Saint-Jacques, passèrent le petit pont et filèrent vers la rue de la Juiverie. Engelhard désigna l'auberge, puis ils tournèrent dans la rue de la Vieille-Draperie. Où le prétendu marchand ne s'engagea pas.

— Vous ne venez pas avec moi, maître ? s'étonna le messager.

— Non, je ne connais point ce noble Ussel, et je tiens à rester en dehors de tout cela. Je n'ai fait que rendre service au seigneur Streit, auquel ma famille doit beaucoup. Je vous attends à l'auberge où je vous remettrai le besant promis.

Restait la possibilité que Ussel s'y fasse accompagner par le clerc, avait envisagé le capitaine des gardes de Trifels, auquel cas il y aurait deux hommes à tuer. Quelle importance ?

Le clerc le regarda s'éloigner, un brin inquiet car l'histoire se révélait tout de même troublante. Puis il se ressaisit : que risquait-il ? Il délivrerait son message et partirait aussitôt pour le cloître de Sainte-Geneviève. Il marcha jusqu'à la porte, tira la chaîne de la cloche et attendit.

*

L'huis s'ouvrit.

— Que voulez-vous ? s'enquit un portier en dévisageant l'inconnu tonsuré.

— J'ai un message pour le seigneur d'Ussel.

— Il est absent, mais je peux vous conduire à celui qui s'occupe de la maison.

Le clerc demeura interloqué. Que faire ? Abandonner ? Et perdre la pièce d'or ? Impossible ! Il décida que cet homme ferait parfaitement la commission à sa place, et qu'il éviterait ainsi bien des questions.

— Entendu ! dit-il.

Le portier le fit entrer dans une grande salle où une femme découpait un chou et un homme broyait du froment avec un moulin à main.

— Ce gentil clerc a un message pour messire d'Ussel, annonça le portier.

— Le seigneur n'est pas là, répéta Annette, maîtresse femme qui avait l'habitude de parler à la place de son mari.

— Où est-il ? bafouilla le clerc.

— Il est parti pour Rouen où il possède une maison.

L'accent rauque du visiteur interpella le mari d'Annette.

— Êtes-vous allemand ? interrogea-t-il.

— Oui, mon maître. Je suis venu à Paris depuis la Bavière afin d'étudier la théologie.

— Quel est votre message, gentil clerc ? demanda Annette en songeant que son seigneur avait parlé d'un visiteur allemand accompagné d'une nommée Mabilla.

Le tonsuré expliqua que le seigneur Streit, malade, attendait le seigneur d'Ussel à l'auberge à l'Image-Saint-Martin.

— Messire von Streit ! Mabilla est-elle avec lui ? s'enquit-elle, en se souvenant du nom donné par son maître.

— Qui donc ?

— Mabilla !

— Je ne connais pas de Mabilla.

— Mais vous avez vu le seigneur Streit ! C'était la fillette avec lui ! insista-t-elle.

— Non, je ne l'ai pas vu ! C'est un marchand allemand qui m'a envoyé ici pour transmettre ce message au seigneur d'Ussel. Le seigneur Streit a une lettre à lui remettre.

Une lettre ? Et l'enfant, alors ? Déconcertés, les deux domestiques se regardèrent, ne sachant que dire.

— Je dois partir, mon maître, fit alors le clerc au mari d'Annette. On m'attend à l'abbaye Sainte-Geneviève. Que Dieu vous protège !

Les serviteurs d'Ussel ne le retinrent pas, ne sachant que lui demander d'autre. Le portier ramena le visiteur, et les époux restèrent seuls, l'esprit en déroute.

— Notre seigneur nous a dit que l'Allemand devait conduire Mabilla ici. Il n'a pas parlé d'une lettre, observa Annette.

— Tout cela n'est pas clair, grommela son mari. Quel dommage que messire Peyre ne soit pas là pour nous indiquer que faire.

— Tu devrais aller demander conseil au prévôt de Saint-Éloy, suggéra-t-elle.

— Le seigneur n'aime pas qu'on parle de ses affaires à d'autres. Laisse-moi réfléchir !

*

Aussitôt dans la rue, le clerc se précipita à l'auberge. Avisant l'hôtelier, il lui déclara qu'il devait se rendre dans la chambre du seigneur Streit.

— Je le sais, il m'a dit qu'il attendait un visiteur. C'est au deuxième étage, il n'y a qu'une porte.

Le clerc grimpa quatre à quatre les marches, ayant hâte de recevoir ses gages et de retourner à l'abbaye. Au palier, il gratta à la porte, et celle-ci s'ouvrit immédiatement. Il pénétra, et découvrit trois hommes le menaçant de leurs arbalètes.

Figé d'étonnement, il demeura stupide, la bouche ouverte. Il s'apprêtait à crier quand il fut attrapé par le cou.

— Où est Ussel ? gronda la voix du marchand orfèvre.

Le clerc venait de comprendre qu'on l'avait utilisé pour organiser un traquenard.

— Argh ! râla-t-il, car le bras de celui qui l'avait trompé l'étranglait.

— Crie, et tu es mort !

La pression se relâcha.

— Où est Ussel ? répéta-t-on.

— Il... n'est pas dans la maison du Coq Vert... Il est parti à Rouen, bafouilla le clerc.

— À Rouen ? Pour qu'y faire ?

— Je l'ignore... pleurnicha le clerc qui, maintenant, craignait pour sa vie.

— Où, à Rouen ?

— Je l'ignore, seigneur ! répéta-t-il. Il y aurait une maison... Je ne sais rien de plus... Puis-je avoir mon besant ?

Il ne l'appelait plus maître, ayant compris qu'il s'agissait d'un homme d'armes.

Engelhard devint furieux. Ce clerc ne lui avait servi à rien ! Il tira sa dague, décidé à la planter dans le dos du garçon, puis il se souvint qu'il était allemand et changea d'avis. Non, il n'allait pas tuer un compatriote.

— Écoute bien, je vais te donner ton besant, mais si tu racontes ce qui s'est passé, je reviendrai te découper en lanières ! menaça-t-il.

— Je... serai muet... comme une tombe... bafouilla le malheureux qui ne tenait plus sur ses jambes tant il tremblait.

— Rangez les armes, vous autres, on part ! décida Eckhard, qui ne voulait pas perdre de temps.

Son ami bouscula le clerc en le poussant sur le lit, tira la pièce de sa bourse et la lui jeta rageusement.

— Tu videras les lieux après nous, compris ?

— Oui… seigneur !

— Rouen ! ragea Engelhard. Nous avons lâché la proie pour l'ombre.

Le reproche envers les décisions d'Eckhard était patent.

*

Déjà, dans le Quercy, Engelhard avait émis des réserves quant au fait de poursuivre Ussel. Pourquoi ne pas assouvir cette vengeance après la croisade ? avait-il suggéré à son ami. Lui et les hommes de leur troupe avaient grande hâte de piller au nom de Dieu, sans prendre de risque puisque, disait-on, les cathares ne se défendaient pas. Ils pourraient ainsi violenter et s'approprier les richesses de ses gens, que l'on disait prodigieuses. Partir à Paris, c'était abandonner ces plaisirs, et tout espoir de s'enrichir. Certes, il serait satisfaisant de se venger du scélérat, mais le temps avait fait son œuvre, et le fils de maître Walram n'éprouvait pas la même haine que Eckhard.

Seulement, ce dernier commandait l'expédition, et aucun de ses leudes n'aurait osé s'opposer à lui.

En vérité, les motivations du *Leiter* des *milites* de Trifels ne tenaient pas uniquement à la vengeance. Elles étaient autrement plus profondes. Eckhard avait épousé une fort belle femme, la cadette d'un petit seigneur saxon sans fortune qui n'avait pas caché sa répugnance devant son nouveau mari défiguré. Il le savait et pourtant l'aimait.

Quinze ans auparavant, Ussel, venu à Trifels comme un troubadour, avait interprété plusieurs chants, des sirventès, des tensons et des pastourelles, et le chef des chevaliers du château avait vu son épouse charmée par ce jeune homme autrement plus beau que lui. Il aurait aimé punir l'insolent, mais ne pouvait se le permettre car sa venue n'était pas fortuite : il s'agissait d'un piège qui devait être conduit à bien. Si, comme prévu, le maraud était parvenu à faire évader le roi Richard, le traquenard aurait dû se refermer sur lui et ses complices mais, Dieu sait comment – et à coup sûr avec l'aide du démon –, Ussel l'avait déjoué. Pire, il l'avait tenu à merci. Non seulement le *Leiter* avait dû payer finance mais, revenu à Trifels, sa femme n'avait pas caché son ironie devant l'échec d'un mari jusqu'alors bien prétentieux de ses exploits en Palestine. Certes, il l'avait battue pour punir ses persiflages, mais, depuis quinze ans, il ruminait sur la façon dont il saurait la reconquérir. Maintenant, il avait l'opportunité de lui ramener la tête de cet Ussel. Et de lui prouver qui était le plus fort. Rien ni personne ne l'arrêterait.

Pour convaincre Engelhard, il lui avait déclaré que, quand l'empereur apprendrait qu'ils avaient châtié l'ancien prévôt de l'hôtel du roi de France, ce prévôt étant celui qui avait fait échouer le complot conduit par Jean sans Terre à Trifels quinze ans auparavant, Otton les récompenserait, certainement en leur offrant des fiefs. Ils passeraient alors dans la classe nobiliaire des vassaux, bien au-dessus des ministériaux comme maître Walram.

Son ami avait reconnu le bien-fondé de l'argument, et le dessein de surpasser son père l'avait motivé. Mais, maintenant, à l'idée de partir au hasard, dans cette ville inconnue appelée Rouen, à la recherche d'un Ussel dont il ignorait où il vivait, il sentait ses appétences fléchir. Il aurait mille fois préféré se rendre en Toulousain.

— Veux-tu vraiment qu'on se rende à Rouen ? s'enquit-il.

— Crois-tu que je vais abandonner ?

— Combien de jours faudra-t-il ?

— Je sais pas ! On prendra le temps nécessaire !

Le fils de maître Walram se tourna vers le clerc :

— Où se trouve Rouen ?

— C'est une ville normande, sur la rivière, vers le couchant. Il faut quelques jours pour y aller à pied.

— Filons ! décida Eckhard, voyant les armes toutes rangées dans les sacs.

Ils sortirent. En bas, l'aubergiste stupéfait regarda la troupe s'en aller. Il lança des questions sans obtenir aucune réponse. Dès les Allemands partis, il monta dans la chambre, empreint d'inquiétude, et découvrit le clerc sur le lit, tremblant, le visage trempé de larmes. Le jeune homme priait.

— Qu'est-ce qui se passe chez moi ? gronda l'hôtelier. Que fais-tu là ?

— Je m'en vais, maître, je m'en vais ! glapit le Bavarois qui détala.

Le patron examina les lieux, ne découvrit rien d'anormal et redescendit. Quels singuliers visiteurs ! Heureusement, ils lui avaient fait gagner huit deniers !

*

À la maison du Coq Vert, le mari d'Annette avait pris sa décision :

— Je vais me renseigner à l'auberge à l'Image-Saint-Martin. Peut-être Mabilla y est-elle avec ce Streit. Alors, je la ramènerai.

Sa femme l'approuva, et il partit. Arrivé à l'hôtellerie, il interrogea l'aubergiste, qu'il connaissait bien.

— Y a-t-il un messire von Streit qui loge chez toi, Jacques ?

— Il y avait ! Il est arrivé ce matin et vient de partir !

— Mais, n'était-il pas malade ?

— Point du tout ! Au contraire suffisamment gaillard pour me passer son épée à travers le corps si je l'avais contrarié !

Le mari d'Annette ne comprenait plus rien.

— Il y avait une enfant avec lui ?

— Une enfant ? ricana l'autre. Alors il faut appeler ainsi les trois hommes d'armes qui l'accompagnaient ! De drôles d'enfants de chœur !

26

Le 20 octobre 1209

Comme à Paris, Eckhard installa ses hommes dans une auberge des faubourgs et rentra dans Rouen uniquement avec Engelhard. Ils avaient mis trois jours pour venir sous une pluie glaciale, et tous deux étaient de fort méchante humeur.

— Comment retrouver notre maraud ? grogna sombrement le fils de maître Walram. Au diable, cet Ussel !

— Nous allons visiter les auberges et poser des questions. As-tu une meilleure idée ?

— Non ! répliqua Engelhard en soupirant.

Ils commencèrent par le premier cabaret qu'ils aperçurent en longeant l'enceinte. Le Lion d'Argent se situait dans une ruelle boueuse où grouillaient potiers et tonneliers. Les ouvriers, en tunique sale et sabots, enfonçaient les cercles de fer à l'aide de chasses et de maillets, accompagnant leur frappe de cris réguliers. Le vacarme était épouvantable.

Après avoir laissé leurs montures dans une écurie, ils entrèrent dans une gargote à la façade de bois rongée par les vers, dont la porte était surmontée par un lion vaguement argenté. Au-dessus, des colombes pourries maintenaient à peine le torchis de plâtre. Vaine visite ! devinait Engelhard. Un chevalier comme Ussel, ancien prévôt de surcroît, ne logerait pas dans un tel quartier. Effectivement, Eckhard, qui portait une croix sur sa robe et son manteau, n'obtint aucune réponse quand il expliqua que, revenant de Palestine, il recherchait un camarade nommé Guilhem d'Ussel.

Trois journées s'écoulèrent durant lesquelles ils visitèrent deux douzaines d'hôtelleries, tout aussi inutilement. Pourtant, au soir du troisième jour, alors qu'ils étaient attablés à l'auberge Saint-Maclou, une servante leur répondit qu'elle avait vu par deux fois le nommé Ussel, un chevalier fort plaisant, mais ignorait où il habitait. Cependant, elle précisa qu'il était chaque fois en compagnie de Médard la Hure, un cabaretier qui tenait gargote dans une ruelle proche.

Prenant la pièce d'argent qu'Engelhard lui donna, elle demanda à un gamin en train de balayer la paille épandue sur le sol de la pièce de leur servir de guide.

Pleins d'espoir, ils suivirent l'enfant dans un dédale d'infâmes traverses bordées de maisons de torchis aux murs bossués, d'étables à pourceaux et de celliers où s'entassaient des fruits gâtés.

Enfin, ils s'arrêtèrent devant une masure dont l'enseigne représentait une hure de sanglier. L'enfant la leur désigna et fila.

L'endroit puait la charogne. En se baissant, ils pénétrèrent dans une salle basse obscure dont l'unique table était formée de planches posées sur deux tonneaux. Une poignée de gueux jouaient à la prime avec trois dés. Un piètre foyer réchauffait à peine les lieux.

Engelhard parcourut la salle et grimaça.

— C'est pas là qu'on trouvera notre Ussel ! grommela-t-il.

Malgré tout, il montra le denier d'argent préparé.

— Je cherche Médard la Hure.

— Tu lui veux quoi ? s'enquit agressivement un gros bonhomme sorti d'un bouge mitoyen. Et d'abord, tu es qui ?

— C'est toi, Médard ? demanda l'Allemand, quelque peu embarrassé car il se rendait compte que l'individu ne serait pas impressionné par le fait qu'ils soient croisés.

D'après sa vêture de cuir matelassé, le coutelas à sa taille, sa carrure de lutteur, le questionneur, qui louchait à cause d'une cicatrice autour de l'œil, avait tout du fredain.

— Un ami commun lui doit de l'argent, je viens le lui porter.

— Beaucoup d'argent ? interrogea l'autre en un sourire édenté.

— Assez.

— Bon, je lui dirai que tu es venu. Tu habites où ?

— Euh… À l'auberge Saint-Maclou. Mon nom est Streit.

— Je ferai la commission.

Il tendit la main pour avoir le denier.

— Je ne peux pas attendre longtemps, dis-moi où je peux le trouver. Tu auras la pièce après.

— Je sais pas où il crèche, mais je peux l'apprendre.

Engelhard regarda son ami qui hocha la tête.

— Entendu, on attendra. Tu seras récompensé quand tu viendras me dire où se trouve Médard.

Une fois de plus, Eckhard tenta sa chance :

— Au fait, tu connais un Ussel ?

— Ussel ? Non, jamais entendu parler, répliqua l'autre en secouant vigoureusement la tête.

— Dommage, il y aurait eu un autre denier pour savoir où il loge.

Le gros fit la moue et demeura silencieux, bras croisés. Le silence se prolongea, et les Allemands comprirent qu'on ne leur dirait plus rien.

Ils s'en allèrent.

— Que faire ? s'enquit Engelhard.

— Prendre chambre à l'auberge et demain poursuivre nos recherches dans le quartier. Diable, d'autres personnes doivent connaître ce fichu Médard !

— Sans doute, mais je crains que ce gros lard ne le prévienne. Et même qu'il avertisse Ussel. Or, on n'est que deux, et s'ils se présentent avec quelques compaings, on ne fera pas face.

— C'est juste, je n'aurais pas dû parler d'Ussel.

Il réfléchit tandis qu'ils revenaient jusqu'à l'auberge Saint-Maclou. Devant la porte, il déclara :

— Voilà ce qu'on fera : je vais rester ici, au cas où le gros viendrait. Toi, file chercher Harold,

Günther et Hans. À cinq, on vaut bien vingt de ces pouilleux. Et demain, on fera entrer les autres en ville.

Ils agirent ainsi, et Eckhard paya pour une grande pièce contenant deux châlits où six ou huit personnes pouvaient coucher. Il s'y fit servir à souper, tandis que son ami repartait.

Peut-être une heure s'était-elle écoulée quand on gratta à la porte.

Engelhard ? Déjà de retour ? Impossible ! songea le *Leiter*. Prudent, il prit son épée et demanda :

— Qui êtes-vous ?

— J'étais chez le Galu tout à l'heure, répondit une voix inquiète.

Le Galu ? Le nom du tavernier de la Hure ? s'interrogea Eckhard.

— Je sais des choses, affirma la voix.

L'Allemand ouvrit et reconnut l'un des gueux attablés dans la gargote.

— Entre ! Que sais-tu ?

— J'aurai les pièces, seigneur ?

— Si tu me dis où trouver Médard et Ussel, répliqua brutalement Eckhard.

— Médard, il a vendu sa taverne au Galu. Depuis, je l'ai vu plusieurs fois à l'auberge des Trois-Moutons, près de la porte Beauvoisine. Je crois qu'il habite par là, dans une belle maison. Cet Ussel est son ami et la lui aurait offerte.

— C'est tout ?

— Oui, seigneur.

Eckhard fouilla sa bourse pour en tirer un denier.

— Tiens, et garde ta langue. Tu ne m'as rien dit. Compris ?

— Pour garder ma langue, c'est deux deniers, seigneur, et je vous ai dit où vous trouverez certainement Ussel.

L'Allemand hésita à trancher le col de l'insolent, mais que ferait-il du corps ? Il saisit donc un autre denier.

— Attention à toi. Si tu parles de moi à quiconque, je le saurai et je te couperai en tranches !

— Si le Galu apprend que j'ai parlé, c'est lui qui me détranchera, alors soyez certain que je serai muet.

Il saisit les pièces et fila.

*

Au cabaret de la Hure, le nommé le Galu – le bigleux, en normand – réfléchissait.

Quelques mois plus tôt, il avait acheté le cabaret à Médard, un compère du temps où tous deux se trouvaient au service de Mercadier. Il connaissait bien sûr la maison qu'il occupait, laquelle appartenait à un riche seigneur, mais révéler où elle se situait à ces Allemands – avec leur accent, ces deux-là ne pouvaient être qu'allemands –, c'était courir un grand risque. Le Galu avait entendu des rumeurs : Médard avait repris du service avec le seigneur qui le logeait, il y avait chez eux des dizaines d'hommes d'armes. Et ces deux-là ne voulaient aucun bien au manchot, à l'évidence. Ils avaient parlé d'un Ussel. C'était peut-être le nom du seigneur en question. Alors, s'il livrait où demeurait son compère, s'il y avait affrontement et si Médard apprenait que lui avait parlé, il finirait sa vie dans des tourments infernaux. Donc, il se tairait. Et mieux: s'il rencontrait Médard, il lui parlerait des Allemands. Quant à se rendre à sa maison, hors de question. Médard le lui avait interdit, ne voulant pas qu'on dise qu'un ancien de Mercadier l'approchait.

*

Engelhard réapparut à la nuit tombante, juste avant la fermeture des portes de la ville. Comme prévu, trois guerriers l'accompagnaient.

Les Allemands se barricadèrent, au cas où ils auraient une mauvaise visite, mais la nuit se déroula sans incident. Le lendemain, ils se firent expliquer où se trouvait l'auberge des Trois-Moutons et la porte Beauvoisine. Engelhard et Eckhard s'y rendirent, suivis à une centaine de toises par Harold et ses compères.

À la salle des Trois-Moutons, à moitié pleine, ils s'installèrent dans un coin d'où l'on pouvait surveiller la porte d'entrée. Diable, si Ussel se trouvait dans ce quartier, ce serait une mauvaise affaire qu'il entre et les découvre, même s'il n'y avait guère de risque qu'il les reconnaisse.

Un valet leur porta une soupe aux pois et au lard. Alors qu'il remplaçait le pichet de cidre qu'ils venaient de finir, Engelhard fit miroiter une pièce d'or.

— Tu en as déjà vu, l'ami ?

— J... jamais... seigneur, répondit l'autre, ému par cette fortune.

— C'est un besant de Constantinople. Il peut être à toi.

— C... comment, seigneur ?

— Si tu me révèles quelque chose, et que tu ne dis rien à personne.

— Je vous révélerai tout ce que je sais, seigneur.

— On cherche un ami qui vit par ici, on l'a connu il y a des années. Médard, qu'il se nomme.

— Le manchot ? Oui, il habite la maison de Sainte-Anne, devant le cimetière du prieuré de Saint-Lô.

— C'est où ?

— Juste là, seigneur, expliqua le valet en montrant une direction. Vous sortez, et c'est la première rue à main droite.

Il tendit sa paume pour recevoir la pièce.

— C'est pas tout... Médard est un ami du seigneur d'Ussel...

— Oui, messire. Un autre ami du seigneur d'Ussel a acheté cette maison, laquelle appartenait à maître le Gros, un échevin qui a dû s'enfuir quand les Anglais sont partis.

— Tu connais Ussel ?

— Il est venu la semaine dernière dîner ici avec des amis... Mais je crois qu'il n'est plus à Rouen.

— Comment ça ? s'inquiéta Engelhard.

— Je ne suis certain de rien, messire. Mais quelqu'un pourrait vous en dire plus.

— Qui ?

— Mon oncle, portier à la maison de Médard. C'est lui qui m'a dit que le seigneur était parti.

— Fais-le venir.

L'autre passa sa main sur son menton hérissé de poils. Il hésitait.

— C'est que… Il peut pas sortir comme ça, on doit le remplacer, et il faut qu'il trouve un prétexte. En plus, il voudra pas rencontrer des étrangers devant tout le monde.

— On va prendre chambre, tâche de le convaincre. On l'attendra.

C'était courir le risque d'une dénonciation, d'une trahison, mais Engelhard voulait en finir. Eckhard l'approuva.

*

Revenons un peu en arrière, une quinzaine de jours auparavant, après l'arrivée du convoi, quand Guilhem avait demandé à rester avec Aignan afin de lui parler de son fils.

— Je ne l'ai pas encore vu, fit l'ancien libraire, un brin inquiet.

— Rassure-toi, il est gaillard. Il s'est rendu dans l'autre maison que j'ai fait louer, mais je voulais t'en parler hors sa présence.

Il se tut un instant avant de reprendre :

— J'apprécie Guillaume comme servant. Il s'est comporté valeureusement face au danger, est fidèle, loyal, et tu lui appris l'allemand et le flamand.

— Merci, seigneur.

— Mais tu réprouves qu'il devienne homme d'armes.

— Oui, seigneur, mais je sais aussi mon fils attiré par l'aventure. J'en suis peiné, car je l'ai élevé dans le respect des deux principes, seulement je n'ignore pas que nos enfants, une fois grands, choisissent eux-mêmes leur chemin. Si je redoute qu'il prenne les armes, c'est surtout parce que je crains de le perdre.

— Tant qu'il sera avec moi, je le protégerai comme mon propre garçon. Maintenant, laisse-moi te parler de mes projets. Je voulais me reposer ici jusqu'au printemps, avec Rebecca, et me rendre ensuite en Allemagne avec elle afin de retrouver mon ami Wolfram d'Eschenbach. Mais le malheur m'a frappé…

Aignan ignorait la funeste nouvelle, il écarquilla les yeux, et Guilhem l'informa.

L'ancien libraire du monceau Saint-Gervais n'avait pas connu Rebecca, mais savait combien son seigneur l'aimait. Il ne sut que dire, les larmes lui vinrent aux yeux.

Guilhem lui prit la main.

— Rassure-toi, j'ai surmonté la douleur, même si elle est toujours présente, mais je n'ai plus goût à rester ici. Je vais donc partir bientôt pour rejoindre Eschenbach à Wartburg.

— Quand, seigneur ? demanda Aignan, la gorge serrée.

— Dans deux semaines environ, car je dois rencontrer le roi à ce moment-là. Le landgrave de Thuringe vit à Wartburg et notre roi souhaite que je lui porte une lettre. La Thuringe semble le seul État qui s'oppose à l'empereur Otton et notre monarque veut s'en faire une alliée. À cette occasion, Bartolomeo m'accompagnera jusqu'à Paris, car j'espère obtenir une charge pour lui en Normandie. S'il devient bailli, il pourra veiller sur vous tous.

Aignan opina.

— Ensuite Bartolomeo reviendra à Rouen, certainement avec Mabilla que le seigneur Streit devrait avoir conduit à ma maison de Paris. Quant à moi, je partirai avec Vidal pour la Germanie. J'envisage de revenir ici au printemps. Tu le sais, Peyre et Gregorio sont avec leurs nouvelles familles, et je ne peux demander à Alaric ou au Flamand de m'accompagner, maintenant qu'ils s'installent ici avec les leurs.

Il se tut, embarrassé, puis lâcha :

— Évidemment, si Guillaume venait, il m'aiderait grandement, comme servant mais aussi parce qu'il parle la langue des Germains, même si je connais quelques mots d'allemand.

Cette fois, Ussel se tut pour de bon et observa le visage tourmenté d'Aignan. Ce que lui demandait son seigneur était un déchirement tant en raison de l'amour qu'il avait pour son fils que pour sa foi. Mais il comprenait que c'était un grand honneur pour sa famille.

— Seigneur, je vous dois tout, aussi je peux vous offrir mon fils, dit-il avec tristesse.

Ussel l'accola :

— J'en prendrai soin comme du mien propre, Aignan, je te l'ai dit. J'en ferai un écuyer. Et je suis certain qu'il sera même un jour chevalier.

— Merci, seigneur.

— Le seigneur Streit t'a donné le nom de plusieurs bourgs sur la route de Wartburg. Quand tu seras installé dans cette maison, renseigne-toi sur le chemin que j'aurai à prendre. Il y a près d'ici deux monastères qui possèdent des bibliothèques : l'abbaye Saint-Ouen et celle de la Trinité-du-Mont, qu'on appelle Sainte-Catherine. Peut-être y dénicheras-tu des informations utiles.

*

Les jours suivants, chacun trouva sa place. Bartolomeo avait pris possession de la seconde maison où il logeait, en plus des siens, Laurent Fabre, Sancie et leurs enfants. Durant quelques jours, il avait également hébergé Lamigotte et ses arbalétriers, mais ces derniers étaient repartis pour le Midi après avoir reçu leurs gages et une forte prime. Quant aux gens de Lamaguère, ils avaient tous un endroit où dormir dans la maison à l'enseigne de sainte Anne. Mais ils étaient serrés, aussi le Flamand avait-il été chargé, avec la Hure, de chercher une troisième habitation.

Des mois plus tôt, alors qu'on soignait Gregorio en cette même demeure, Guilhem s'était attelé à creuser une cache dans la cave où il avait dissimulé une partie de l'or que Bartolomeo avait apporté pour payer sa rançon. Cette cache, il l'avait aménagée avec Jehan le Flamand, aussi ce fut avec lui, et Aignan, qu'il y transporta l'or ramené de Lamaguère. Il y rangea aussi une boîte qui contenait le bracelet destiné à Rebecca.

*

Durant tout ce temps, le portier avait fait connaissance avec chacun des nouveaux venus. Comme on lui prêtait peu attention, on parlait librement en sa présence et il avait entendu que son seigneur se rendrait à Paris pour rencontrer le roi, puis en Allemagne, dans un pays nommé Thuringe. Que le jeune Guillaume et le servant Vidal l'accompagneraient.

C'est ce qu'il répéta aux cinq Allemands dans la chambre des Trois-Moutons où l'avait conduit son neveu, devant un hanap de bois empli d'ale. Eckhard apprit donc qu'Ussel avait quitté Rouen depuis cinq jours. Dès lors, impossible de le rattraper. Engelhard remit la pièce promise et fit jurer aux deux hommes qu'ils garderaient le silence. Promesse qu'ils n'auraient aucun mal à tenir, car ils s'étaient rendu compte – trop tard, hélas ! – que ces étrangers ne voulaient aucun bien au seigneur d'Ussel.

Après leur départ, le chef des chevaliers de Trifels fit part de sa décision à ses hommes :

— Nous rentrons chez nous !

— Quoi ? s'exclama Engelhard. Hors de question qu'on abandonne la croisade !

Harold et les autres approuvaient, aussi Eckhard les considéra-t-il tour à tour avec un brin de mépris.

— Croyez-vous que je prenne cette décision de gaieté de cœur ? Tout simplement, je n'ai pas le choix. Et vous non plus.

— Pourquoi donc ? demanda Harold.

— Ussel va rencontrer le roi de France, s'il ne l'a déjà fait. Puis se rendra en Thuringe. Pourquoi ?

— Pour rencontrer Wolfram d'Eschenbach, rétorqua Engelhard.

— Il n'a aucun besoin de voir le roi Philippe pour cela.

Harold affichait un regard bovin, ne comprenant rien à la discussion.

— La Thuringe est le seul landgrave qui s'oppose encore à notre empereur, or notre sire prépare une grande entreprise avec le roi d'Angleterre. Vous le savez, c'est moi qui ai transmis la lettre. J'ignore de quoi il s'agit, mais cela ne m'étonnerait pas que le très noble Otton, appuyé par des troupes anglaises, envisage d'en finir avec son rival de France. Seulement, celui-ci doit avoir des espions. S'il l'apprenait, comment agirait-il ?

Les autres écoutaient, captivés mais perdus. Aucun ne répondit.

— Il chercherait à détruire l'unité de nos princes. Et le plus facile serait de détacher la Thuringe puisque son landgrave s'est toujours montré méfiant envers les Welch. Or n'oubliez pas que Hermann est aussi comte palatin de Saxe. Imaginez que la Saxe s'oppose à notre bien-aimé empereur. Son grand dessein s'écroulerait.

Eckhard dévisagea de nouveau ses hommes avant de lâcher :

— Et si Ussel transmettait un message d'alliance à Hermann de Thuringe ?

— Possible, reconnut Engelhard en se frottant le menton.

— Il faut donc en informer au plus vite notre Sire. Imaginez que nous ne le faisions pas, que nous partions dans le Toulousain nous amuser, et que le projet de notre empereur échoue à cause de notre négligence. Et surtout qu'il l'apprenne…

La menace n'était pas vaine. Otton de Brunswick, comme ses prédécesseurs Hohenstaufen, était réputé pour sa cruauté.

— Alors, qui veut encore participer à la croisade ?

Eckhard secoua la tête.

— Partons donc, mais soyez assurés que notre Sire nous récompensera pour ce qu'on fait, et qu'Ussel ne va pas nous échapper.

— Comment ?

— Quand il reviendra de Thuringe, il passera par les évêchés de Trèves, de Mayence ou de Cologne, tous alliés de l'empereur. Il sera alors facile de le faire saisir. Et c'est nous qui conduirons la traque.

27

Au même moment, Guilhem d'Ussel, Bartolomeo Ubaldi et Guillaume pénétraient à l'intérieur de l'auberge à l'Image-Saint-Martin, dans la rue de la Juiverie.

À peine arrivés à Paris, Annette et son mari leur avaient raconté la visite du clerc allemand, la commission qu'il avait transmise de la part d'un nommé Streit demandant la visite de messire d'Ussel à l'Image-Saint-Martin, l'absence de Mabilla, et surtout le fait que ce Streit, qu'ils n'avaient pas rencontré, avait quitté l'auberge peu après. Bref, une histoire incompréhensible.

Autour d'un pichet de clairet, tant Guilhem que Bartolomeo avaient posé moult questions auxquelles Annette et son époux n'avaient pu répondre. Pour en avoir le cœur net, Ussel s'était donc rendu à l'hôtellerie toute proche, laissant Vidal et l'arbalétrier, qui escortait Bartolomeo à la maison du Coq Vert.

Même si la venue des Allemands datait d'une dizaine de jours, l'hôtelier se souvenait parfaitement d'eux.

— Ils étaient trois, messire prévôt, et rudement armés. Des Allemands, sans nul doute, comme le clerc venu juste avant leur départ. Je baragouine quelques mots dans cette langue, alors je sais la reconnaître. D'ailleurs, leur chef, qui se nommait Streit, me l'a dit, et ils ont filé sans avoir dormi chez moi, bien qu'ils aient payé la chambre.

— Pas d'enfant avec eux ?

— Aucun, seigneur !

Incompréhensible ! songeait Ussel. Sauf si Karl von Streit était venu annoncer avoir perdu Mabilla. Mais pourquoi envoyer un clerc et raconter être malade ?

Confusément, il pensa alors aux autres Allemands, les amis de Streit reconnus à Châteauroux.

— Décrivez-moi ce chef, ordonna-t-il.

— Très grand, un colosse. Il aurait pu être bel homme si une balafre ne l'avait défiguré. Son nez était tranché.

Inutile d'en demander plus, comprit Guilhem en regardant Bartolomeo. C'était Eckhard qui était venu ! Et un piège qu'il avait tendu. Mais comment avait-il appris où le trouver ? Et de quelle manière savait-il qu'il attendait Streit ?

Soudain, la lumière se fit : Harold l'avait certainement reconnu à Châteauroux, mais pas Eckhard, où alors ce dernier ne l'avait pas cru. Seulement, en passant à proximité de l'abbaye de Souillac, ils avaient appris la présence d'un Allemand. Ils s'y étaient rendus, avaient retrouvé Streit et, d'une façon ou d'une autre, parlé de lui. L'ancien prisonnier avait alors dit qu'il habitait Paris, rue de la Vieille-Draperie. Aussitôt, Eckhard, toujours furieux contre lui, avait entraîné ses hommes dans la capitale.

C'est ce qu'il expliqua à Bartolomeo et Guillaume après qu'ils eurent quitté l'auberge.

— Cela signifie que tu as ces Allemands à tes trousses, s'inquiéta Bartolomeo. Et tu veux partir pour la Germanie avec un guerrier et un damoiseau, alors que tes ennemis sont une vingtaine !

— Peu me chaut ! Comment parviendraient-ils à me retrouver et à tenter de me nuire ? D'ailleurs, ils ont dû retourner à leurs projets de pillage dans le Toulousain !

Annette et son époux furent avertis de l'affaire, et Guilhem leur demanda de tout raconter à Peyre à son retour. Quant au véritable Streit, et à Mabilla, ils viendraient sans doute, et on devrait leur faire bon accueil.

Ussel prépara ensuite un pli annonçant son retour à Paris, que le mari d'Annette porta au palais, à l'intention de frère Guérin.

*

Le lendemain, un clerc vint le prévenir que le roi le recevrait le jour suivant, à prime, dans son logis du palais, avec le seigneur Bartolomeo.

À l'heure dite, ayant laissé leurs montures dans la cour de la Grosse Tour où se trouvait une écurie, Ussel et le fils du cardinal Ubaldi se présentèrent à la porte du logis du roi. Godefroy Lhermite, le nouveau prévôt de l'hôtel, les attendait. Connaissant Guilhem, il échangea avec lui quelques mots respectueux et surtout chaleureux. Certainement avait-il appris que son prédécesseur ne réclamerait pas sa place. Ensuite, il les accompagna pour traverser la grande salle lambrissée où se tenaient clercs, prélats et chevaliers, en train de se réchauffer devant la cheminée. Ussel salua ceux qu'il avait déjà approchés, puis emprunta l'escalier, suivi d'un Bartolomeo qui examinait tout avec curiosité, n'étant jamais entré dans le palais.

En haut se succédaient une première antichambre lambrissée de chêne, puis une salle communiquant avec la chapelle et, enfin, la grande chambre royale partitionnée en plusieurs pièces. Des clercs secrétaires et des chevaliers attendaient dans une antichambre. Parmi eux se trouvait le chambellan Gautier le Jeune, qui, prévenu de la visite, s'avança vers Guilhem et lui fit part de son plaisir de le revoir. Ussel lui présenta Bartolomeo et répondit brièvement à la curiosité du chambellan sur la croisade albigeoise et les événements de Béziers avant qu'il le conduise auprès du roi.

Bartolomeo découvrit alors la chambre de parement de Philippe Auguste, longue pièce aux murs en boiseries ciselées et au plafond peint d'un azur décoré de lys. Dans sa partie la plus reculée se dressaient un lit à courtines, des huches richement travaillées et des crédences sur lesquelles s'étalait de l'orfèvrerie d'or et de vermeil.

Le roi se trouvait au début de la salle, sur une haute chaire, revêtu d'un ample bliaut fleurdelisé et coiffé d'une couronne ornée de fleurs de lys d'argent et d'or. À sa ceinture étaient suspendues des clefs, une aumônière à secret et une dague à poignée ornée de rubis. À ses pieds, sur un tabouret, se tenait frère Guérin, portant le bliaut noir à la croix blanche de son ordre. Près de lui, flottant dans sa robe, un templier long et décharné qui dévisagea sévèrement Bartolomeo. Enfin, à côté du monarque, son fils, le prince Louis, était assis sur un second siège.

Les visiteurs s'agenouillèrent.

— Loué soit Jésus-Christ de t'avoir gardé gaillard, Ussel, fit le roi en un sourire aimable. Je suppose que ton compagnon est messire Bartolomeo Ubaldi ?

En vérité, Philippe Auguste se souvenait d'avoir vu Bartolomeo quelque dix ans plus tôt, quand Ussel avait combattu le sire de Malvoisin dans la cour de justice de l'évêché, lors d'un duel judiciaire. Bartolomeo était alors son écuyer.

— Oui, mon noble Sire, fit Guilhem.

Ainsi frère Guérin avait-il bien parlé de son ancien écuyer à Philippe.

— Seigneur Ubaldi, je vais laisser frère Aymard, qui s'occupe de mes finances, vous interroger. Répondez-lui sans fard.

— Je m'y engage, très haut et puissant Sire.

Le roi fit un geste en direction du templier. Qui commença.

— Seigneur Ubaldi, pour administrer les finances et la justice du royaume, notre Sire a besoin de serviteurs fidèles, certes, mais qui doivent également être savants comme des clercs et valeureux comme des chevaliers. Dites-nous d'où vous venez, ce que vous avez fait et quelles sont vos connaissances.

— Seigneur Aymard, je suis romain. Ma mère était jongleuse et jouait de la harpe en contant des chansons de geste et la vie des saints dans les cours seigneuriales de Rome où elle était respectée et admirée. Elle était très proche du cardinal Ubaldi, et nous vivions chez lui. Ma sœur Anna Maria, qui a épousé le comte de Huntington, et moi-même avons toujours su que nous étions les enfants du cardinal, qui se montrait bon père et nous a couchés sur son testament. Il nous a donné une bonne éducation, nous faisant apprendre la *langua francia*, le latin, le grec et un peu d'allemand. Nous savons aussi calculer avec des jetons, et avec notre tête. Mais, à la mort du cardinal, notre mère ayant aussi passé, nous avons dû quitter sa maison. Pour vivre, nous sommes devenus jongleurs à notre tour, nous jouions des mystères de la Passion et étions très réputés jusqu'au jour où monseigneur Piaggo, camerarius d'Innocent III, nous a fait venir auprès du Saint-Père. Il nous a été ordonné de nous rendre à Marseille où nous devions approcher le vicomte afin de lui transmettre une proposition de rachat de la ville par l'Église. C'est ainsi que nous avons rencontré messire d'Ussel, et nous n'avons jamais donné suite aux exigences du pontife. Il a d'ailleurs voulu se venger de nous, plus tard. Après cela, ma sœur a épousé messire Robert de Locksley, et je suis devenu l'écuyer de messire d'Ussel.

— Bartolomeo se montre trop modeste, noble frère Aymard, intervint ce dernier. Je l'ai toujours eu à mes côtés dans les moments difficiles, et il m'a tiré d'affaire plusieurs fois. Ses talents sont incroyables. Il peut même se faire passer pour vous...

— Pour moi ? Comment cela ?

Ussel regarda Bartolomeo et hocha la tête.

— Frère Guérin, ce Bartolomeo est l'homme qu'il nous faut, déclara soudain la voix du templier, sans que ce dernier ouvrît la bouche.

— C'est certain ! répondit l'hospitalier, pourtant lui aussi silencieux.

Aucune lèvre n'avait bougé. Le prince Louis écarquilla les yeux et même se signa, inquiet quant à cette manifestation à l'évidence surnaturelle.

Le roi demeurait bouche bée.

— Bartolomeo sait imiter toutes les voix et les fait s'exprimer avec son ventre, expliqua Ussel en un sourire ironique.

Cette fois, ce fut Philippe qui se permit de rire.

— Bien joué, messire Bartolomeo ! Pour ma part, vous me convenez. Qu'en pensez-vous, mes fidèles ?

Guérin opina, mais Aymard demanda :

— Puis-je encore poser quelques questions, ô mon roi ?

Philippe hocha la tête.

— J'ai pensé à vous, messire Bartolomeo, comme prévôt de Pont-de-l'Arche. Il s'agit d'une baillie, une dépendance du bailliage de Rouen qui n'a pas de titulaire. Le bailli représente la *Curia regis*, et le prévôt l'assiste pour collecter les revenus des forêts royales, les redevances payées au roi par les bourgeois, les taxes de succession et faire régner la justice. Vous en sentez-vous capable ?

— Dieu m'en est garant, noble frère.

— J'attends une *recepta* détaillée tous les trois mois, que vous remettrez également au bailli de Rouen. Vous aurez aussi à collecter des revenus des abbayes et des juifs. Pour ces recettes, il faut faire preuve d'une grande fermeté.

— Je m'y engage, noble frère.

— Enfin, il y a la justice, que vous rendrez avec humanité.

— J'ai trop connu l'injustice pour faire un mauvais juge, frère chevalier.

— Dans ces conditions, je n'ai pas d'objection. J'aurai cependant à m'entretenir plus longuement avec messire Bartolomeo.

— Vous pouvez vous retirer avec lui, mon frère, dit le roi.

Il leur donna congé et, après leur départ, ne restèrent donc que Philippe, son fils, frère Guérin et Guilhem.

— Ussel, frère Guérin m'a rapporté ce que tu lui as dit, mais je veux l'entendre de ta bouche. Sur la traque que tu as conduite à la poursuite de ce félon de Beaumont, sur ce qui s'est passé à Béziers, sur tes entretiens avec le duc de Bourgogne, sur ton retour avec tes gens, et sur ces Allemands que tu as rencontrés.

Guilhem s'exécuta, ce qui prit un certain temps. Il termina par une information que Guérin ignorait : la venue des Allemands à Paris et le piège qu'ils lui avaient tendu. Il évoqua seulement Mabilla, l'enfant d'une femme qui avait soigné Karl von Streit et été tuée par des fredains.

Le roi s'adressa à Guérin :

— Tu donneras le signalement de ces gens au prévôt. Je veux qu'on les trouve, s'ils sont encore ici, et tu les feras pendre. Maintenant, parlons de la Thuringe, seigneur d'Ussel. Tu veux t'y rendre au printemps, c'est cela ?

— Je le pensais, Sire, mais la dame de mon cœur, qui devait m'accompagner, est hélas trépassée durant mon absence. Je ne souhaite pas rester à Rouen, et donc je vais partir dès maintenant pour Wartburg retrouver l'un de mes amis. Je reste votre serviteur si vous avez besoin de moi.

Le roi regarda l'hospitalier avant de déclarer :

— Explique-lui la situation, mon frère.

— Otton n'est réellement empereur que depuis quelques mois et cherche à affermir sa puissance, commença Guérin. Le royaume de France soutenait Philippe de Souabe, avec qui nos relations étaient bonnes. Sa mort nous laisse désemparés. Nous avons désormais un ennemi au-delà de la Meuse et du Rhin. Pire, un ennemi au plus proche des Plantagenêts. Nous devons à tout prix l'empêcher de rassembler les princes allemands contre nous.

Ussel opina du chef.

— En vérité, Otton n'a pas tant de soutiens que cela, mais beaucoup de comtes, de ducs et de princes le suivront uniquement parce qu'il est leur empereur. Or, le landgrave de Thuringe avait pour mère la fille du duc Frédéric de Souabe et demi-sœur de Frédéric Barberousse. Par alliance, il penche plutôt vers les Hohenstaufen. De plus, il aime la France où il a passé sa jeunesse à la Cour afin de parfaire son éducation.

— Je l'ai connu, intervint Philippe, et si son caractère est fort différent du mien, nous étions bons amis et je suis certain qu'il t'accueillera avec bienveillance.

— Quel genre de prince est-il ? s'enquit Guilhem. Wolfram d'Eschenbach m'en a brossé un portrait laudatif, mais il était son seigneur. Vous me dites, ô mon roi, que son caractère est fort différent du vôtre…

Philippe sourit.

— Ussel, tu sais quel homme je suis. Par certains côtés, Hermann est mon contraire. Il n'est pas un guerrier et s'est toujours efforcé de résoudre les difficultés par la négociation et le dialogue. Avec son épouse, la duchesse Sophie de Bavière, il tient une cour magnifique où il accueille avec faste aussi bien ménestrels, chevaliers errants que comtes et ducs. Il organise des tournois d'éloquence poétique entre adversaires politiques et, voici quelques années, j'ai moi-même autorisé un champion à combattre celui du duc d'Autriche.

— Je l'ignorais, fit Ussel.

— Comme beaucoup, car mon champion, un ménestrel pourtant réputé, a perdu, grinça le roi. Ce qui a confirmé mon sentiment que la voie des armes est plus sûre qu'un combat à la lyre lorsqu'on possède de solides troupes.

— J'envisageais d'écrire à son chancelier, Henri de Waldeck, au sujet des ambitions de l'empereur Otton, reprit Guérin, mais la Thuringe est loin, comment être certain que mon message ne tombera pas en de mauvaises mains ? Puisque vous vous y rendez, cela résout bien des difficultés, car, s'il est un homme dans ce royaume en qui notre Sire peut avoir confiance, c'est vous.

— Frère Guérin préparera une lettre que tu donneras uniquement au landgrave Hermann, annonça Philippe.

— Je suis très honoré, et je transmettrai votre message, Sire.

— Cette missive ne sera pas prête avant deux jours, précisa Guérin.

— Je te remettrai aussi un présent pour Hermann, fit le roi à Ussel. Il serait bon que tu arrives à sa cour le plus vite possible, si Otton prépare quelque offensive contre le royaume de France. Connais-tu la route pour la Thuringe ?

— Mon intendant et messire von Streit m'ont donné des indications. Ce dernier m'a parlé d'un mois ou deux de voyage, mais tout dépend du froid et des rencontres que je ferai. J'espère toutefois arriver avant Noël. Je resterai l'hiver là-bas et reviendrai au printemps.

— Je ne peux, hélas !, vous donner de guide, seigneur d'Ussel, fit Guérin. Les messagers que j'ai, par le passé, envoyés en Thuringe étaient des gens du duc de Bourgogne, et il serait trop long d'aller les chercher. Au surplus, ils se trouvent sans doute à la croisade avec le duc. Cependant, je vais rassembler quelques indications qui vous seront utiles.

— J'attendrai de tes nouvelles avec hâte, Guilhem, conclut le roi.

SECONDE PARTIE

Walpurgis

28

Ussel et ses servants avaient d'abord fait route vers Châlons. Un voyage si plaisant que Guillaume n'éprouvait plus d'inquiétude. Aux étapes et haltes, il devait s'occuper des coursiers que chacun avait en longe et qui portaient armes et bagages, dont la vielle à roue de l'écuyer de messire von Streit, Guilhem comptant bien en jouer avec son ami *Minnesänger*. Suivait également un roussin chargé de vêtements chauds et de quoi bivouaquer, s'ils ne trouvaient pas de gîte.

Mais, alors qu'ils avançaient vers Verdun, le temps changea. L'air fraîchit, et une pluie glaciale les accueillit dans le duché de Lorraine, après leur traversée du Rhin sur un bac.

Guilhem n'était jamais venu dans cette partie de l'Empire germanique mais avait appris de frère Guérin, quand il était venu chercher la missive destinée au landgrave de Thuringe, que ce duché, appelé par les Allemands *Herzogtum Lothringen*, était constitué de comtés farouchement indépendants, soit laïcs, comme ceux de Bar, de Vaudémont ou de Sarrebruck, soit religieux tels les évêchés de Metz, Toul, Verdun et Trèves, dont les évêques étaient comtes et princes du Saint Empire.

Ces lieux échappaient donc à toute autorité, et leurs seigneurs, qui se méfiaient les uns des autres, surveillaient étroitement les étrangers de passage. Certes, Ussel pourrait inventer qu'il se rendait en Saxe afin d'acheter des fourrures que vendaient les Varègues[1], avait suggéré frère Guérin. Pour autant qu'il paie les droits exigés afin de traverser les terres impériales et qu'il ne séjourne pas longtemps à chaque endroit, on ne l'importunerait point. Guérin l'avait également averti que bourgeois et seigneurs lorrains prenaient goût à la langue romane. Entre eux et les Allemands, les oppositions devenaient plus profondes. De fait, durant la deuxième croisade, les Mosellans avaient rejoint les contingents français, parce qu'ils ne supportaient plus les Germains.

Effectivement, l'hôtelier de Verdun parlait, avec un fort accent et en butant sur beaucoup de mots, un dialecte qui ressemblait à la langue du Parisis. Son auberge, située dans la ville basse, n'avait qu'une grande salle et un dortoir, mais son écurie était gardée par de solides valets.

Les trois Français n'avaient eu aucune difficulté à pénétrer dans la cité qui, l'année précédente, s'était révoltée contre son évêque et avait établi un sénat de notables. Le prélat avait été assassiné lors de cette sédition, mais son successeur était parvenu à rétablir la paix, et le commerce n'avait jamais été aussi florissant, le port sur la Meuse accueillant toutes sortes de marchandises.

---

1. Peuple nordique, à la fois commerçant et pirate, installé en Russie.

Durant le souper, Guilhem sortit la fable du pelletier se rendant au marché de Leipzig et interrogea l'aubergiste sur la direction à prendre pour gagner la Saxe.

L'homme se montra circonspect.

— Pourquoi ne pas acheter vos fourrures ici où les marchands sont nombreux ? s'enquit-il. Vous vous éviteriez un voyage fatigant et périlleux.

— Mais les prix et le choix ne seront pas les mêmes, mon maître ! Je veux surtout de l'hermine et de la martre, et il m'en faut beaucoup. C'est là-bas que je ferai les meilleures affaires, assena Guilhem, qui avait bien appris sa leçon. Dites-moi plutôt ce que vous savez sur la route à prendre, et ses dangers.

— Il vous faut aller jusqu'à Trèves puis à Mayence, que je ne connais pas. Au-delà, j'ignore le chemin, sans doute devrez-vous traverser la Thuringe. Quant aux dangers, ils seront partout. Les forêts dégorgent de fredains et de charbonniers qui s'en prennent aux voyageurs, les égorgent et parfois les dévorent. Sans compter les loups, les ours et les sorciers. Vous êtes trois, et vous ne ferez pas le poids. Mais le pire sera le froid. La pluie va se changer en neige, et vous risquez de finir gelés dans une tempête, si vous ne trouvez pas où vous abriter.

— Nous verrons, répliqua Ussel en forçant sur l'insouciance.

Le lendemain, il pleuvait toujours. Ils reprirent néanmoins la route.

*

Douze jours plus tard, trois hommes épuisés passaient le pont romain et, sous une épaisse neige, pénétraient dans Trèves.

Guilhem n'avait jamais connu un voyage aussi éprouvant. Durant ces presque deux semaines, les intempéries n'avaient cessé, et ils avaient avancé très lentement. Une pluie perpétuelle, des rivières glaciales à traverser à gué et des nuits souvent sans abri. S'ils avaient par deux fois trouvé gîte dans des hôtelleries d'abbaye, une autre dans la grange d'un village, une autre encore dans un prieuré, et une dernière chez un couple de charbonniers, plusieurs bivouacs s'étaient faits sous des arbres, souvent sans même un modeste feu, à l'exception du jour où ils avaient découvert les ruines d'un ancien camp romain et pu s'y abriter sous un porche de pierre.

Ils avaient perdu deux chevaux, l'un tué d'une flèche par des miséreux dans une forêt, gueux qui n'avaient pas cherché à les attaquer et voulaient seulement manger l'animal ; la seconde monture emportée par les flots d'un cours d'eau. Ils avaient ainsi été privés de leurs arbalètes, écus, vivres et, surtout, de vêtements secs. Une attaque de charbonniers les avait aussi perturbés, mais ceux-là avaient été taillés en pièces à coups d'épée. Des meutes de loups s'en étaient également pris à eux, fauves heureusement pas trop affamés qu'ils avaient aisément mis en déroute.

Trèves était une grande ville commerçante, et les explications données par Guillaume à la garde des portes suffirent dès que Guilhem eut payé les octrois exigés. Là, ils firent halte dans la première auberge rencontrée. Malgré la fatigue et le manque de sommeil, Vidal et Guillaume veillèrent à ce que l'on soigne correctement les chevaux, et Guilhem obtint une chambre mitoyenne à la grande salle, chauffée par l'unique cheminée de la maison.

Ayant fait porter leurs bagages, ils y soupèrent d'abondance puis dormirent de tout leur soûl pendant une dizaine d'heures.

Le lendemain, la neige n'avait pas cessé. Elle couvrait même le sol des rues sur presque un pied quand ils sortirent dans la cour de l'hôtellerie.

— Impossible de repartir ! fit Vidal en grimaçant.

— Nous allons rester quelques jours, décida Ussel. Au demeurant, il faut trouver de nouveaux chevaux, des arbalètes et de quoi remplacer ce qu'on a perdu. Nous avons droit à un peu de repos, la route sera encore longue.

Il doutait, maintenant, d'atteindre Wartburg avant la Noël.

À Trèves, on utilisait toutes sortes de dialectes, et un valet d'auberge leur indiqua un orfèvre qui connaissait la langue de France. L'homme était, bien sûr, changeur et se montra particulièrement aimable quand Guilhem lui échangea plusieurs besants d'or contre des pfennigs et des hellers[1] d'argent frappés par l'évêque de Metz. L'or était rare en Allemagne.

1. Les hellers avaient une plus faible teneur en argent que les pfennigs.

Moyennant quelques cliquailles, ce même orfèvre accepta que son fils guide les voyageurs chez d'honnêtes boutiquiers où se procurer ce qui leur serait nécessaire. Ces emplettes durèrent deux jours. Guilhem acheta également trois robustes chevaux dans un marché à bestiaux.

Chaque soir, auprès des clients de l'hôtellerie, Guillaume s'efforçait d'obtenir des informations sur la route à prendre pour atteindre Leipzig, citant chaque fois la ville d'Eisenach en Thuringe, comme son seigneur le lui demandait. Certains voyageurs conseillaient de passer par Mayence, d'autres par Cologne, plus au septentrion, et Ussel ne savait que décider, d'autant que le froid s'installait, même s'il ne neigeait quasiment plus.

Ce fut au soir du troisième jour qu'un individu se présenta à la table où dînaient Ussel et Vidal devant un ragoût de sanglier. À ce moment-là, Guillaume se trouvait à l'autre extrémité de la salle et conversait avec des marchands.

Le nouveau venu portait une broigne de cuir matelassée rapiécée lui descendant aux chevilles et renforcée sur le torse et les épaules par des anneaux de bronze entrelacés. Il tenait un casque bosselé à la main. Épée de taille et courte hache étaient attachées à un triple baudrier, ainsi que plusieurs coutelas. L'homme, robuste mais pas bien grand, sale comme un verrat, affichait une barbe roussâtre à deux pointes et un sourire à la fois désinvolte et rusé. Son manteau et ses gants étaient en peau de loup.

— Seigneurs, fit-il dans un mauvais français, mon nom est Waldemar. *Edelfrei* je suis, et chasseur de loups. On m'a dit que vous vouliez vous rendre à Leipzig acheter des fourrures. J'y suis déjà allé vendre mes peaux. Si vous avez besoin d'un guide, je suis votre homme.

Un je-ne-sais-quoi dans l'homme déplut d'emblée à Guilhem. Son insolence dédaigneuse, peut-être, ou son regard aux éclairs malveillants. Mais ils avaient besoin d'un guide, et un chasseur conviendrait.

— Possible. Quels gages veux-tu ?

— Vingt pfennigs de Cologne par jour.

Guilhem avait appris la veille que le pfennig de Cologne valait trois hellers, compte tenu de son poids d'argent. L'homme demandait donc beaucoup. Ussel avait emporté deux cents pièces d'or, mais s'apercevait qu'il avait sous-estimé l'hostilité de la Germanie. Il avait payé leurs nouveaux chevaux dix fois le prix auquel il les aurait achetés à Paris. S'il restait plusieurs mois dans ces contrées, il devait mesurer ses dépenses. De surcroît, le bonhomme ne lui revenait décidément pas.

— Je te donnerai ma réponse demain, fit-il évasivement.

L'autre demeura impénétrable, puis émit un singulier sourire en opinant, avant de tourner les talons pour s'installer à une autre table.

— Qu'en dis-tu, Vidal ? s'enquit Guilhem.

— Fallacieux, lâcha seulement le Toulousain avec un air de mépris.

— Je pense comme toi.

Guillaume revint à ce moment-là accompagné d'individus dans la cinquantaine. Le premier, barbe et chevelure de neige sur un front dégarni, l'autre avec une tignasse grisonnante. Tous deux avaient l'allure de marchands avec leur lourde robe de laine recouverte d'un justaucorps fourré et leur épais bonnet à longues pattes couvrant les oreilles.

— Mon sire, fit respectueusement le fils d'Aignan à Guilhem, ces négociants se rendent à Erfurt pour vendre des manuscrits des saints Évangiles. Ils voyagent en mule et connaissent la route. Ainsi que les lieux d'étapes.

— Intéressant ! Prenez place, proposa Guilhem, agrémentant ses paroles, prononcées dans un mauvais allemand, d'un signe de la main que tout le monde comprit.

Les marchands s'assirent à côté de Vidal, et on appela l'aubergiste afin qu'il porte des hanaps d'ale.

— Votre écuyer cherchait des voyageurs connaissant la route de la Thuringe, seigneur, et comme nous allons à Erfurt, nous avons proposé de le renseigner. Mon nom est Berthold Gundelfingen, et voici mon frère Werner.

Berthold, le plus vieux, avait un regard doux et des joues rubicondes. Guilhem avait remarqué qu'il portait à la ceinture, du côté gauche, un large et long couteau à lame nue, et sur le flanc droit un trousseau de clefs et une large escarcelle. Werner, plus grand, lèvres encore plus épaisses que celles de son frère, affichait le même air candide.

— D'où venez-vous ? interrogea Ussel, malgré tout méfiant.

— De Luxembourg, seigneur.

— Et vous allez vendre des livres à Erfurt ? N'ont-ils pas de moines ni de scriptoriums, là-bas ?

— Ils sont incapables de réaliser les chefs-d'œuvre enluminés de l'abbaye d'Echternach, les plus beaux du monde. Nous portons deux grosses bibles. Ce n'est pas notre premier voyage, et nous avons plusieurs acheteurs fort riches.

— Vous n'êtes que deux, avez-vous une escorte ?

— Elle serait inutile. Notre marchandise n'est pas volumineuse et n'intéresse pas les brigands. Au contraire, aucun ne volerait de saints Évangiles.

— Je suis curieux de voir ces livres, intervint Guillaume.

— Vous ne les verrez pas, gentil damoiseau. Chacun d'eux est rangé dans une caisse soigneusement fermée et protégée de la pluie et du froid.

— Vous n'avez que des mules ? s'enquit Guilhem.

— Oui, de robustes animaux qui passent partout.

— Accepteriez-vous de faire route avec nous ?

— Ce serait un immense honneur, messire.

— Nous nous rendons à Leipzig pour acheter des fourrures d'hermine et de martre, et nous passerons par la Thuringe.

— Nous pouvons donc cheminer ensemble, proposa Werner avec un grand sourire chaleureux.

Il ajouta un ton plus bas :

— Si je puis m'autoriser un conseil, méfiez-vous de l'homme qui se trouvait avec vous, tout à l'heure.

— Waldemar ?

— C'est cela, bien qu'il utilise également d'autres noms. Il s'agit d'un voleur.

— Pourtant il nous a dit être *Edelfrei*, homme libre. Je croyais ceux-là nobles et loyaux.

— Hélas, non ! Waldemar n'est libre que parce qu'il vit à Trèves, quand il ne détrousse pas les voyageurs. Tout serf devient libre s'il se réfugie ici. S*tadtluft macht frei*[1], c'est la loi.

*

Ils partirent le lendemain. Il avait encore neigé durant la nuit, et le froid était vif. Cependant, la couche blanche, qui dépassait un pied de hauteur, n'entravait pas la marche des chevaux. Ussel et ses gens suivaient les mules des marchands dont l'une portait deux caisses sur un bât. Tous étaient emmitouflés dans de longs manteaux et portaient bottes et gants épais. À leur départ, Guilhem avait vu Waldemar les observer devant la porte de l'hôtellerie. Le chasseur de loups affichait la même expression, à la fois ironique et dédaigneuse.

Il n'y eut que de courtes haltes, uniquement pour laisser les chevaux se désaltérer avec l'eau transportée dans des outres, car tous les ruisseaux ou rivières étaient gelés. Le soir, ils firent étape dans un village aux maisons rassemblées autour d'une place centrale servant de pâture. Moyennant deux pfennigs, ils logèrent chez des paysans qui leur laissèrent leur lit près du foyer. L'endroit était sale et puant, car les animaux se trouvaient de

1. « L'air de la ville rend libre. »

l'autre côté de la cloison de planches, mais chacun se montra satisfait de la soupe et de la chaleur.

À l'aurore débuta une nouvelle journée de marche. Malgré le froid, ils avançaient vite sur le chemin enneigé mais piétiné par d'autres voyageurs et, alors qu'approchait la halte du soir, Guilhem jugea qu'ils avaient fait au moins douze lieues depuis Trèves.

Les marchands s'arrêtèrent devant une fermette isolée en bordure de l'épaisse forêt qu'ils venaient de traverser. Sur une butte éloignée, on distinguait un donjon.

— Nous sommes à Morbach, expliqua Werner. Il y a d'autres maisons autour du château mais, coucher là-bas, c'est se faire imposer un droit de huit pfennigs par monture ! Nous sommes passés ici à plusieurs reprises. Ulrich et sa femme nous laisseront leur lit pour seulement un pfennig, mais sans pain, car ils mangent seulement de la bouillie, ici.

La ferme était une bâtisse rectangulaire en torchis et bois couverte de paille et entourée d'une clôture de branchages. Les marchands descendirent de leur mule, et Vidal fit de même avec son coursier. Guilhem, méfiant, resta aux aguets. De la fumée sortait d'un trou du toit. Le donjon était assez éloigné, au moins une demi-lieue, et là-bas des fumées montaient également vers le ciel lourd d'épais nuages.

L'endroit lui déplaisait, sans qu'il en comprît les raisons. Il aurait préféré passer la nuit dans la forêt.

— Guillaume, aide Vidal à soigner nos chevaux, dit-il.

Berthold tira la porte de l'écurie-étable tandis qu'un homme sortait. Maigrelet, regard interrogatif, il tenait une fourche.

— C'est encore nous, Ulrich ! annonça Werner d'un ton bonhomme. Nous sommes avec d'autres voyageurs.

— Que Dieu vous garde, répondit le paysan. Mais nous n'avons rien à manger.

— C'est nous qui régalerons, assura Werner, tandis que Berthold faisait entrer les mules.

De son cheval, Guilhem eut l'impression que l'abri était vide d'animaux, puis il aperçut une chèvre couchée près d'un tas de paille. Vidal pénétra le premier. Guillaume le suivit en conduisant les deux roussins achetés à Trèves. L'étable n'était pas grande et leurs montures seraient serrées, jugea-t-il. Déjà Berthold dessellait les mules.

Finalement, il descendit de monture et s'avança vers le nommé Ulrich, qui avait été rejoint par une matrone au difforme embonpoint, habillée d'une lourde robe galonnée au tissage fruste et épais.

— Entrez vous réchauffer, seigneur, dit-elle avec un gentil sourire qui dévoila ses dents noirâtres.

Il obtempéra.

Une seule pièce avec une porte de planches qui donnait dans l'écurie. Pas de fenêtre. Un foyer au milieu, entouré de grosses pierres. Une souche s'y consumait, sans réchauffer. Au-dessus, attachée à une barre de fer, pendait une chaîne noircie de suif avec un chaudron dans lequel mijotait une bouillie de seigle. Le long d'un des murs s'étendait une longue couchette encadrée de panneaux de bois. En face, un coffre et une table du même matériau à peine dégrossi. Plus loin, des bûches et des branches coupées empilées, pour le feu.

La femme fit signe à Guilhem de s'asseoir sur le lit. Il demeura pourtant debout après avoir observé qu'il n'y avait aucune arme dans la salle.

L'hôtesse alla chercher une cruche et remplit un pot de terre qu'elle tendit à son visiteur. Il la remercia et porta ses lèvres à la boisson. Un alcool brûlant, qu'il ne but pas. Werner n'était pas entré. Guilhem entendit une bousculade dans l'écurie, sans doute à cause des chevaux, car le sien était ombrageux. Il décida d'aller voir.

À cet instant, la porte s'ouvrit, et Vidal parut, le visage stupéfait. Il tenta de parler… et cracha un flot de sang en s'écroulant. Guilhem, comprenant qu'ils étaient tombés dans un piège, tira son épée. Mais un coup de bûche lui fracassa le crâne. Et ce fut le noir.

29

Le 20 novembre, sous une pluie battante, Peyre et Gregorio franchirent à cheval la porte Saint-Denis, suivis d'un chariot tiré par une paire de mules et conduit par maître Raillard et son fils aîné. Derrière avançait une charrette à grandes roues attelée à deux chevaux menée par maître Estève et le cadet de Raillard. Quant à Perrine, elle se trouvait à l'abri dans le chariot, serrée au milieu de pièces d'aignelin, cette laine d'agneau dont les fibres courtes servaient à la fabrication des chapeaux.

Maître Estève affichait sa satisfaction. À Provins, il s'était procuré quatre pièces de trente aunes de draps d'Abbeville, une étoffe de qualité, très épaisse à cause de ces deux mille fils de trame, qu'il vendrait facilement à Paris vingt sous l'aune et qu'il achetait jusque-là douze sous à des négociants. Or, à la foire, il les avait payés six sous. Sur chaque pièce, son bénéfice serait d'au moins vingt livres, aussi avait-il conseillé à Raillard d'en prendre trois pour les vendre à Rouen.

Mais c'est à Troyes qu'ils avaient réussi les meilleures affaires. Perrine avait trouvé un marchand proposant des toursels[1] de velours teints à douze sous l'aune. Les pièces venant d'Arras faisaient quarante-cinq aunes et celles de Douai vingt-huit. Estève en avait acheté de différentes couleurs, principalement des écarlates et d'azur. Raillard en avait évidemment fait autant. Ils avaient même acquis des laines de Bruges et de Gand, ainsi qu'une pièce de drap d'or, sur lesquelles le bénéfice serait prodigieux. De surcroît, ils s'étaient procuré nombre de ces draps blancs, qu'on appelait blanquets et qui pouvaient être teints à demande, ainsi que d'autres articles précieux comme des cuirs de Cordoue et des pots d'épices rares.

Certes, ils avaient beaucoup dépensé. Les aubergistes se montraient gloutons dans le prix des chambres, et se nourrir coûtait cher. Malgré cela, une fois les marchandises vendues et le chariot et les mules rendus, Raillard et Estève garderaient au moins deux à trois cents livres de bénéfice. Quant à Peyre et Gregorio, qui avaient placé de l'argent dans l'entreprise, ils doubleraient leur mise de fonds, ce qui, avec ce qu'ils possédaient déjà, leur permettrait de s'établir, une fois mariés.

Tous deux se montraient donc joyeux, bien que le Toulousain fût un brin envieux de son ami qui allait revoir leur seigneur, puisque Gregorio gagnerait Rouen dans un jour ou deux avec

1. Terminé et muni du sceau de garantie, le drap était plié plusieurs fois sur lui-même et emballé dans une housse. Le tout formait un « torsellus », ou toursel.

Raillard et ses enfants, en utilisant le chariot plein de draps.

Peyre, lui, demeurerait à Paris, bien sûr avec Perrine, mais il ignorait quand il reverrait son maître. Les deux compères étaient cependant convenus qu'ils se rendraient à la maison du Coq Vert dès leur arrivée, afin de savoir si Annette et son mari disposaient de nouvelles fraîches. D'ailleurs, c'est là que Peyre logerait en attendant sa noce avec la fille du drapier.

Aussi, une fois dans la rue Saint-Denis, les deux écuyers approchèrent-ils leur monture de la charrette de maître Estève.

— Nous vous abandonnerons dès l'arrivée à votre boutique, mon maître, dit Gregorio. Nous reviendrons après être passés rue de la Vieille-Draperie.

— Entendu !

— Revenez vite, mon gentil homme, déclara Perrine en soulevant la bâche qui fermait le véhicule et montrant le bout de son nez.

— N'ayez crainte, ma douce amie, répondit Peyre.

*

Vêpres avait sonné quand les deux compagnons descendirent de leur cheval, devant la porte de maison du Coq Vert. Peyre tira la chaîne de la cloche. Le portier ouvrit.

— Messires ! Vous êtes de retour ! s'exclama-t-il.

— Nous venons d'arriver. Que l'on s'occupe de nos chevaux ! dit Gregorio.

— Il faut prendre soin de Victoire, demanda Peyre en désignant sa jument, laquelle répondit par un hennissement, car elle avait fini par apprendre son nom.

— Quelles nouvelles de notre seigneur ?

— Entrez donc, on va vous en donner. Je conduis vos montures à l'écurie pour les faire brosser.

Intrigués par la réponse, les deux amis se regardèrent et passèrent le seuil. Avec stupéfaction, ils découvrirent attablés, dans la grande salle, Alaric, le Flamand et les arbalétriers Guiraud, Auzias, Albret et Comminges. Tous se levèrent en voyant entrer les écuyers.

— Enfin ! s'écria Alaric.

— Que faites-vous ici ? Où est le seigneur ?

— Il doit se trouver en Allemagne, mais il a peut-être besoin de nous. Installez-vous, on a soupé mais Annette va vous trouver de quoi manger.

La cuisinière, assise avec les hommes d'armes, près de son mari, s'était déjà levée pour se rendre dans la pièce mitoyenne où elle conservait pâtés, tourtes et jambons.

Ils ôtèrent leur manteau, s'installèrent, et le Flamand emplit des pots.

— Voilà ce qui s'est passé, commença Alaric. Tout a commencé quand notre seigneur est parti à Rouen, ce devait être à la fin des ides de septembre, c'est cela, Pierre ?

— Oui, répondit le mari d'Annette.

— Autant que ce soit toi qui racontes.

Le serviteur fit donc le récit de la venue du clerc allemand et narra la courte enquête qu'avait conduite leur maître aux derniers jours d'octobre. Il en était aux conclusions tirées au sujet des Allemands quand Peyre l'interrompit :

— Tu viens de dire que notre maître est parti pour la Thuringe avec Guillaume et Vidal, mais il ne devait le faire qu'au printemps !

— Ses plans ont changé, intervint le Flamand alors qu'Annette déposait une tourte au canard sur la table. À Rouen, il a appris une terrible nouvelle.

Gregorio et Peyre se figèrent.

— La si gentille dame Rebecca... était trépassée... La peste.

Peyre se signa tandis que Gregorio devenait livide. C'était elle qui avait ramené leur seigneur à la vie. Il lui devait tout.

— Dieu tout-puissant ! murmura-t-il.

— Notre maître ne voulait plus rester à Rouen, où tout lui rappelait celle qu'il aimait. Et comme il devait retourner à Paris rencontrer le roi, il a décidé de partir directement pour la Thuringe.

— Voyager en hiver en Germanie, c'est folie ! s'exclama Gregorio.

— De plus, il a peut-être ces Allemands à ses trousses, ajouta le Flamand.

— Mais comment l'ont-ils retrouvé ?

Alaric répéta les explications que Guilhem avait données au mari d'Annette, quant à Streit et Mabilla. Et ajouta :

— Pierre, ou Annette, a dit au clerc allemand que notre maître se trouvait à Rouen, et la bande s'y est rendue.

— Comment le sais-tu ? s'étonna Gregorio.

— Laisse-moi finir ! Voici ce que l'on a découvert : notre seigneur était parti depuis une dizaine de jours lorsque la Hure a rencontré celui auquel il a vendu son cabaret. Un ancien compère du temps où il était sergent d'armes chez Mercadier. L'autre lui a appris que deux Germains étaient venus dans son bouge l'interroger sur lui et le seigneur d'Ussel. L'un avait une balafre et perdu une partie de son nez.

— C'est bien eux ! affirma Gregorio en grimaçant.

— Aucun doute ! Quoi qu'il en soit, le compère de Médard aurait répondu qu'il ignorait comment les trouver.

— Ces Allemands sont tenaces comme des poux, fit remarquer Peyre.

— Pour sûr ! Faut-il que leur haine soit forte pour poursuivre ainsi notre seigneur ! Cependant, comme ils avaient révélé loger à l'auberge Saint-Maclou, au cas où le compère apprendrait où se trouvait notre maître, Médard nous a prévenus et on s'y est rendus avec messire Bartolomeo, ses gens et les arbalétriers. On les aurait facilement occis, et cette histoire serait terminée. Hélas ! ils étaient partis. D'après l'hôtelier, le balafré avait demandé une chambre où il a été rejoint le soir par plusieurs hommes d'armes, mais tous avaient vidé les lieux le lendemain. On les a cherchés dans toutes les auberges de Rouen, et c'est au faubourg qu'on a retrouvé où ils avaient séjourné. En tout, ils étaient une vingtaine, ce qui correspond à la troupe de Châteauroux, et apparemment ils avaient quitté Rouen le lendemain du jour où ils ont parlé avec le compère de Médard.

— Ils ont certainement appris que notre seigneur n'était plus là, conclut Gregorio.

— C'est aussi ce qu'a pensé messire Bartolomeo. Il nous a donc demandé de venir à Paris prévenir messire d'Ussel, s'il était encore là, et de vous attendre en cas contraire. Lui-même ne pouvait se déplacer car le roi venait de le nommer bailli de Pont-de-l'Arche. Il souhaitait que nous rattrapions messire. À son avis, malgré sa vaillance, il ne pourrait l'emporter contre vingt adversaires. Voilà pourquoi Guiraud, Auzias, Albret et Comminges sont revenus.

Un silence, puis ces paroles de Peyre :

— Il n'y a qu'une décision à prendre : partir dès demain rejoindre notre seigneur.

Gregorio opina, mais avec cette objection :

— Seulement, on ne connaît pas la route prise, ni même celle pour la Thuringe.

— Maître Aignan, qui pense à tout, nous a écrit sur un parchemin la liste des villes par où notre seigneur passerait.

— Montre-moi cette liste, demanda le Pisan.

Le Flamand, qui l'avait déposée sur une desserte, alla la chercher et la remit à l'Italien.

— Châlons, Trèves, Mayence… Que des endroits que je ne connais pas. Ça reste bien vague, mais nous n'avons pas le choix, comme l'a dit Peyre. On partira donc demain, décida Gregorio. Nous irons tout à l'heure prévenir maîtres Raillard et Estève.

— Quelqu'un, à la cour du roi, en sait plus sur le voyage de notre seigneur, intervint Annette, qui, debout, écoutait tout.

Les hommes la regardèrent.

— Notre seigneur a rencontré notre roi bien-aimé, mais il n'est parti que trois jours plus tard. En vérité, il attendait quelque chose. Effectivement, la veille de son départ, deux serviteurs ont apporté une selle et une lettre.

— Une selle ? s'exclama Peyre en écarquillant les yeux de surprise. Pour quoi faire ? Il en a une solide et confortable fabriquée par maître Thomas.

— Oui, une selle ! confirma le mari d'Annette. Le seigneur l'a fait mettre sur son cheval et a gardé l'ancienne sur son destrier de rechange.

— Qui a fait porter cette selle ? questionna Gregorio.

— Je le sais ! révéla Annette, toute fière. Les valets ont dit qu'ils étaient aux ordres de frère Guérin.

— Le chancelier...

Un silence s'abattit, explicable autant par le respect qu'éprouvait chacun envers cet hospitalier simple et puissant, mais également par la question qui venait de surgir : pourquoi frère Guérin avait-il fait ce cadeau à leur seigneur ?

— Ce noble serviteur du roi doit en savoir plus, mais il ne recevra aucun d'entre nous, observa le Pisan après un moment.

— Fais-lui une lettre, Gregorio, suggéra Peyre. Explique tout et supplie-le de nous dire s'il connaît la route qu'a suivie notre seigneur.

Alaric et le Flamand regardèrent l'Italien en approuvant du chef. Effectivement, il n'y avait que lui capable d'écrire une telle missive.

— Entendu ! décida Gregorio.

Il se leva.

— J'ai ce qu'il faut dans ma chambre. Je la porterai ce soir au palais. Quant à vous, réfléchissez à ce qui sera utile pour un tel voyage. Chevaux, bagages, vêtements et vivres. Nous rassemblerons tout demain.

Il s'adressa alors aux quatre arbalétriers :

— L'un de vous ne partira pas avec nous et retournera à Rouen. À vous de décider qui.

— Pourquoi, seigneur ? s'enquit Auzias.

— Je devais escorter maître Raillard à Rouen avec les marchandises qu'il a achetées. L'un de vous me remplacera, et, à Rouen, répétera au seigneur Bartolomeo ce que nous avons décidé. Il est important qu'il le sache.

— Nous ne perdrons pas de temps dans les préparatifs, intervint le Flamand. Nous sommes venus avec suffisamment de destriers, et la Hure et Thomas nous ont fourni tous les vêtements de laine et de fourrure nécessaires. Il suffira de se procurer des vivres.

— Je m'en occuperai avec mon mari, proposa Annette, pendant que Gregorio montait les marches de l'escalier quatre à quatre.

Dans sa chambre, le Pisan s'installa devant son pupitre, prépara l'encre qui avait séché durant sa longue absence, puis gratta un feuillet de parchemin avant de commencer à écrire en latin.

Cette rédaction lui prit près d'une heure. Enfin, il cacheta la lettre avec un sceau que son seigneur lui avait confié et redescendit.

— Je cours au palais, dit-il en saisissant son manteau.

— Je t'y rejoindrai avec nos chevaux, proposa Peyre. Nous irons ensuite prévenir maître Estève.

*

Dehors, la nuit était tombée. Mais la Grand Porte du palais était toute proche et s'y rendre aisé. Arrivé devant, Gregorio constata les battants fermés, aussi cria-t-il aux gens de garde qui se trouvaient dans les échauguettes :

— Je porte une importante missive pour le noble frère Guérin !

Peu après, un battant du porche s'écarta.

— Qui es-tu ? s'enquit rudement une voix, dans l'ombre.

— Gregorio, écuyer de messire d'Ussel, qui était l'année dernière prévôt de l'hôtel du roi.

On le fit entrer dans la salle des gardes, étroite pièce voûtée. Plusieurs sergents le reconnurent, et il remit la lettre à l'un d'eux, demandant qu'elle soit portée sur l'heure. Frère Guérin veillait tard pour travailler sur les affaires du royaume et n'était certainement pas couché.

Il ressortit et attendit quelques instants que Peyre arrive.

*

Le lendemain matin, alors que chacun était occupé aux préparatifs du départ, un robuste gaillard se présenta à la maison du Coq Vert.

L'individu, plus de première jeunesse, affichait un visage ridé par les ans, une large et longue moustache, des dents de devant cassées et une chevelure blonde parsemée de fils gris. Il portait un haubert court à larges mailles de fer, une grande épée dans un fourreau de bois peint en rouge et noir, un casque pointu aux protections d'oreilles et un manteau treillissé en cuir et en laine.

Peyre, qui remplissait une sacoche de selle, le reconnut car le visiteur faisait partie des massiers[1] de Lambert Cadoc chargés de la protection du roi. Il se nommait Friedrich.

— J'ai un pli destiné au seigneur Gregorio, dit ce dernier avec un accent teuton.

Le Pisan sortit de la pièce d'à côté où il discutait avec Annette.

— Dieu te garde, Friedrich ! dit-il. Me portes-tu une lettre ?

— Du noble frère Guérin, oui.

Il tendit un papier plié en quareignon et fermé d'un cachet.

Gregorio fit sauter la cire et lut les quelques lignes, puis se mit à sourire.

— Tu nous accompagnes en Germanie !

— C'est cela !

Le Pisan se tourna vers Peyre.

— Frère Guérin m'a donné le nom de bourgs par lesquels notre seigneur a dû passer, et il a demandé à messire de Cadoc s'il n'avait pas un homme parlant la langue allemande et connaissant les contrées d'outre-Meuse. Friedrich faisait l'affaire, car il est né en Saxe.

1. Gardes porteurs de masse d'armes.

— Je l'ai quittée il y a longtemps, observa quand même le Saxon, qui ne s'étendit pas sur son passé de mercenaire.

— Qu'importe, tu parles la langue de Germanie ! Et moi je la connais à peine ! Nous partons demain, peux-tu être prêt ?

— Je le suis.

— Alors, tu vas pouvoir nous aider, et en même temps, je vais te raconter pourquoi nous nous rendons là-bas, et ce qui nous y attend. Nous serons huit, avec toi...

30

Morbach

La douleur qui lui traversait le crâne fut à tel point insupportable qu'il hurla à s'arracher la gorge. Mais, en même temps, grâce à elle Guilhem prit aussi conscience qu'il était vivant. D'ailleurs, il sentait de la paille dans son dos. Au prix d'un effort surhumain, il ouvrit les yeux et distingua la barbe rousse à deux pointes qui l'effleurait, puis le sourire déplaisant et rusé qu'il avait déjà vu.

— Au moins, il y a un survivant ! annonça Waldemar penché sur lui.

Immédiatement, Guilhem le saisit par le cou et roula sur lui-même, tentant d'étouffer le voleur.

— Holà ! C'est... ainsi que vous remerciez... de vous avoir sauvé la vie ? glapit l'autre, à demi étranglé.

Ussel le lâcha et s'efforça de s'agenouiller pour garder la tête haute et surmonter la douleur.

Waldemar s'écarta d'Ussel et se mit debout, puis, sans rancune, lui tendit la main afin qu'il se lève. Guilhem accepta et se redressa, mais tout ce qu'il voyait vacilla, et la souffrance le déchira de nouveau.

Le tueur de loups le saisit par l'épaule et le contraignit à s'asseoir sur le lit. Cette fois, il n'opposa aucune résistance.

— Je vais vous trouver à boire, seigneur, proposa Waldemar.

— Mes gens ? Guillaume ? Vidal ? s'enquit Guilhem en apercevant le cadavre de la femme qui lui avait donné le verre d'alcool.

Ventre ouvert, ses entrailles en sortaient. Spontanément, il chercha l'épée de Waldemar dont le fourreau à sa taille était vide. Il l'aperçut dans la paille, lame ensanglantée. Il se souvint alors de Vidal et se tourna vers la porte. Son fidèle servant gisait à l'endroit où il l'avait vu tomber. Un épieu enfoncé dans le dos.

— Trop tard pour vos serviteurs. Vous auriez dû vous montrer plus méfiant, et m'écouter, fit le chasseur en remplissant un pot avec le cruchon de la paysanne.

La mort de Guillaume – qu'il comprit aux propos du chasseur – frappa Ussel au cœur. Il songea à son père, à sa mère et à son frère. Il avait failli et se sut déshonoré.

S'appuyant au lit, il se leva et repoussa le pot que Waldemar lui tendait, puis en titubant s'approcha de la porte.

Il considéra un moment le corps de Vidal avec une tristesse infinie. C'était un bon compagnon qui n'avait pas mérité de mourir ici, dans cette masure glaciale, tué lâchement au fin fond de la Germanie. Pour une fois, il fit un signe de croix, et pénétra dans l'écurie.

C'était une boucherie.

Werner gisait sur le ventre, une flèche fichée entre les omoplates. Berthold avait le crâne fendu d'un fer de hache, et Ulrich, le vilain qui les avait reçus, s'était vu éventré avec un coutelas. Sa dépouille reposait sur le cadavre de Guillaume.

De leur perchoir, les deux poules regardaient Guilhem d'un air mauvais, comme si elles en avaient assez d'être dérangées. Dans son coin, la chèvre dormait, indifférente au massacre.

Ussel se retint de pleurer. Il vit Waldemar entrer à son tour dans l'écurie et demanda :

— C'est vous qui les avez tués ?

— C'est moi, oui. Je connaissais Werner et Berthold et me doutais qu'ils vous attireraient dans un guet-apens. Ce n'est pas la première fois qu'ils abusaient de la confiance de voyageurs. Donc, je vous suivais depuis deux jours pour vous tirer de ce mauvais pas.

— Je n'ai rien vu... se morigéna Guilhem, furieux contre lui-même.

— Normal, je me tenais à bonne distance. Je connais le pays, et vos traces étaient bien visibles dans la neige. La nuit dernière, je savais que vous ne risquiez rien, ceux chez qui vous avez logé étant honnêtes. Mais Ulrich et sa femme... ! Ils avaient l'habitude de meurtrir les voyageurs conduits par les deux frères. Et le seigneur de Morbach a toujours fermé les yeux sur ces pratiques. Ses gens viennent uniquement réclamer leur part une fois le forfait terminé.

» Quand j'ai vu que vous vous arrêtiez chez eux, je me suis pressé. J'ai laissé mon cheval dans la forêt, pris mon arc et accouru. La porte de l'écurie était ouverte. Hélas, je suis arrivé trop tard et j'ai assisté aux meurtres. Ulrich a frappé votre écuyer avec une massue et Berthold planté son épieu dans le dos de votre servant.

» J'ai tiré la flèche que j'avais encochée, puis frappé de ma hache et de mon coutelas. Et quand je suis passé par-dessus votre homme qui venait de s'écrouler, j'ai vu la femme vous frapper à son tour. J'ai bondi sur elle et l'ai définitivement empêchée de nuire.

Il désigna son épée dans l'autre pièce.

— Je dois donc vous remercier… murmura Guilhem.

Il s'agenouilla, poussa le corps d'Ulrich et détacha la ceinture de Guillaume, libérant fourreau et couteaux. Puis il s'efforça de prendre le garçon dans ses bras.

Seulement, le fils d'Aignan était un solide gaillard, particulièrement musclé pour son âge. Avec le haubert qu'Ussel lui avait donné, il se révélait terriblement lourd, et Ussel peina à le soulever.

— Aidez-moi, demanda-t-il au chasseur.

Waldemar attrapa les pieds du jeune homme, et ils transportèrent son corps sur le lit. La chevelure du servant était sanglante, mais il ne semblait pas avoir d'autres blessures.

C'est alors qu'Ussel crut voir la bouche s'ouvrir.

— Trouvez-moi de l'eau ! Il vit !

Waldemar saisit un seau de bois qui traînait près du foyer et sortit ramasser de la neige. Pendant ce temps, Guilhem plaça sa main devant les lèvres du garçon et crut sentir un faible souffle. Il souleva une paupière. La pupille remua faiblement.

Il alla prendre le cruchon d'alcool et en vida le contenu dans la bouche de Guillaume qui recracha la gorgée en toussant. Il vivait !

À ce moment, Waldemar entra avec son seau plein de neige. Il le déposa près du foyer en remuant le contenu à l'aide d'un bâton. Très vite, le mélange devint liquide.

Guilhem déchira fébrilement un morceau d'étoffe posé sur le lit. Le tissu était sale, mais peu importait. Il le trempa dans le seau et commença à nettoyer le sang, d'abord de la chevelure, puis du visage après avoir rincé le linge.

Alors, Guillaume râla.

Ussel examina la blessure qui saignait encore. Une énorme bosse apparaissait, et la peau meurtrie était fendue. Mais l'os du crâne était-il brisé ? Il espérait que non.

Waldemar demeurait silencieux, comme s'il ne se sentait plus concerné. Guilhem ne savait que faire d'autre.

— Y a-t-il un mire, un rebouteux, un renoueur ou un infirmier par ici ?

— À Morbach, il doit bien se trouver quelque matrone, ou un guérisseur, mais y aller, c'est se faire connaître du seigneur, et finir dans un cachot ou branché.

Il avait raison. Mieux valait attendre.

— On va le laisser couché en lui gardant la tête haute. Je sais que c'est le mieux. Allez chercher votre cheval dans la forêt et occupez-vous des bêtes. Quant aux corps…

Ussel regarda autour de lui. Aucun endroit pour les dissimuler.

— On les mettra sous la neige, cela suffira, décida Waldemar.

Guilhem alla jusqu'au cadavre de Vidal et retira l'épieu ayant percé le haubert.

— Venez m'aider, demanda-t-il au chasseur.

Il dépouilla le corps du baudrier et de l'épée, puis tous deux ôtèrent le haubert. Certes, celui-ci avait été troué par le fer de l'épieu, mais un artisan pourrait renouer les maillons. Ce bon haubert offert par Ussel à son homme, cotte de fer qu'un carreau d'arbalète ou une flèche ne pouvait percer, il n'allait pas la laisser là.

Quand ce fut fait, il transporta la dépouille dans l'écurie et la plaça à l'écart des autres. Waldemar le rejoignit en tirant les pieds de la paysanne. Son cadavre rejoignit celui du vilain.

Tous deux revinrent dans la salle, et le chasseur sortit.

Ussel installa Guillaume le plus confortablement qu'il put sur le lit, puis remonta le haubert du garçon jusqu'à ses épaules et parvint à le faire passer par la tête en évitant de toucher la blessure. Ensuite, il mit des bûches dans le feu et alla voir les chevaux. Il débrida le sien et apporta la selle dans la pièce, près du lit. Après quoi il fit de même avec le cheval de Guillaume dont il récupéra le manteau. Quant aux roussins, Vidal en avait déjà défait les bâts.

Ussel transportait les autres bagages lorsque Waldemar revint avec sa monture.

— Laissez, seigneur, je vais les brosser et les nourrir, dit-il.

— On n'a pas parlé de ce que je te dois, Waldemar.

Il venait de décider de tutoyer le chasseur, désormais un compagnon, comme l'avait été Vidal.

— Ma foi, je vous avais donné mon prix. Se débarrasser des deux frères était compris dedans. Voulez-vous toujours que je vous accompagne à Leipzig ?

— Oui, mais nous n'irons pas si loin, seulement jusqu'au château de Wartburg.

— Comme vous voulez.

Il ne se montra pas plus curieux, et Guilhem retourna examiner Guillaume. Maintenant, le garçon respirait presque régulièrement. Ussel repassa le linge mouillé sur sa tête. La bosse avait encore grossi, formant un énorme hématome violacé.

Il hésita, puis sortit l'un de ses couteaux qu'il alla chauffer dans le foyer. Après quoi, il revint au lit, approcha le fer rougi de la blessure et d'un coup perça la chair.

Guillaume émit un râle déchirant. Un flot de sang foncé s'écoula. Que Guilhem nettoya doucement avec le linge. Cet épanchement le sauverait, espérait-il, lui qui avait vu pratiquer ce traitement par des chirurgiens, après des batailles, aux blessés ayant reçu un coup de marteau d'armes sur le crâne. Il songea tristement que, si Rebecca était là, elle aurait su mieux s'y prendre.

Maintenant, il ne pouvait qu'attendre.

Il se leva et fouilla dans les bagages pour en extraire deux épaisses couvertures dont il recouvrit son servant. Puis il sortit un demi-pain de seigle acheté à Trèves, de la viande séchée et une outre de vin, bientôt déposés sur la table. Il envisagea un instant de retirer le haubert qui lui pesait, mais il ignorait ce que la nuit apporterait. Il jugea donc prudent de le garder.

Il trancha un morceau de pain, s'assit à même le sol, genoux relevés, et se mit à réfléchir en le mangeant.

Waldemar pouvait-il remplacer Vidal ? Quelle confiance accorder à cet homme ? Certes, il aurait pu le tuer quand il l'avait découvert, et ne l'avait pas fait. Il n'avait pas plus touché à sa bourse ni tenté de le fouiller. Mais peut-être n'en avait-il pas eu le temps.

Guillaume émit un gémissement. Allait-il survivre ? se demanda Ussel, le cœur serré. Il observa longuement sa selle, au milieu des autres bagages, et s'efforça de chasser le découragement qui l'enveloppait.

Au bout d'un moment, le chasseur de loups revint et le regarda sans dire un mot. Puis il considéra Guillaume et s'approcha du chaudron. La bouillie avait trop cuit à cause des bûches déposées par Guilhem dans le feu. Elle s'était transformée en sorte de croûte. Il détacha le chaudron et entreprit de gratter la pâte du couteau, puis en porta un morceau à Ussel.

— Il faut partir demain. On pourrait avoir de la visite, et les choses iront plus mal.

— On partira, confirma Ussel en mâchonnant la bouillie qui n'avait aucun goût.

Mais au moins réchauffait-elle son corps.

— Et s'il reste comme ça ? interrogea Waldemar en désignant Guillaume.

— Je le poserai sur ma selle. Toi, tu utiliseras le cheval de Vidal. Tu prendras son haubert et son casque.

Il eut un sourire sans joie en ajoutant :

— Il serait dommage pour moi que tu te fasses tuer, maintenant.

L'autre hocha la tête, avec le même sourire, puis se trancha un morceau de viande. Soudain, Guilhem songea à l'histoire racontée par les deux frères. Il se leva et, sous le regard intrigué de son compagnon, se rendit dans l'écurie. Le portail était clos, il y faisait sombre, mais le foyer de la pièce d'à côté donnait un peu de lumière. Il découvrit les bagages des voleurs entassés sur de la paille. Waldemar n'y avait pas touché. Les boîtes portées par la mule étaient intactes. Il les examina : des cordes les liaient solidement.

Il revint dans la salle, songeur, examina de nouveau Guillaume, qui semblait reposer, et s'allongea près de lui. Le sommeil le prit sans qu'il s'en rendît compte.

Pourtant, il ne put dormir profondément. À plusieurs reprises, il ouvrit les yeux en entendant Waldemar bouger : le chasseur de loups s'était fait une litière à l'autre bout de la pièce.

*

Ce fut le froid qui réveilla Ussel. Le feu n'offrait plus que des braises. Il s'assit, encore ensommeillé. Le chasseur dormait, son épée près de lui. Guillaume reposait.

Guilhem se leva en frissonnant, alla mettre des bûches dans l'âtre, puis ouvrit la porte et sortit. La neige était tombée dans la nuit, et des flocons voletaient. Le ciel paraissait clair, dans l'aurore.

Il rentra, se coupa un morceau de pain, but du vin et alla près du fils d'Aignan. Sa plaie avait séché. Il respirait normalement.

Il devait le réveiller. S'il se réveillait.

Il passa la main sur sa figure et lui parla :

— Guillaume, m'entends-tu ?

Rien.

Il répéta la question et secoua le garçon par une épaule.

Les paupières paillonnèrent, puis s'entrouvrirent. Le blessé tenta de parler, mais gargouilla seulement.

— Tout va bien, Guillaume. Tu as dormi... Comment te sens-tu ?

— Sei...

Le mot se transforma en râle, mais le fils d'Aignan essaya de bouger, il releva la tête, et Guilhem l'aida.

— Peux-tu seoir ?

— Ou... Oui...

Les yeux s'ouvrirent entièrement, et Guillaume grimaça. La douleur, forcément.

— J'ai mal... fit-il.

Rassuré, Ussel le souleva, l'aida à s'asseoir, puis mit une des couvertures sur ses épaules. Waldemar, réveillé et déjà debout, les regardait.

— Te souviens-tu de notre arrivée dans cette ferme ? interrogea Ussel.

— Je… crois… oui… J'étais avec Vidal… les chevaux…

— Les marchands qui nous guidaient étaient des félons. Le vilain qui nous a reçus t'a frappé. Il a failli te tuer.

Il désigna le chasseur :

— C'est Waldemar qui nous a sauvés.

Guillaume regarda dans la direction indiquée, mais ses yeux restaient vitreux. L'esprit confus, il était incapable de comprendre de qui était arrivé et encore moins de questionner.

Guilhem alla remplir un pot de vin qu'il lui porta.

— On va partir, et si tu ne peux monter à cheval, je te prendrai avec moi.

— Je… Je suis capable de chevaucher, seigneur. Je me sens mieux.

Il sourit faiblement :

— Grâce au vin !

— Je vais préparer les chevaux, décida Waldemar. Que fait-on des mules ?

— On les emmène. Et pour les cadavres, inutile de les dissimuler sous la neige, j'ai une meilleure idée.

— Laquelle ?

— Tu verras. Prends toutes les armes, les manteaux et les bourses et attache l'ensemble sur mon autre destrier.

Lui-même attrapa les sacoches qu'il n'avait pas ouvertes et les porta dans l'écurie. Waldemar le suivit et commença à dépouiller les corps.

Guillaume apparut alors, démarche hésitante et visage livide. Il avait abandonné la couverture et mis son manteau.

— Je vais vous aider à brider les chevaux, dit-il. Cela me fera du bien.

Une grosse heure plus tard, le jour était levé. Ils avaient terminé, et Guilhem expliqua à Waldemar son idée.

Ce dernier réfléchit un moment. Le brasier pouvait attirer des vilains, mais ce n'était pas certain. Le village se trouvait quand même loin.

— Entendu, dit-il. Emmenez les montures, je tirerai les corps pendant ce temps.

Guilhem fit d'abord sortir le cheval de Guillaume sur lequel il avait installé sa propre selle. Avec un dossier très large, elle était confortable et le maintiendrait bien, même s'il subissait des étourdissements. Il aida le fils d'Aignan à monter, puis attacha à l'arçon une corde au bout de laquelle se trouvait un second destrier.

Ensuite, il prépara coursiers, roussins et mules, toutes les montures devant être encordées. Après quoi il rentra dans l'écurie, fit sortir les poules et la chèvre qui bêla sa contrariété de se trouver dans le froid et sous les flocons, il ferma le portail et revint dans la salle.

Waldemar avait allongé et recouvert les corps de paille et de bois. Ussel lui demanda de l'aider à enfiler son haubert. Il renoua la ceinture soutenant son épée et saisit celle de Guillaume, ainsi que son haubert. D'un regard circulaire, il vérifia qu'il ne restait rien à eux.

Il s'arrêta un moment devant Vidal, se souvenant des bons et des mauvais moments passés avec lui, et se tourna vers Waldemar en train de l'observer.

— Aide-moi, je ne veux pas qu'il parte avec ces marauds.

Il se dirigea vers le coffre bientôt tiré vers le foyer. Waldemar lui donna un coup de main et, ayant compris ce que le Français envisageait, tous deux soulevèrent le corps de Vidal et le placèrent dessus.

Waldemar, qui avait trouvé des pots de gras de porc, badigeonna les murs de leur contenu. Guilhem fit des flambeaux avec de la paille et les imprégna de la même graisse. Alors les deux hommes échangèrent un regard et hochèrent du chef. Tout était prêt.

Ils allumèrent les torches et les jetèrent sur la paille et le bois. En un instant, tout s'enflamma, et ils durent sortir, étouffés par la fumée.

— Filons ! cria Ussel à Guillaume, dont cheveux et manteau étaient déjà blancs de neige.

Guilhem et Waldemar montèrent en selle, et le chasseur partit en tête. Quand il se retourna, la maison d'Ulrich n'était plus qu'un brasier. Sur une branche, les poules s'interrogeaient en silence.

*

Grâce à leur guide, ils avancèrent à bonne allure. La neige tomba toute la journée, mais faiblement, et le sol à peine gelé ne gênait pas la progression des montures. Guillaume avait moins mal et reprit tous ses sens. Quand le chemin était assez large, Guilhem se mettait près de lui. Il lui raconta ce qui s'était passé. Le fils d'Aignan récita plusieurs prières pour Vidal.

Le chasseur leur annonça que la prochaine halte serait Bundenbach, hameau de quelques masures ancré au pied d'un château fort, la Schmidtburg, construite voici deux ou trois cents ans pour protéger le pays des Hongrois. On l'y connaissait, car il était venu souvent y tuer les loups trop nombreux.

Après avoir traversé une immense forêt giboyeuse, ils arrivèrent au hameau à la nuit tombante, gelés et affamés. Une épaisse et infranchissable haie entourait six ou sept maisons en tourbe et planches, couvertes de chaumes. Plus loin, sur une hauteur, la silhouette d'un donjon avec oriflamme rouge et noir se dessinait.

Un portail permettait de franchir la haie, qui en vérité n'en était pas une. Guilhem remarqua qu'il s'agissait d'arbres formant palissade dont les rejetons bourgeonnants courbés vers le sol avaient été entrelacés de buissons épineux.

— C'est un *Gebück*, expliqua Waldemar avant de faire sonner son cor, observant que le Français s'intéressait à cette singulière fortification.

Ils entendirent des aboiements, puis des voix. Une tête parut en haut de la palissade. Le vilain reconnut Waldemar, qui s'expliqua et promit six pfennigs d'argent contre le gîte et la soupe.

Ils entrèrent. Il y avait là cinq hommes et deux femmes, fort curieux de voir ces étrangers. Des marchands qui achetaient des peaux, raconta leur guide.

Un manant les conduisit chez lui. Guilhem examinait les lieux avec intérêt, mais aussi un brin de méfiance. Entre les baraques s'étendaient des enclos occupés par d'énormes vaches rousses à longs poils et grandes cornes, couvertes de givre.

Guillaume resta dehors à surveiller chevaux, mules et bagages tandis que son maître et le chasseur pénétraient dans une pièce unique, bien chauffée par un foyer central. Autour se tenaient deux femmes, peut-être la mère et la fille, et des marmots. Leur hôte expliqua qui étaient les visiteurs, et Waldemar traduisit.

— Ils vont préparer à manger, puis ils iront passer la nuit chez des voisins avec qui ils partageront les pfennigs. Ils voient rarement des pièces d'argent.

Guilhem remit la somme promise, et leur hôte les aida à rentrer bagages et selles. Waldemar et lui conduisirent les montures dans une étable, après quoi tous s'installèrent autour du feu où la plus vieille des femmes servit la soupe.

Les vilains avaient déjà dîné, mais ils acceptèrent volontiers le vin et le pain de leurs invités. Guillaume parvint à parler un moment avec le plus âgé des enfants, racontant d'où ils venaient.

Ils repartirent à l'aurore après une nuit sans histoires. Les gens du château ne s'étaient pas montrés. Pourtant quatre cavaliers les rattrapèrent une heure plus tard dans la forêt.

Un chevalier menait le groupe. Il reconnut Waldemar et lui reprocha de ne pas être venu au château payer l'octroi. Conciliant, le chasseur expliqua qu'ils étaient pressés, et sans barguigner Ussel remit les trois pfennigs exigés.

*

Huit journées s'écoulèrent encore, sans autre encombre que d'incessants péages, tant dans les forêts que lors de franchissements de rivière. Guilhem décidait de fréquentes haltes pour permettre à Guillaume de se reposer, aussi n'avançaient-ils pas rapidement. La neige cessa de tomber, mais le gel devint persistant. Heureusement, Waldemar connaissait le pays, et ils ne passèrent aucune nuit dehors.

Ils pénétrèrent dans Mayence pour la Saint-Nicolas[1], cité où quelque vingt-cinq ans plus tôt Frédéric Barberousse avait convoqué une diète rassemblant quarante mille chevaliers.

Les voyageurs y restèrent deux nuits dans une grande et confortable auberge, bénéficiant d'un bon lit, d'une chambre chauffée et de repas abondants. Le premier jour, Waldemar partit vendre les trois mules et l'un des chevaux de Vidal. Guilhem profita de sa longue absence pour ouvrir les deux caisses des faux marchands et en examiner le contenu. Il découvrit effectivement, à l'intérieur de chacune, une magnifique bible enluminée protégée par plusieurs épaisses étoffes de laine. Guillaume, dont la blessure n'était plus qu'un

1. Le 6 décembre.

mauvais souvenir, se plongea avec ravissement dans les Livres saints.

— Comment ces ribauds pouvaient-ils posséder de tels ouvrages, seigneur ? s'étonna le fils d'Aignan après avoir tourné quelques pages.

— Ils ont dû les voler, et certainement tuer ceux qui les transportaient. Ils nous ont raconté une histoire pas très différente de la réalité pour me mettre en confiance.

— Qu'allez-vous en faire ?

— Je ne sais, Guillaume. Notre périple est loin d'être terminé, alors comment envisager des projets d'avenir ?

— Nous n'atteindrons pas Wartburg avant Noël, n'est-ce pas ?

— Je crains que non. Il reste encore une longue route.

Le fils d'Aignan s'était replongé dans la lecture. Assis sur un coffre à dossier, près d'une fenêtre aux petits carreaux de verre, Guilhem l'observait, les yeux mi-clos.

Il connaissait Guillaume depuis plus de dix ans et, pour la première fois, fut frappé par son changement. À Lamaguère, les deux fils d'Aignan le libraire assuraient le guet et d'autres travaux réservés aux garçons du fief, mais aucun ne se montrait particulièrement audacieux ou belliqueux. Au contraire, la lecture et l'étude avaient leur préférence. L'attaque de Beaumont avait modifié l'attitude de l'aîné, même si son cadet s'était montré aussi courageux que lui. Guillaume s'était battu pour défendre les siens et ses amis, mais, aux yeux de Guilhem, il restait l'aimable enfant connu autrefois, même s'il se révélait désormais plus grand que lui.

Et puis, il y avait eu le grand voyage à travers le royaume. Les fils d'Aignan avaient passé trois mois à cheval, et l'aîné s'était comporté valeureusement. Il s'était battu, avait eu peur, et surmonté sa couardise. En même temps, il avait changé physiquement, s'était musclé et épaissi. Puis il avait demandé à rester avec lui, à être son servant. Guilhem y avait d'abord vu l'avantage d'avoir un serviteur lettré. Mais, voici quelques jours, le gentil Guillaume avait failli passer à trépas. Cette épreuve, le chevalier l'avait connue plusieurs fois dans sa jeunesse, et il savait combien elle l'avait lui-même transformé.

Oui, en observant le fils d'Aignan, il se rendait compte qu'il n'avait plus un enfant, ou un damoiseau, avec lui. Il avait un homme sur qui il pouvait s'appuyer. Un véritable écuyer.

Quand Waldemar revint, les livres avaient retrouvé leur place dans les caisses, et ils n'en parlèrent pas.

Ils repartirent sous un ciel gris chargé de neige. Comme Guilhem le lui avait demandé, le chasseur avait revendu son cheval, une vieille rosse. Revêtu du haubert de Vidal, il montait désormais son robuste destrier.

31

Château de Trifels, le 14 décembre 1209

Tout avait commencé au palais impérial de Kaiserswerth, près de Cologne, en octobre, peu après le *Reichstag* qui s'était tenu à Goslar. Jugeant avoir obtenu l'accord de suffisamment de princes, l'empereur Otton avait demandé à son fidèle bailli Gottschalk de rassembler quelques centaines d'hommes et de les envoyer par petites bandes dans les villes proches de la Thuringe. Au printemps, ces gens lanceraient une grande offensive présentée comme une révolte populaire exigeant de remettre le landgraviat à l'archevêque Albert de Magdebourg. Comme lui-même et Albert de Magdebourg se trouveraient en Italie, on ne pourrait les soupçonner d'être derrière ces troubles.

Dans sa chambre, maître Walram, l'intendant de Trifels, ruminait sa rancœur contre son fils et son ami Eckhard qui avaient tant intrigué contre lui pour convaincre l'archevêque Conrad et l'empereur de les laisser partir à cette maudite croisade. Voici un mois, Herr Gottschalk avait délégué un messager lui demandant d'envoyer des gens d'armes à Kaiserswerth, sous le commandement de quelques chevaliers. Le messager avait expliqué que se préparait une offensive contre la Thuringe et que tous les nobles qui y participeraient recevraient des terres ou des fiefs confisqués dans le landgraviat.

Au désespoir, maître Walram avait dû répondre que Eckhard, son fils et leurs féaux étaient partis pour la croisade contre les hérétiques albigeois, et qu'il ne disposait plus de suffisamment d'hommes pour en dépêcher à Cologne. Car, s'il y avait au château beaucoup de teutoniques, les moines-soldats ne participeraient jamais à une agression contre la Thuringe.

Maintenant, maître Walram priait chaque jour le Seigneur pour qu'Il fasse revenir au plus vite son fils. Après tout, Eckhard n'avait-il pas promis qu'ils seraient de retour avant Noël ?

Il se trouvait à genoux en dévotion quand résonnèrent les cors annonçant des visiteurs. Il se releva et se dirigea vers une fenêtre. Lorsqu'il l'ouvrit, un vent glacial pénétra, mais lui n'aperçut que des sapins enneigés. Le seul chemin visible restait entièrement blanc.

Le *ministerialis* mit son manteau en fourrure, se coiffa d'un bonnet, quitta la pièce et emprunta un escalier. De là, il gagna une galerie percée de fenêtres ogivales à colonnettes, puis descendit dans la grande salle. En cette période de l'année, avec le froid qui régnait, la pièce était habituellement occupée par les gardes au repos, les religieux et les dames du château qui profitaient de la chaleur du foyer, assis sur des bancs ou dans les embrasures de fenêtre. Or, à l'instant, la salle était déserte, hormis deux vieilles femmes assises sur des coussièges.

Maître Walram approcha d'elles :

— Où sont-ils donc ? s'enquit-il en associant sa question à un geste circulaire.

— Tout le monde est sorti, maître, répondit la moins âgée. Une sentinelle vient d'annoncer qu'une troupe arrivait.

— Nombreuse ? Des bannières ?

— Des croix noires, maître, et un lion debout. Ce sont les nôtres ! Il doit y avoir votre fils !

Elle n'avait pas terminé que l'intendant se ruait vers le passage communiquant avec une seconde salle et, de là, avec la cour. Une fois dehors, se pressant autant qu'il le pouvait, il gagna le châtelet en s'efforçant de ne pas glisser sur les plaques de verglas.

Presque tous les occupants du château se trouvaient agglutinés là. Au moins une centaine de personnes, dont la plupart des chevaliers teutoniques. Chacun s'écarta devant l'intendant, et un écuyer lui expliqua que la troupe avait été aperçue au village en contrebas et allait arriver d'un instant à l'autre.

— Mais qu'attend-on pour ouvrir la herse et descendre le pont-levis ? assena maître Walram.

Tout en dissimulant une grimace de dépit, l'écuyer fit signe aux hommes du treuil. L'intendant lui-même avait donné l'ordre de ne jamais descendre le pont tant que des visiteurs n'étaient pas parfaitement identifiés.

La grille était donc entièrement levée lorsque la troupe parut. En tête se trouvait Eckhard, Engelhard le suivait, et les autres hommes d'armes paraissaient au complet, aucun blessé.

Une immense clameur de joie retentit, suivie par mille acclamations confuses et frénétiques. Quelques épouses inquiètes retrouvaient leur mari. Frères et parents se montraient soulagés de revoir leurs proches bien gaillards.

Ceux qui descendaient des montures semblaient moins joyeux. Ils allaient devoir annoncer qu'ils rentraient bredouilles, sans avoir combattu, et qu'ils ne resteraient pas, alors que les fêtes de la Nativité approchaient.

Harold demanda qu'on s'occupe des chevaux, Engelhard enlaça son père, et le *Leiter* des chevaliers annonça à ce dernier :

— Nous repartons demain, maître. Il faut qu'on parle.

Walram fronça les sourcils et remarqua enfin que le groupe ne comprenait aucune monture de bât chargée de butin. Qu'était-il arrivé ? Et où Eckhard voulait-il se rendre, alors qu'on avait besoin de son fils et de lui à Cologne ?

Les trois hommes se retrouvèrent dans la chambre du *ministerialis*, qui avait donné ordre qu'on leur apporte du vin chaud épicé, des saucisses et du pain.

Autour d'une table rapidement dressée, Eckhard narra à Walram comment leur route avait croisé le prétendu ménestrel qui, quinze ans plus tôt, avait fait évader le Plantagenêt prisonnier. Il parla ensuite de Streit, retrouvé affaibli dans une abbaye, après avoir été captif. Maître Walram confirma avoir appris par l'écuyer venu chercher la rançon que leur ami était prisonnier, situation qui l'avait inquiété tant il craignait qu'il leur arrive la même chose. L'écuyer était reparti pour la France voici seulement six semaines, la rançon ayant été difficile à rassembler ; depuis, personne n'avait eu de nouvelles de messire von Streit.

Eckhard poursuivit avec leurs voyages à Paris et à Rouen, durant lesquels ils n'avaient pu retrouver Ussel, mais où ils avaient appris que ce maudit avait rencontré le roi de France, dont il était ancien prévôt de son hôtel, et qu'il se rendait en ce moment même en Thuringe.

— Voilà pourquoi nous sommes revenus sans avoir participé à la croisade. Non seulement nous voulons toujours saisir et punir ce scélérat, mais il faut le faire parler afin d'apprendre pourquoi il a rencontré le roi de France, et s'il transmet un message au landgrave.

— Que d'inquiétantes nouvelles ! s'exclama le ministérial, car je puis vous le dire maintenant : je sais que notre noble empereur a prévu d'envahir la Thuringe, au printemps. Son bailli, messire Gottschalk, a d'ailleurs besoin de vous et de nos gens ! Partez donc dès demain pour Cologne, comme vous l'avez prévu. Vous vous mettrez à son service et lui raconterez tout. Informé, le chancelier de l'empire fera parvenir un message à notre Sire Otton qui se trouve en Italie.

*

Château de Kaiserswerth, près de Cologne, le 17 décembre 1209

Dressé au bord du Rhin et entouré d'impressionnantes murailles, le palais royal de Kaiserswerth avait été construit deux cents ans plus tôt par l'empereur Henri III, puis agrandi par Frédéric Barberousse qui en avait fait l'une de ses principales demeures.

Dans une chambre du château, le bailli Gottschalk recevait un chevalier tout juste arrivé de Verdun avec sa lance de six hommes. Il lui expliquait en quoi consisterait l'invasion de la Thuringe : d'ici à deux mois, dès les grands froids terminés, ils feraient route pour Bamberg, au nord de la Bavière. L'évêque de la ville avait donné son accord pour recevoir leur troupe. De là, au plus tard début avril, ils partiraient vers Erfurt, leur objectif. D'autres escouades feraient mouvement pour s'emparer des principaux châteaux, dont celui de la Wartburg.

— Wartburg ? intervint le chevalier qui se nommait Egbert. On me l'a dit imprenable !

— Quelqu'un sur place nous aidera, mais je ne peux vous en dire plus.

Un homme entra sans se faire annoncer. De haute taille, légèrement voûté, revêtu d'une lourde robe de velours fourrée de petit-gris, un bonnet sombre lui couvrant les oreilles, il affichait un visage lugubre et autoritaire orné d'une barbe de chèvre[1] aux poils grisonnants. C'était le *ministe-*

1. Barbe à deux pointes.

rialis du château. Il tenait un bout de papier à la main.

— Messire Gottschalk, un pigeon vient d'arriver !

Il donna le billet au bailli et échangea quelques mots avec le chevalier dont il connaissait la famille, tandis que le seigneur Gottschalk déchiffrait le minuscule document.

Ayant terminé, le bailli leva des yeux ravis :

— Le diable est avec nous ! s'exclama-t-il.

— Ne blasphémez pas, messire ! rétorqua l'autre, sèchement.

— Reconnaissez que nous avons une chance inouïe ! Je pars sur-le-champ pour Goslar avec tous les hommes que je pourrai rassembler.

— Prenez-en suffisamment, le fils du landgrave doit avoir une solide escorte.

Gottschalk se tourna vers le chevalier :

— Notre homme à la Wartburg nous indique que, ce matin, le fils Hermann est allé à Goslar d'où il veut ramener une épouse. En chevauchant sans débotter, on peut arriver en même temps que lui, et le saisir. Notre empereur disposera alors d'un magnifique otage ! Venez-vous avec nous ?

— Évidemment !

On était en fin d'après-midi, la sagesse eût été de ne partir que le lendemain, mais le bailli ne voulait pas perdre une minute. Quelle malchance s'il arrivait à Goslar après le départ du fils du landgrave ! De plus, il connaissait parfaitement la route et savait pouvoir y faire halte n'importe où, même après la tombée de la nuit.

Peu après, une trentaine de cavaliers quittaient le château.

*

Château de Falkenstein, le 24 décembre 1209

Le fils du landgrave de Thuringe, Wolfram d'Eschenbach et une solide escorte d'une dizaine d'hommes commandés par un *Hauptmann* avaient quitté le château de la Wartburg le 16 décembre.

Le landgrave et son épouse s'étaient pourtant montrés opposés à ce que leur garçon parte à Goslar, mais ce dernier avait argumenté ne courir aucun risque puisque l'empereur se trouvait à Rome et que le château impérial devait être quasiment désert. Au demeurant, avait-il promis, il ne s'y rendrait pas. Il ne resterait d'ailleurs pas plus d'un jour ou deux en ville, temps suffisant pour demander à la comtesse de Falkenstein la main de Blancheflor.

Évidemment, avait-il admis, la jeune fille pouvait refuser, mais pourquoi le ferait-elle ? Durant l'instant, si bref, où leurs regards s'étaient croisés, Hermann avait ressenti l'émotion de la jouvencelle. S'il arrivait à rester quelques heures et à lui parler, forcément il la convaincrait de son amour.

Reconnaissant le bien-fondé de ces arguments, et souhaitant le bonheur de son aîné mais surtout qu'il épouse une riche héritière car de mauvaises rumeurs circulaient quant à des projets d'invasion de l'empereur, le landgrave avait finalement accepté à condition que Wolfram d'Eschenbach soit du voyage. Son fils avait promis de revenir au plus tard pour la Saint-Sylvestre, quand lui-même serait de retour d'Erfurt où il devait fêter Noël avec sa cour.

Depuis qu'il avait regagné la Wartburg, le jeune Hermann regrettait de s'être montré si pressant auprès de Marguerite d'Antioche. Cependant, il n'avait pris aucun engagement envers elle. Certes, ils avaient dansé caroles et estampies, mais comme les dizaines de damoiseaux et de dames présents au bal de l'empereur. Bien sûr, il l'avait aussi revue plusieurs fois, et lui avait promis de revenir, mais ce n'est qu'à son père et à Wolfram d'Eschenbach qu'il avait parlé de mariage.

Néanmoins, tandis qu'ils cheminaient sur la route de Goslar, ce dernier avait mis en garde Hermann : et si la comtesse imaginait qu'il venait lui demander sa main ? En découvrant qu'il s'intéressait plutôt à Blancheflor, ne pourrait-elle pas se fâcher et lui demander de quitter sa maison ? Wolfram s'était renseigné : on lui avait dit que la jouvencelle devait avoir seize ans à Noël. À ce moment-là, elle entrerait en possession du château de Falkenstein, dont l'occupant était son oncle, et prendrait le titre de comtesse. Donc pourquoi ne pas se rendre au château directement, avant même d'aller à Goslar ? Peut-être Blancheflor s'y trouverait-elle, et Hermann aurait l'occasion de demander sa main à l'oncle ? Ils éviteraient ainsi un éventuel refus de Marguerite d'Antioche.

Lorsque, quelques années plus tôt, le landgrave avait annoncé à son jeune fils, âgé alors d'une dizaine d'années, que le sire d'Eschenbach serait son maître et qu'il devrait lui obéir et écouter ses leçons, le garçon s'était hérissé. Fils de comte, il refusait un chevalier errant comme régent et s'était montré rebelle.

Mais, très vite, Eschenbach avait gagné son cœur. D'abord, par les histoires qu'il lui racontait, accompagnées de sa harpe, des récits de chevalerie qui faisaient vibrer l'enfant. Ensuite par sa science du combat, car Eschenbach l'entraînait chaque jour à la lance, à l'épée ou à la hache. Enfin, il avait suscité son admiration avec sa vaillance et son sens de l'honneur. Aussi désormais Hermann écoutait-il toujours avec attention les suggestions de ce précepteur qu'il considérait comme un grand frère. La proposition de se rendre directement au château de Falkenstein était la raison même.

Certes, le voyage s'allongerait d'une bonne journée, peut-être de deux car ils auraient à contourner le Harz, mais si Blancheflor s'y trouvait et que son oncle acceptait le mariage, ils n'auraient pas même à se rendre à Goslar, l'autorisation de Marguerite n'étant plus nécessaire.

Ils arrivèrent au château couverts de neige, les flocons tombant depuis le milieu de la journée. En espérant qu'on pourrait les loger car, sinon, ils devraient rejoindre Burg Arnstein, à quatre lieues, forteresse dont le seigneur, issu de la famille des comtes de Thuringe, était vassal du landgrave.

Mais cela représenterait encore deux ou trois heures de chevauchée.

Le château de Falkenstein se dressait sur une abrupte falaise. Pour y pénétrer, il fallait contourner l'édifice et traverser une basse-cour entourée d'une enceinte. Le passage vers cet espace fortifié se faisait par une porte bâtie dans une tour carrée, un corps de garde qui communiquait directement avec la cour du château. Un tablier de pont, sur une fosse, permettait d'accéder à cette sorte de barbacane, elle-même close par une herse de bois et un portail ferré.

Il n'y avait qu'un homme dans le corps de garde voûté, lequel ne s'attendait pas à pareille visite. Diable ! L'arrivée d'une douzaine d'hommes d'armes n'était guère fréquente dans ce château ruiné.

Wolfram ayant annoncé que leur cortège était conduit par le fils du landgrave de Thuringe, la sentinelle leva la herse et ouvrit les battants. La troupe traversa la basse-cour sans difficulté avant d'entrer, par une autre porte, au sein d'une cour triangulaire entourée de bâtiments en pierre et en brique, étayés de pans de bois, et d'un donjon circulaire. Envahis de neige, les lieux étaient déserts et paraissaient abandonnés, comme la basse-cour. Un mince voile de fumée montait d'un toit. Personne ne vint à leur rencontre. Le froid pouvait expliquer l'absence de serviteurs, cependant le *Minnesänger* n'y croyait guère. Il savait d'expérience combien les habitants des châteaux, qu'ils fussent chevaliers, dames ou domestiques, se montraient curieux lorsque des visiteurs arrivaient, surtout en hiver où l'on s'ennuyait tant.

Cette singulière situation le rendit mal à l'aise.

L'homme de garde indiqua au *Hauptmann* de l'escorte où se trouvait l'écurie, et les servants y conduisirent les chevaux, tandis qu'un vieil homme apparaissait dans l'ouverture ogivale d'une porte.

De nouveau, Wolfram expliqua qui ils étaient et précisa qu'ils souhaitaient rencontrer le seigneur et sa nièce Blancheflor.

À ces paroles, le vieil homme se décomposa et balbutia :

— Mon seigneur est alité. Il est malade, mais je vais vous conduire à lui.

Personne d'autre ne se montrait, ce qui troubla Hermann à son tour.

Il mit pied à terre et rejoignit Wolfram qui demandait à ce serviteur où les gens de leur escorte pourraient s'abriter, se réchauffer et se restaurer.

— Là-bas ! fit le vieillard en indiquant une autre porte. C'est la cuisine, il y a du feu et on leur servira une soupe.

Hermann dit au capitaine de s'y rendre et demanda ensuite si dame Blancheflor se trouvait au château.

Le serviteur ne répondit pas, se contentant de marmonner :

— Par ici, mes seigneurs.

Ils le suivirent et gravirent un escalier en limaçon. Leur guide s'arrêta devant une porte, gratta et ouvrit.

Meublée d'un grand lit dans lequel un homme était alité, la pièce sentait la mort. Une femme se tenait au chevet, assise sur une escabelle.

Elle se leva et s'écarta.

— Mon noble seigneur, annonça le vieillard, des visiteurs viennent d'arriver. Il s'agit du fils du landgrave de Thuringe avec son escorte.

— Le comte Hermann ? s'enquit l'homme couché, d'une voix faible.

— Oui, messire, répondit respectueusement le jeune Hermann.

— Que me vaut votre visite, gentil damoiseau ?

— Veuillez excuser mon audace, messire. Voici quatre mois, mon père et moi étions à Goslar pour le *Reichstag*. J'ai eu la chance de rencontrer votre nièce chez la veuve de votre frère, et je dois dire que son image ne m'a plus quitté.

— Blancheflor... murmura le malade d'un ton si triste qu'il fit frissonner Wolfram.

— Oui, Blancheflor. Avant de lui parler, j'ai besoin d'avoir votre accord...

— Pour ?

— Je souhaite, de tout mon cœur, en faire mon épouse...

— Votre épouse... répéta l'alité d'une voix sourde.

Un long silence.

— Hélas... Il est trop tard, murmura l'oncle.

Wolfram frissonna. Hermann changea de visage. Blancheflor était-elle promise à un autre ?

— Elle est morte, messire... Morte parce que je n'ai pas su la protéger de la sorcière.

32

Le 26 décembre 1209

Perchée au sommet d'une haute colline, la massive forteresse se voyait de loin. Il s'agissait d'une tour accolée à un vaste manoir rectangulaire de plusieurs étages, l'ensemble ceint d'une muraille bordée de hourds en bois couverts d'un toit.

Contre toute attente, ils étaient en vue de la Wartburg le lendemain de Noël. Waldemar s'arrêta à un embranchement du chemin enneigé.

— Par là, seigneur, on peut aller à Eisenach où nous trouverons facilement des auberges où passer la nuit. À dextre, c'est la route du château du landgrave, mais il n'y a pas d'hôtellerie.

— Allons par la droite ! ordonna Guilhem.

Le froid était vif, et ils avaient chevauché toute la journée. Ussel était fatigué mais avait hâte de retrouver Wolfram. Il ne doutait pas que son ami, une fois revenu de la surprise, serait de bon conseil pour leur logis. Ce n'est qu'ensuite qu'il lui demanderait de quelle façon approcher le landgrave, conscient qu'un seigneur de cette importance ne le recevrait pas facilement.

Le cortège de cavaliers et de chevaux de bât s'engagea dans un chemin pentu pavé de grosses pierres plates. Au bout d'une heure, ils atteignirent un pont-levis surplombant un fossé. Des cors avaient annoncé leur présence.

Waldemar expliqua qu'il conduisait un seigneur venant du royaume de France, un ami du seigneur Wolfram d'Eschenbach, qu'il souhaitait rencontrer.

Personne ne se montra dans la tour carrée qui servait de passage, mais le grincement des treuils des chaînes se fit entendre, et le plateau du pont descendit. Une fois baissé, un vantail de chêne ferré s'ouvrit, et un *Wehrmann* parut, en haubert et épais manteau avec un lion passant couronné cousu sur l'épaule gauche.

Guilhem descendit de cheval et approcha. Dans un mauvais allemand, il déclara être l'ami du *Minnesänger* Wolfram d'Eschenbach.

— Herr von Eschenbach n'est pas là, messire. Il est parti voici une dizaine de jours à Goslar.

— Quelle malchance ! grommela Guilhem, contrarié.

Et s'il tentait de rencontrer dès maintenant le landgrave ? songea-t-il.

— Le noble comte Hermann est-il là ? J'ai également un message du roi de France pour lui.

— Non, messire, notre bien-aimé landgrave se trouve à Erfurt, mais vous pourriez en savoir plus en rencontrant le *Vogt* du château, Herr Ulrich Kolb.

Guilhem plissa le front, n'ayant pas tout compris dans la phrase.

— Le *Vogt* est un bailli, un intendant, seigneur, intervint Waldemar.

— Va pour le *Vogt* ! accepta Ussel. Pouvons-nous entrer ?

— Attendez encore un instant, répondit le *Wehrmann*. J'envoie quelqu'un auprès du chevalier qui commande la garnison.

Il alla dire quelques mots à un sergent qui se rendit dans la cour visible depuis la porte. Il y aborda un jeune homme en conversation avec plusieurs personnes. Après cela, ce dernier tourna la tête du côté du corps de garde, avant de s'y diriger.

— Seigneur, dit-il en s'approchant d'Ussel, mon nom est Adolphe Shenk. J'assure le gouvernement du château en l'absence de mon *Hauptmann* et du chef de la chevalerie.

— Je suis ici pour revoir mon ami Wolfram d'Eschenbach, et remettre au noble landgrave Hermann une lettre du roi de France, mais je viens d'apprendre qu'ils sont absents et on m'a proposé de rencontrer l'intendant du château.

— Messire Wolfram est à Goslar et notre sire dans son château d'Erfurt avec son épouse. Effectivement, le ministérial pourra vous en dire plus.

Le ton de ces paroles, ce mot de ministérial prononcé avec un brin de condescendance mirent Guilhem en alerte. Des discussions qu'il avait eues avec Waldemar durant le voyage, il ressortait que les ministériaux étaient des gens puissants, souvent intendants, baillis ou maîtres d'un château, qu'ils se disaient même chevaliers, mais qu'ils demeuraient dans la servitude, c'est-à-dire qu'ils appartenaient à un seigneur, un comte ou un prince. À l'opposé des *Edelfreien*, les hommes d'armes libres, comme l'étaient les véritables chevaliers. Le nommé Shenk devait donc mépriser son maître, le ministérial Kolb.

— Je vais vous conduire, seigneur, poursuivit Shenk. Vos chevaux resteront dans la cour, mais vos gens peuvent se réchauffer dans la salle des gardes.

Il se tourna vers les sentinelles :

— Vous autres, faites entrer !

Les hommes d'armes laissèrent passer Guillaume et Waldemar, puis s'occupèrent de faire franchir la porte aux montures.

Déjà le chevalier se dirigeait vers le manoir. Ussel le suivit en examinant les lieux, sachant toujours utile de repérer les points forts et faibles des endroits inconnus.

Les murailles étaient hautes, avec un chemin de ronde où se tenaient de rares sentinelles. La garnison ne semblait guère importante, mais cela pouvait s'expliquer par l'absence du landgrave. Le nommé Shenk n'avait-il pas dit que le capitaine des gardes et le chef des *milites* étaient absents ?

Quant au corps de logis principal, Guilhem fut frappé par sa magnificence. Comme ils passaient devant une volée de marches, il demeura ébahi devant le grand décor peint qui ornait le dessus de la porte : des lions passants et des aigles éployés entourés de lapins et d'écureuils rongeant des noix. Plus loin, des fenêtres géminées formant arcades étaient encadrées de sculptures en bois imitant feuillage et lierre, tandis que celles des étages supérieurs constituaient d'élégantes galeries à colonnades.

— Votre intendant parle-t-il latin, ou la langue de France ? demanda-t-il à son guide, inquiet de ne pouvoir s'exprimer correctement.

— Herr Ulrich Kolb est le fils d'un serf des landgraves. Il est clerc et connaît ces deux langues, et sans doute d'autres. Messire Hermann voulait qu'il devienne *Dompropst*[1] de l'abbaye de Georgenthal, mais ça n'a pu se faire, alors il l'a choisi comme *Vogt* ici.

Même ton méprisant dans les explications.

Le chevalier poursuivit jusqu'au fond de la cour pour s'arrêter enfin devant une poterne voûtée. Il ouvrit la porte, et ils pénétrèrent dans une petite salle lambrissée au décor orné d'ours, de singes et de chats dans toutes sortes de postures fantaisistes particulièrement vivantes. Une chaufferette, garnie de charbon de bois, chauffait l'endroit occupé par des femmes en mantel qui filaient et tissaient près des fenêtres en embrasures. Elles regardèrent les visiteurs avec des expressions intriguées, mais le guide ne s'arrêta pas et ne dit mot.

Il gagna une seconde salle d'où partait un escalier de pierre. Il l'emprunta et, en haut des marches, gratta à l'huis. Ayant entendu un ordre, il l'ouvrit et pénétra dans une pièce avec une colonne centrale d'où reposaient des arcs d'ogive soutenant les voûtes du plafond. Des tapisseries pendaient partout le long des murs de pierre, et

1. Prévôt du chapitre.

le sol était couvert d'un épais tapis. Devant une cheminée d'angle, assis face à un pupitre, un homme tonsuré, en robe azur à galons noirs et col de martre, se retourna. Il tenait une plume à la main.

— Ah, c'est vous, Shenk, fit-il d'un ton compassé.

Son regard s'arrêta sur Guilhem, et son front dégarni se marqua d'un triple pli.

— *Mein Herr,* ce seigneur arrive de France pour rencontrer messire Wolfram et notre noble landgrave, annonça sèchement le chevalier.

— Eh bien, laissez-nous, Shenk.

Ce dernier se retira. Le *Vogt* examina un instant Ussel avant de dire en français :

— Approchez-vous, messire.

De petite taille, il avait un visage long et étroit à la peau blême tachée de précoces tavelures. Ses yeux étaient profondément enfoncés dans leurs orbites. Il était difficile de lui donner un âge, mais Ussel jugea qu'il pouvait avoir la quarantaine.

— Ainsi, vous viendriez de France…

Guilhem remarqua la nuance. Cet homme doutait-il de lui ?

— C'est cela, *mein Herr*. J'ai connu messire Wolfram d'Eschenbach, voici dix ans, dans le Toulousain, et je lui avais promis de venir un jour ici, au château de Wartburg.

— Il n'est pas là ! le coupa l'intendant d'un ton peu affable.

— On m'a dit qu'il se trouvait à Goslar. S'agit-il d'une ville ? Est-elle loin ? Je pourrais l'y rejoindre.

— Je ne pense pas que ce soit possible. Messire d'Eisenach est allé là-bas au sujet d'une dame et ne souhaite certainement pas qu'on le dérange.

— Ah… fit Guilhem à son tour.

Ulrich Kolb s'abîma dans le silence.

— J'ai rencontré le roi de France avant de partir, et il m'a confié une lettre pour votre noble landgrave.

— Connaissez-vous le roi de France, messire ? s'enquit le *Vogt*, à l'évidence surpris.

— J'étais prévôt de son hôtel. Pourriez-vous prévenir votre maître de ma venue ?

— Confiez-moi cette missive, je la lui remettrai ou la ferai passer à son chancelier, proposa l'intendant.

— Mon roi m'a demandé de la lui remettre en main propre.

Le clerc mâchonna une bouchée imaginaire avant de déclarer :

— Je suis l'intendant de ce château, et je peux aisément obtenir cette lettre, si je le souhaite.

— Comment ? questionna Guilhem avec un sourire glacial.

— Vous faire fouiller, par exemple.

— Je vous déconseille d'essayer. Vous y perdriez beaucoup de vos gens, et la garnison ne m'est pas apparue importante. Il serait dommage pour vous que je l'extermine. Sans doute Wolfram ne vous a-t-il jamais parlé de moi. Nous avons combattu le démon et ses suppôts ensemble, et les avons vaincus. Alors, croyez-moi, ce ne sont pas les quelques gens d'armes et damoiseaux que j'ai aperçus dans la cour de votre château qui m'inquiètent.

Un ton plus haut :

— En outre, je ne crois pas que votre comte vous approuverait. Il est l'ami d'enfance du roi de France, et s'il apprend que vous m'avez menacé, il vous fera pendre, si Wolfram ne vous a pas déjà découpé en lanières. Après tout, vous n'êtes qu'un serf.

À ces dernières paroles, l'intendant était devenu encore plus livide, et la main qui tenait la plume tremblait.

Guilhem soupira avant d'ajouter :

— Puisque vous ne m'offrez pas l'hospitalité, je prendrai logis à Eisenach cette nuit, et demain je partirai pour Goslar.

Sans saluer, il tourna le dos au ministérial et quitta la pièce. Il descendit l'escalier sans traîner, restant sans cesse sur ses gardes bien que persuadé de l'absence de réaction du clerc. Mais prudence est mère de sûreté.

Il arriva dans la pièce où les femmes tissaient. Il les salua d'une révérence et obtint d'elles en retour de charmants sourires. Il sortit. Devant la porte, le nommé Shenk l'attendait.

— Je m'en vais, messire, lui annonça Ussel, froidement.

— Vous ne restez pas pour la nuit, seigneur ?

— Votre intendant ne m'y a pas invité.

— Pardonnez ma curiosité, seigneur, mais votre entretien se serait-il mal passé ?

Guilhem regarda le jeune homme. Grand, mais tous les chevaliers étaient grands en Germanie !

Une mâchoire carrée et un nez camus avec des yeux vifs et intelligents. Des poils roux sur le visage. Il portait un épais bonnet de laine cachant sa chevelure et une robe lavande fendue devant avec un triple baudrier auquel était pendue une épée dans un fourreau rouge et or. Un lion passant était brodé dans le dos de son manteau. Une chevalière à ses armes ornait sa main droite.

— Je vais rejoindre messire Wolfram. Où se trouve Goslar ? demanda-t-il en se dirigeant vers la tour du pont-levis.

Une hésitation du chevalier, puis :

— Il s'agit d'une ville impériale, à trente lieues d'ici, vers le septentrion.

— Votre intendant m'a dit que mon ami Wolfram s'y est rendu pour une femme.

L'autre eut un petit rire.

— Pas lui ! Messire Wolfram accompagne messire Hermann, le fils de notre landgrave qui est allé chercher celle qu'il veut épouser. Il nous a dit qu'il s'agissait de la fille de la comtesse de Falkenstein, une fort riche et noble veuve.

Surpris, Guilhem s'arrêta.

— Mon ami Wolfram se trouve avec le fils de votre landgrave ?

— C'est cela.

— Maître Kolb ne m'a rien dit de tel. Quand votre landgrave reviendra-t-il ?

— Je ne sais, messire, mais sûrement dans quelques jours. Lui et notre comtesse ont hâte d'avoir des nouvelles de leur fils. Goslar n'est pas sûr pour lui, bien qu'il soit accompagné d'une escorte commandée par le *Hauptmann* du château et que les landgraves de Thuringe possèdent un logis là-bas.

— Vous venez de m'indiquer que Goslar était une ville impériale. Qu'est-ce que cela signifie ? Goslar ne se trouve pas en Thuringe ?

— Non, seigneur, à la lisière de la Saxe. L'empereur y a un palais impérial. La ville lui appartient.

Fugitivement, Guilhem sentit que l'absence du fils du landgrave pourrait bien avoir un rapport avec sa mission et les ambitions de l'empereur Otton.

Songeur, il repartit vers la porte. Le ministérial n'avait finalement rien tenté contre lui, mais lui avait caché bien des faits.

— Combien de temps faut-il pour se rendre à Goslar ? demanda-t-il encore à Shenk.

— En été, trois jours, mais en hiver parfois le double, plus s'il y a beaucoup de neige car il faut traverser la montagne du Harz.

— Auriez-vous la courtoisie de prévenir votre comte, et son chancelier, de ma visite et de mon départ pour Goslar ? Je reviendrai avec Wolfram, et certainement le fils du landgrave.

— Je le ferai, seigneur.

Un court silence avant cette question :

— Messire d'Eschenbach vous connaît-il bien, seigneur ?

— Oh, oui. Nous avons chassé Lucifer ensemble. Parlez-lui de Kyot, c'est ainsi qu'il me nomme. Nous partons ! annonça-t-il ensuite à Guillaume et Waldemar.

Ce dernier se montra contrarié. Sans doute espérait-il loger au château.

Ussel monta en selle.

— Je regrette que maître Kolb ne vous ait pas accordé l'hospitalité, fit encore le chevalier.

— Moi aussi. En me la refusant, c'est le roi de France qu'il a offensé.

Il se tourna vers les autres gardes et sergents de la porte qui écoutaient la conversation :

— Je passerai la nuit à Eisenach. Si par folie votre intendant cherchait à m'empêcher de retrouver messire Wolfram, ou à me prendre une certaine lettre que je porte à votre landgrave, tâchez, pour votre intérêt, de le convaincre de n'en rien faire.

Il donna un coup de talons dans les flancs de sa jument qui se mit au trot.

Les trois cavaliers descendirent le chemin après que Ussel eut dit à Guillaume de passer dernier et de se montrer vigilant.

Au carrefour, ce fut Waldemar qui prit la tête et, peu après, ils arrivèrent en vue d'un bourg entouré d'un rempart de pierre ponctué de tours.

Guilhem rattrapa le chasseur.

— Pourra-t-on pénétrer sans difficulté ?

— Oui, messire. La ville possède plusieurs marchés et les marchands sont nombreux à y faire halte. Je dirai que nous achetons des fourrures. On m'y a déjà vu… Excusez mon indiscrétion, seigneur, mais j'ai entendu vos paroles. Avez-vous eu des ennuis au château ?

— Rien d'important, sauf si le ministérial se montre entêté. Mais s'il avait voulu s'en prendre à moi, il l'aurait fait plus tôt.

— Pourquoi cette hostilité, seigneur ? N'êtes-vous pas venu en ami ?

— Sans doute cet homme a-t-il des ambitions personnelles. La situation me paraît compliquée, dans le Saint Empire germanique.

— Elle l'a toujours été. Voulez-vous vraiment vous rendre à Goslar ensuite ?

— Oui. Puis-je compter sur toi ?

Une hésitation.

— S'il n'y a pas à se battre, oui, mais je souhaite recevoir mes gages avant.

— Tu les auras.

La porte du bourg se situait sous la voûte d'une tour dressée au bout du chemin. Les vantaux étant ouverts, ils s'y engagèrent, et Waldemar dit quelques mots aux gardes qui les laissèrent passer.

Dans la cité, les maisons étaient toutes ornées de pignons, feuillages et de têtes de personnages en bois peints. Les rues, nettoyées de la neige, se révélaient étonnamment droites. À cette heure-ci, les étals fermaient, mais Guilhem remarqua la richesse des marchandises encore exposées.

Le chasseur de loups tourna à main droite pour arriver sur une place, puis, de là, pénétra dans une cour *via* un porche surmonté d'un ours en bois.

— L'Auberge de l'ours est la plus confortable, seigneur, expliqua Waldemar tandis que des valets se précipitaient pour s'occuper des chevaux.

Guilhem obtint une chambre à l'étage et fit porter leurs bagages et la sellerie des montures.

Il commanda ensuite un souper et raconta, enfin, son entrevue avec l'intendant.

— Pourquoi cet homme s'est-il comporté ainsi, seigneur ? s'enquit Guillaume.

— J'ignore ses motivations, mais il n'avait aucune envie que je retrouve mon ami Wolfram, dont j'ai appris qu'il accompagnait le fils du landgrave. Or, ce dernier s'est rendu dans une ville impériale, où il pourrait ne pas être en sécurité si l'empereur Otton veut imposer sa loi à la Thuringe. Qu'en conclus-tu ?

— Que ce ministérial ne voulait pas que vous veniez en aide au fils de son maître ?

— Peut-être.

— Cet homme serait-il un félon ? suggéra Waldemar.

— Nous en saurons plus dans les jours qui viennent. Cette nuit, par précaution, nous barricaderons la porte.

On y frappa justement. Mais ce n'était que les valets qui apportaient le souper.

Après une nuit calme, ils repartirent sous quelques flocons. Ils chevauchèrent durant des heures, entourés de sommets aux sapins blanchis dont les crêtes formaient des guirlandes. Le chemin qu'ils suivaient était large, parfois pavé de pierres, et bien marqué par des traces d'animaux. Ils virent même des sabots de chevaux, du crottin encore fumant et des traces de roues. D'autres voyageurs avaient pris la même route.

Ils firent halte à Mühlhausen, dans la seule auberge de la ville où l'hôtelier se souvenait du passage du fils du landgrave et de son escorte d'une dizaine de guerriers.

Le lendemain, ils passèrent la nuit dans la grange d'un moulin et, le jour suivant, entrèrent dans Ellrich, petit bourg fortifié par une enceinte de pierre ponctuée de tours rondes. Les monts des alentours étaient perdus dans la brume.

Le matin suivant, au lever du jour, la neige tombait dru et le sol était déjà couvert d'une épaisse couche. Malgré tout, ils sellèrent les chevaux et les sortirent de l'écurie.

Waldemar leva les yeux au ciel en grimaçant. Tout était gris. Les flocons les aveuglaient, et on ne distinguait rien autour d'eux.

— On doit traverser le Harz, et la neige sera encore plus violente dans la montagne. Il serait prudent de rester ici et d'attendre la fin de la tourmente, suggéra-t-il à Ussel.

— Mais combien de temps ?

L'Allemand n'avait pas de réponse. Il savait seulement qu'en cette saison la tempête pouvait empirer et durer des semaines.

— Je ne peux attendre. Es-tu capable de retrouver la route sous la neige ?

— Pour sûr, oui.

— Est-il possible d'atteindre Goslar ce soir ?

— Non, mais je connais des mines où l'on pourra passer la nuit.

— Alors nos chevaux marcheront jusque-là.

Les uns derrière les autres, Waldemar en tête, ils avançaient péniblement sur un sentier qui grimpait au milieu de sapins aux troncs étroitement serrés. Depuis plusieurs heures, ils avaient pénétré dans un massif tourmenté et sauvage, sans la moindre habitation ou présence humaine. Lors de la précédente halte, le chasseur lui avait dit qu'ils trouveraient l'entrée d'une mine sous peu. Comme les mineurs ne travaillaient pas en hiver, ils pourraient s'installer dans leur cabane.

Le ciel était uniformément gris, sans lumière. Aveuglé par les flocons, engourdi par le froid et le silence, Guilhem se sentait gagné par une sourde torpeur qui émoussait ses sens.

Soudain, il vit le cheval en longe qui suivait Waldemar s'affaisser sur les genoux. Il crut un instant que l'animal avait mis une jambe dans un trou, mais la monture du chasseur tomba à son tour. Alors il entendit les sifflements des viretons.

Aussitôt, il donna un coup d'éperon à sa jument afin qu'elle pénètre dans le bois, mais la bête, atteinte également par un trait, rua en hennissant.

Ne pouvant la maîtriser, Guilhem parvint à glisser de sa selle en se tenant à l'arçon et roula dans la neige. Ensuite, plié en deux, le cœur battant, il se précipita contre un tronc d'arbre pour se mettre à l'abri, où il tira son épée.

De là, il découvrit l'étendue du carnage. Atteints par des carreaux, les chevaux, agonisants, se débattaient sur la neige sanglante dans un vacarme épouvantable de hennissements, de ronflements et de souffles de naseaux. Les tirs avaient cessé, l'assaut n'allait pas tarder. Étouffé par la rage, Guilhem se sentit plus en colère contre lui-même que contre ceux qui les attaquaient. Comment avait-il pu se montrer aussi inattentif ?

33

Cherchant Guillaume du regard, son maître l'aperçut, étendu dans la neige, immobile, sans doute inconscient. Était-il blessé ? Il ne le paraissait pas, et même s'il avait reçu un trait, son haubert avait dû le protéger.

Aucun autre tir d'arbalète. Sur sept chevaux, six étaient morts ou se débattaient dans les affres de l'agonie, compta Guilhem. Le dernier avait fui, certainement blessé.

Ussel s'attarda sur la monture de Waldemar et ne vit pas son cavalier. Cependant, en suivant du regard des marques dans la neige, il découvrit le chasseur dissimulé, comme lui, à une douzaine de toises. Waldemar avait – par quel miracle ? – réussi à saisir son arc et tenait une flèche encochée sur la corde.

Les hennissements faiblissaient. Les bêtes se mouraient les unes après les autres, et Guilhem s'efforça de repérer l'endroit d'où on avait tiré. Tous les viretons provenaient de la même direction. Il y avait eu sept tirs, donc leurs agresseurs n'étaient pas plus nombreux.

En face, une plaque blanche tomba de la ramure basse d'un sapin proche. Il aperçut alors, entre les branches, la robe sombre d'un cheval et des silhouettes humaines. Leurs ennemis se trouvaient à une trentaine de toises. S'ils n'attaquaient pas, c'est qu'ils s'apprêtaient à partir, jugeant suffisant d'avoir meurtri les montures. Lui n'allait pas les laisser faire.

À grands pas, ne pouvant courir à cause de la neige, il se dirigea vers eux en tenant haute son épée. En vérité, il tentait la chance. Si l'un des assaillants avait rebandé l'arc de son arbalète, il recevrait un carreau dès qu'on le verrait, mais il espérait que son haubert arrêterait un vireton ordinaire, ayant remarqué que les blessures des chevaux n'avaient pas été causées par des traits d'acier mais par de simples carreaux de chasse.

Trop tard ! Alors qu'il débouchait sur une trouée entre les arbres, il vit les cavaliers s'échapper au trot. Impossible de les rattraper ! Mais soudain, de façon inattendue, le dernier de la bande s'affaissa avant de glisser de sa selle, restant pendu par un étrier tandis que la monture poursuivait sa course folle. Devinant la raison de l'accident, Guilhem se retourna et découvrit Waldemar, à quelques pas, qui avait décoché sa flèche.

Tous deux s'efforcèrent de courir et parvinrent à rattraper le cheval, finalement arrêté. Les autres assaillants, eux, étaient loin.

Quant à celui retenu par le pied, il n'était plus qu'un morceau de chair sanglante maculé de neige et de boue, son corps ayant heurté avec violence force rochers, souches et branches basses. De plus, la flèche du chasseur s'était brisée et avait déchiqueté la chair autour de la blessure.

L'homme était mort. Waldemar détacha son pied de l'étrier. Après avoir sommairement nettoyé la neige couvrant l'écu attaché à la selle du fuyard, Guilhem s'intéressa à son manteau. Il l'entrouvrit et distingua une cotte peinte d'un lion passant couronné. Les mêmes armes que sur l'écu.

Leur agresseur appartenait au landgrave.

Un crissement. Épée brandie, il se retourna, mais c'était Guillaume qui arrivait, ses jambes s'enfonçant lourdement dans la neige à chaque pas.

— Es-tu blessé ? lui demanda Guilhem.

— Non, seigneur, mais nos chevaux...

La voix du fils d'Aignan était désespérée.

— Nous en avons au moins un autre maintenant, répliqua Waldemar, philosophe, en saisissant la bride de la monture capturée.

Guillaume s'approcha et, à son tour, découvrit les armes peintes sur la cotte du cadavre que Waldemar était en train de dépouiller.

— Les gens du landgrave nous ont attaqués ? demanda-t-il, stupéfait.

— Apparemment, le *ministerialis* est rancunier, ironisa Waldemar en regardant une bague d'argent qu'il venait de retirer d'un doigt du mort.

Guilhem aperçut une serre d'aigle sur le chaton et secoua la tête sans mot dire. Ce n'était pas la bonne explication.

— Sommes-nous loin de la mine ? s'inquiéta-t-il.

Ses pieds devenaient insensibles et, s'ils devaient marcher longtemps, nul doute que ses hommes et lui succomberaient vite de froid.

— Non, je ne crois pas. Mais c'est difficile à dire, seigneur, avec cette neige.

Un hurlement se fit entendre. Puis un autre. Tout proche.

— Les loups ! s'exclama Guillaume en regardant alentour.

— Ils sont nombreux dans le Harz mais, tant qu'ils auront les chevaux à dévorer, nous ne craindrons rien, le rassura Waldemar.

— Ne traînons pas ! Allons récupérer le nécessaire pour passer la nuit dans une mine. Le cheval le portera, décida Ussel.

Ils revinrent sur le lieu du guet-apens, abandonnant le cadavre de l'homme de la Wartburg aux animaux sauvages. Guilhem réfléchissait. Aucun vireton ne les avait atteints ou même ratés. On ne les avait pas visés. À l'évidence, seuls les chevaux l'avaient été, et il comprenait pourquoi : peu nombreux, les agresseurs avaient craint de s'en prendre à eux dans un corps à corps, même à deux contre un, après ce qu'il avait dit à Shenk et à l'intendant de la Wartburg. Certes, ces ennemis auraient pu les atteindre avec leurs arbalètes, mais ils n'ignoraient pas que les Français portaient de solides hauberts et pourraient survivre aux tirs. Ils avaient donc préféré tuer les montures, en sachant que la neige et le froid se chargeraient des hommes.

Deux destriers remuaient encore, dont la jument d'Ussel. Avec une profonde émotion, il lui trancha la gorge, puis entreprit de desseller l'animal. Après quoi il porta la selle jusqu'au cheval de l'homme de la Wartburg et l'installa à la place de celle qui s'y trouvait.

Waldemar, qui détachait les bagages des bêtes mortes, l'observa.

— Vous pouviez laisser la selle, seigneur, puisque personne ne montera ce cheval, dit-il.

— Je pourrais, mais cette selle m'a été offerte et je tiens à la conserver par-devers moi.

Le chasseur n'insista pas.

Comme convenu, ils attachèrent sur la monture ce qui serait nécessaire dans les jours à venir et cachèrent le reste à l'écart du sentier, sous des branchages coupés qu'ils recouvrirent de neige. Guillaume aurait voulu emporter les bibles, mais c'était impossible compte tenu de leur poids, lui dit son maître, tout en le rassurant car, selon lui, les étoffes et leur caisse seraient suffisantes pour les protéger. En revanche, il conserva la boîte contenant la vielle de l'écuyer de Streit, l'instrument étant trop fragile pour rester dans l'humidité.

Ce travail terminé, Guilhem choisit des repères pour reconnaître l'endroit, et Guillaume tailla une marque sur l'arbre le plus proche. Waldemar, lui, observait régulièrement le ciel à travers les gros flocons tourbillonnants qui l'aveuglaient. Le crépuscule approchait. Ils devaient vite trouver un abri, sinon, dans quelques heures, ils seraient morts de froid.

*

Le chasseur marchait devant, suivi de Guillaume, qui tenait la bride du cheval, puis de

Guilhem, qui se retournait souvent, car il n'était pas impossible que leurs agresseurs revinssent sur leurs pas quand ils constateraient la perte de l'un d'eux.

Les sabots s'enfonçaient en crissant dans une couche blanche durcie par le gel. Les efforts épuisaient les hommes. Chaque enjambée se transformait en torture, non seulement en raison de la neige, qui retenait leurs pieds, mais également à cause du poids de leurs vêtements. Les flocons pénétraient sous les manteaux et se glissaient dans les mailles de leur haubert avant de geler immédiatement, transformant habits et harnois en pesante carapace de glace.

Le chemin grimpait, redescendait, suivait des ravins et des falaises. Parfois la voie s'élargissait, d'autres fois des rochers l'obstruaient, et il fallait les contourner à grand-peine. Guilhem avait l'impression qu'ils tournaient en rond, mais il faisait confiance à Waldemar.

Bientôt l'obscurité s'étendit et le froid devint insupportable, brûlant les visages et rendant insensibles pieds et mains. La violence de la tempête redoublait quand Ussel heurta l'arrière du cheval, dont la queue était gelée. La bête s'était arrêtée, et il ne s'en était pas rendu compte.

Que se passait-il ?

Il contourna lourdement l'animal et retrouva Guillaume avec Waldemar.

— Seigneur, dit ce dernier... J'ai perdu le chemin... Je ne sais plus où on est. À l'instant, devant nous, j'ai vu un ravin s'ouvrir. J'ai failli tomber... Il n'y a plus de chemin.

Ces paroles atteignirent Ussel comme autant de coups de massue. Les yeux embués par les flocons, il tourna la tête autour de lui, ne voyant qu'une draperie blanche. Comment trouver un lieu où s'abriter ? À quelques pas, il distingua vaguement les silhouettes d'arbres immenses, étroitement serrés, couverts de neige givrée.

Guillaume se taisait, résigné, en devinant leur fin proche. Il avait toujours su que ce monde appartenait au démon, que Satan s'amusait à les faire souffrir le plus possible avant de les envoyer de l'autre côté. Il murmura une nouvelle fois un Notre-Père pour que Dieu abrège ses souffrances.

— Que proposes-tu, Waldemar ? s'enquit Guilhem.

— Nous ne pouvons pas continuer, seigneur. Il faut s'arrêter.

Guilhem se revit quinze ou vingt ans plus tôt avec Marion qui portait son fruit. Tous deux sous la neige, en Auvergne. Des larmes lui vinrent aux yeux.

Il chassa ce souvenir et décida qu'il ferait fi de la nouvelle épreuve que Dieu lui envoyait. Son heure n'était pas venue. Il le savait.

De ses mains engourdies, il détacha le manche d'une des haches suspendues à la selle.

— On va couper les branches basses de ces sapins et construire une hutte, puis on balaiera la neige avec l'écu.

C'était le seul qu'il avait emporté, comme protection d'une éventuelle attaque.

— Fais comme moi, Guillaume ! reprit-il.

— Oui, seigneur, approuva le jeune homme, soudain ragaillardi, en saisissant une autre hache, tandis que Waldemar demeurait passif, découragé.

Pourtant, il les rejoignit avec l'écu et un rouleau de corde.

Déjà Ussel avait secoué la branche de l'arbre le plus proche et la taillait au niveau du collet. Guillaume l'imita avec une autre ramure, et Waldemar entreprit de repousser la couche de neige pour dégager un espace.

Après des efforts surhumains, après avoir coupé d'autres rameaux et les avoir liés aux branches supérieures, ils obtinrent un abri qui n'était ni une cabane ni même une hutte, à peine une tanière. Mais, au moins, la couverture feuillue les protégerait un peu de la neige.

Ils y conduisirent le cheval qu'ils déchargèrent de ce qu'il portait, avant de le desseller. Waldemar, qui avait retrouvé un semblant d'espoir, rassembla alors des épines de sapin, puis, à l'aide de son couteau, détacha de plusieurs troncs des morceaux d'écorce dégorgeant de résine.

Pendant ce temps, Guillaume frottait les flancs de leur monture avec une étoffe afin de les sécher et de la réchauffer. Ensuite, ils recouvrirent l'animal d'une couverture. Guilhem, lui, s'aidant de morceaux de corde, entama la fabrication d'une sommaire claie avec des branches coupées sur un arbre voisin. Le fils d'Aignan vint l'aider, et ils assemblèrent deux cloisons qu'ils attachèrent aux ramures basses de leur abri, ainsi protégé sur deux côtés.

À l'intérieur justement, Waldemar recouvrait maintenant de foin son mélange d'écorces résineuses et d'épines. Sous le regard plein d'espoir de Guillaume, il battit alors plusieurs fois son briquet, et, enfin, une flamme s'éleva.

Immédiatement, Ussel se précipita pour briser des branches mortes sur les arbres alentour. Guillaume l'imita, mais le bois qu'ils récoltèrent, trop humide, ne prit pas. Le feu faiblissait.

Heureusement, Waldemar avait fait une belle provision d'écorces. En frottant leur résine sur quelques branches, celles-ci parvinrent à s'enflammer. Grâce à sa persévérance, le feu commença enfin à pétiller.

Soulagé, Guilhem retira alors ses gants trempés et s'efforça de réchauffer ses doigts gelés. Guillaume, lui, sortit des chausses sèches des bagages et les distribua. Puis, en s'aidant mutuellement, ils retirèrent leur haubert et s'enroulèrent dans des couvertures, autour du foyer.

— Guillaume, monte la garde ! ordonna Guilhem. Réveille-moi à la moindre alerte.

— Le seul danger, ce sont les loups, intervint Waldemar, mais ils ont de quoi manger avec la boucherie qu'on a laissée. Quand tu auras sommeil, garçon, je te remplacerai. Et sois économe en bois, nous en avons à peine pour la nuit.

*

La neige tombait, et les flocons voletaient dans leur abri, insuffisants cependant pour éteindre le feu. Peut-être à cause du froid qui l'engourdissait, Guilhem s'endormit rapidement.

Au bout d'un moment, Guillaume demeura le seul éveillé. Serré dans un épais drap de laine, assis contre le tronc du sapin, il avait allongé ses jambes de telle sorte que ses pieds reposent près du feu. Son seigneur était couché à sa droite, près du cheval, le chasseur de loups à gauche.

Le fils d'Aignan songeait à ce qu'il avait vécu durant la journée. La brusque chute de son cheval, et son étourdissement quand il était tombé de la selle ; la découverte du charnier dans lequel les pauvres bêtes se débattaient, quand il avait repris ses sens ; les explications sommaires de son seigneur, dont il était persuadé qu'il en savait plus qu'il ne le disait ; et cette épuisante marche dans la neige qui aurait dû le conduire à la mort si messire d'Ussel ne lui avait rendu courage, une nouvelle fois.

Il méditait sur ce qu'ils allaient devenir quand il se rendit compte que les hurlements des loups venaient de cesser. Brusquement inquiet, il regarda autour de lui. Les ténèbres régnaient, et pourtant on y voyait un peu à cause de la blancheur de la neige.

C'est alors qu'il aperçut la fée, à quelques pas de lui, juste devant leur abri. Elle tenait une lanterne de corne qui contenait une faible lumière.

Ce ne pouvait être qu'une fée. Sous un bonnet de fourrure, de longs cheveux dorés tombaient sur ses épaules. Elle était revêtue d'une cotte matelassée de couleur violette, parsemée de flocons, d'épaisses chausses de laine, de hautes heuses fourrées et de gants de cuir. Elle devait avoir seize ans et le regardait avec une expression de surprise et de curiosité.

Quand il remarqua son ceinturon en plaque de bronze serti de pierres multicolores, et la courte épée à la garde surmontée d'un rubis qui pendait à sa taille, il s'interrogea, stupidement. *Une fée porte-t-elle une épée ?*

34

— Qui êtes-vous ? murmura Guillaume.

— Et vous ? répliqua-t-elle en usant de la même *langua francia*.

En percevant des paroles, Guilhem sortit de sa somnolence et se redressa d'un bond, sa main ayant déjà saisi sa brette. Seulement, il distingua une jeune fille et demeura interdit.

— Des voyageurs perdus, répondit le jeune homme.

— Venez-vous du royaume de France ? interrogea-t-elle en plissant le front.

— Oui… gente dame.

Il n'osa dire : fée.

— Mon nom est Gretel. Vous ne pouvez rester là.

— D'où venez-vous, damoiselle Gretel ? demanda Ussel, tandis que Waldemar s'asseyait à son tour, éberlué par la présence d'une jouvencelle.

— De l'abbaye de Walkenried. J'occupe une petite maison en dehors de la clôture.

— L'abbaye est-elle si proche ? questionna Waldemar.

Elle réfléchit un moment avant de répondre :

— Un millier de pieds, par là.

Et désigna une direction de la main qui ne tenait pas la lanterne.

— Nous sommes revenus en arrière. Je vous ai fait tourner en rond... balbutia le chasseur de loups, complètement dépité.

— On se trompe facilement dans cette blancheur où disparaissent tous repères. Mais je vous le répète, vous ne pouvez demeurer à cet endroit. Les loups vont venir. Moi, je ne risque rien, mais ils s'en prendront à vous. Et si vous leur échappez, la froidure sera telle dans un moment que vous vous endormirez à jamais. Pouvez-vous marcher jusque chez moi ?

— Nous y parviendrons, damoiselle Gretel, assura Guilhem en se mettant debout.

— Vous possédez un cheval, montez-le chacun votre tour. Et laissez vos biens ici, personne ne les volera.

— Entendu ! approuva Ussel, qui se sentait singulièrement engourdi. Guillaume, aide-moi à brider et seller.

Même à deux, ils éprouvèrent des difficultés à y parvenir, les doigts ne leur obéissaient plus. Guilhem réussit quand même à attacher le coffret de la vielle derrière la selle. Waldemar grelottait malgré son manteau en peau de loup et les couvertures dans lesquelles tous s'étaient enroulés.

Ussel fit monter le fils d'Aignan sur la selle avec Waldemar derrière lui. Lui-même prit la bride pour marcher à côté de la jeune fille qui, elle, ne semblait pas souffrir du froid.

— Nous ne vous remercierons jamais assez, lui dit-il.

Elle ne répondit rien. La neige couvrait sa cotte et son chapeau en fourrure d'ours.

— Par quel miracle êtes-vous arrivée jusqu'à nous ?

— Je vous le révélerai quand vous serez chez moi. Évitez de parler, vos lèvres brûleront quand on arrivera.

Il opina et couvrit son visage.

Bien qu'aveuglée par les flocons et malgré l'obscurité, elle suivait sans peine un sentier invisible qu'elle semblait connaître. Ce chemin serpentait entre les sapins et descendait faiblement. La neige, épaisse, les entravait parfois jusqu'aux genoux, mais au moins cela les empêchait de glisser. À plusieurs reprises, Guillaume proposa sa place à son maître qui refusa, assurant se sentir capable de marcher encore.

À un moment, les hurlements de loups, jusque-là lointains, se rapprochèrent. Avec stupéfaction, Guilhem vit la jeune fille retirer un gant, mettre sa main libre en porte-voix et pousser un hurlement. Immédiatement, un animal répondit qui, d'après le son, était proche.

— Que faites-vous ? s'inquiéta-t-il, en songeant aux meneurs de loups du Berry, ces sorciers – ou sorcières – qui attiraient les voyageurs pour les faire dévorer.

— J'appelle un ami. Nous allons passer près d'une meute et je préfère qu'il soit près de nous.

Elle remit son gant et reprit la marche. Guilhem, inquiet, resta sur ses gardes. Sur la monture, Guillaume et Waldemar n'en menaient pas large.

Et si cette fille était une meneuse de loups ? Une damnée ? Le fils d'Aignan se signa et se mit à prier.

Brusquement, le cheval frémit, puis poussa un hennissement et tenta de s'enfuir. Son guide le retint de toutes ses forces.

— Gentil, Teufel ! clama fermement Gretel. Ce sont mes amis ! Seigneur, calmez votre monture, elle ne risque rien.

Les poils de Guilhem se dressèrent quand il sentit une grosse bête entre lui et la jouvencelle. Il baissa les yeux et, dans l'obscurité, distingua des yeux de braise. Puis l'animal poussa plusieurs gémissements ; d'un coup le cheval parut moins nerveux.

— N'ayez crainte, Teufel est comme un fils pour moi. Je l'ai élevé.

Un peu rassuré, Ussel changea la bride de main et flatta la monture qui s'apaisa, d'autant plus que Guillaume la caressait également.

Le loup le frôlait toujours, aussi Guilhem laissa-t-il pendre sa main libre protégée par son gant de cuir couvert de mailles. Il toucha la nuque de la bête, qui se laissa faire.

Tandis qu'ils marchaient côte à côte, toujours en s'enfonçant dans la neige à chaque pas, Waldemar aperçut des yeux brillants entre les sapins. D'autres loups les observaient. Méfiant, il serra la poignée de son épée, mais rien ne se passa.

Au bout d'un moment, Guilhem huma un relent de bois brûlé et devina des foyers proches. Cependant, il était incapable de distinguer quoi que ce soit dans l'obscurité. Ils avancèrent encore. Finalement, surgit une grande ombre devant lui.

— Nous y sommes ! annonça la singulière jeune fille.

Elle leva sa lanterne, releva un verrou de bois et poussa un battant.

— Entrez avec le cheval, messires. Il n'y a pas d'écurie et, s'il reste dehors, il mourra. Demain, je le mettrai avec les moutons.

Guillaume et Waldemar descendirent de l'animal, que le chasseur fit pénétrer.

Une fois tous à l'intérieur, à l'exception du loup que Gretel avait fait partir après une caresse, elle repoussa la porte, plateau de planches à peine dégrossies, et les voyageurs, saisis par une douce chaleur, découvrirent les lieux à la lueur des braises en train de rougeoyer dans un cadre de rondins au milieu de la maisonnette. Un trou dans le toit de chaume évacuait les fumées. Dans les murs en mélèze, aucune fenêtre. Le sol, sommairement couvert de pierres plates de diverses tailles, se parsemait d'herbes sèches. Près du foyer, contre un mur, une banquette au matelas de paille et mousse, avec des couvertures grossièrement tissées, servait de lit. Une huche en bois constituait le seul ameublement. Des cruchons et des bassines en terre, un seau de bois, des pièges à animaux et des marmites de métal peuplaient le lieu.

Guilhem remarqua l'arc et la trousse de flèches pendue au mur, une autre épée et des couteaux sur le coffre, les épieux à pointe de fer près du lit, ainsi qu'une bannière bouton d'or représentant un ours noir, debout, suspendue contre une paroi.

— Vous êtes chez moi, dit-elle en accompagnant sa phrase d'un geste circulaire.

L'inconnue déposa la lanterne sur une étagère, puis ôta ses gants, dévoilant une seconde paire plus fine qu'elle enleva également. Après quoi elle ouvrit l'une des parois de corne de la lampe et souffla la chandelle.

— Installez-vous où vous voulez, et attachez le cheval ici. Vous pouvez mettre une autre bûche dans le feu.

Elle désigna un tas de bois avant de lancer son bonnet sur le lit, déboucla sa ceinture et la déposa, épée et dague comprises sur la couche, puis commença à dénouer les aiguillettes qui fermaient sa cotte matelassée.

— Vous ne savez rien sur nous, damoiselle Gretel, et pourtant vous nous accordez confiance, fit Guilhem en retirant également ses gants et en s'approchant du foyer pour ressentir la douce chaleur. Comment nous avez-vous découverts ? Et pourquoi nous sauver ?

— Vous êtes las, aussi nous parlerons plus tard. En attendant, réchauffez-vous. Vous devez avoir des gelures que nous soignerons demain.

Elle retira entièrement sa cotte et apparut avec un coltin[1] en peau de renard qui couvrait une épaisse chemise de laine.

Guillaume, fasciné, ne la quittait pas des yeux.

— Gente damoiselle, dit-il en déposant son manteau sur le coffre (il avait déjà enlevé son casque et ses gants), mon seigneur se nomme

1. Sorte de long gilet sans manches.

Guilhem d'Ussel. C'est un serviteur du roi de France et nous nous rendons à Goslar.

Guilhem fronça le front, jugeant son servant bien bavard.

— Herr Waldemar est notre guide, et je m'appelle Guillaume. Soyez assurée que vous pouvez avoir confiance en nous.

Elle s'assit sur son lit et tira la dague de son fourreau avant de déclarer d'une voix triste et ferme :

— Confiance, je ne sais, mais j'ai besoin de vous. Je vous ai sauvé la vie, aussi vous m'aiderez. Vous ne pouvez refuser. Et si vous le faisiez, ou si vous tentiez de porter la main sur moi, je vous tuerais. Ou les loups le feraient.

Waldemar se risqua à un sourire ironique.

Elle le remarqua et lui adressa un regard noir.

— J'ignore qui vous êtes vraiment, *mein Herr*, mais j'ai déjà tué des hommes comme vous. Et n'oubliez jamais que les loups sont mes alliés.

Sans attendre de réponse, tandis que Guillaume regardait son maître, comme pour qu'il lui explique quelle était cette fille, elle s'enroula dans une couverture et s'allongea. Dague à la main.

Les trois hommes demeurèrent silencieux, à la fois embarrassés, sourdement inquiets, mais satisfaits, bien sûr, de passer la nuit au chaud et à l'abri, après ce qu'ils avaient connu.

— Guillaume, va retirer la selle et porte-la ici avec nos affaires. Waldemar, aide-moi à assembler de la paille pour faire une couche, ordonna finalement Ussel.

Quand ce fut fait, alors que Gretel paraissait endormie, ils s'installèrent près du feu après avoir ôté leurs gambisons mouillés.

*

Ce furent les soufflements du cheval qui réveillèrent Guilhem après une nuit sans rêve. Se redressant, il vit que Gretel, déjà chaudement habillée, avait passé une bride à l'animal et le conduisait à la porte.

— Où allez-vous ?

— Je le mène dans la bergerie, il ne peut pas rester ici.

Elle désigna un tas de crottin qui souillait le sol.

— Je vous accompagne, décida-t-il en se levant.

— Non ! Les moines me laissent cette maison, mais ils me chasseraient s'ils savaient que j'y ai conduit des hommes.

— Que leur direz-vous pour le cheval ?

— Que je l'ai trouvé. Que des voyageurs se sont fait tailler en pièces par des inconnus. Ils découvriront tôt ou tard les restes de vos autres montures.

— Combien y a-t-il de moines, ici ?

— Une trentaine. Et le double de frères convers qui travaillent dans les mines d'argent et de cuivre. Mais, en ce moment, ils se trouvent tous dans l'abbaye. Je dois y aller, maintenant...

Ussel hocha la tête. Il devait lui faire confiance.

Elle sortit et, quand la porte fut ouverte, une volée de flocons pénétra. Il neigeait toujours.

Leur échange avait réveillé ses compagnons.

— J'ai faim ! clama Waldemar, à l'évidence de joyeuse humeur.

— On a encore du pain et de la viande séchée, annonça Guillaume.

Tous trois revêtirent leurs gambisons, maintenant secs, puis sortirent leurs provisions et attendirent Gretel avant de les partager.

Guilhem gardait quelques gelures douloureuses, même si sa barbe avait protégé ses joues. Ses compagnons souffraient des pieds et des mains, mais Waldemar déclara que cela durerait juste une paire de jours.

Tandis que Ussel vidait le contenu d'une de leurs outres de vin dans un caquelon qu'il déposa près du foyer réapprovisionné en bois, Guillaume demanda :

— Qu'allons-nous faire, seigneur ?

— Il neige, nous n'avons qu'un cheval. Peut-on gagner Goslar dans la journée, Waldemar ?

— Non, seigneur. Il faudra faire au moins deux haltes, si je ne me perds pas, comme hier.

Gretel revint sans tarder, toute poudrée de blanc.

— Votre animal est bien installé devant un râtelier de foin et je l'ai brossé, dit-elle en ôtant un manteau et son bonnet de fourrure.

Guilhem remarqua qu'elle ne portait que sa dague. Elle avait laissé l'épée.

— Nous vous attendions, ces provisions sont pour vous, et du vin chauffe, dit-il en accompagnant sa proposition d'un sourire.

— Merci, j'ai des œufs ici. Je vais les faire cuire.

Elle désigna une boîte en bois sur une étagère qui supportait des pots de plusieurs tailles. Elle s'en saisit et en sortit trois.

— J'ai des poules dans l'étable, mais elles pondent peu en hiver.

— Je veux bien les cuire avec notre lard, proposa Guillaume.

— Alors faites-le, je ne suis pas bonne cuisinière, dit-elle en s'asseyant sur son lit avant de déclarer, de but en blanc : maintenant parlons. Dites-moi, pourquoi vous a-t-on attaqués ?

Guilhem aurait préféré qu'elle s'exprime la première, mais, après tout, il n'avait pas grand-chose à cacher. Il répéta ce qu'avait dit Guillaume en ajoutant des précisions, toutes véridiques, que Waldemar connaissait déjà : qu'il avait connu un *Minnesänger* de Wartburg et qu'il était venu lui rendre visite. À l'occasion de ce voyage, le roi de France, dont il avait été prévôt de son hôtel, lui avait demandé de rencontrer le landgrave afin de lui remettre un message. Mais il n'avait pu rencontrer ce dernier, et comme il avait appris que son ami était à Goslar, il s'y rendait. Cependant, il avait dû déranger les intérêts de certaines personnes, puisqu'il avait été attaqué ici, et que leurs agresseurs venaient de Wartburg.

Elle n'émit aucun commentaire ni ne posa de question, observant seulement Guillaume et Waldemar qui cuisinaient. Ussel s'était assis sur le coffre.

— Voulez-vous toujours aller à Goslar, seigneur ? s'enquit-elle en langue franque.

— Évidemment, et le plus vite possible, car mon ami pourrait s'en aller.

— Personne ne bougera tant que la tempête durera. Votre ami comme vous, ironisa-t-elle.

Il hocha la tête.

Elle s'adressa ensuite aux deux autres hommes :

— Vous ne devez pas sortir, sinon quand il fera nuit. Comme je vous l'ai dit : je ne peux recevoir personne ici. Pour vos besoins naturels, je vérifierai qu'il n'y a pas de moine de ce côté de la clôture avant que vous vous rendiez dehors. Maintenant, puisque nous allons rester un moment ensemble, il est temps de vous dire qui je suis, et en quoi j'ai besoin de vous. Êtes-vous prêts à m'aider ?

— Si j'en suis capable, oui, promit Guilhem. Je suis cependant curieux de connaître comment vous avez su des voyageurs en danger.

— Très simplement, répondit-elle avec un rire clair. Au crépuscule, je revenais de l'abbaye, où j'avais porté les pots du lait trait des chèvres de l'étable, quand j'ai vu des cavaliers passer devant moi, quasiment au galop, malgré la neige. Sept hommes d'armes. Pourquoi étaient-ils si pressés ? Je me suis interrogée. Puis, la nuit tombée, j'ai entendu les loups. Je connais leur langage. Ils avaient déniché des proies et appelaient leurs congénères. Alors j'ai pensé aux cavaliers. S'en étaient-ils pris à quelqu'un ? J'ai hésité, puis cru percevoir ce qui semblait être des coups de hache lointains. J'ai alors saisi l'épée de mon père et suis venue voir. Teufel m'a guidée.

— De votre père ? interrogea Waldemar qui n'avait vu aucune trace d'homme dans la maison.

— Il est mort.

Le silence s'installa, chacun comprenant qu'un malheur avait frappé cette jouvencelle vivant seule dans cette cabane, mais aucun n'osa l'interroger plus avant.

— Mon père était *ministerialis* du château de Goslar, expliqua-t-elle enfin. Il avait été choisi par Frédéric Barberousse dont il était un secrétaire. Le fils de l'empereur, Henri VI, l'a gardé comme intendant, et quand il a décidé que les diètes ne se tiendraient plus dans le palais voisin de Werla mais dans celui de Goslar, il en a même fait un chevalier. Je vivais donc là-bas avec mon frère Hans et ma mère adorée. Mon père a conservé sa charge quand Philippe de Souabe a été élu roi des Romains[1], mais je me souviens combien il se montrait mal à l'aise quand il recevait Otton de Brunswick, puisqu'il lui devait les mêmes égards qu'à Philippe de Souabe, le palais impérial appartenant avant tout à l'empire et non à une famille.

» L'année dernière, messire de Souabe a été assassiné, et Otton est devenu notre unique empereur. J'avais quinze ans et je voyais mon père inquiet. Nommé et protégé par les Hohenstaufen, il craignait de perdre sa charge, espérant quand même conserver quelques appuis parmi les proches de cette noble famille.

» L'empereur devait également craindre quelque opposition, aussi ne l'a-t-il pas chassé mais s'est-il

1. En 1198.

comporté en fourbe. Au début de l'hiver de l'année dernière, il a envoyé un *Vogt*.

— Un bailli, dit Guilhem.

— C'est cela, approuva la jouvencelle, mais un bailli disposant de tous les pouvoirs judiciaires. Il se nommait Gottschalk. Il a dit qu'il venait enquêter sur des faits de sorcellerie rapportés à l'empereur.

Elle se tut un instant avant de déclarer d'un ton égal :

— Entre ici et Goslar se dresse un mont que tout le monde évite. Savez-vous pourquoi ?

Waldemar devait le savoir car il se signa.

— Il se nomme le Brocken. Chaque année, à la Sainte-Walburge, mieux vaut ne pas circuler dans le Harz et encore moins aux alentours du Brocken.

Guilhem s'attendait à quelque sinistre révélation.

— Pourquoi ? s'enquit-il.

— C'est là que se tient le grand sabbat. Toutes les sorcières s'y rassemblent pour s'unir avec des boucs et le diable.

35

— Des sorcières vivent à Goslar, mais on ne les connaît pas. Ce sont d'honnêtes bourgeoises, des paysannes, des marchandes ou de nobles dames. Tout le monde a peur du diable, aussi plusieurs maisons le représentent-elles avec ses démons sculptés sur les solives, les sablières et les fermes. C'est un moyen de l'éloigner, dit-on. Ou d'affirmer qu'on ne le craint pas.

» Quoi qu'il en soit, la venue du seigneur Gottschalk a surpris. Jusqu'à présent, les empereurs s'étaient accommodés de Satan et de ses suppôts. Parfois, une sorcière était prise en se rendant au sabbat, ou en en revenant, d'autres découvertes, accusées par leurs voisins ; on les brûlait sur la place du marché, mais c'était l'affaire des prévôts ecclésiastiques, nul bailli impérial ne venait enquêter.

» Dès son arrivée, le seigneur Gottschalk a réuni les notables et annoncé que de graves accusations avaient été proférées. En même temps, il faisait fouiller le palais, et, dans notre propre chambre, le *Propst*[1] a trouvé un crucifix sur lequel

1. Prévôt.

était enroulé un serpent de cuivre. On a accusé mes parents de sorcellerie et d'hérésie, ce qu'ils ont nié bien sûr, ignorant tout de l'objet qu'ils n'avaient jamais vu.

» Plusieurs assemblées judiciaires se sont tenues, mais père a présenté tellement de témoins assurant de sa foi et de celle de ma mère que l'accusation ne pouvait qu'être abandonnée.

» Hélas, en février, le bailli Gottschalk a fait venir une dame fort réputée pour sa science de la cabale. Son père était médecin à Antioche. Malgré sa noblesse, elle reçoit et soigne ceux qui sont envoûtés. Cette dame a déclaré sous serment que ma mère était venue consulter des grimoires en sa possession afin d'apprendre comment invoquer le démon.

De nouveau, Waldemar se signa. La jouvencelle le remarqua.

— C'était une menterie ! s'écria-t-elle. Ma mère m'a juré ne jamais avoir mis les pieds chez la comtesse de Falkenstein !

— La comtesse de Falkenstein ! s'exclama Guilhem. C'est chez elle que Hermann de Thuringe se rendait ! Il voulait lui demander la main de sa fille.

Gretel écarquilla les yeux.

— Blancheflor ! Mais ce n'est pas sa fille, seulement sa belle-fille, et Blancheflor est morte voici plus d'un mois.

— Morte ! s'écria Ussel. Qu'est-il arrivé ?

— Tout s'enchaîne ! déclara sombrement Gretel en se signant. Je comprends maintenant pourquoi le Seigneur vous a envoyés ici, et pourquoi Teufel m'a guidée vers vous.

Guilhem s'efforçait de relier ce qu'il savait et venait d'apprendre, mais il ignorait encore tant de choses. Cependant, ce dont il était sûr, c'était que son ami Wolfram d'Eschenbach se trouvait en péril.

— Continuez, je vous en prie, demanda-t-il.

— Il s'agissait à l'évidence d'un faux témoignage. Ma mère n'était jamais allée chez cette femme. Seulement, la comtesse a une incontestable réputation d'honorabilité. Veuve du comte de Falkenstein, qui s'est croisé, si elle possède une bibliothèque unique sur la cabale et les démons, elle est fort chrétienne et se rend chaque jour à la messe. Ma mère a eu beau dire qu'elle mentait, les juges ne l'ont pas crue, surtout avec ce terrible crucifix découvert chez nous.

Un silence. Des larmes roulaient sur les joues de Gretel.

— Ma mère a été condamnée à être brûlée et mon père décapité.

Elle essuya ses yeux, et s'efforça de reprendre une voix ferme :

— Le jugement prévoyait que mon frère Hans deviendrait moine pour racheter les crimes de notre famille et que, à mes dix-huit ans, je serais enfermée dans un couvent où je prononcerais mes vœux. Mon père en a appelé à l'empereur, qui n'a pas répondu. Mes parents ont donc été exécutés et mon frère et moi conduits dans cette abbaye à la demande de l'abbé, un proche de notre famille qui avait compris que la fausse accusation permettait seulement à Otton de prendre possession du château.

— Personne ne s'est opposé à ce jugement inique ? s'enflamma Guillaume.

— Messire Gottschalk était un juge nommé par l'empereur. Qui aurait osé protester aurait été accusé de sorcellerie à son tour ! L'abbé de Walkenried nous a logés ici, nous laissant notre liberté pour nous occuper des moutons, des chèvres et de la basse-cour. Il avait obtenu du bailli qu'on lui remette les biens de mon père, ses armes, ses vêtements, ceux de ma mère et les nôtres. Ainsi que la bannière de notre famille.

Elle désigna l'ours sur le mur.

— Qu'est devenu Hans ? s'enquit Guilhem.

— Mon frère, mon aîné d'un an, allait devenir écuyer. Persuadé de l'existence d'un pacte entre Gottschalk et la comtesse de Falkenstein, il a décidé de lui demander de s'expliquer.

— Quel genre de pacte ?

— Mes parents ont été exécutés le 30 avril. La veille de la Sainte-Walburge, durant la nuit de Walpurgis. Ils ont donc été offerts au diable ! murmura-t-elle.

Un silence de mort régna un long moment. Jusqu'à ce que Guilhem déclare :

— Voilà une grave accusation.

— La comtesse de Falkenstein est une sorcière, et mon frère voulait le prouver. Il est donc parti, et n'est jamais revenu. On a retrouvé son corps quelques jours plus tard, lacéré par un ours.

— Et vous la pensez responsable ? s'étonna Guillaume.

— Évidemment ! Et je veux votre aide pour le prouver, car j'en suis incapable.

— Peut-être nos intérêts sont-ils les mêmes, reconnut Guilhem. Mais comment est morte Blancheflor ?

— Lacérée par un ours, qui l'a ensuite dévorée.

Guilhem hocha lentement la tête. Lui qui pensait trouver la paix en venant en Allemagne, lui qui ne voulait plus se battre se trouvait désormais au cœur d'une des plus effroyables intrigues qu'il eût approchées.

— Et Teufel, quelle est sa place ici ? s'enquit Waldemar, qui sentait que le loup ne l'aimait pas, ayant certainement deviné en lui un tueur de ceux de sa race.

— Je l'ai recueilli cet été, près de sa mère abattue par des chasseurs. Lui aussi était blessé. L'ayant soigné, en quelques mois, il est devenu mon ami. Et le chef d'une meute.

Guilhem se leva et se rendit à la porte, qu'il ouvrit. Un souffle glacé pénétra, accompagné d'une draperie de flocons. La tempête faisait rage. La hauteur de neige atteignait presque deux pieds ! Il referma.

— Combien de temps cela va-t-il durer ?

— Qui le sait ? Mais rassurez-vous, je pourrai me procurer suffisamment de nourriture.

La situation convenait à Waldemar. Chaque jour passé à l'abri lui rapportait des gages sans prendre de risque. Guillaume, lui, se réjouissait de demeurer avec la jolie jouvencelle. Seul Guilhem songeait à l'avenir.

— Je veux récupérer ce qu'on a laissé à notre bivouac, nos armes et nos hauberts, dit-il.

— Impossible de s'y rendre dans la journée. Peut-être une nuit, si la neige cesse de tomber.

— Entendu. Maintenant, parlons de vous et de Goslar. Quand j'aurai retrouvé Wolfram et le fils du landgrave, je leur répéterai ce que vous nous avez dit, et nul doute que nous irons demander des explications à la comtesse, non seulement sur la mort de votre frère et sur les accusations qu'elle a proférées, mais également sur la fin de Blancheflor. Viendrez-vous avec nous ?

Elle ne répondit pas immédiatement. Elle se leva et fit quelques pas.

— J'ai promis à l'abbé de demeurer ici. Si je pars, je ne pourrai jamais revenir. Que deviendrais-je ? Je vous donnerai toutes les explications nécessaires, mais je suis condamnée à finir ma vie dans un couvent.

— Non ! s'écria Guillaume.

Tous les regards se tournèrent vers lui.

— Nous aurons besoin de vous à Goslar, vous devez venir ! Ensuite, vous n'aurez qu'à rester avec nous.

— Et après ?

— Accompagnez-nous en France ! Mon seigneur est le plus noble des chevaliers du royaume. Il ne vous abandonnera jamais. Quant à moi, je vous protégerai autant que je le peux. Mes parents vous accueilleront comme leur fille, et mon frère comme une sœur. Mon père est l'intendant de la maison de notre seigneur. Nous vivrons à Rouen, et il y fait bien plus chaud que dans ce pays, où plus rien ne vous attache.

Guilhem écarta les bras :

— Guillaume a tout dit ! Je n'aurais pas fait mieux. Soyez des nôtres !

Émue, elle demeura silencieuse, mais des larmes coulaient sur ses joues. Elle les essuya en détournant la tête.

— Je dois y réfléchir, dit-elle finalement. Tout cela est si soudain.

*

Ils n'en reparlèrent pas et le reste de la journée fut consacré à des descriptions de la ville de Goslar et de ses environs. Guilhem réclama force détails sur la maison de la comtesse, sur celle des landgraves, sur l'enceinte et le palais impérial.

Quatre journées s'écoulèrent ainsi. Pour tromper leur ennui, Ussel donnait des leçons d'armes à Guillaume sous les regards goguenard de Waldemar et passionné de Gretel. L'entraînement se faisait avec des bâtons taillés dans des branches de pin et des boucliers en planches. Après plusieurs passes d'armes, la jeune fille demanda également à se battre contre les hommes. Des séances animées qui finissaient toujours par des fous rires.

Guilhem montrait aussi à son servant la manière de lancer des couteaux. Waldemar le fit tirer avec son arc, ce qui donna lieu à des défis avec Gretel, qui se montrait fort adroite. Évidemment, tous ces assauts se déroulaient à l'intérieur et sans recul ou élan. Le reste du temps, Ussel jouait nostalgiquement de la vielle en songeant à Marion, Amicie, Sanceline, Fabrissa et Rebecca. La jeune fille et le fils d'Aignan l'écoutaient, assis côte à côte.

Dans la soirée du cinquième jour, la neige cessa enfin de tomber. Malgré son accumulation, la couche ne dépassait guère un pied car elle s'était beaucoup tassée. Ussel décida qu'ils se rendraient jusqu'à leur bivouac reprendre armes et bagages, lesquels leur seraient bientôt indispensables. Comme le ciel devenait clair, ils partirent dès le crépuscule. Un trajet sans histoires durant lequel le loup Teufel apparut à plusieurs reprises, sans s'approcher. Les voyageurs se chargèrent autant qu'ils le purent. Comme Gretel prit également sa part dans ce pénible transport, ils ne laissèrent rien sur place. Restait, bien sûr, près du carnage des chevaux, ce qu'ils avaient dissimulé sous des branches.

Dans ce qu'ils avaient rapporté se trouvait une petite écritoire de voyage qu'Aignan avait donnée à son fils, simple boîte contenant des feuillets de parchemin, deux flacons en argent pleins d'encre, des plumes, un coutel, un ciseau, un grattoir et de la cire. La jeune fille utilisa l'une des feuilles pour écrire une lettre au père abbé, lui annonçant son départ et le remerciant pour sa bonté. Une lettre qu'elle laissa sur son lit.

Le lendemain, bien avant l'aurore, elle alla chercher le cheval. La monture fut sellée et chargée des bagages et hauberts. Guilhem observa que la damoiselle avait emporté la bannière bouton d'or représentant un ours noir.

L'enseigne de sa famille.

*

Lorsqu'ils partirent, couverts de tous les vêtements qu'ils possédaient, le jour naissait.

Gretel les guidait, accompagnée de Guillaume, qui ne la quittait pas. Waldemar, qui tenait le cheval en longe, suivait, contrarié d'être devenu inutile. Enfin, Guilhem fermait la marche, perpétuellement aux aguets.

L'avancée était difficile. Il n'y avait aucun chemin, ou, s'il en existait un, la neige en avait recouvert les traces. Parfois, Gretel hésitait et cherchait un repère qu'elle trouvait toujours. Alors elle indiquait la direction de la main.

Très vite, ils montèrent, et leur marche devint de plus en plus éprouvante, chaque pas un peu plus épuisant que le précédent. Après quelques heures, ils arrivèrent dans une clairière où des rangs de sapins avaient été coupés et dont restaient uniquement des souches. Gretel proposa une halte. Ils mangèrent des galettes d'orge qu'elle et Guillaume avaient fait cuire la veille. Ils repartirent rapidement. Alors qu'ils suivaient une rivière gelée, Gretel leur fit changer de trajectoire jusqu'à une muraille rocheuse.

Guillaume fut le premier à apercevoir la faille, un trou sombre, vertical comme un coup de hache, au milieu de branchages enneigés.

— L'entrée d'un boyau de mine, expliqua la jouvencelle en s'arrêtant devant. Je l'ai explorée, voici deux ou trois ans, avec mon frère et l'un de nos serviteurs.

Elle pénétra, toujours avec Guillaume. Au bout de quelques pas, le passage s'élargit avant de déboucher sur deux tunnels à peine hauts de trois pieds.

La roche était colorée de taches vertes et bleues, légèrement brillantes. Les restes d'un foyer occupaient le milieu de cette salle d'environ deux toises sur trois. Sur un côté étaient entassés des épines de pin et du bois.

— L'endroit sert de refuge en hiver, dit-elle, et le reste du temps, des chasseurs y font halte. S'il n'y avait pas autant de neige, vous auriez vu dehors le fourneau où l'on faisait fondre la roche et les métaux.

Waldemar avait fait entrer le cheval. Guilhem pénétra à son tour.

— Nous y passerons la nuit. Nous pouvons faire un feu, mais je crains que nous ne soyons enfumés.

— Comme il fait moins froid que dehors, observa Guilhem, un feu est inutile. Où conduisent ces tunnels ?

— Celui-là s'agrandit plus loin. On en sortait du cuivre et un peu d'argent, il y a quelques années. Le second se termine au bout de quelques pieds, on n'y a pas trouvé de minerai.

Déjà Guillaume déchargeait l'animal.

— Serons-nous demain à Goslar ? s'enquit Guilhem.

— Non, il y a trop de neige. Mais le chemin ne montera plus. Nous ferons halte dans une autre mine. Le Harz est un véritable terrier.

— Je connais un village de mineurs, intervint Waldemar. On pourrait s'y arrêter. On y sera mieux que dans un trou de bêtes.

— Je le connais aussi, mais mieux vaut qu'on ignore notre présence, et encore plus la mienne, répliqua la jeune fille. Demain, nous passerons la nuit dans une mine du Rammelsberg, pas loin de la ville. Les mineurs étaient des serfs de mon père et ne nous dénonceront pas.

Ils déballèrent leurs affaires et s'installèrent. Finalement, Guilhem accepta qu'un feu soit allumé près de l'entrée, à la fois pour éloigner les animaux sauvages et faire sécher leurs vêtements.

Devant le foyer, tandis qu'ils soupaient des maigres provisions arrosées de neige fondue – ils n'avaient plus de vin –, Gretel expliqua qu'elle attendrait chez les mineurs quand ils se rendraient à Goslar ; si elle les accompagnait, des gens la reconnaîtraient.

Guilhem demanda à Waldemar s'il accepterait de venir avec eux. Il leur serait utile pour les guider et s'exprimer à leur place, mais le chevalier comprendrait s'il refusait. Il était d'ailleurs prêt à lui remettre le reste de ses gages.

— Ma foi, je veux bien demeurer avec vous jusqu'à Goslar, tant que je n'ai pas à me battre. Je tiens à la vie ! Mais quand vous aurez retrouvé votre ami, vous me paierez et je retournerai d'où je viens. J'ai eu ma part d'émotions dans cette équipée.

*

Ils se réveillèrent transis. Avec un feu qui n'était plus que cendres. Ce fut un nouveau repas de galettes, avec un peu de lard. Puis ils chargèrent le cheval qui n'avait reçu que du foin comme pâture, et repartirent.

La marche fut plus aisée que la veille grâce à un chemin déneigé par le passage d'animaux.

Ils avançaient depuis quelques heures quand un gros loup gris surgit devant Gretel. « Teufel », annonça-t-elle. Les hommes, qui le voyaient entièrement pour la première fois, s'arrêtèrent. Guilhem vint aider Waldemar à calmer le cheval. Mais le carnassier ne s'approcha pas et poussa seulement un mélange de grondements, de petits hurlements, puis des jappements.

— Il y a des gens devant nous, annonça la jouvencelle à mi-voix.

Guilhem passa devant Gretel, Guillaume sur son flanc droit, tandis que Waldemar attachait le cheval à la branche basse d'un sapin. Ils attendirent un moment. Teufel s'en était allé. Peu à peu, le crissement de pas se fit entendre, et un homme parut. Un colporteur, d'après la hotte qu'il avait sur le dos, revêtu d'une lourde robe au bas détrempé par la neige et d'un bonnet en peau de loup. Il s'arrêta en les voyant, un brin inquiet.

— Ne craignez rien ! déclara la jouvencelle. Nous allons à Goslar.

L'autre hocha lentement la tête, sans bouger.

— J'en viens, dit-il.

Guilhem et Guillaume s'écartèrent pour le laisser passer, mais Ussel lui demanda :

— Savez-vous si le fils du landgrave de Thuringe s'y trouve ?

— Le fils ? répéta l'autre, interloqué. Pour sûr, qu'il y est ! Mais pas là où il aimerait être ! On ne parle que de lui en ville.

— Pourquoi ?

— Il a été saisi, voici quelques jours. Il se trouvait avec ses gens, il y a eu bataille, et beaucoup ont été tués.

Guilhem frissonna. Il arrivait trop tard ! Que ne s'était-il pressé !

— Raconte-nous !

— Voici ce que j'ai entendu : il sortait d'une noble maison, celle de la comtesse de Falkenstein. Un bailli venu de Cologne le recherchait et avait mis ses hommes devant la demeure. Ses arbalétriers ont tiré sur les gens d'armes de l'empereur dès qu'ils les ont vus, les autres ont riposté. C'était une boucherie. Le fils du landgrave a été pris. On m'a rapporté qu'on l'aurait enfermé au palais. On dit qu'il va être conduit dans une geôle de Cologne.

Wolfram ! songea Guilhem, effondré. Son ami était-il mort ?

— Y a-t-il eu d'autres prisonniers ?

— Je ne sais, seigneur, mais c'est possible.

— Savez-vous le nom de ce bailli ? s'enquit Gretel avec fébrilité.

Le colporteur la regarda, surpris par sa virulence.

— Oui, gente dame. Il s'appelle Gottschalk. On le connaît à Goslar car il est déjà venu juger une affaire de sorcellerie.

36

Quelques jours plus tôt, au château de Falkenstein

En entendant ces paroles : « Elle est morte, messire... Morte parce que je n'ai pas su la protéger de la sorcière », Hermann de Thuringe chancela, et Wolfram dut le retenir par l'épaule.

— Non ! balbutia le fils du landgrave, les larmes aux yeux. Non... Elle ne peut être...

Il y avait un faudesteuil dans la pièce. Ce rustique siège à accoudoirs, le vieillard qui les avait conduits l'avança vers le jeune homme.

Ému au-delà du possible, Hermann s'affaissa dessus.

— Qu'est-il arrivé ? demanda le *Minnesänger*, et qui est la sorcière dont vous venez de parler ?

Une question dont, hélas !, il devinait la réponse.

— Ma belle-sœur, bien sûr ! souffla le malade qui peinait à respirer. Elle s'est fait épouser par mon frère et, une fois arrivée ici, l'a tué par je ne sais quelle sorcellerie. Puis elle m'a volé Blancheflor, que j'élevais comme mon enfant, uniquement pour posséder les mines d'argent auxquelles elle n'avait pas droit. Maintenant est arrivé ce que je craignais : la sorcière l'a tuée avant ses seize ans, afin de s'approprier son héritage.

Il haletait après cet effort d'explication.

— J'ai vu Blancheflor cet été, elle était gaillarde ! intervint Hermann qui reprenait ses esprits.

— Voici quelques semaines, ma belle-sœur l'a envoyée au château... Ma nièce était accompagnée du frère de ladite belle-sœur, Constantin, et d'une dame venue avec elle de Syrie nommée Angelina... J'ignore ce qui s'est passé entre la ville de Goslar et le château Falkenstein, mais ces deux-là sont arrivés ici complètement bouleversés – ou feignant de l'être. Alors qu'ils chevauchaient non loin, ont-ils déclaré, un ours s'en serait pris à la monture de Blancheflor. Effrayé, le cheval aurait fait tomber ma nièce, et l'ours se serait jeté sur elle. Constantin lui serait venu en aide, mais, l'animal étant gigantesque, il n'aurait pu l'affronter... Selon ses dires. Blessé, il aurait abandonné la fille de mon frère au fauve afin de venir chercher du secours.

Fatigué par cette longue explication, le malade but à un pot que lui tendit la femme près de lui.

— J'ai aussitôt rassemblé mes gens, reprit-il, le peu qu'il me reste, n'ayant plus les moyens de nourrir mes propres serviteurs, et nous sommes partis avec des épieux sur le lieu de l'attaque. Hélas, si l'on voyait du sang partout, nous n'avons pas retrouvé Blancheflor.

— Impossible ! s'exclama Hermann. Un ours peut emporter un enfant, un petit animal, mais non tirer un homme ou une femme sur une longue distance !

— Je le sais ! Et Constantin s'est montré aussi surpris que nous avant de suggérer que d'autres ours ou des bêtes féroces soient venus entre-temps et aient dévoré le corps.

— Le corps et les vêtements ! intervint le *Minnesänger* avec une moue ironique. Les ours et loups mangeraient-ils les étoffes, par ici ?

— Je l'ai fait remarquer. De surcroît, nous avons découvert peu de traces : quelques branches brisées et écorces griffées, rien au-delà d'une centaine de pieds alentour...

Le malade reprit son souffle.

— Or un ours peut être facilement suivi par des chasseurs, alors... deux ou trois n'auraient pu nous échapper...

Épuisé, le seigneur parut s'assoupir. Pourtant, dans un ultime effort, il précisa :

— Voilà pourquoi je suis persuadé que Constantin et dame Angelina nous mentaient... J'en aurais eu les moyens, je les aurais fait saisir pour les interroger et faire avouer, mais il y avait juste quatre hommes avec moi, tous âgés, et Constantin ne se serait pas laissé faire. D'ailleurs, se rendant compte de notre scepticisme, il s'est toujours tenu hors de notre portée, comme la prénommée Angelina, restée près de son cheval. Cette dame tenait un épieu, au cas où l'ours serait revenu, disait-elle, mais, en vérité, elle nous menaçait. J'ai jugé que nous ne pouvions les affronter tous deux. Que Dieu et mon frère me pardonnent, je n'ai pu sauver ma nièce ni punir ses assassins.

— Quel genre d'homme est ce Constantin ? interrogea Wolfram d'Eschenbach.

— Un chasseur réputé qui passe ses journées dans les forêts à la recherche de cerfs ou sangliers.

— Il aurait donc pu combattre ce prétendu ours, gronda Hermann.

— Il portait quelques griffures prétendument faites par la bête, mais elles n'étaient qu'égratignures.

— Les ours ont faim au printemps, pas à cette époque de l'année... ajouta le *Minnesänger,* qui demeura songeur un instant, avant de demander : De quoi votre frère est-il mort ?

— Il est tombé malade. Il ne gardait plus la nourriture et a trépassé en quelques jours. Mais je suis certain que la sorcière l'a empoisonné !

— Pourquoi l'accusez-vous d'être une sorcière ?

Le vieillard qui les avait conduits se signa.

— Dis-leur, Adalbert ! ordonna le sire de Falkenstein.

— La seule mine que mon seigneur possède encore se situe près du château de Hartesburg[1], commença ce dernier. Où travaillent trois mineurs, des serfs nés ici. Je m'y rends deux fois par an pour y récupérer l'argent sorti des galeries, bien peu hélas. L'année dernière, j'y suis allé plus tard que d'habitude, car je m'étais blessé quelques jours auparavant. Bref, je m'y trouvais le dernier jour d'avril et j'ai passé la nuit sur place.

— La nuit de Walpurgis... murmura Wolfram.

— Oui, seigneur. Une nuit durant laquelle personne ne sort, dans le Harz. Mais nous étions solidement barricadés, aussi les sorcières qui

1. Construit par l'empereur Henri IV pour protéger Goslar.

vont au sabbat ne pouvaient-elles s'en prendre à nous... Malgré tout, j'avais peur... On dit que, lorsqu'elles rencontrent quelqu'un en se rendant sur le Brocken, elles le saisissent et le dévorent là-haut en honorant le Fourchu.

Nouveau signe de croix.

Hermann, toujours effondré par la mort de celle qu'il aimait, considérait intensément l'intendant, ne voulant rien perdre de ce qu'il révélait. Il devinait que Blancheflor avait subi un sort terrifiant, et, déjà, avait décidé de la venger.

— La nuit était profonde, un orage grondait. Parfois des éclairs violents illuminaient la salle où nous nous trouvions, alors même que portes et fenêtres étaient closes. Le tonnerre s'était rapproché, et chaque coup éclatait plus assourdissant que le précédent, faisant tressaillir la maison. Terrorisés, nous nous sommes réfugiés dans la mine, dont le tunnel part de la cabane. Nous avons eu raison, car soudain la foudre a frappé Hartesburg. Le sol a tremblé, une lame de feu aveuglante a même traversé le toit depuis le trou d'évacuation des fumées. Immédiatement, la bâtisse s'est embrasée.

» Nous priions tous quatre dans un boyau, suppliant le Seigneur de nous épargner, et Il nous a entendus car la pluie s'est mise à tomber et a noyé le foyer. Nous sommes alors sortis pour tenter de sauver ce qui n'avait pas brûlé, et avons découvert un cortège passant sur le chemin en contrebas, composé d'une vingtaine d'hommes et de femmes accompagnés de boucs. Tous chantaient une infâme complainte honorant le démon.

Nos ouvriers se sont cachés, mais la curiosité m'a pris. Personne ne connaît les sorcières et sorciers de Goslar. J'en avais l'occasion et me suis approché. À la lumière d'une lanterne que tenait un sorcier, j'ai reconnu Marguerite d'Antioche en train de conduire un bouc en laisse. Que je sois damné si je mens !

Cette fois, ce fut Hermann de Thuringe qui se signa. Quant à Wolfram, il se montrait plus dubitatif. Certes, il savait que le diable existait et connaissait la puissance de la magie, mais il n'ignorait rien de l'imagination humaine. Cet homme avait peut-être inventé ce qu'il aurait souhaité voir.

— Qui d'autre de Goslar avez-vous reconnu ? s'enquit-il.

— La femme du meunier, et la fille d'un coutelier, celles-là, je l'affirme. Les autres, je ne les connaissais pas, ou je ne pouvais voir leur visage.

— Troublant ! lâcha tomber le *Minnesänger* en grimaçant.

Il ne pouvait s'empêcher de penser à la maison de Marguerite d'Antioche dont les panneaux de boiserie représentaient des démons fourchus torturant des damnés. Et notamment celui qui représentait un sabbat au sommet d'une montagne, avec un diable cornu et fourchu entouré de sorcières dépoitraillées.

— C'est toi qui m'as parlé de Simon le Mage, Wolfram, observa Hermann en se souvenant du livre de sorcellerie qui se trouvait chez la comtesse.

Il se leva.

— Messire, nous offrez-vous l'hospitalité pour la nuit ?

— Évidemment, mais ne vous attendez pas un banquet princier.

— Nous avons chassé en route et tué une biche. Je vous en ferai porter un quartier, en priant Dieu pour que vous guérissiez au plus vite.

— Hélas, messire, ma vie s'est envolée quand j'ai appris la fin de Blancheflor.

— Nous partirons demain pour Goslar. Je vais demander des comptes à Marguerite d'Antioche et la ferai interroger par le prévôt. S'il le faut, l'affaire montera jusqu'à la diète du duc de Saxe.

Le sire de Falkenstein ne répondit point. Les yeux fermés, il semblait parti vers un autre monde.

*

Ils soupèrent dans la grande cuisine voûtée, sur une table dressée contre le fourneau en brique. Excepté la sentinelle de garde, tous les gens du château se joignirent aux voyageurs, sept personnes en comptant les femmes, pour une triste veillée de Noël. Au fil des questions, Hermann et Wolfram en apprirent plus sur Marguerite d'Antioche et son frère. Plusieurs serviteurs commentèrent le rôle singulier qu'elle avait joué dans la condamnation du *ministerialis* de Goslar et de son épouse, des gens appréciés de tous et dont la plupart doutaient qu'ils aient été des sorciers.

Quand vint l'heure du coucher, l'intendant Adalbert expliqua aux voyageurs qu'il logeait dans la chambre à côté de celle de son seigneur. Eux-mêmes pouvaient donc occuper n'importe lesquelles des pièces vides du château, hélas non chauffées. En revanche, la grande salle au-dessus de la cuisine profitait de la chaleur de la cheminée, aussi était-ce là que vivaient les serviteurs. Et y restaient plusieurs couches vides.

Le fils du landgrave choisit de se contenter de ce dortoir. Lui et ses gens n'y passeraient qu'une nuit.

*

Le jour de la Nativité, Hermann, Wolfram d'Eschenbach et leur escorte entrèrent dans Goslar alors que l'obscurité s'étendait. Évidemment, aucun ne remarqua les musards qui surveillaient les lieux. Le seul endroit auquel s'intéressa l'héritier du comté de Thuringe fut la maison de Marguerite d'Antioche. Pour la première fois, il considéra avec horreur la façade en sapin rouge, aux frises de lierre et aux fleurs de chardon, dont les têtes de démons semblaient plus vraies que nature.

Le lendemain, le jour se levait à peine mais le fils du landgrave brûlait d'impatience. Avec le *Minnesänger* et le *Hauptmann*, un plan simple avait été concocté : ils seraient reçus par la comtesse et, une fois à l'intérieur de sa maison, la captureraient, feraient entrer les gens de l'escorte et se rendraient maîtres des lieux. Ensuite aurait lieu l'interrogatoire, et suivrait le châtiment.

Le marché s'installait sur la place, déneigée, quand Hermann, revêtu d'une épaisse robe de laine couleur tilleul et d'un garde-corps mauve, frappa à la porte de la maison aux diables dont le marteau de bronze représentait une tête de bouc. Wolfram et le capitaine, en robe également, l'accompagnaient. Le reste de la troupe, équipé et armé, demeura sur la place, à proximité immédiate.

Une servante fit pénétrer les trois hommes dans un ostevent et, reconnaissant Hermann, le gratifia d'une révérence avant d'écarter un lourd rideau écarlate pour les laisser pénétrer dans la salle lambrissée qu'ils connaissaient.

Deux femmes bavardaient devant un foyer. Elles se retournèrent en entendant entrer des visiteurs. Il s'agissait de Marguerite et d'Angelina. Toutes deux se levèrent et la première s'avança vers Hermann le visage auréolé d'un sourire ensorceleur.

Le fils du landgrave sentit son aversion et sa fureur s'effacer.

Qu'elle est belle, songea-t-il. *Comment imaginer en cette femme une sorcière ? Comment envisager qu'elle ait pu se rendre à un sabbat ? Comment concevoir qu'elle ait tué son époux et fait assassiner sa belle-fille ?*

Observant avec contrariété le visage enivré de son élève, Wolfram intervint :

— Noble comtesse, fit-il après s'être incliné respectueusement, alors que la servante disparaissait. Mon seigneur Hermann, fils du noble landgrave de Thuringe, vous avait promis de revenir pour Noël, et je puis vous assurer qu'il avait hâte de respecter sa parole.

— Sachez que j'en suis ravie, fit-elle en tendant ses mains à Hermann, qui les prit et parut encore plus grisé. Mais asseyez-vous donc avec nous, nous avons tant à nous dire !

Elle désigna une banquette placée devant le foyer.

— Volontiers, accepta Wolfram d'Eschenbach d'une voix chantante. Et pourquoi ne pas demander à la fille de feu votre époux de se joindre à nous ?

Paupières mi-closes, le visage de la comtesse demeura souriant, mais figé, comme sculpté dans du marbre. Le silence s'installa, et devint vite pénible. Tous demeuraient debout.

Les mains de Marguerite se firent glaciales, et Hermann reprit ses sens.

— J'aurais grand plaisir en effet à revoir Fräulein Blancheflor, parvint-il à articuler.

— Hélas ! fit-elle d'une voix émue, il s'est produit un effroyable accident.

— Lequel ? s'enquit le *Minnesänger* d'un ton faussement inquiet.

— Voici quelques semaines, elle se rendait au château de Falkenstein avec mon frère. Tous deux ont été attaqués par de féroces ours. Mon frère les a combattus, et a été blessé, mais il pouvait l'emporter et les fauves ont… Elle éclata en sanglots.

— ...mis fin à la vie de ma chère enfant.

— Quelle affreuse nouvelle ! intervint Hermann qui avait retiré ses mains.

Il secoua lentement la tête.

— Je comprends combien notre visite est malvenue, aussi allons-nous nous retirer. Mais, auparavant, pouvez-vous dire où se trouve la tombe de Blancheflor afin que je m'y recueille ?

Nouveau silence embarrassé.

— Hélas, les ours ont emporté son corps dans leur tanière, annonça Marguerite d'un ton plus froid.

— Dans ce cas, je souhaite me rendre à l'endroit de ce drame afin de prier pour l'âme de Blancheflor, et retrouver cette tanière pour que les restes de votre enfant reposent dans une sépulture chrétienne.

— Constantin l'a vainement cherchée, déclara la comtesse après une brève hésitation.

— Votre frère ?

Hochement de tête.

— Je souhaite tout de même qu'il m'y conduise.

— Mon frère m'a déclaré qu'il ne retournerait jamais sur le lieu de ce drame abominable, dit-elle avec une immense tristesse.

Hermann plissa le front, marquant ostensiblement son mécontentement, aussi l'autre femme intervint-elle :

— Messire Constantin devrait expliquer à ces seigneurs où cela s'est produit. Ainsi pourraient-ils s'y rendre dès maintenant.

Wolfram comprit qu'on souhaitait qu'ils s'en aillent, puisque la prénommée Angelina connaissait l'endroit et ne proposait pas plus de les y accompagner.

— En effet, Angelina, admit sa maîtresse.

Chacun jouait maintenant la comédie, devina le *Minnesänger*.

— Allez donc le chercher, ma dame, proposa-t-il avec douceur et courtoisie.

Après un échange de regards entre les deux femmes, Angelina s'en alla.

Durant cette absence, le silence revint, maintenant franchement hostile. Puis un individu barbu, à la tignasse hirsute, aux bras robustes et à la face féroce, apparut : Constantin.

Wolfram vint ostensiblement le saluer mais, brusquement, saisit son bras droit qu'il tordit à le briser. Le *Hauptmann*, resté jusque-là près de l'ostevent, comme le serviteur qu'il était, bondit afin de lui prêter main-forte et attrapa l'homme par le cou.

— Que signifie ! gronda Marguerite qui recula tandis que son frère se débattait vainement.

— Ne bougez pas ! ordonna Hermann en tirant son épée. Je n'aurai aucun scrupule à trancher la tête d'une sorcière qui fréquente les sabbats !

Elle pâlit et demeura immobile.

Wolfram avait tiré sa dague et mis le fer sous la gorge de Constantin. Le sang jaillit, et le chasseur cessa de lutter.

— Tous trois, vous avez tué Blancheflor, vous (il désigna Marguerite) avez participé au sabbat de Walpurgis. L'heure du châtiment vient de sonner ! Otric, dit-il à son capitaine, va à la porte et fais entrer nos gens.

Comme Wolfram tenait solidement Constantin, qu'ils avaient fait agenouiller, le *Hauptmann* fila vers l'ostevent et ouvrit la porte. Puis retentirent des cris, et un bref vacarme se fit entendre. Quand le nommé Otric réapparut, chancelant, il se tenait le ventre, d'où sortait l'amas de ses entrailles. Il s'écroula tandis qu'une poignée d'hommes, épées et haches au poing, pénétraient, suivi d'une dizaine d'arbalétriers.

— Je suis Gottschalk, bailli de l'empereur! Lâchez vos armes si vous tenez à la vie!

Stupéfaits, les hommes de Thuringe ne réagirent pas tout de suite, mais, voyant les arbalétriers mettre en joue Hermann, Wolfram lâcha Constantin et jeta sa dague sur le carrelage. Un chevalier – c'était Egbert de Verdun – s'approcha et, sous la menace de son épée, le contraignit à s'agenouiller.

Hermann laissa alors à son tour tomber sa brette, tout en déclarant:

— Parole du fils d'un landgrave, vous paierez ce crime de votre vie, Gottschalk. (Il désigna son capitaine, baignant dans son sang.) Quant à cette femme, c'est une sorcière et une criminelle!

— Attachez-les et emmenez-les à la prison du palais, ordonna le bailli, sourire satisfait aux lèvres.

Puis il s'avança vers Marguerite et lui dit:

— Ce sont eux qui paieront cher pour vous avoir manqué de respect, noble dame.

*

La veille, à la relevée, après une pénible chevauchée de plusieurs jours dans la neige et le froid, le bailli Gottschalk et sa troupe d'une trentaine d'hommes étaient entrés dans le palais de Goslar. Ils avaient emprunté la *Kaiser Tor*, la porte privative du château, de telle sorte que les habitants avaient ignoré la présence de cette petite armée.

À peine installé, l'homme de l'empereur avait envoyé des musards en ville pour apprendre, dans la discrétion, si la maison du landgrave était occupée par son fils.

Comme ce n'était pas le cas, la demeure avait été mise sous surveillance. Le soir, Gottschalk avait été avisé de l'arrivée de Hermann de Thuringe et de ses hommes. Aussi le lendemain le guet avait-il été renforcé au début du marché. À peine Hermann et ses deux compagnons étaient-ils entrés chez la comtesse que les membres de son escorte étaient arrêtés, puis massacrés dans une ruelle à l'écart des badauds. Ensuite, la troupe du bailli avait occupé toutes les issues de la maison. Lorsque le *Hauptmann* avait ouvert la porte, Gottschalk lui avait en personne enfoncé une épée dans le ventre, perçant les mailles de son haubert.

*

Après le départ du bailli avec les prisonniers, encore tremblante de la terreur éprouvée, Marguerite s'occupa de son frère blessé.

Le bras n'était pas cassé, seulement démis. Elle parvint à remettre l'articulation en place et l'interrogea, après son hurlement :

— Comment savaient-ils, pour Blancheflor ?

— Je ne comprends pas, ma sœur, haleta l'homme qui souffrait le martyre.

Marguerite se releva et considéra Constantin et Angelina avec dureté.

— En revenant de Falkenstein, vous m'avez assuré que la fille était morte, qu'un ours l'avait emportée. Je vous ai crus, sans chercher à en savoir plus… Maintenant, j'exige la vérité !

— Nous vous avons tout dit, ma comtesse, balbutia Angelina les larmes aux yeux et se tordant les mains d'inquiétude. Non loin de Falkenstein, votre belle-fille a enfin croqué l'une des pommes de sa besace. Peu après, le philtre dans lequel vous aviez trempé les fruits a fait son effet et elle est tombée de cheval. Je suis certaine qu'elle était morte, autant à cause du poison que de sa chute. Mais alors que Constantin vidait sur elle le sang de lapin emporté et qu'il s'apprêtait à la griffer, on a entendu un ours. On a filé aussitôt au château où on a dit avoir été attaqué par les bêtes. Votre beau-frère nous a contraints à les conduire à l'endroit, et le corps de Blancheflor ne s'y trouvait plus. L'ours l'avait pris.

— Mais Hermann m'a accusé de l'avoir tuée ! Comment l'a-t-il appris ? Qui lui a révélé que je m'étais rendue au sabbat de Walpurgis ? hurla-t-elle.

Méconnaissable, le visage de la comtesse, rouge de haine, affichait une méchanceté incroyable. Ses yeux lançaient des éclairs, ses mains n'étaient plus que des serres. Angelina recula devant cette furie.

— Quelle importance, ma sœur ? Il est en prison et n'en sortira pas ! grommela Constantin.

— Qui peut l'assurer ? Et si le landgrave paye une rançon ? Je veux qu'il disparaisse ! Je te charge de le faire empoisonner dans son cachot, Angelina. Mais, auparavant, je veux aussi être certaine que Blancheflor est bien morte ! Débrouille-toi, Constantin, retrouve son corps !

Elle les abandonna et monta dans sa chambre.

Bouleversée, en rage, elle marcha jusqu'à la desserte sur laquelle se trouvait son miroir d'argent. Elle s'en saisit et s'y mira, s'efforçant d'afficher un visage apaisé. Au bout d'un moment, jugeant sa beauté parfaite, elle formula les paroles rituelles :

— Miroir, gentil miroir, dis-moi, dans le duché de Saxe, qui est la femme la plus belle ?

Hélas, comme la dernière fois, son image se troubla, et les traits de Blancheflor apparurent.

37

Dans la montagne du Harz, le 7 janvier 1210

Gretel, émue au-delà du possible, murmura :

— Il est revenu.

La stupeur passée, Guilhem avait retrouvé son esprit.

— Gente Gretel, nous sommes désormais encore plus alliés, dit-il à la jeune fille.

Il se tourna vers le colporteur :

— Que savez-vous d'autre ?

Le marchand ambulant se gratta le front, embarrassé.

— Je crois que je vous ai tout dit, seigneur... Ce sont juste des paroles entendues quand je vendais ma marchandise au marché. Je n'y ai guère prêté attention...

Guilhem retira ses gants et fouilla dans son aumônière, dont il sortit une pièce d'argent.

— Voilà pour vous, l'ami. Pouvez-vous nous rendre un autre service ?

— Tout ce que vous voulez, seigneur ! fit l'homme en lorgnant la monnaie.

— Vous ne nous avez jamais rencontrés, donc vous ne parlerez de nous à personne.

— Oui, seigneur.

— Jurez-le sur la Vierge Marie ! exigea Gretel.
— Je le jure, gente dame. Que le diable me garde en enfer si je trahis mon serment.
Guilhem remit la pièce, l'autre s'en alla.

— Il faut que j'apprenne ce qu'est devenu Wolfram… S'il est prisonnier, je dois le sortir de ce mauvais pas ! décida Ussel une fois le colporteur éloigné.
Il ne parla pas du fils du landgrave, qui ne représentait rien pour lui.
— Vous pourriez vous renseigner à Goslar, messire, mais en posant des questions, vous seriez vite repéré. Et si Gottschalk vous fait saisir, c'est la mort assurée, objecta-t-elle en une moue craintive.
— Pourquoi ne pas attendre que sire Hermann soit conduit à Cologne, seigneur ? suggéra Guillaume. En cas d'escorte pas trop importante, on pourrait tenter de le délivrer.
— Ne comptez pas sur moi ! intervint Waldemar. Je suis votre guide, rien d'autre ! Je ne veux pas risquer ma vie.
Ussel opina du chef.
— Ton plan est séduisant, Guillaume, mais nous l'appliquerons seulement en désespoir de cause, car, à deux, ce sera une entreprise bien hasardeuse.
— À trois ! corrigea Gretel… Cependant, j'ai peut-être une autre idée, messire. Aussi périlleuse…
— Parlez ! Je suis prêt à tout tenter !
— Laissez-moi y réfléchir, seigneur. Pour le moment, poursuivons notre chemin jusqu'à Goslar.

*

Quatre serfs travaillaient au gisement d'argent où ils devaient passer la nuit. Ayant construit une maison de pierre contre le boyau d'entrée, il fallait pénétrer dans leur demeure pour accéder aux galeries souterraines. Moyennant deux pièces d'argent, les voyageurs, qui déclarèrent se rendre à Leipzig pour protéger Gretel, obtinrent de partager la soupe commune et qu'on leur cède le lit unique, une grande couche capable d'abriter une dizaine de personnes. Guilhem ne voulant pas que la jouvencelle se retrouve dans le même lit que ces frustes ouvriers, ceux-ci dormiraient dans la mine.

Comme ils étaient arrivés bien avant le crépuscule, la jeune fille proposa d'aller chasser avec Teufel, qui s'était régulièrement montré toute la journée. Elle demanda à Guillaume de l'accompagner, ce qu'il accepta sans peine, et Guilhem, ayant deviné qu'elle souhaitait lui parler hors de la présence de Waldemar, partit avec eux. Quant à ce dernier, il resta avec les mineurs, satisfait de demeurer au chaud. Il ne s'était pas porté volontaire pour chasser, et du reste, Gretel le lui aurait déconseillé, le loup montrant les dents dès qu'il l'apercevait.

La jeune fille et Guillaume avec leur arc, Ussel prenant seulement un épieu, s'en allèrent donc. Dès qu'ils furent éloignés de la mine, Gretel désigna une tour de guet située à peu de distance.

— À la tour Maltermeister, il n'y a aucune sentinelle et beaucoup de gibier aux alentours.

— Mais nous n'y allons pas pour chasser, n'est-ce pas ? interrogea Guilhem.

— Non, reconnut-elle en un sourire désarmant. Simplement, Waldemar ne doit pas apprendre ce que je vais vous révéler.

— Cela a-t-il un rapport avec l'emprisonnement du fils du landgrave ?

— Oui. Laissez-moi vous expliquer ce à quoi j'ai songé. D'ordinaire, les prisonniers de l'empereur sont enfermés dans le château, à l'intérieur d'un bâtiment adossé à l'enceinte. Or, je connais un moyen de pénétrer jusque-là.

— Dans le château ?

— Dans le château. Mais y entrer représentera seulement le début des difficultés. Et j'avoue n'avoir aucun expédient sans danger à vous proposer. Voici ce qu'il en est : il existe un souterrain entre la chapelle Saint-Ulrich, située à l'extrémité de la grande salle du palais, et cette tour de guet.

Guilhem posa son regard sur le bâtiment. Aucune bannière ni présence humaine au sommet. Pas d'ouverture, mis à part les meurtrières. Les créneaux partaient en ruine. Une fort vieille construction, sans doute abandonnée.

— Je suppose que ce souterrain n'est pas ouvert aux quatre vents !

— Non, reconnut-elle. L'empereur Frédéric l'a fait creuser par des serfs, qui ont ensuite été exécutés. Mon père avait suivi la fin des travaux, quand on a posé une herse dans le passage, sous la chapelle, munie de barreaux de bronze d'une épaisseur de deux pouces et fermée par une triple serrure. C'est à lui que notre seigneur avait confié la clef. Plus tard, mon père a révélé l'existence du souterrain à Henri VI. Celui-ci aurait bien sûr préféré que le passage reste ignoré de tous, et sans remords aurait tué tous ceux le connaissant, mais il savait mon père loyal et avait besoin de lui, car il fallait que quelqu'un, ici, en conserve la clef. Donc, non seulement il l'a confirmé dans sa charge de *ministerialis*, mais il lui a promis que mon frère Hans lui succéderait. Le secret resterait ainsi dans une famille fidèle aux Staufen.

» Quand Otton est devenu roi des Romains, mon père ne lui a rien dit. Il préférait attendre de savoir s'il conserverait son poste, et il a bien fait. Lorsque Gottschalk a porté des accusations contre ma mère, père a remis la clef de la herse à Hans, en lui demandant d'aller la cacher puisque lui pouvait encore circuler. Je l'ai accompagné, et nous l'avons dissimulée près de la tour. Comme il n'y avait personne à l'intérieur de l'édifice, mon frère m'a montré la manière de pénétrer dans le souterrain et expliqué où il aboutissait.

— Pensez-vous que je pourrai atteindre le château par là ?

— Certainement. Puisque nous y arrivons, je vais tout vous montrer. Simplement, il faut d'abord que je retrouve la clef. Ou plutôt les clefs.

Ils grimpèrent le long d'une pente enneigée, glissant à plusieurs reprises, ce qui provoqua quelques fous rires de Gretel et Guillaume lorsqu'ils se rattrapaient mutuellement par la taille, puis débouchèrent sur le plateau où se dressait la construction.

Guilhem se rendit jusqu'à la porte, située à plus de quatre pieds du sol. C'était un solide plateau de chêne ferré, parfaitement clos et impossible à enfoncer en raison de sa hauteur.

Il se retourna pour savoir comment Gretel envisageait d'entrer et la vit, avec Guillaume, dégager la neige au pied d'un mélèze. Il comprit et se rendit auprès d'eux pour les aider.

La couche n'était guère épaisse. Quand il arriva, ne restait d'ailleurs qu'un dépôt d'épines que Gretel écarta jusqu'à dégager une pierre. Tous tirèrent couteau ou dague de leur gaine et creusèrent. Quand ils atteignirent le dessous de la roche, Guilhem enfonça son épée et la souleva. Une pochette de peau huilée apparut. Gretel l'attrapa, l'ouvrit et en sortit trois clefs de tailles inégales, tandis que Ussel laissait retomber la pierre.

— Celle-là ouvre la porte de la tour, dit-elle, la plus grosse est pour la herse et la clavelle pour la chapelle impériale. Venez ! ajouta-t-elle en se relevant.

Arrivée à la porte, elle chercha autour quelque moyen pour atteindre la serrure.

— Quand je suis venue avec Hans, c'était le printemps, et nous avions fait un marchepied à l'aide de pierres et de branches. Ensuite mon frère m'avait hissée jusqu'à la porte.

— Je peux vous prendre sur mes épaules, Fräulein Gretel, proposa Guillaume.

— Y arriverez-vous ? Je suis très lourde, s'enquit-elle en le gratifiant d'un sourire taquin.

Tellement heureux qu'elle accepte, le fils d'Aignan ignora la pique et s'accroupit en bas de la porte. La jeune fille souleva sa robe avec grâce, puis passa ses jambes autour du cou du garçon après avoir donné les clefs à Guilhem, à l'exception de celle qu'elle allait utiliser.

Guillaume se releva lentement. Une fois debout, Gretel atteignit sans peine la serrure qu'elle n'eut aucun mal à ouvrir. Elle se glissa alors dans la tour. Guilhem se hissa à sa suite par l'ouverture avant d'aider son servant à monter.

Ils se retrouvèrent tous trois sur un plancher vide, sinon quelques débris de paille. Une échelle montait plus haut, et une autre descendait dans une cave.

— Par là, dit-elle. Je vais vous indiquer l'endroit. Demain, il faudra une lanterne.

Elle passa la première et les attendit dans la cave. On n'y voyait guère, la seule lumière venant du trou dans le plancher. Le sol, rocailleux, était grossièrement aplani de quelques dalles destinées à combler les creux.

— Vous soulèverez celle-là, dit-elle en désignant une pierre. Vous verrez une échelle dans le trou, ensuite il vous faudra marcher, souvent en vous baissant. Vous arriverez à la herse au bout d'un quart de lieue.

Elle se tut un instant avant d'ajouter, avec une grimace :

— Vous comprenez que je ne peux vous accompagner, on me connaît au château.

— Bien sûr ! Remontons et donnez-nous plus de détails, on ne pourra pas en reparler à la mine ce soir, et je voudrais qu'on parte à l'aurore, demain.

Gretel grimpa la première. Arrivé en haut, Guillaume demanda :

— Qu'allez-vous faire avec Waldemar, seigneur ?

— Le payer, et il reprendra sa route. Il était convenu que nous nous séparions à Goslar. Maintenant, parlons du souterrain : une fois à la herse, nous l'ouvrons avec la grosse clef, c'est cela ?

— Oui. Il y a trois serrures, mais toutes fonctionnent avec la même clef.

— Ensuite ?

— Vous trouverez une autre échelle et un solide poteau de l'autre côté. En le dressant contre l'échelle, il vous permettra de soulever la dalle qui ferme le passage.

— Et si quelqu'un apparaît en haut ?

— Il n'y aura personne. Cette dalle communique avec une partie fermée de la chapelle palatine, un oratoire réservé aux dévotions de l'empereur. Vous l'ouvrirez avec la clavelle. Là, un escalier circulaire permet d'atteindre l'étage supérieur. Ensuite, vous passerez dans une galerie. Il se peut que vous rencontriez un prêtre ou des moines. Alors vous aurez un problème…

— Non ! répliqua sombrement Guilhem.

Elle se tut un instant, songeant que cet homme, devenu son allié, était certainement bien plus impitoyable que les loups quand on s'en prenait aux siens. Devait-elle s'en satisfaire ?

— Après, vous suivrez une galerie qui communique avec le corps de garde de la grande salle. Il y aura certainement des gens, mais, juste à dextre, se situe la double porte communiquant avec le perron. Si vous la prenez sans hésitation, on pensera que vous faites partie des gens du château.

Guilhem acquiesça.

— Du perron partent deux volées de marches. Prenez par la droite. Vous verrez devant vous deux bâtiments : les écuries et la prison.

Sur le plancher de bois poussiéreux, Gretel dessina la chapelle, ronde, la grande salle et l'enceinte. À côté de la première, elle traça deux rectangles, puis un passage conduisant à une porte en pleine muraille.

— La prison se situe ici, entre la chapelle et la porte de l'enceinte, la *Kaiser Tor*.

— Y a-t-il un moyen d'éviter la salle des gardes ?

— Non, hélas ! Vous devez sortir par l'escalier que je vous ai indiqué, ici.

Elle le marqua de son index.

— Il est facile d'entrer dans la prison, puisque personne n'y va ! N'y officient en général qu'un ou deux geôliers. Au fond de la pièce se trouvent deux ou trois cachots, je ne me souviens plus exactement.

— Fermés à clef ou avec des verrous ?

— Je ne sais. Je n'y suis allée qu'une fois, voici des années. Enfant, je n'y ai prêté aucune attention.

— Je me débrouillerai. Mais une fois Hermann libéré, s'il se trouve là, et peut-être Wolfram, ou d'autres, je devrais prendre le même chemin en sens inverse…

— Oui.

— Terriblement dangereux… Dans la salle des gardes, on risque de les reconnaître…

— Habituellement, peu d'hommes d'armes séjournent au château, et le palais est vide, si l'on excepte les serviteurs. Quant à ceux qui ne sont pas de service, ils seront dans la grand salle et ne vous verront pas. En circulant en haubert et casqué, on vous prendra pour de nouvelles recrues. Évidemment, avec les prisonniers, ce sera différent – et tout dépendra de leur nombre.

Guilhem fit la moue en secouant la tête avant de demander :

— Vous nous avez dit que le bailli Gottschalk était venu faire condamner votre père. Était-il resté à Goslar ?

— Non, il était rentré à Cologne.

— Donc, le voilà de retour, en plein hiver. Et alors, surprise, il apprend que le fils du landgrave de Thuringe vient justement d'arriver à Goslar ! ironisa Guilhem.

— Un hasard ! suggéra Guillaume. Il se trouvait au château et un garde, ayant reconnu messire Hermann lorsqu'il a franchi la porte de la ville, le lui a signalé.

— Je ne crois pas au hasard, Guillaume. Des gens de Wartburg ont tenté de nous empêcher d'arriver à Goslar. Pourquoi ? Parce qu'ils savaient que le bailli allait s'en prendre à Hermann, et qu'il ne fallait pas qu'on puisse lui porter secours.

— Mais Gottschalk vient de Cologne, comment aurait-il appris que le fils du landgrave se rendait à Goslar ?

— Un pigeon, tout simplement. L'oiseau fait la route entre Wartburg et Cologne en quelques heures. Gottschalk, prévenu dès le départ de Hermann, est parti aussitôt. Quant à celui qui avait envoyé le pigeon, il s'est inquiété lorsqu'il a découvert que nous allions à Goslar retrouver Wolfram. Il a donc envoyé ses hommes attaquer nos chevaux. Il voulait uniquement gagner du temps.

Le silence s'installa. Guillaume serrait les lèvres, reconnaissant l'explication sans faille.

— Maintenant, imaginons que le félon de Wartburg ait également averti Cologne de notre départ pour Goslar… Dans cette conjoncture, on nous attend donc là-bas, conclut Guilhem.

De nouveau le silence, jusqu'à ce que Guillaume objecte :

— Dans la ville, à ses portes, peut-être, mais non dans le château. Qui imaginerait nous voir pénétrer par un souterrain ?

— C'est juste. Néanmoins, je me refuse à risquer ta vie pour sauver mon ami, donc j'irai seul. Vous m'attendrez ici tous les deux.

— Non, seigneur ! cria Guillaume. Je veux rester avec vous. Si vous étiez pris, je serais déshonoré de ne pas vous avoir protégé !

Ussel le gratifia d'un triste sourire.

— Mais tu serais vivant, fit-il.

— Comme je tenterai tout pour vous délivrer, je me ferai tuer ! annonça le garçon avec fougue. De plus, vous aurez besoin de moi, si on vous interpelle en allemand.

Guilhem soupira et se dirigea vers l'échelle.

— Allons voir ce qu'il y a en haut, avant qu'il ne fasse trop sombre.

Il monta à l'échelle. À l'étage s'étendait un palier et se dressait un autre échalier conduisant à une terrasse en pierre soutenue par d'énormes poutres.

De la plate-forme crénelée, on avait une magnifique vue sur Goslar, avec, au premier plan, le château et son enceinte. Guilhem estima la distance à un gros quart de lieue, dont la moitié formée d'un champ enneigé traversé par un chemin serpentant vers la forêt. Le reste n'était que sapins blanchis.

— Cette porte, là-bas, fit Ussel à Gretel en désignant une grosse tour carrée au toit pointu avec portail.

— C'est la *Kaiser Tor*, la porte de l'empereur. Celle dont je vous ai parlé.

Guilhem demeura un moment silencieux, comme s'il voulait graver dans son esprit tout ce qu'il voyait.

— Demain, dit-il finalement, nous viendrons ici avec les bagages, que nous rangerons dans la tour. Vous nous attendrez sur cette plate-forme, Fräulein. Si nous revenons par le souterrain, nous fermerons la herse et, même poursuivis, personne ne pourra nous rattraper. Nous chargerons alors les bagages sur le cheval et il faudra nous conduire quelque part, à l'abri. Connaissez-vous d'autres mines pas trop éloignées et surtout inoccupées ?

— Je les connais toutes. Pendant des années mon frère et moi les avons explorées avec un garde-chasse du palais.

— Bien. Maintenant, peut-être quitterons-nous le château autrement, et avec des gens à nos trousses. Nous pourrons avoir besoin de votre arc pour les ralentir. Je vous sais adroite, mais êtes-vous rapide ?

— Suffisamment ! affirma-t-elle d'un ton froid.

— Dans ce cas, nous serons certainement à pied. Si nous parvenons à la tour, il faudra abandonner le cheval et trouver sans tarder une cachette, chose pas facile avec la neige dans laquelle nous laisserons des traces.

— Il existe une entrée de mine par là. À l'intérieur s'étend un lacis de tunnels offrant plusieurs sorties.

Elle désigna une direction.

— Parfait ! Vous devrez préparer une lanterne prête, en plus de votre arc.

— Mais les bagages, seigneur ? objecta Guillaume.

— Ils resteront ici ! Il suffira que Gretel ferme la porte à clef. En utilisant le dos du cheval comme marchepied, elle y parviendra sans peine.

— Oui, approuva-t-elle.

— Nous resterons cachés le temps qu'il faudra, s'il le faut avec les prisonniers délivrés et, plus tard, tu iras à Goslar acheter des chevaux. Fräulein

Gretel nous indiquera des marchands pas trop curieux.

Il la regarda.

— J'en connais, confirma-t-elle.

— Rentrons, maintenant, et réfléchissez à tout cela. Si vous avez d'autres idées, nous en parlerons demain.

38

Goslar, le 8 janvier 1210

Dans un froid intense, à peine éclairés par le soleil levant, Gretel, Guilhem et Guillaume attachèrent leurs bagages sur le cheval et quittèrent la mine.

Waldemar, qui avait reçu ses gages la veille avec cinq besants de gratification, vint les aider et leur dire adieu. Il ne demanda pas où ils se rendaient, affichant une totale indifférence qui convenait à ses anciens compagnons.

Ils reprirent le chemin de la veille. Guilhem se retourna à plusieurs reprises, mais le chasseur de loups ne les suivait pas.

À la tour, Gretel monta sur le cheval fermement tenu par les hommes et, debout sur la selle, ouvrit sans peine la porte. Guillaume fit passer à la jeune fille tout ce qui était chargé sur la monture, entre autres les hauberts, et termina par la selle et le coffret contenant la vielle à roue. Ensuite, Guilhem alla attacher l'animal à un arbre, avant de rejoindre ses compagnons.

Gretel ayant refermé la porte, elle tira d'une besace la lanterne de corne dont elle alluma la chandelle de suif à l'aide d'un briquet de fer. La veille, Guilhem avait acheté une seconde lanterne aux mineurs. La jouvencelle la conserverait, car celle qu'ils emportaient resterait dans la chapelle, et, s'ils revenaient par un autre chemin, ils ne la récupéreraient pas.

Déjà les hommes s'aidaient mutuellement pour enfiler leur cotte de mailles. Ayant bouclé aiguillettes et attaches, ils ceignirent leur baudrier avec épée, dagues et couteaux, et se coiffèrent de leur casque. Enfin harnachés, ils descendirent.

*

Avec sa dague, Guillaume gratta autour de la pierre à soulever, puis introduisit son épée dans une fente. La roche ayant bougé, son maître enfonça la pointe de l'épieu dans l'espace et releva la dalle. Gretel remit alors trois chandelles au fils d'Aignan, qui les déposa dans son escarcelle.

Ayant repéré l'échelle, Guilhem commença à descendre, son servant derrière lui, lanterne en main. En bas, ils découvrirent un étroit boyau creusé dans la roche. Et des marques de pic visibles sur les côtés.

Le seigneur de Lamaguère prit la lampe, se courba tant la voûte était basse, et entama sa progression. Guillaume marchait derrière lui, silencieux. Aucune trace de vie autour, à peine un peu d'eau sur le sol rocailleux. Guilhem ne se sentait pas à l'aise. Trop bas et trop étroit, ce tunnel lui faisait penser au vieux souterrain parisien utilisé par les cathares, et l'air humide et putride lui rappelait celui du cachot où il avait été enfermé des mois durant[1].

Au bout d'un moment, la roche disparut pour faire place à de la terre. Les odeurs putrides devinrent plus prégnantes. Désormais, le tunnel était étayé par des rondins de bois dont certains étaient couverts de pourriture. Des gouttes d'eau sourdaient de la voûte. Passaient-ils sous un ruisseau ?

Ils continuèrent sans mot dire dans le boyau, avançant plutôt rapidement, jusqu'à rencontrer un enchevêtrement de racines que Ussel dégagea à coups d'épée.

Plus loin, un éboulement les ralentit mais ils parvinrent à le franchir. Ensuite, le souterrain changea de forme, montrant des parois en pierre maçonnée et une voûte arrondie. Guilhem devina qu'ils approchaient du château.

Comme la chandelle était presque entièrement consumée, ils firent une halte pour la remplacer.

Alors qu'ils avaient repris leur marche, la galerie tourna sans raison et se rétrécit encore, de telle sorte qu'ils durent se mettre en travers pour avancer. Ce fut à l'intérieur de cette étroite courbe qu'ils découvrirent la herse de bronze. Placée dans une telle chicane, impossible de la forcer avec un bélier. Le constructeur avait envisagé le pire.

La fermeture était constituée de trois serrures à verrou et vertevelles avec, pour chacune, un cadenas placé du côté intérieur. Guilhem passa

---

1. Voir *Béziers, 1209.*

la clef entre les barres de la herse et, après tâtonnement, parvint à ouvrir les cadenas.

Le passage franchi, il ne referma pas afin de pouvoir repasser rapidement à leur retour. Les deux hommes se retrouvèrent alors dans une petite salle d'une hauteur de sept ou huit pieds. Il y avait effectivement une échelle et une grosse perche au sol. Guilhem leva les yeux en soulevant la lanterne et découvrit un plafond de bois où l'on distinguait une dalle.

— Ici ! fit-il.

Aidé de son servant, il dressa la poutre en biais, de façon à ce qu'elle atteigne la pierre, puis tous deux la poussèrent. La dalle se releva. Le fils d'Aignan grimpa à l'échelle et déplaça complètement le gros pavé. Comme prévu, ils se retrouvèrent dans une petite chapelle aux murs peints. Dans une embrasure se trouvait une fenêtre ogivale que Ussel entrebâilla. Il vit la cour et l'examina. Tout était enneigé. Il n'aperçut qu'un domestique, qui traversait.

— Repousse-t-on la pierre, seigneur ? s'enquit Guillaume.

— Non. Puisque cette chapelle n'est fréquentée que par l'empereur, personne n'y viendra. Éteins la chandelle et laissons la lanterne sur l'autel.

Il tira l'autre clavelle de son aumônière, ouvrit le cadenas qui bloquait la vertevelle de l'unique porte et entrouvrit l'huis. Le parcours le plus périlleux débutait.

*

Personne. Il se trouvait dans une plus grande chapelle, elle aussi aux murs peints. En apercevant l'escalier en limaçon, il dit :

— Allons-y !

Les intrus s'engagèrent sur les marches en évitant de faire du bruit, mais leurs cottes de mailles cliquetaient. En haut, ils découvrirent un vaste sanctuaire à chapelles latérales occupé par un tabernacle de pierre aux ciselures d'une magnifique délicatesse, surmonté d'un retable représentant la Sainte Vierge couronnée tenant l'Enfant Jésus.

Guilhem n'y attacha aucun intérêt. Il avait aperçu une double porte, ce qui le fit grimacer. Si le passage était verrouillé, ils ne pourraient aller plus loin, n'ayant aucune autre clef. Par chance, il ne l'était pas. Alors ils pénétrèrent dans une longue galerie à claire-voie bordée de piliers et d'ouvertures voûtées aux arcs soutenus par des colonnettes à chapiteau.

De nouveau, ils s'arrêtèrent pour observer la cour. Apparemment, il n'y aurait aucune difficulté pour la traverser et se diriger vers la prison.

Au bout de la galerie, une autre porte. Guilhem l'ouvrit avec assurance et tourna tout de suite à droite, là où devait se situer le perron d'entrée. Guillaume se tenait près de lui. Du coin de l'œil, ils aperçurent cinq ou six personnes dans cette salle des gardes, mais aucune ne les interpella. Ussel ouvrit le battant avec nonchalance et sortit. Le perron et les marches avaient été déneigés.

Le duo dévala les degrés et fila vers le bâtiment des geôles en passant devant les écuries. Des palefreniers levèrent les yeux vers lui avant de reprendre leur travail sans se rendre compte de rien.

À l'entrée de la prison, Guilhem manipula le poucier, qui leva le loquet, et pénétra, Guillaume toujours sur ses pas.

C'était une salle sombre, éclairée seulement de hautes lucarnes. À senestre se trouvait un foyer, simple trou dans un mur, devant lequel se tenaient deux hommes, assis sur des bancs, revêtus de longues cottes grossières en drap de laine décolorées, de chapes en peau de loup et de bonnets de feutre. En face de l'entrée, trois portes. À coup sûr les cellules.

Guilhem se dirigea vers les geôliers, dont l'un l'interrogea, en allemand naturellement. À peine fut-il près de ce dernier que Ussel le frappa au cou, de sa main couverte du gantelet de fer. L'homme s'écroula tandis que son compère se levait, interloqué, puis s'immobilisait en découvrant l'épée de Guillaume.

— Où se trouve Hermann de Thuringe ? s'enquit le fils d'Aignan à mi-voix et en allemand.

En tremblant, l'homme, un maigrelet terrorisé, désigna une porte.

Guilhem fut soulagé. Le pire aurait été que Hermann fût enfermé ailleurs.

— Allez ouvrir ! gronda-t-il.

La pointe de l'épée dans le dos, le geôlier trottina jusqu'à la cellule et tira deux gros verrous de fer. Guilhem poussa le battant et découvrit un cachot sombre, au sol couvert de paille, avec des ombres assises.

— Messire Hermann, lança Ussel, nous venons vous délivrer ! Êtes-vous enchaîné ?

— Kyot ? s'exclama une voix.

— Wolfram ! s'écria Guilhem.

Laissant Guillaume surveiller le prisonnier, il pénétra dans la cellule. Son ami, qui s'était relevé, car il n'était pas entravé, se jeta dans ses bras.

— Dieu tout-puissant ! déclara l'Allemand. Jamais je n'aurais imaginé que tu nous tires de là ! Comment es-tu arrivé dans ce maudit château ?

— Plus tard, Wolfram, on n'est pas encore sortis d'affaire. Combien êtes-vous ici ?

— Hélas, seulement Hermann et moi. Nos compagnons, les gens de notre escorte, ont tous été occis.

Un autre individu s'était rapproché. Les poils clairsemés de son menton et son regard encore enfantin, qui trahissait espoir et surprise, témoignaient de sa jeunesse.

— Êtes-vous le fils du noble landgrave de Thuringe ? demanda Guilhem, tout en connaissant la réponse.

— Oui, et vous ? Vous connaissez Wolfram…

Le ton était interrogatif.

— Il vous racontera. Maintenant allons-nous-en. Guillaume, fais rentrer le geôlier dans ce trou. Wolfram, j'ai un peu assommé l'autre gardien, aide-moi à le déplacer dans votre cachot.

Eschenbach sortit de sa geôle et alla jusqu'à l'homme encore inconscient ; peut-être était-il mort, d'ailleurs. Il enleva rapidement sa chape, qu'il enfila, Gottschalk lui ayant volé son manteau en l'emprisonnant, puis le dépouilla de son ceinturon muni d'un gros coutelas de chasse. Ensuite, Guilhem et lui attrapèrent le gardien par les pieds et le tirèrent jusque dans la cellule. De son côté, Hermann avait également récupéré la chape de son compère.

Les deux porte-clefs emprisonnés, Guillaume poussa les verrous.

De nouveau, Guilhem accola son ami dans une affectueuse brassée en lui disant :

— Tu n'as pas mauvaise mine après ces jours de cachot !

— Et toi tu n'as pas changé en dix ans ! Viens-tu de France ? Comment va Sanceline ?

Guilhem baissa la tête.

— Elle n'était pas immortelle, comme on le croyait… Dieu l'a reprise.

Wolfram demeura un instant ébahi, puis étreignit son ami en comprenant sa détresse.

— Mais pour te répondre, cela faisait longtemps que je voulais te retrouver, poursuivit Ussel. Je suis allé à Wartburg où l'on m'a dit que tu étais parti pour Goslar. Mais de tout cela, on reparlera… si on sort d'ici. D'abord, essayons de vous trouver des armes.

Il n'y avait rien accroché sur les murs mais, en fouillant dans un coffre, Guillaume sortit plusieurs épées ébréchées et rouillées ainsi que des casques cabossés qu'il proposa aux anciens prisonniers. Wolfram, après avoir bouclé le ceinturon du gardien à sa taille, y glissa une des lames. Hermann, qui n'avait qu'une ceinture nouée, y enfila une autre brette. Ils découvrirent aussi des gants de peau qui les protégeraient du froid.

— Voilà la situation, expliqua Ussel. Nous sommes entrés dans le palais par un souterrain qui débouche au cœur de la chapelle. Ensuite, nous avons dû traverser la salle des gardes. Les gens qui s'y trouvaient n'ont pas fait attention à nous, mais ce ne sera pas pareil en votre présence. Soit tout se passera bien et on filera à l'emblée, soit on devra batailler. Or, il y avait cinq ou six hommes tout à l'heure...

— Cela ne nous effraie pas, fit Wolfram d'un ton menaçant. Pas vrai, Hermann ?

— Oh, non ! Et j'ai hâte de leur faire payer les meurtres de mes gens.

— En attendant, nous allons sortir en marchant le plus naturellement possible. Je vais voir si la voie est libre.

Il entrebâilla la porte. Et découvrit devant l'escalier une troupe de cavaliers qui venaient d'arriver.

— Malédiction ! jura-t-il. Impossible de retourner au palais.

Wolfram regarda à son tour et compta une vingtaine de guerriers, avec le double de chevaux.

— On ne peut rester ici, dit-il.

— Attendons de voir ce qu'ils feront, proposa Ussel.

— Et si quelqu'un vient ? s'enquit Hermann.

— Il sera mort ! répliqua le *Minnesänger*.

*

Dehors, les hommes mettaient pied à terre. Tous étaient en haubert et casqués, avec de lourds manteaux destinés à les protéger du froid. Boucliers et bannières affichaient les armes de l'empire. S'agissait-il de Gottschalk et ses hommes ou de renforts ? s'interrogea Guilhem.

Des ordres retentirent, des palefreniers arrivèrent et, tandis que quelques cavaliers montaient les marches pour entrer dans le palais, d'autres accompagnaient les garçons d'écurie qui emmenaient les montures.

Guilhem songeait qu'ils pourraient tenter de s'emparer des chevaux dans l'écurie, mais il y avait maintenant trop d'hommes d'armes alentour. Alors il y aurait bataille et des secours arriveraient vite depuis la grande salle. Mauvaise idée.

Trois chevaux demeuraient devant l'escalier. Sans doute leurs propriétaires allaient-ils ressortir et les monter afin de se rendre quelque part, peut-être en ville. Un chevalier était, lui, resté sur l'escalier, debout sur un palier à mi-chemin des marches. Il attendait.

Guilhem jugea qu'il y avait quelque chose à tenter.

— Voilà ce qu'on va faire. Messire Hermann, je vous confie mon servant. Il se nomme Guillaume. Allez avec lui jusqu'à la porte de l'empereur, juste à côté.

— Je la connais, confirma le fils du landgrave.

— Ces cavaliers sont arrivés par là, d'après les traces de sabots. Peut-être les battants sont-ils encore ouverts. Sinon, tuez les sentinelles et ouvrez la porte. Avec Wolfram, nous allons nous saisir de deux des chevaux et vous rejoindre. On vous prendra en route.

— Ensuite ? questionna Wolfram.

— On filera dans la forêt où nous retrouverons notre alliée.

Il regarda le perron. Celui qui attendait venait d'ôter son casque à nasal. Guilhem le reconnut.

C'était Harold.

Cette troupe était donc celle d'Eckhard et d'Engelhard. Que faisaient-ils là ?

39

Comme convenu, ils sortirent et se séparèrent. Guillaume et Hermann se dirigèrent vers la droite, tandis que Guilhem et Wolfram s'avançaient vers l'escalier, sans se presser. Le *Minnesänger* marchait en tête, Ussel suivait, tête baissée, persuadé que Harold ne pourrait l'identifier d'aussi loin, surtout avec son casque à nasal.

D'un pas désinvolte, ils gravirent les marches sous le regard indifférent du chevalier de Trifels. Mais, alors que Wolfram accédait au palier intermédiaire, Harold ouvrit brusquement la bouche de stupéfaction car il venait de reconnaître leur ennemi. Immédiatement, le *Minnesänger* lui envoya son poing dans la figure, lui brisant le nez, ce qui l'empêcha de crier, puis, le saisissant à deux mains, le cogna violemment contre le parapet. Déjà Guilhem redescendait et détachait les chevaux.

Cependant, depuis l'écurie, à quelques toises de là, on les avait vus agir. Sans vraiment comprendre.

— Arrêtez ! cria un soldat, croyant assister à une rixe.

Wolfram avait rejoint son ami qui montait en selle. Il l'imita et lança immédiatement son cheval vers l'allée conduisant à la *Kaiser Tor*.

Leurs compagnons attendaient dans le porche de la tour. Guilhem s'arrêta pour prendre Guillaume en croupe, remarquant à peine les cadavres ensanglantés des sentinelles.

Il éperonna la monture, la forçant au galop sur le chemin enneigé, en direction de la tour où les attendait Gretel.

Guillaume, lui, se retournait régulièrement. Eschenbach et le fils du landgrave les suivaient de près, et il en fut rassuré. Mais, alors qu'ils approchaient de la lisière de la forêt, il aperçut une poignée de cavaliers sortir par la porte qu'ils avaient empruntée.

— L'alerte est donnée, seigneur, on nous poursuit ! dit-il.

Guilhem abandonna le semblant de chemin qu'ils empruntaient pour filer droit vers la forêt. Seulement la neige était épaisse, et il dut mettre le cheval au trot, puis au pas tant il craignait que l'animal ne se blesse en enfonçant une patte dans un quelconque trou caché. Or, la tour était encore loin.

— Ils se rapprochent, seigneur, prévint le fils d'Aignan.

— Combien sont-ils ?

Le jeune servant compta huit cavaliers, mais aussi une seconde troupe, bien plus nombreuse, qui sortait maintenant du palais. Évidemment, tous les *milites* avaient été appelés pour poursuivre ceux qui s'en étaient pris à Harold et aux gardes de la porte. Peut-être même avait-on déjà découvert l'évasion.

Dans les sapins, l'avancée devint plus pénible encore à cause de la pente raide et glissante. Ne connaissant pas le terrain, Guilhem s'engagea à plusieurs reprises dans des sentes qui se terminaient en ravine, ce qui l'obligeait à faire demi-tour. Malgré tout, la distance avec la tour diminuait.

— Où allons-nous ? lança Wolfram, qui s'inquiétait de la progression trop rapide de leurs poursuivants.

— À la fortification, une alliée nous attend, répondit Guilhem. Elle nous guidera jusqu'à une mine où nous abandonnerons les chevaux… Si on ne nous rattrape pas avant.

Seulement, il arriva soudain devant un escarpement, certes pas très haut, mais impossible à franchir pour les montures. Regards angoissés à droite et à gauche. Aucune trouée visible. D'un côté, un éboulement empêchait tout passage, de l'autre, le tronc d'un mélèze couché bloquait l'issue.

— Laissons les chevaux ! cria-t-il.

Il descendit de la monture, imité par Guillaume, et entreprit de grimper le talus en s'aidant des racines sortant de la neige. Après quelques glissades, il parvint au sommet de la butte et aida son servant à le rejoindre. Un peu plus loin, Wolfram et Hermann faisaient de même.

— Courez à la tour ! ordonna-t-il. Je vais les retenir.

Leurs poursuivants étaient là. Ussel reconnut Eckhard parmi les premiers cavaliers.

— Non, seigneur, je reste avec vous ! refusa Guillaume.

— Obéis-moi ! rugit Guilhem.

Cette fois, le fils d'Aignan obtempéra et fila lentement, s'enfonçant lourdement dans la neige à chaque pas.

*

Ussel avait dégainé et avançait vers l'un des assaillants, déjà en train de grimper. Un moulinet de brette trancha le col de l'audacieux. La neige se couvrit de rouge. Le corps tomba en arrière, la tête vola avant de disparaître dans la couche poudreuse.

Eckhard comprit qu'ils ne pourraient passer et regarda alentour.

— Par là ! hurla-t-il en désignant l'arbre couché.

Guilhem profita du répit pour détaler vers la tour que ses trois compagnons avaient presque atteinte. C'est alors qu'il vit surgir un cavalier qui, utilisant une autre sente, avait contourné le talus. Derrière lui, un deuxième *miles* apparaissait, puis un troisième. Impossible de leur échapper !

Ussel se campa solidement sur ses jambes, sa lame tenue à deux mains, sans guère d'espoir contre des hommes en selle dont l'un brandissait un épieu. De son autre main, celui-ci souleva du reste son casque pour à la fois être reconnu et savourer sa victoire. C'était Engelhard, sourire à glacer le sang aux lèvres.

— *Schwein !* cria-t-il en avançant, épieu menaçant.

Mais soudain, alors qu'il progressait lentement car empêtré dans la neige, son cheval chuta. Une flèche venait de transpercer son poitrail.

Gretel ! devina Ussel, qui avait entendu le sifflement du trait.

Pris de court, Engelhard se retrouva prisonnier sous le corps de l'animal paniqué qui se débattait.

Guilhem hésita. En quelques pas, il pouvait se débarrasser définitivement de son ennemi dans l'incapacité de se défendre. Mais, comme les autres cavaliers s'étaient arrêtés, stupéfaits du tir inattendu, cela aurait signifié ne pas profiter de ce répit. Aussi préféra-t-il reprendre sa pesante marche vers ses compagnons qui, eux, avaient atteint la tour.

— Seigneur ! Derrière vous ! hurla alors Guillaume.

Guilhem se retourna : deux piétons approchaient, brandissant hache et épée. Il s'arrêta et les attendit, épée haute, tenue à bout de bras. Le premier fit brusquement un bond en arrière, quand la flèche de Gretel atteignit sa broigne. Il s'affala, le dos dans la neige. Derrière lui, le second parvint à éviter son compère et, à trois pas d'Ussel, frappa en taille avec sa brette. Cependant, son fer heurta l'épée du Français avec une telle force qu'il chancela et perdit l'équilibre. Guilhem leva son estramaçon et, d'un coup violent, lui trancha le bras gauche.

Il s'apprêtait à repartir quand il découvrit d'autres piétons et cavaliers en train d'approcher. Un impossible combat s'annonçait. Que, même avec l'aide de Gretel, il ne pourrait remporter.

C'est alors que Wolfram, Guillaume et Hermann surgirent, épées brandies.

— À la rescousse ! hurlèrent-ils.

Nouvelle flèche de Gretel, tandis qu'une sanglante lutte s'engageait. Inégale car cinq cavaliers conduits par Eckhard se jetaient aussi dans la mêlée. Or, les hommes à cheval pouvaient batailler facilement du haut de leur selle face à des piétons entravés par la neige.

Seulement, atteint d'un trait, un cheval chuta, puis un autre, et encore un troisième. Sans chercher à comprendre comment Gretel avait pu les abattre si vite, Ussel et ses amis profitèrent du désordre pour riposter. Une tête vola d'un coup de taille, des membres tombèrent. La neige changea de couleur. La troupe du palais préféra refluer.

Eckhard lui-même, jurant des *Hurenkind*[1] et des *Arschloch*[2] de rage, ordonna le repli.

*

Les assaillis en profitèrent pour se diriger vers la tour, non sans avoir récupéré épées et haches normandes, tandis que Gretel continuait ses tirs. C'est arrivé auprès d'elle que Ussel, en se retournant, découvrit le carnage. Au moins cinq chevaux

1. Fils de putain.
2. Trou du cul.

blessés se débattaient maintenant dans la neige, et plusieurs hommes baignaient dans leur sang ou agonisaient.

— Quelqu'un d'autre que moi a tiré des flèches, expliqua Gretel en désignant un arbre sur sa droite.

Reprenant son souffle après ces efforts violents, Guilhem observa l'endroit indiqué et aperçut une silhouette lui adressant des signes, avant de disparaître dans le bois.

— Ne perdons pas de temps, dit la jeune fille, prenez ces besaces et suivez-moi.

Elle désigna trois grosses escharpes fabriquées sommairement avec des brides et des couvertures, certainement pleines d'une partie des bagages qu'avait portés le cheval.

Ils obtempérèrent, mettant les sacs en bandoulière après avoir rengainé leur épée. Gretel fit de même et prit la tête.

Le groupe entama alors une marche épuisante, grimpant une pente raide recouverte d'une épaisse couche de glace. Les uns derrière les autres, ils ne parlaient pas pour économiser leurs forces. Wolfram restait en arrière-garde pour repérer d'éventuels poursuivants.

Après avoir atteint un sommet, ils redescendirent jusqu'à une clairière au pied d'une falaise. Bien que couvert d'un tapis neigeux, on distinguait facilement un bâtiment de bois ruiné et, derrière lui, une sombre cavité entourée de ronces.

Se tenait également un homme.

40

Au château de la Wartburg, le désespoir et l'anxiété régnaient. Le lendemain de la Saint-Sylvestre, le landgrave était revenu avec son épouse, ses enfants et sa cour, et avait appris que son fils n'était pas de retour. Le mauvais temps pouvait expliquer ce retard, mais l'inquiétude le broyait. Et la singulière visite d'un chevalier français se prétendant envoyé par le roi de France, mais refusant de remettre la lettre à transmettre au landgrave, ajoutait à la confusion comme à son angoisse. Le *ministerialis* Ulrich Kolb avait longuement relaté son entretien avec cet individu qui lui avait inspiré une profonde défiance. Or, le Français était parti pour Goslar, prétendument afin de rencontrer messire d'Eschenbach. Messire Shenk avait confirmé que ce voyageur avait menacé ses hommes. À ses yeux, il s'agissait d'un espion à la solde de l'empereur dont la venue avait pour but de mieux connaître les défenses du château. D'ailleurs, il n'avait cessé de fureter partout.

Refusant de demeurer dans l'incertitude, le landgrave avait envoyé l'un de ses serviteurs à Goslar afin de se renseigner. Ce fidèle, bravant la tempête, était entré en ville le jour des Rois en se faisant passer pour un marchand et avait appris que le jeune Hermann avait été saisi par un bailli de l'empereur et son escorte exterminée. Il était reparti aussitôt, pour arriver à la Wartburg le jour même où Guilhem faisait évader Hermann. Évasion que le landgrave ignorait donc.

Ce dernier avait écouté le récit de la capture de son fils, telle que son serviteur l'avait entendue. Et comprit que Hermann servirait de monnaie d'échange contre son comté. Comme l'empereur se trouvait en Italie et ne regagnerait pas l'empire avant des mois, au moins disposait-il d'un peu de temps. Il envisagea de libérer Hermann par la force et, pour cela, de rassembler une armée. Ce à quoi le capitaine de ses chevaliers répliqua que son fils ne resterait pas enfermé à Goslar et qu'il était nécessaire de savoir où l'empereur le conduirait avant d'envisager la moindre expédition.

Par ailleurs, restait le mystère du visiteur français. L'espion avait rapporté qu'une troupe de cavaliers s'était vue exterminée près de Ellrich, dans le Harz, où des gens avaient découvert les cadavres de chevaux dévorés par des loups.

S'agissait-il de celle d'Ussel ? Et dans ce cas, qui l'avait attaquée ? Et si ce n'était pas lui et ses gens, où se trouvait-il maintenant que le *Minnesänger* Wolfram d'Eschenbach, que le Français voulait rencontrer, était vraisemblablement mort ?

Les discussions se poursuivirent durant plusieurs jours avec les chevaliers, l'épouse du landgrave et l'intendant sans que la moindre décision fût prise. Jusqu'au soir où une nouvelle troupe de huit cavaliers apparut au château.

*

Messire Shenk était de garde à la porte. L'un des voyageurs lui expliqua qu'ils arrivaient de France et recherchaient messire Ussel, lequel devait venir à la Wartburg retrouver un ami. Ils voulaient savoir s'il était là avant de se rendre à Eisenach.

Stupéfait par cette arrivée inattendue, Shenk leur proposa d'attendre dans la salle des gardes où ils seraient au chaud, à condition qu'ils délaissent leurs armes. Après une brève concertation, les étrangers acceptèrent. Le landgrave étant un ami du roi de France, que risquaient-ils ?

Shenk avertit immédiatement le chef de la chevalerie qui se trouvait à table, dans la grande salle, en compagnie du landgrave et de son épouse la duchesse Sophie. Tous trois quittèrent le souper et un conciliabule se tint avec l'intendant.

— Il faut emprisonner ces gens et les interroger ! insista ce dernier.

— Les interroger, certainement, mais s'ils sont envoyés par le roi de France, nous devons les traiter dignement, objecta la duchesse.

Le chef de la chevalerie du château défendait lui aussi une incarcération, convaincu de la présence des musards de l'empereur, comme cet Ussel. À l'en croire, cet espion, qui devait rapporter des informations sur la garnison, avait été tué près de Ellrich par on ne savait qui, aussi les gens de l'empereur avaient-ils envoyé une seconde troupe effectuer la même mission.

Ayant écouté les arguments de chacun, le landgrave prit sa décision :

— Qu'on les conduise dans la petite salle de l'enceinte et qu'ils y soient bouclés, désarmés, bien sûr. La seule fenêtre étant un à-pic, ils ne pourront sortir. Mais je veux qu'ils soient traités correctement : qu'ils aient du feu et qu'on leur porte les reliefs du dîner. Quand ce sera fait, envoyez-moi leur chef.

*

Dans la salle des gardes, l'attente se prolongeait, et Gregorio la jugeait inquiétante. Toutes les questions posées au sujet de leur seigneur étaient restées sans réponse. À l'évidence, messire d'Ussel ne se trouvait pas au château. Y était-il même parvenu ?

Enfin entrèrent dans la pièce un chevalier et plusieurs hommes armés. Le premier se présenta comme le *Leiter* des *milites* de la Wartburg.

— Qui est votre chef ? demanda-t-il.

Les regards se tournèrent vers Gregorio car, outre le fait qu'il parlait suffisamment l'allemand, c'était lui qui en savait le plus sur l'entreprise de leur seigneur et ses ennemis.

— Je peux représenter mes compagnons, dit-il, bien que je ne sois qu'écuyer et eux chevaliers (il désigna le Flamand et Alaric).

— Je vous accompagne auprès de notre noble landgrave. Quant à vous autres, messire Shenk va vous conduire dans une chambre où l'on vous servira à dîner. Vous y resterez le temps que la situation s'éclaircisse.

— Sommes-nous prisonniers ? s'enquit sèchement le Flamand, qui maniait un peu la langue allemande.

— Il nous faut prendre des précautions, messire. La Thuringe est en danger depuis que l'empereur a pour dessein de s'emparer de nos forteresses. Vous devez comprendre notre méfiance.

Gregorio interrogea ses amis du regard, mais avaient-ils une autre option que d'obtempérer ?

— Entendu, dit-il. Je saurai convaincre votre landgrave de nos bonnes intentions. Mais, avant tout, répondez-moi : notre seigneur, messire d'Ussel, est-il ici ? Et pouvez-vous faire savoir à messire d'Eschenbach que nous sommes présents ?

Le chevalier demeura un instant silencieux. Devait-il satisfaire cette curiosité ? Après tout, était-il nécessaire de cacher la vérité ?

— Un seigneur d'Ussel est venu le lendemain de Noël. Il est ensuite parti pour la ville de Goslar où se trouvait messire d'Eschenbach avec le fils de notre landgrave. Ce dernier a été capturé par les gens de l'empereur, et tout indique que messire d'Eschenbach ait été tué, comme messire d'Ussel.

La révélation laissa les chevaliers et les servants aussi abasourdis que désemparés. Cependant Peyre fut le premier à se ressaisir :

— En êtes-vous certain ?

— Certain, non. Comment savoir, avec cette neige et ce froid ? Qui voyage par ce temps ? Mais nous en saurons plus dans les jours et les semaines à venir. Maintenant, messire, venez avec moi !

Il s'adressait à Gregorio. Celui-ci, les larmes aux yeux, s'exécuta.

*

Après avoir pris un escalier jusqu'au deuxième étage et traversé plusieurs salles, ils pénétrèrent dans une magnifique pièce entièrement peinte de scènes bibliques et meublée de huches et d'armoires merveilleusement ciselées. Deux larges fenêtres, à la voûte supportée par une colonne, apportaient un flot de lumière. Entre la cheminée en angle et le lit à rideaux se tenaient trois personnes : sur une chaire, un noble homme, imberbe, au visage à la fois sévère et triste, en robe et bonnet écarlates. Près de lui, une dame d'un certain âge, au regard inquiet. Enfin, sur une chaise, un tonsuré, en robe azur à galons noirs et col de martre.

Le chevalier avait averti Gregorio qu'il rencontrerait le landgrave, son épouse et l'intendant du château. Il alla s'incliner devant son seigneur et sa dame, et l'Italien fit de même, devinant combien il était l'objet d'une intense curiosité. Le tonsuré le considéra avec méchanceté et lui fit signe de s'asseoir sur un coffre éloigné du foyer. Le chevalier demeura près de lui, debout, main sur la poignée de son épée, à l'évidence prêt à la lui passer au travers du corps si on lui en donnait l'ordre.

— Vous commandez la troupe qui vient d'arriver et vous avez demandé après un nommé Ussel et messire d'Eschenbach. Qui êtes-vous ? s'enquit le landgrave d'une voix grave, sévère mais pas hostile.

— Mon nom est Gregorio, commença le Pisan laborieusement car, s'il pouvait s'exprimer en allemand, il butait sur les mots. Je suis l'écuyer de messire d'Ussel... Mon seigneur a la confiance du roi de France, dont il a été le prévôt de l'hôtel. Les mois qui viennent de s'écouler ont été douloureux pour lui, et il avait décidé de se rendre chez vous afin d'oublier ce qu'il avait vécu, en jouant de la vielle et en revoyant son ami, messire Wolfram d'Eschenbach. Il est parti avec un jeune servant et un homme d'armes, ne voulant pas que je l'accompagne, ni mon ami Peyre, son autre écuyer.

— Pourquoi ? questionna la duchesse Sophie.

— Nous devions tous deux nous marier, et c'est lui qui a décidé de voyager sans nous. Il a vu le roi avant son départ, et notre Sire lui a donné une lettre pour vous, noble landgrave. À ce moment-là, je n'étais pas à Paris, mais, quand j'y suis arrivé, j'y ai trouvé les chevaliers qui m'ont accompagné. Ils avaient découvert que des chevaliers allemands voulant se venger de notre sire le poursuivaient.

— De qui s'agissait-il ? interrogea le landgrave.

— Je sais seulement qu'ils venaient d'un château nommé Trifels.

Les Thuringe échangèrent des regards intrigués : Trifels appartenait à l'empereur.

— Nous avons décidé de rattraper notre seigneur et de le prévenir, mais, avant de partir, j'ai écrit au chancelier du roi de France afin de l'en informer. Il nous a alors donné un guide, lequel nous accompagne.

— Qu'avez-vous pour justifier vos dires ?

— Seulement la lettre du chancelier m'indiquant le chemin que devait suivre mon maître, seigneur. Nous pensions le retrouver ici.

— Et cette lettre ? s'enquit fielleusement l'intendant.

Gregorio l'avait sur lui. Il la sortit d'une poche de sa manche et la tendit au landgrave. Le prince la lut, la passa à son épouse qui, après l'avoir parcourue, la donna à l'intendant.

— Il s'agit seulement d'une suite de bourgs, observa le landgrave, et, même si elle est paraphée *fratris Garini*, n'importe qui a pu l'écrire. Je ne vois aucun sceau du roi de France.

— Elle visait uniquement à nous indiquer la route, noble sire.

Le silence s'abattit. Le landgrave restait partagé. Les explications qu'il venait d'entendre étaient plausibles, mais pouvaient également se révéler fantaisistes. Son épouse avait tendance à croire ce Gregorio, mais songeait avant tout à son fils enchartré. Quant à l'intendant et au chevalier, aucun d'eux ne prêtait foi à cet inconnu trop beau parleur.

— Décrivez-moi le logis du roi ! ordonna Hermann en français.

Gregorio s'y était rendu par deux fois, lorsque son maître était prévôt, aussi n'eut-il aucune peine à dépeindre les lieux.

Le landgrave demeura impassible et posa d'autres questions sur Paris, auxquelles cette fois l'Italien peina à répondre. Il devina n'avoir que partiellement convaincu le maître de la Thuringe.

— Hildbert, conduisez messire Gregorio avec ses compagnons, décida ce dernier. Ils pourront à tour de rôle sortir chaque jour dans la cour.

— Nous sommes donc prisonniers ? s'enquit sèchement le Pisan.

— Vous êtes nos hôtes. Pour l'instant.

Gregorio perçut l'indécision et la méfiance. Mais il s'en moquait. Seul comptait son maître.

— Laissez-nous partir pour retrouver notre seigneur, supplia-t-il alors.

— Votre seigneur est mort ! cracha l'intendant.

— C'est faux !

Le landgrave soupira.

— Je ne vous laisserai pas aller maintenant car vous avez vu nos défenses. Mais vous serez bien traités. Je prendrai ma décision à votre égard dès que j'en saurai plus sur mon fils.

*

Par une suite d'escaliers et, pour terminer, la galerie de bois d'un hourd, l'Italien, encadré du chef des chevaliers et de deux gardes, gagna la chambre en se creusant l'esprit pour découvrir un moyen de fuir. Qu'aurait fait son maître dans une telle situation ?

Il aurait été encore plus inquiet s'il avait entendu l'intendant déclarer au seigneur qu'il prenait trop de risques en gardant de tels prisonniers. Et que mieux valait les pendre au plus vite.

41

— Je suppose que c'est toi qui nous as aidés, fit Guilhem, nullement surpris de voir Waldemar.

Quand il s'était rendu compte de l'intervention d'un autre archer, il avait tout de suite pensé à lui.

— J'ai songé que vous pourriez avoir des ennuis en vous rendant en ville, alors je suis resté à la lisière du bois, au cas où vous quitteriez Goslar avec des gens à vos trousses. Et ça n'a pas manqué. Comment avez-vous fait pour les délivrer ?

Le chasseur désignait Hermann et Wolfram.

— Plus tard, intervint Gretel, les impériaux nous poursuivent !

Devant l'entrée de la mine, elle utilisa son briquet de fer, alluma la chandelle de la lanterne et passa la première. Guillaume demeura près d'elle, tandis que les autres suivaient.

Très vite, ceux de derrière se retrouvèrent dans l'obscurité, et chacun fut obligé de poser une main sur l'épaule de celui qui le précédait afin de ne pas s'égarer. Guillaume prévenait ses compagnons des obstacles qu'il décelait, comme les crevasses, les amas de pierres ou de bois de soutènement. Guilhem et Wolfram fermaient la marche.

— Attention, on tourne à dextre ! annonça le fils d'Aignan après avoir signalé un éboulement.

— Baissez vos têtes ! ajouta-t-il au bout d'un moment.

— Un autre croisement, à senestre, cette fois !

Les boyaux de mine se succédaient en tous sens, certains montaient, d'autres descendaient. Parfois la chandelle de la lanterne, ravivée par un courant d'air, provoquait un peu plus de lumière, et Guilhem percevait des éclats verts, bleus ou rougeâtres dans la roche des parois. Partout l'eau suintait, et ils pataugeaient souvent dans des flaques.

Le trajet se poursuivit dans ce dédale jusqu'au moment où la lumière du jour revint par une ouverture verticale. Guilhem découvrit alors une grande cascade gelée. Et aucun chemin.

*

Loin derrière, dans la forêt, Eckhard avait compté ses pertes et ne se maîtrisait plus. Tremblant de fureur et de dépit, il avait même essuyé des larmes de honte. Alors qu'ils venaient d'arriver à Goslar après un éprouvant voyage dans le froid et la neige, d'abord jusqu'à Cologne, puis jusqu'ici, sa troupe était désormais amputée de quatre guerriers et Engelhard avait la jambe cassée. Une nouvelle fois ce maudit, ce ribaud, ce pourceau d'Ussel l'avait battu et humilié en recourant à d'infâmes traîtrises. *Que la peste t'emporte ! Que la lèpre d'Égypte te ronge !* rageait-il.

Venus de Trifels, ils étaient arrivés au château de Kaiserswerth le 2 janvier à la relevée. Là, Engelhard et Eckhard avaient appris que le bailli Gottschalk était parti depuis plusieurs jours pour Goslar, sans que l'on connaisse la date de son retour.

Après avoir expliqué à plusieurs chevaliers avoir une importante information à communiquer à l'empereur, ils avaient été reçus par l'intendant du château. Auquel ils avaient raconté leur rencontre avec Guilhem d'Ussel, chevalier de France d'une rare perfidie. Et que, voulant le punir pour des méfaits passés, ils l'avaient suivi – et perdu –, mais avaient appris que après avoir rencontré Philippe II, il se rendait auprès du landgrave de Thuringe.

L'intendant avait posé plusieurs questions avant de leur assurer qu'il préparerait une missive pour en informer le noble sire Otton. S'il n'avait livré aucune information sur l'occupation prochaine de la Thuringe, il leur avait demandé de rester au château jusqu'au retour de messire Gottschalk et donné une chambre avec cheminée située dans un étage éloigné.

L'absence de Gottschalk n'avait nullement chagriné Eckhard et ses compagnons. Ils avaient chevauché dans de terribles conditions durant des jours et des jours et appréciaient leur logis, même s'ils s'y trouvaient serrés et devaient coucher sur des paillasses de foin. Et comme le souper dans la grande salle du château avait été copieux et agréable…

Cependant, ils ne devaient guère profiter des lieux. Le lendemain, alors qu'ils s'apprêtaient à aller dîner dans une auberge de Cologne, l'intendant avait fait chercher Eckhard, qu'il reçut en présence d'un autre chevalier et d'un religieux que le *Leiter* des *milites* de Trifels ne connaissait pas et qu'on ne lui présenta point.

— Je viens de recevoir un singulier message de la Wartburg qui me contraint à vous révéler des faits que je préférais taire. Vous allez donc jurer, sur ces divins Évangiles, de demeurer muets à ce sujet.

Il avait désigné un lutrin où trônait un gros livre fermé.

Eckhard avait opiné et avait juré.

— Notre noble empereur dispose d'un fidèle à la Wartburg. Enfin, « fidèle » n'est pas le mot exact, car celui qui nous informe, grâce à des pigeons que nous lui avons remis, le fait pour quelques pièces d'or et la promesse de recevoir une charge lorsque la Thuringe sera à nous. Voici quelques jours, il nous a révélé que le fils aîné du landgrave se rendait à Goslar afin de demander la main de sa fille à une riche veuve. C'est la raison du départ de messire Gottschalk qui parviendra ainsi à se saisir du damoiseau. Seulement, je viens d'apprendre, par un nouveau pigeon, que cet Ussel, dont vous m'avez parlé, est arrivé à la Wartburg à Noël, et en est reparti aussitôt pour Goslar afin précisément de retrouver le fils du landgrave. Notre serviteur a envoyé quelques mercenaires à ses trousses, afin de le retarder, mais ils n'ont réussi qu'à le priver de ses chevaux. Maintenant, prévenir le bailli et s'assurer de ce Français, s'il parvient à Goslar, s'imposent. Une fois dans nos mains, il aura certainement beaucoup à dire. Vous allez donc partir immédiatement avec votre troupe. Je vous remettrai une lettre pour messire Gottschalk et vous lui ferez part de ce que vous savez.

D'emblée, Eckhard s'était exécuté. Mais, à cause de la neige, ses hommes et lui avaient mis une semaine pour atteindre Goslar. Il était arrivé à l'instant même où Guilhem et Guillaume se trouvaient dans la prison.

Eckhard ne pouvait poursuivre les fuyards et leurs complices parce qu'il n'avait avec lui que ses gens et une poignée d'hommes d'armes de Gottschalk, dont aucun ne connaissait la montagne du Harz. Il était donc revenu au château avec les blessés. Et avait écouté sans mot dire les invectives du bailli avant de lui rétorquer froidement qu'il n'était pour rien dans l'évasion et que, si les prisonniers avaient été mieux gardés, lui-même n'aurait pas perdu tant de valeureux.

La repartie avait calmé la colère de messire Gottschalk, qui l'avait finalement remercié et demandé, car il n'avait pas eu l'occasion de le rencontrer plus tôt, les raisons de sa venue à Goslar.

Le chef de la chevalerie de Trifels avait alors transmis la missive de l'intendant du château de Kaiserswerth et expliqué, non sans dépit, qu'il venait pour saisir ce diabolique Guilhem d'Ussel – qu'il poursuivait depuis des mois –, et qu'une nouvelle fois le maudit s'était joué de lui.

À ce stade de son récit, il eut même du mal à poursuivre. Cette émotion avait ébranlé le rude Gottschalk qui, connaissant la valeur de son interlocuteur, n'ignorait pas combien celui-ci se montrait d'ordinaire impitoyable envers les autres comme avec lui-même. Quel genre d'être était donc cet Ussel pour avoir réussi à pénétrer dans le château impérial, faire évader des prisonniers et vaincu, quasiment à lui seul, à pied, une troupe de vaillants chevaliers et servants à cheval ? Était-il un homme de chair et d'os, ou un démon ?

*

Après avoir quitté la mine, Gretel les fit descendre dans un défilé au fond duquel serpentait un ruisseau entièrement gelé. De tous côtés, de grandes cascades de glace jaillissaient des montagnes. Devant eux, un bois de sapins touffu se découpait sur une éminence. Au fond de la vallée, d'innombrables conifères noirs s'élevaient en étages.

Ils avançaient difficilement, glissant sans cesse sur la glace, mais sans laisser de traces de leur passage tant il y avait peu de neige et de végétation. Après ce cheminement difficile et épuisant, ils débouchèrent devant une rivière, également figée, qu'ils traversèrent avant d'entamer une interminable marche dans une forêt aussi vallonnée qu'enneigée.

Tout au long du chemin, Guillaume demeurait en tête avec Gretel, à qui il racontait sa vie à Lamaguère, l'histoire de ses parents cathares, et ce qu'il savait de son seigneur, pour qui il aurait donné sa vie. Quant à elle, elle parla de ses propres parents, de son frère, et par moments ne put retenir ses larmes en évoquant le passé.

Waldemar suivait, seul, silencieux, songeant à on ne savait quoi. Enfin, à quelque distance, les trois derniers bavardaient. Guilhem relata les raisons pour lesquelles il avait quitté son fief ; ce qui lui était arrivé ; pourquoi il avait décidé de se rendre à la Wartburg afin d'y trouver la sérénité ; et comment il était finalement venu à Goslar. De son côté, Wolfram narra de quelle façon il était entré au service du landgrave, tandis que Hermann intervenait peu, le cœur toujours étreint par la mort de Blancheflor.

Alors qu'ils contournaient un mont particulièrement élevé, ce dernier prit la parole en le désignant :

— C'est le Brocken, Wolfram. Tu m'as dit que tu ne l'avais jamais vu.

— Là où se tient le sabbat ? s'enquit Ussel.

— Tu sais cela, Kyot ? s'étonna le *Minnesänger* en regardant son ami.

— Gretel m'en a parlé.

— Gretel ! Quelle jolie fille ! N'est-il pas temps que tu nous dises qui elle est ? Où a-t-elle appris à tirer à l'arc aussi adroitement ? Pourquoi nous attendait-elle à cette tour ? Tu as promis de tout me révéler, mais j'attends encore. À moins que tu ne veuilles conserver le secret... Je peux comprendre que tu t'y sois attaché...

— Attaché ? Certainement, mais ce n'est pas ce que tu imagines. Toutes celles que j'aimais sont trépassées, Wolfram. C'est la cruelle punition que m'envoie le Seigneur. Or je veux que Gretel vive, et Guillaume, mon servant, s'en est, je crois, épris. Quant à la raison de sa présence, je préfère que ce soit elle qui vous la donne lorsque nous serons à l'abri. Cependant, je peux vous livrer quelques éléments qui calmeront votre curiosité. Ou l'aiguiseront. Elle est la fille de l'ancien intendant du *Kaiserpfalz*. Ses parents ont été accusés de sorcellerie par un bailli impérial nommé Gottschalk, qui voulait chasser son père du ministère obtenu des Hohenstaufen.

— Gottschalk, avez-vous dit ? intervint Hermann.

— C'est cela ! répondit Guilhem avec un sourire ironique.

— C'est l'homme qui nous a saisis chez la comtesse de Falkenstein !

— Je le sais, voilà pourquoi je vous ai livré son nom. La comtesse de Falkenstein semble avoir noué des liens étroits avec cet individu, mais Gretel vous en parlera mieux que moi. C'est cette comtesse qui a accusé ses parents, lesquels ont été exécutés lors d'une nuit de Walpurgis. Gretel est persuadée qu'il s'agissait d'un sacrifice offert au démon.

— Cet été, j'ai entendu dire que le *ministerialis* du château avait été accusé de sorcellerie, et j'avoue avoir cru à l'affirmation, fit Hermann. Mais, voici deux jours, alors que nous étions au château de Falkenstein, les serviteurs nous ont révélé le rôle de Marguerite d'Antioche dans l'affaire.

— Et l'un d'eux nous a appris que cette femme était une sorcière, ajouta sombrement Wolfram. Qui a également tué Blancheflor. C'est en allant la saisir que nous avons été pris.

— Et que tous mes gens ont été exterminés, ajouta le fils du landgrave.

— Il se confirme que nous avons des ennemis communs, plaisanta Guilhem. Nous allons avoir beaucoup à nous dire. Si on commençait par ce qui vous est arrivé à Goslar...

— Certainement ! accepta Wolfram, mais à condition que tu nous révèles par quel moyen tu es entré dans le *Kaiserpfalz*.

Ils se firent mutuellement le récit des événements des jours précédents. Et, même si le froid était rigoureux, ils n'y prêtèrent aucune attention tant ce qu'ils racontaient les passionnait. Seule la faim commençait à les faire souffrir. Après plusieurs heures, ils aperçurent un grand lac gelé entouré de monts.

— Notre destination ! cria Gretel en désignant l'une des hauteurs.

La marche se poursuivit un long moment, jusqu'à ce que la jeune fille s'arrête devant un éboulis.

— Il y a une entrée de mine abandonnée par ici, mais je ne me souviens plus où précisément. Car j'y suis venue quand j'avais douze ans. Et c'était en été !

Ils cherchèrent. Ce fut Waldemar qui découvrit la cavité envahie d'arbustes. Un trou haut d'à peine trois pieds et large de deux. Après avoir allumé la lanterne, Gretel pénétra la première. Alors ils la rejoignirent dans le boyau qui conduisait à une étroite salle d'où partaient plusieurs galeries.

L'excavation avait été creusée au pic dans le rocher, et il restait quelques traces d'occupation : une banquette vermoulue faite avec un tronc d'arbre, un foyer sous un trou dans la roche pour évacuer les fumées. Le sol était couvert de mousses sèches et de feuilles mortes. Il y faisait froid, mais bien moins qu'à l'extérieur.

Ceux qui portaient des besaces les déposèrent. Waldemar proposa de briser la banquette pour faire un feu. Hermann lui donna la hache prise après la bataille, qu'il avait portée durant la fuite.

— Dès demain, des patrouilles sillonneront le Harz, fit Wolfram en s'asseyant sur une grosse pierre.

— Rassurez-vous, la montagne est vaste, et il n'y a pas beaucoup de *milites* de *Wehrmänner* au château, répliqua une Gretel accroupie, qui vidait son sac.

— Il va mettre nos têtes à prix et prévenir tous ceux qui vivent dans le Harz, intervint Waldemar. Comment survivre plusieurs jours dans cette caverne, sans feu ni nourriture ?

— En n'attendant pas de nous faire prendre, décida Guilhem. Nous tenterons demain de nous procurer des chevaux. Il doit bien y avoir des villages ou des châteaux aux alentours où personne n'aura appris ce qui s'est passé. J'ai suffisamment d'or pour acheter des montures. Ensuite, messire Hermann rentrera à Wartburg avec toi, Wolfram. Vous emmènerez Guillaume et Gretel. Mais moi, je demeurerai ici.

— Crois-tu un instant que je vais te laisser, Kyot ? persifla le *Minnesänger*. D'ailleurs, pourquoi veux-tu rester ?

— En raison d'une promesse faite à Fräulein Gretel. Je dois m'occuper de ce Gottschalk et de la comtesse.

— C'est moi qui punirai ces deux-là ! gronda le jeune Hermann.

— Seigneur, je ne vous quitterai pas, affirma Guillaume.

— La vengeance m'appartient, intervint Gretel. Il m'est impensable de partir de Goslar tant que je ne serai pas satisfaite. Je tuerai Gottschalk de mes propres mains.

— Donc cette discussion est close, intervint Wolfram en rassemblant les morceaux de bois que Waldemar avait brisés pour les entasser soigneusement dans le foyer. Mais pourquoi demeurer dans cette grotte glaciale ? ajouta-t-il en ouvrant le sac attaché à la ceinture de sa robe qui contenait un briquet. Nous n'avons qu'à retourner au château de Falkenstein où nous serons en sécurité. Quant à obtenir des chevaux, le comte d'Arnstein, voisin de Falkenstein et vassal du landgrave, pourra en fournir quand nous en aurons fini avec la sorcière.

— Fort juste, Wolfram, approuva Hermann.

— Êtes-vous sûr que nous serons en sécurité là-bas ? questionna Guilhem, qui n'accordait pas facilement sa confiance.

— Certain ! Nous nous y sommes arrêtés avant d'atteindre Goslar, et le frère du comte de Falkenstein nous accordera toute l'aide nécessaire, même s'il est pauvre et malade, affirma le *Minnesänger* en battant le fer, ce qui provoqua une flamme, d'abord dans l'amadou, puis dans la mousse sèche.

— Seigneur, intervint Waldemar, je suis intervenu pour vous porter secours, mais je ne tiens pas à être mêlé à votre guerre. Demain, si vous le voulez bien, je m'en irai. Et, cette fois, définitivement.

— Tu en as le droit, et sois assuré que je te paierai généreusement pour nous avoir sauvé la vie.

*

Le feu chauffait peu et fumait beaucoup. Assis devant, ils partagèrent les pauvres provisions contenues dans les besaces. Guilhem et Guillaume avaient ôté leur haubert, et chacun avait accroché des vêtements mouillés aux aspérités de la roche.

De nouveau, Gretel raconta le complot qui avait détruit sa famille et mis fin à son bonheur. Guillaume, près d'elle, ne la quittait pas des yeux, une admiration béate brillant dans son regard. Pourtant, les joues de la jouvencelle étaient marquées par des gelures rougeâtres. La damoiselle acheva son récit en rappelant la mort singulière de Blancheflor, lacérée par un ours, comme son frère après qu'il se fut rendu chez la comtesse.

La nuit fut inconfortable. Ils repartirent dès que le soleil parut. Gretel ne connaissait pas les chemins conduisant à Falkenstein, ne s'y étant jamais rendue, mais, en suivant une direction qu'elle indiqua, ils arriveraient dans la plaine au bout d'une lieue, annonça-t-elle. Ensuite, Hermann et Waldemar se faisaient fort de retrouver la route du château.

C'est en descendant de la montagne que ce dernier tua d'une flèche un lièvre qui s'enfuyait devant eux.

— Notre souper ! claironna-t-il.

Piètre repas, songea Guillaume, puisqu'ils seraient six à se partager l'animal.

Une fois dans la plaine, ils trouvèrent des voies praticables sur lesquelles chevaux et chariots avaient tassé la neige. Ils purent donc avancer d'un bon pas mais, malgré cela, n'arrivèrent au château qu'après la nuit tombée. Par chance, ils ne rencontrèrent aucun voyageur qui aurait pu dénoncer leur présence à Goslar, même s'ils aperçurent quelques paysans en train de ramasser du bois.

Le pont devant le porche était toujours en place, mais sans doute ne pouvait-on plus l'ôter depuis longtemps. Wolfram tira la chaîne rouillée et le carillon de la cloche retentit. Personne ne vint. Il recommença. Rien. À plusieurs reprises. Toujours rien. Alors ils se mirent tous à appeler.

Leur ouvrirait-on la porte ?

42

Château de Falkenstein

Enfin, quelqu'un arriva. Du haut de l'enceinte, une voix chevrotante demanda qui ils étaient. En entendant la réponse, le gardien s'excusa et déclara aller ouvrir.

Au bout d'un moment, les fuyards entendirent le grincement du treuil de la herse, puis des bruits de serrure et de verrou et, enfin, le battant s'écarta. Hermann entra le premier dans le petit corps de garde où le vieux concierge plia un genou devant lui :

— Seigneur, on a appris que vous aviez été arrêtés… et que vos gens…

— J'ai pu m'enfuir, grâce aux amis qui m'accompagnent. Conduisez-nous vite auprès du sire de Falkenstein.

— C'est que… notre maître est au plus mal. Il n'a plus sa conscience depuis hier…

À sa voix, le vieillard paraissait perdu.

— On ne sait ce qui va advenir de nous… Je vais vous accompagner à la cuisine où il y a encore du feu, et prévenir l'intendant.

Ils traversèrent la cour, toujours enneigée, parfaitement silencieuse. Les flocons tombaient dru et, malgré sa blancheur, l'endroit était sinistre. Le guide entra dans la cuisine et leur dit de s'installer. Le garde-manger, dont il leur désigna la porte, n'était guère garni, mais ils y trouveraient de quoi se sustenter.

La chaleur de la salle les saisit agréablement, et le fourneau, au milieu, contenait encore des braises incandescentes. Waldemar déposa le lapin sur la pierre et entreprit de l'écorcher. Hermann jeta un fagot dans la cheminée presque éteinte. Guilhem et Guillaume s'aidèrent mutuellement à enlever leur haubert, et chacun se mit à l'aise, déposant sur les bancs ses vêtements mouillés afin de les faire sécher.

Wolfram alla ensuite examiner le garde-manger, d'où il rapporta une boîte contenant quelques œufs, des tranches de lard, un pot de graisse de porc et un poêlon empli de potage de choux gélifié, qu'il mit sur l'un des landiers du foyer.

Guilhem s'était assis sur un banc, pieds tendus vers le potager pour les réchauffer, et Gretel soignait ses gelures et celles de Guillaume en les tartinant de graisse, quand l'intendant Adalbert entra, revêtu d'un épais garde-corps en futon et d'un bonnet gris à large revers couvert de flocons – il venait de traverser la cour.

— Béni soit le Seigneur qui vous a ramenés parmi nous ! s'exclama-t-il en les voyant.

Il s'avança vers Hermann et prit ses mains avec émotion.

— J'ai tant prié pour vous, seigneur, lorsque j'ai appris l'effroyable nouvelle.

Il parcourut la pièce des yeux, essayant vainement de retrouver les visages qu'il avait vus quelques jours plus tôt. Il reconnut Wolfram, lui sourit tristement.

— Ce serait donc vrai pour vos gens, seigneur ? s'enquit-il en s'adressant de nouveau à Hermann de Thuringe.

— Le bailli de l'empereur les a saignés comme des animaux. Il paiera pour cela, gronda Hermann, qui ajouta en désignant ses compagnons : voici les amis qui nous ont délivrés, messire d'Eschenbach et moi. Nous venons demander l'hospitalité au seigneur de Falkenstein, car nous n'avons aucun endroit où nous réfugier. On va nous rechercher partout, or nous tenons à rester autour de Goslar afin de punir la comtesse de ses crimes.

— Mon maître vous accorderait certainement le gîte, mais il est impossible de le lui demander car il se meurt et n'a plus son esprit.

— Alors c'est à vous de prendre la décision, intervint Wolfram.

— Je ne sais si je peux, seigneur. Je ne suis qu'un serf.

— Étiez-vous déjà au service du comte, le frère de votre maître ?

— Oui, messire, je l'ai même élevé comme un fils.

— Alors, s'il était là, il vous dirait de nous recevoir, puisque nous allons le venger. De plus, que se passera-t-il pour vous et les gens du château quand la comtesse apprendra la mort de votre maître ?

Un silence, pesant, s'installa, durant lequel le vieil intendant baissa la tête.

— Je vais vous le dire : Marguerite d'Antioche s'installera ici et vous chassera, pour ne garder personne qui connaisse ses crimes, ou s'en doute. Où irez-vous loger ? Dans une mine, une grotte, tel un animal ?

Des larmes coulaient sur les joues du serviteur.

— Nous allons la punir. Ainsi, vous pourrez rester intendant de Falkenstein. Le landgrave de Thuringe achètera la mainmise sur le château. Et il vous protégera.

Eschenbach n'était nullement certain de ce qu'il affirmait, mais, pour l'heure, il devait convaincre le pauvre homme.

— Entendu, messire, murmura le vieillard.

— Cette nuit, nous logerons encore dans la salle au-dessus de la cuisine, décida Hermann, et demain nous aviserons. Maintenant voulez-vous souper avec nous ? Nous vous raconterons ce qu'il s'est passé et qui sont nos amis.

— Bien volontiers, seigneur.

— Il y a du lièvre ! claironna Waldemar. Quelqu'un a-t-il trouvé de la bière ?

Le lendemain, leur première visite fut pour le maître du château. Comme le seigneur de Falkenstein était sans conscience et respirait difficilement, Hermann demanda à la femme restant à son chevet de le prévenir s'il reprenait connaissance.

Durant la même matinée, Guilhem donna quelques pièces d'argent à l'intendant afin qu'il se procure des vivres auprès des paysans des alentours, mais en lui conseillant d'en acheter très peu à chacun pour que personne ne soupçonne la présence de visiteurs au château. Ensuite, il visita l'édifice avec Wolfram et Hermann.

Après la mort du comte Heinrich von Falkenstein et la décision du duc de Saxe de valider le testament, le cadet n'avait plus eu les moyens de payer ses domestiques. Les hommes et les femmes libres étant partis, ne restaient que les serfs qui se contentaient d'avoir un lit et de quoi ne pas mourir de faim. En huit ans, plusieurs avaient trépassé, et les derniers occupants étaient trop peu nombreux pour entretenir la forteresse. Ainsi, il n'y avait plus que trois hommes de garde, deux servantes, l'intendant, une cuisinière et quelques vilains qui cultivaient un champ, bûcheronnaient et s'occupaient des moutons, des porcs et du poulailler. Autrement dit, le château se trouvait sans défense. Même une troupe réduite aurait pu le prendre. Heureusement, les fortifications se révélaient en bon état. Du haut des remparts, des hommes armés pourraient facilement exterminer une troupe impériale venue saisir les fugitifs.

Encore fallait-il des armes, ce qui était le but de la visite. Une exploration fructueuse puisque, dans le donjon, Guilhem et ses amis dénichèrent une vingtaine d'arbalètes, nombre de viretons, des épées, des lances et des harnois complets. Wolfram et Hermann purent ainsi disposer d'un haubert et d'un casque, et Guillaume adapter une cotte de mailles à Gretel.

Ensuite, ils se répartirent les chambres. Il y en avait deux au-dessus des pièces occupées par le maître et l'intendant : celles jadis utilisées par Blancheflor et la dame de compagnie de Marguerite d'Antioche. La plus petite fut donnée à Gretel, et les hommes prirent l'autre.

*

La veille, au *Kaiserpfalz,* après avoir autorisé Eckhard à prendre des nouvelles d'Engelhard, laissé entre les mains d'un barbier chirurgien, le bailli avait rassemblé dans la grande salle tous les gens du château qui connaissaient la montagne. Une troupe était partie peu après sur le lieu du combat, et des pisteurs avaient suivi les traces des fuyards jusqu'à la première grotte. Mais comme personne n'avait songé à emporter de lanterne, si quelques hommes réussirent à confectionner des torches de résine, aucun ne put découvrir le chemin emprunté par les évadés dans le dédale de tunnels. À la nuit, ils étaient donc revenus bredouilles.

Pendant leur absence, Gottschalk avait réuni les *milites* et le *ministerialis* qui avait remplacé le père de Gretel. Il ne leur avait posé qu'une question : de quelle manière avaient pu entrer Guilhem d'Ussel et son complice ?

Évidemment, personne n'en savait rien. Et comme aucun n'avait entendu parler d'un souterrain, ils ne pouvaient imaginer la vérité. Certes, quelques-uns avaient vu passer deux hommes en haubert peu avant l'évasion, mais s'agissait-il d'Ussel et de son compère ? Les témoins ne leur avaient pas prêté la moindre attention. Et pour cause : pourquoi et comment seraient-ils venus par la chapelle ? Gottschalk avait ordonné aux chevaliers d'interroger leurs servants et, en attendant, décidé de faire pendre les geôliers. L'intendant, qui risquait également sa vie, avait adroitement suggéré le soudoiement des gardiens de la *Kaiser Tor*. Une information invérifiable puisque ces derniers avaient été tués, et qui, faute de mieux, avait été acceptée.

Gottschalk avait ensuite dicté un pli pour l'intendant du château de Kaiserswerth, demandant qu'on lui envoie des renforts. Il lui fallait au moins une centaine d'hommes.

Dès le lendemain, des patrouilles étaient parties parcourir le Harz, à la recherche des fugitifs mais également chargées de prévenir mineurs, charbonniers, moines, paysans et châtelains ; bref, tous ceux qui vivaient dans la montagne. Avec un message simple : aider les fugitifs serait puni par l'écorchement et la pendaison des proches du fautif. Chacun connaissant la sévérité des baillis impériaux, de telles menaces n'étaient pas vaines. En revanche, celui qui livrerait le corps de Guilhem d'Ussel recevrait cent pièces d'or, et celui qui favoriserait l'arrestation de Hermann de Thuringe cinq cents.

Désormais, Gottschalk ne pouvait qu'attendre. Ses mesures seraient-elles suffisantes ? Si ce satané Ussel était aussi redoutable que le décrivait Eckhard, il en doutait. Encore plus si le Français était protégé par des puissances maléfiques. Mais, dans ce cas, lui pouvait obtenir de l'aide d'autres démons. La comtesse Marguerite d'Antioche avait alors été convoquée.

*

Au château de Falkenstein, la vie s'organisait. Les nouveaux venus avaient été d'autant mieux acceptés par les habitants que les repas étaient désormais copieux grâce aux achats de l'intendant. La mise en perce d'un tonneau de bière avait renforcé le bien-être de tous.

Wolfram avait pris le commandement et organisé des tours de garde. Il pensait que, tôt ou tard, des gens de Goslar viendraient interroger les occupants du château. Quant à Guilhem, il avait découvert une vieille viole que Guillaume, fort adroit de ses mains, avait rafistolée. Les repas étaient à présent agrémentés de chants que les deux ménestrels interprétaient en duo, souvent de façon drôle, provoquant les rires de toute la maisonnée.

La nuit venue, Waldemar partait chasser avec l'un ou l'autre des hommes, tandis que Gretel, aidée d'une servante, s'était mise à la couture et adaptait à sa taille de vieux atours découverts dans sa chambre. Les deux femmes avaient également confectionné des coltins à l'aide de morceaux de draps de laine pour Hermann et Wolfram. Ces longs gilets portés sous leur manteau en peau de loup les protégeaient du froid.

Ce fut à la Saint-Hilaire[1], trois jours après l'arrivée des fuyards, que le guetteur annonça l'approche d'une dizaine de cavaliers conduits par un chevalier.

L'homme de garde les fit entrer et l'intendant les reçut, leur proposant, comme il était d'usage, de se restaurer et désaltérer dans la cuisine. Il expliqua que son maître était mourant et, aux questions des impériaux, répondit qu'aucun voyageur ou inconnu ne s'était présenté au château.

Guilhem avait laissé la chambre à Wolfram et Hermann et s'était installé avec Guillaume dans le donjon, tandis que Waldemar avait déniché pour lui une petite pièce au sommet du corps de logis principal. Tous se tenaient maintenant à des fenêtres entrouvertes ou devant des meurtrières munis d'arbalètes ou d'arcs. Si le chevalier de Goslar prétendait fouiller l'édifice, ses gens seraient abattus et ceux qui échapperaient aux traits tomberaient sous les coups d'épée ou de hache. Mais mieux valait éviter un massacre qui entraînerait forcément d'autres problèmes.

Par chance, le chevalier ne se montra pas curieux. Pourquoi diable les serfs de ce château auraient-ils accueilli les fugitifs ? D'ailleurs, il n'avait rien noté laissant supposer que des étrangers pourraient se trouver là.

La troupe repartit.

Les jours suivants, plus personne ne sortit. D'autant que la neige revint et que le pays subit

1. Le 13 janvier.

de nouveau un froid intense. Quand l'intendant put aller chercher des provisions dans les fermes environnantes, on lui rapporta que les patrouilles du bailli se montraient de plus en plus agressives et même violentes. Pour mettre la main sur ceux qu'ils recherchaient, les hommes de l'empereur frappaient désormais sauvagement les vilains afin de les faire parler. Par jeu, ils violentaient les femmes et pendaient les vieillards. Une terreur qui visait à obtenir la dénonciation de ceux protégeant les évadés, mais comme personne ne savait quoi que ce soit, elle ne donnait aucun résultat.

La seule conséquence de ces violences fut la décision de Waldemar de ne plus partir tant il craignait de faire les frais des violences de la soldatesque s'il devait rencontrer un détachement d'impériaux.

Après une semaine de brumes où il fit moins froid et où l'on vit fondre neige et glace, le dernier jour de janvier, Guilhem proposa à ses compagnons d'aller chasser. En ce dimanche, jour favorable pour une telle expédition puisque tout le monde se rendait à l'église, il ne devrait pas y avoir de patrouilles.

Or ils avaient besoin de viande fraîche et, conséquence du dégel, le gibier se montrerait. Ussel voulait également vérifier si, dans les jours prochains, ils pourraient gagner la tour Maltermeister afin d'y reprendre leurs bagages, en particulier sa selle et sa vielle à roue.

À l'occasion de cette chasse, Gretel avait abandonné la robe pour sa cotte matelassée violette.

Les hommes, eux, n'avaient pas revêtu de haubert afin d'être plus à l'aise. Ils portaient seulement leur gambison ou leurs longs coltins.

Vers midi, le soleil brillait quand leur marche fut arrêtée par un torrent en furie. Si trois semaines plus tôt ils l'avaient franchi facilement, puisque gelé, maintenant les flots bouillonnants empêchaient toute traversée. Wolfram suggéra qu'ils se séparent. Avec Hermann et Waldemar, ils remonteraient le cours d'eau, tandis que Guilhem, Guillaume et Gretel le descendraient. L'un ou l'autre groupe trouverait bien un gué, assurait-il.

Mais, une heure plus tard, Ussel n'avait découvert aucun moyen de franchir l'impétueuse rivière gonflée par la fonte des neiges. Il s'en retournait donc vers l'endroit où il avait quitté ses compagnons en espérant qu'eux ne reviendraient pas bredouilles. Guillaume et la jeune fille marchaient devant, lui suivait la rive rocheuse, jetant de temps en temps un coup d'œil aux flots déchaînés qui lui faisaient penser à la crue du Trignon quand il s'était rendu à Prébayon.

Brusquement, le fils d'Aignan entendit un sifflement, puis le bruit sourd du vireton qui se fichait dans un corps.

Le cœur battant, il se retourna et vit son maître, bouche ouverte, basculer en avant et tomber sur une énorme pierre de la berge, à moins d'un pied du torrent.

— Seigneur ! hurla-t-il.

Un homme surgit, hirsute, barbu, en sayon écarlate à collet et surcotte, avec chaperon noir, une arbalète à la main et une trousse de viretons à la taille.

— Ah, enfin ! clama-t-il.

L'individu dégaina un coutelas de chasse en se précipitant sur Ussel pour l'achever.

Le fils d'Aignan était pétrifié. La fin tragique de son maître lui enlevait toute capacité de riposte. Il n'eut pas la présence d'esprit d'utiliser son arc qu'il lâcha – à moins qu'il jugeât ne pas avoir le temps d'encocher une flèche –, préférant tirer son épée et se placer devant le corps de Guilhem afin de le protéger, s'il le pouvait encore. Gretel, elle, possédant seulement sa dague, la tira.

Le barbu, voyant l'épée et la fille, s'arrêta, laissa tomber l'arbalète. Un sourire cruel apparut sur son visage.

— Tu veux le protéger ? lança-t-il à Guillaume. Mais c'est trop tard, et tu vas seulement le rejoindre en enfer. Ensuite je m'occuperai d'elle ! gronda-t-il en allemand.

Guillaume comprit, frappa l'inconnu d'un coup de taille, mais la brute se montra plus rapide. Elle esquiva la brette et, de la main qui ne tenait pas le coutelas, lança adroitement un couteau saisi dans sa ceinture.

Le fils d'Aignan reçut la lame dans le torse et s'affaissa, comprenant, avant de perdre connaissance, qu'il ne sauverait pas son seigneur, que Gretel était perdue et que lui allait mourir.

Satisfait, le tueur s'avança vers ses victimes. Guilhem paraissait mort. Guillaume gémissait, affalé près de l'eau, seule Gretel, une femme, lui faisait obstacle. Dans son esprit, la partie était gagnée.

Constantin sentait son cœur déborder de joie. Sa sœur serait contente et lui allait enfin prendre son plaisir. D'un coup de pied, il précipita Ussel dans le torrent, dont les flots emportèrent le corps.

43

À la Wartburg, ce fut à la fin janvier que le landgrave apprit, *via* un messager envoyé par le comte d'Arnstein, seigneur voisin du château de Falkenstein, que son fils s'était évadé. Le messager ne connaissait aucun détail concernant l'évasion, mais son maître avait reçu des envoyés du bailli impérial qui lui avaient annoncé que le jeune Hermann, emprisonné pour s'être attaqué à une noble dame, était parvenu à s'enfuir avec l'un de ses chevaliers, le *Minnesänger* Eschenbach, et la complicité d'un certain Guilhem d'Ussel. Les représentants du bailli faisaient savoir que quiconque aiderait les fugitifs serait mis à mort, mais que ceux qui les dénonceraient recevraient cinq cents pièces d'or.

Pour le landgrave, c'était la première bonne nouvelle depuis un mois. Il avait immédiatement prévenu son épouse Sophie et fait appeler l'intendant et celui qui commandait ses chevaliers pour leur faire part de son intention de libérer les Français afin qu'ils tentent de retrouver leur seigneur et, à cette occasion, son fils. À l'idée, l'intendant s'était montré réservé, tout comme messire Hildbert, chef des chevaliers.

— Qui nous assure que cet Ussel était vraiment à la manœuvre ? Et dans ce cas, messire Hermann est-il vraiment libre ? objecta ce dernier.

— S'il l'était, il serait déjà revenu, approuva l'intendant.

— Le messager du comte d'Arnstein a dit que les fugitifs se cachaient. Peut-être ne peuvent-ils quitter l'endroit où ils se trouvent, s'il y a des patrouilles à leur recherche. Sans compter le risque d'une dénonciation en raison de la récompense, intervint la duchesse Sophie.

— Je ne peux faire fi du fait que cet Ussel a délivré mon fils ! tempêta le landgrave.

— Pourquoi ne pas libérer deux ou trois d'entre eux, suggéra son épouse. Les autres resteront ici en otages.

Hermann considéra les deux hommes. Le chevalier hocha du chef, puis l'intendant fit de même, mais avec une évidente réticence.

*

Dans la salle où ils étaient enfermés depuis presque deux semaines, les Français ne supportaient plus leur enchartrement. Certes, ils étaient bien traités, bien nourris, et, à tour de rôle, avaient l'autorisation d'effectuer une promenade dans la cour et sur les chemins de ronde, mais ils ne pensaient qu'à leur maître qui avait certainement besoin d'eux, et craignaient de rester prisonniers longtemps, avec peut-être une mauvaise fin.

Aussi, après de longues discussions, avaient-ils décidé de fuir. Non par la force – cela aurait été impossible – mais au cours d'une évasion de nuit. Leur fenêtre ouvrait sur un à-pic qu'ils avaient mesuré à l'aide d'un cordon et, depuis une semaine, ils découpaient draps et couvertures pour les tresser en corde. Dans quelques jours, ils seraient prêts. Comme ils se savaient tous capables de descendre, resterait à se cacher dans les forêts, à trouver des armes, des chevaux et à échapper aux poursuites. Rien de facile, mais au moins ils agiraient.

Le Flamand, ancien tisserand, vérifiait la solidité du cordage déjà terminé avec Guiraud et Albret, tandis que Gregorio et Comminges tranchaient un nouveau drap et qu'Alaric faisait le guet en discutant avec Peyre – Friedrich, lui, sommeillait –, quand ils entendirent marcher dans la galerie.

Immédiatement, les cordes furent camouflées sous les paillasses, et tous se levèrent.

Les verrous tirés, la porte s'ouvrit, et le landgrave entra, accompagné de Hildbert.

— Messires, dit-il, j'espère que votre réclusion n'est pas trop pénible.

Tous hochèrent lentement la tête, affichant leur exaspération.

— J'ai des nouvelles de votre seigneur, ajouta le landgrave en français.

Ils approchèrent, brusquement pleins d'espoir.

— Par un messager, j'ai appris qu'il aurait libéré mon fils. Mais je ne sais rien d'autre. Il semble qu'il se cache à Goslar ou ses environs.

— Libérez-nous, noble sire, et nous le retrouverons ! promit Gregorio.

— J'ignore le rôle de votre seigneur, aussi permettez-moi de demeurer méfiant. Mais je vais, en effet, libérer deux d'entre vous. Qui auront même un guide pour se rendre à Goslar et qui, dès qu'ils en sauront plus, reviendront m'apprendre ce qu'ils ont découvert.

— Pourquoi ne pas nous libérer tous ? s'étonna Alaric.

— Imaginons que votre seigneur ait des desseins que j'ignore... L'empereur est puissant, et je refuse de courir le moindre risque. Ceux qui resteront seront otages.

— Entendu ! décida Gregorio. Jehan, viens-tu avec moi ? Tu parles un peu allemand et le flamand. On se fera passer pour des marchands de draps. Je connais le métier, maintenant !

— Peyre, Alaric, êtes-vous d'accord ? questionna Jehan.

— Oui, et tâchez de revenir vite ! Avec notre seigneur, et Guillaume.

— J'ai une faveur à vous demander, noble sire, dit Gregorio au landgrave. Laissez-nous emmener Friedrich. L'allemand est sa langue natale, et il connaît le pays.

Hermann Ier acquiesça.

Nos amis prirent un dernier dîner en commun, cette fois dans la chambre du landgrave, qui souhaitait mieux les connaître. Chacun raconta les aventures vécues avec leur seigneur, ce qui impressionna Hermann et son épouse, mais laissa de marbre l'intendant. Ensuite, le Flamand fit seller les chevaux et demanda au guide qui les accompagnerait jusqu'au Harz s'il y avait un drapier à Eisenach.

L'homme les conduisit à l'une des boutiques. Pendant que Friedrich achetait une mule chez un maréchal-ferrant, Gregorio se procurait deux pièces de tissu à bas prix bientôt attachées sur la bête de somme. Avec cette marchandise et leurs vêtements, ils devraient pouvoir passer pour d'honnêtes associés, l'un venant de Pise, l'autre de Flandre. Qui les suspecterait ? Ils n'avaient pas pris de haubert, seulement gardé leur gambison sur leur robe de voyage, et le landgrave leur avait donné des chemises de mailles qu'ils enfileraient sous leurs vêtements, une fois à Goslar. Aucune hache, lance ou écu, juste une épée, comme en portaient souvent les marchands.

*

Alors que Constantin s'apprêtait à donner un autre coup de pied à Guillaume pour le précipiter dans les flots ayant déjà englouti Guilhem, une forme grise surgit des sapins à une allure folle et, avant que le frère de Marguerite ait pu réagir, sautait sur sa nuque.

— Teufel ! s'exclama Gretel.

Constantin se débattit, s'efforçant de meurtrir l'animal avec son coutelas, mais la bête plantait ses crocs partout, déchirait le surcot de ses griffes tout en évitant le fer. Un furieux enchevêtrement ponctué de jurons, de plaintes et de grondements se déployait. Jusqu'au moment où l'animal mordit profondément la main du chasseur et où l'arme tomba. La mêlée devint plus sanglante encore. Le frère de la sorcière se mit en boule pour ne pas être égorgé.

Gretel avait ramassé le coutelas et ne s'intéressait plus à l'assassin. Agenouillée devant Guillaume, elle gémissait, son manteau se couvrant de rouge.

— Pas toi… J'ai déjà perdu Hans…

— Que se passe-t-il ? hurla une voix essoufflée.

C'était Wolfram, qui arrivait en courant, suivi de Hermann et Waldemar, tous trois de retour de leur quête d'un gué. Ils avaient entendu le vacarme du combat entre le chasseur et le loup, et s'étaient précipités. Cependant, la lutte était terminée, car la bête avait cessé de mordre sa victime à l'instant où elle avait entendu les nouveaux venus arriver. Maintenant, elle s'éloignait, non sans avoir auparavant léché la main de Gretel.

— Où est Kyot ? ajouta Wolfram, jetant un regard intrigué à l'individu sanglant en train de gémir.

Elle leva des yeux pleins de larmes.

— Il… Il lui a envoyé un carreau (elle désigna le chasseur) et l'a précipité dans le torrent… sanglota-t-elle.

— Surveillez le maraud ! cria Wolfram, qui entreprit de suivre le courant en priant le Ciel que son ami se soit attrapé à une souche ou une branche.

Son cœur battant le tambour, il longea la rive, sautant de pierre en pierre pour rester au plus près du flot et criant régulièrement : « Kyot ! » C'était négliger le péril, pourtant bien réel, de se faire repérer par une patrouille impériale, mais seul comptait son ami, sur l'instant.

Il poursuivit longtemps, avant de se résoudre à l'impensable et de s'arrêter en regardant le tumulte du flot glacial. Sa quête était vaine.

Après avoir murmuré une prière, il revint sur ses pas et rencontra Hermann, qui lui lança un regard interrogatif.

— Rien. Dieu l'a repris, déclara le *Minnesänger*, l'œil humide.

Il ajouta :

— Mais le maraud va payer !

Revenus sur les lieux du drame, ils virent Waldemar et Gretel en train de s'occuper de Guillaume. Le couteau retiré du torse, Gretel compressait la plaie avec son manteau.

En les entendant arriver, Waldemar se leva. Voyant les visages sombres, il comprit. Et ne dit mot.

— Le courant l'a emporté, annonça Wolfram d'une voix blanche. Comment va Guillaume ?

— La lame de ce chien a percé le gambison, le gilet et la chemise, mais n'a pas pénétré profondément dans les chairs. Seulement, des morceaux d'étoffe sont entrés dans la plaie, et elle saigne abondamment. Il faut la laver et lui bander le torse bien serré. Il peut se remettre. Si les organes ne sont pas blessés. Et si Dieu le veut.

Gretel venait de remplir sa gourde d'eau glacée.

— Racontez-nous ce qui est arrivé, lui demanda Wolfram.

Elle vida le contenu de la gourde sur la chair sanglante avant de l'essuyer avec un pan de son manteau. Guillaume gémit et ouvrit les yeux.

— Merci, Seigneur ! fit-elle en se signant. (Elle se tourna vers Wolfram.) Nous marchions devant, et messire d'Ussel nous suivait. Il y a eu un sifflement, on s'est retournés et on a vu messire tomber. Cet homme a alors surgi avec une arbalète.

Elle désigna l'arme à quelques pas.

— Il s'est montré satisfait et, lorsque Guillaume a sorti son épée, il nous a menacés et a poussé le seigneur d'Ussel dans l'eau. Guillaume s'est précipité pour le frapper, mais l'autre a été plus vif et l'a blessé. Je suis restée seule, n'ayant que ma dague pour me défendre, quand Teufel a déboulé. Le loup nous a sauvés, mais c'était trop tard pour messire d'Ussel.

Wolfram attrapa l'agresseur par le col. Le chasseur saignait de partout. Plusieurs doigts lui manquaient, un morceau de nez également, ses joues étaient griffées, déchirées, sanglantes, ses lèvres arrachées. Ses yeux hagards.

— Ton nom !

Il ne dit rien.

— Ton nom ! Et tu vas répondre à toutes nos questions, sinon je t'attache à cet arbre, te dépèce, et les loups viendront t'achever ce soir !

— Constantin.

Le frère de Marguerite ? s'interrogea Wolfram. S'il l'avait vu à plusieurs reprises à Goslar, il ne reconnaissait pas le visage lacéré. Cependant, la taille de l'homme correspondait, comme la chevelure et la barbe en broussaille.

— Es-tu le frère de la comtesse de Falkenstein ?

— Oui…

— Pourquoi ? Pourquoi tu t'en es pris au seigneur d'Ussel ?

— Le bailli a demandé à ma sœur de l'aider à vous retrouver... Elle m'a dit de vous rechercher... Vous avez fui par une mine que je connais... J'ai exploré les galeries et trouvé par où vous êtes sortis... Cela m'a pris des jours... puis j'ai découvert vos traces dans une autre grotte... Depuis deux jours, je vous cherchais par ici...

La douleur déformait son hideux visage. Il haleta :

— La récompense... J'aurais obtenu la récompense... Et j'aurais pu enfin quitter Goslar... et ma sœur.

Quelle malchance d'être revenus dans ce coin, songea Wolfram. *Ce barbare ne nous aurait jamais débusqués à Falkenstein.*

— Scélérat, tu as tué Blancheflor, une enfant aussi pure qu'un ange, et messire d'Ussel, qu'oncques ne fut plus noble chevalier. Je vais te faire souffrir la malemort ! annonça Hermann en tirant sa dague pour le découper vivant.

— Pitié, seigneur... Je me repens... De grâce, tuez-moi vite !

— Tu ne mérites aucune miséricorde ! cracha Wolfram. Et tu vas nous être utile !

— Comment ? demanda le fils du landgrave qui s'apprêtait à torturer le blessé.

— Quand tu l'auras tourmenté, je le jetterai dans le torrent à l'endroit où est tombé Kyot... Et on n'aura qu'à suivre son corps. Le courant nous conduira à notre ami.

— Entendu ! approuva férocement Hermann.

— Pi… Pitié… Je ne veux pas partir… sans me délier de mes péchés… gémit le prisonnier.

Embarrassé, le fils du landgrave regarda Wolfram. Il n'éprouvait rien à l'idée de faire encore plus souffrir cet homme, mais hésitait à commencer sans lui avoir permis de se repentir. Le *Minnesänger* le comprit :

— Aucun de nous n'est prêtre, mais Hermann est fils de prince. Il peut t'écouter et entendre tes contritions.

— Il faut soigner Guillaume ! intervint Gretel qui, tandis qu'ils parlaient, avait retiré son manteau à capuchon, son justaucorps, soulevé sa cotte et découpé une bande d'étoffe de sa longue chainse pour la serrer autour du torse et du ventre du jeune homme. Je veux le conduire à Falkenstein tout de suite.

— C'est juste ! Guillaume, peux-tu marcher ?

— Certainement, répondit le fils d'Aignan tout en grimaçant de douleur lorsqu'il essaya de se lever. Je n'irai pas vite, mais j'y arriverai. Il faut juste qu'on m'aide à m'habiller… j'ai froid.

— Waldemar, accompagne Gretel au château. Tu soutiendras Guillaume. Faites attention à vous et gardez vos armes prêtes, il pourrait y avoir d'autres malfaisants.

La jeune fille récupéra l'épaisse surcotte de Constantin, perdue quand le loup lui avait sauté dessus. Elle en enveloppa tendrement Guillaume, puis le couvrit de son propre manteau.

Waldemar récupéra l'arbalète qu'il donna à Gretel, rassembla les viretons dispersés lors de l'attaque de Teufel, le coutelas, les couteaux et ramassa l'épée du blessé. Puis, ayant confié son arc et son carquois à la jeune fille, il prit Guillaume par la taille, et tous trois se mirent lentement en route.

Wolfram les regarda s'éloigner, priant pour qu'ils ne fassent pas de mauvaises rencontres.

Il revint alors à Constantin, en train de râler doucement.

— Dévoile à messire ce que tu as à dire pour libérer ton âme ! lâcha-t-il avec brusquerie.

— J'ai commis des fautes damnables... Mais aucune plus grave que celle d'avoir écouté ma sœur...

Il parlait du fond de la gorge, ses lèvres déchirées bougeant à peine.

— Ma sœur voulait connaître ce qu'on ne voit pas... le monde de l'invisible... Pour atteindre la toute-puissance... Notre père disait qu'il y était parvenu... Mais elle n'a pas pris le même chemin... Lui utilisait la magie et les enchantements, elle a préféré les sortilèges, et est devenue esclave des démons...

Il haleta un moment.

— J'ai tenté de la dissuader, elle ne m'écoutait pas... et je devais lui obéir, ou m'enfuir... Mais je ne possédais rien... Or, elle pouvait me punir, lâcher les démons sur moi... Elle a rejoint d'autres sorcières et s'est accouplée avec le diable sur le Brocken... Elle ne vivait que pour le mal, et n'aimait plus personne, sauf elle... Elle a fait condamner les parents de Gretel par mensonge et en était fière… Cela lui permettrait d'épouser l'empereur, disait-elle…

Il regarda Hermann :

— Puis elle a jeté son dévolu sur vous… Elle vous aurait soumis pour faire de vous le nouvel empereur… Et le Reich aurait été voué à Satan… au mal.

Il s'arrêta, reprit péniblement son souffle, et poursuivit :

— Elle était aussi jalouse de Blancheflor… Elle possède un miroir magique… Selon elle, il lui disait que la fille du comte était plus belle qu'elle… Mais ce miroir n'a jamais parlé devant personne… Elle voyait et entendait ce qui n'existait pas… Ou elle le croyait… Elle m'a demandé de tuer la jouvencelle, de l'égorger, mais je ne pouvais pas… Alors elle a trempé des pommes dans un philtre maudit et me les a données… Dès que Blancheflor en goûterait une, elle perdrait conscience. J'arriverais alors à la meurtrir sans qu'elle se défende, sans qu'elle me regarde… Pour être certaine que je le ferai, ma sœur avait demandé à sa dame de compagnie de venir avec nous… Angelina, qui avait autant peur de ma sœur que moi… En chemin, Blancheflor a mordu dans l'une des pommes et s'est évanouie. Elle est tombée… Elle était morte… Je n'ai pas pu la poignarder ni la taillader avec une griffe de fer… J'ai alors entendu un ours approcher et fui, avec Angelina, soulagé d'un grand poids à l'idée que je n'aurai pas à l'égorger… Et quand on est revenus avec le seigneur de Falkenstein, l'ours l'avait prise et dévorée.

— Es-tu certain que les ours ont fait cela ?

— Qui d'autre aurait pu l'emporter ?
— Un ours laisse des traces, il n'y en avait pas !
— Je sais... Peut-être des anges l'ont-ils emportée... Et emmenée au paradis.
— Maudit meurtrier ! gronda Hermann.
— Est-ce toi qui as tué Hans, le frère de Gretel ? s'enquit Wolfram.
— C'est moi... Je l'ai surpris quand il pénétrait dans notre maison. Je l'ai frappé de mon couteau, puis j'ai porté le corps dans la forêt et l'ai griffé pour qu'on croie à l'attaque d'un loup... J'ai tout dit... Tout ce qui était important... Achevez-moi...
— Recommande ton âme à ton Créateur, c'est Lui qui te jugera ! fit Hermann.
Il tira sa dague et la lui planta dans le cœur.

Les deux hommes saisirent alors le cadavre par les pieds et les mains et le jetèrent dans les flots. Immédiatement après, ils se mirent à courir sur la rive pour le suivre. Le corps allait très vite, heurtait les rochers, partait dans d'autres directions, mais ils le voyaient parfaitement. La course se poursuivit sur quelques centaines de pieds, avant que la dépouille ne disparaisse sous l'eau. Ils essayèrent de la retrouver, mais, arrivés à un lac, ne découvrirent rien.

*

Le jour déclinait. Impossible de poursuivre les recherches car ils avaient encore une longue marche pour retourner à Falkenstein. Se promettant de revenir le lendemain, ils rentrèrent le cœur lourd. Au château, Gretel et Waldemar venaient d'arriver. Guillaume, alité, souffrait beaucoup.

Personne ne savait comment le soigner, seul Wolfram avait quelques notions de médecine. De nouveau, il nettoya la plaie, mais cette fois à l'aide d'eau bouillante et de linges propres, comme le lui avaient appris plusieurs mires. La blessure étant enflammée, il aurait fallu apposer des onguents, mais ils n'en avaient point. Le *Minnesänger* savait également qu'on la traitait en appliquant un fer rouge, mais que la douleur pouvait également tuer le blessé. Il ne fit donc rien de plus, et Gretel resta près du fils d'Aignan toute la nuit.

En s'occupant de Guillaume, Wolfram avait raconté à la jeune fille la confession de Constantin. Et lui avait confirmé qu'il était l'assassin de son frère.

Au matin, le fils d'Aignan râlait, sa plaie suppurait.

— Il faut mieux la nettoyer, décida Wolfram. Mais vous allez devoir le tenir.

Hermann et Waldemar saisirent fermement bras et jambes du blessé, qui promit d'être courageux. Puis Wolfram écarta la plaie à l'aide de petits couteaux dont il avait rougi les lames. Guillaume perdit alors connaissance. Gretel en profita pour laver profondément la blessure, retirant plusieurs brins de fil. Ensuite, le *Minnesänger* fit chauffer du vinaigre, qu'il versa, provoquant un nouveau hurlement du jeune homme.

Restait à faire un pansement. À ce sujet, chacun avait une proposition. L'intendant conseillait un emplâtre de toiles d'araignées, son épouse penchait pour de la fougère écrasée mélangée à de l'œuf. La cuisinière assurait qu'un mélange de farine et d'huile serait efficace. Gretel pleurait, et Waldemar conseillait de ne rien tenter. Finalement, Wolfram choisit d'apposer du miel, un vulnéraire qu'il avait entendu dire souverain.

Dès lors, Gretel ne quitta point le mourant – peu au château pensaient que le garçon survivrait. De fait, dans les heures qui suivirent, la fièvre le prit, et il commença à délirer.

Wolfram et Hermann se concertèrent. Pouvaient-ils laisser l'agonisant partir sans l'assistance d'un prêtre ?

44

Une douleur infinie, intolérable, atroce, le tira de l'inconscience. Des tourments abominables le tenaient, tiraillaient, torturaient. Il sut qu'il se trouvait en enfer. Dieu ne lui avait donc jamais pardonné. Non seulement Il s'était évertué et réjoui de le faire souffrir dans sa vie terrestre, mais l'avait expédié dans le monde de Satan pour l'éternité.

— Il a bougé ! déclara une voix à la fois grinçante et déplaisante.

Guilhem prit conscience qu'il gardait les yeux fermés. Devait-il les ouvrir et découvrir les abominations du feu éternel ? Non. Il s'y refusa et s'efforça de retourner dans le néant.

Pourtant, dans sa vie terrestre, jamais il n'avait reculé devant le mal. Avait-il peur de l'affronter maintenant qu'il était mort ? Que risquait-il ? Rien ne pouvait être pire que ce qu'il endurait, lui susurrait son esprit.

Il ouvrit donc les paupières et, dans une clarté vacillante, découvrit le démon qui le harcelait. Un petit être barbichu aux cheveux blancs revêtu d'une robe verte avec capuchon. Bougeant la tête, il en vit un autre, en robe bleue, chauve, doté de grosses dents de lapin et de grandes oreilles, puis en aperçut un troisième à l'air sévère avec sa longue barbe grise. Les deux derniers arboraient des bonnets rouges.

Ces démons ne paraissaient pas si redoutables. Il lui sembla même qu'ils le considéraient avec bienveillance, mais vite il chassa cette idée. En enfer, tous les démons sont cruels. Chacun le sait.

— Buvez, seigneur ! fit le barbichu en approchant un pot de ses lèvres.

Il se redressa un peu, découvrant sa couche : un lit de bois au doux matelas de laine agrémenté d'un confortable oreiller.

L'enfer ? Était-on traité ainsi dans le domaine de Satan ? Le doute l'envahit. Et s'il était vivant ?

Il avala le contenu de la coupe. La boisson avait un goût de prunelle et de miel, un peu alcoolisé, pas désagréable, qui le revigora. Il remarqua alors que les trois êtres étaient des nains, ce qui l'inquiéta. Pourtant, il n'avait jamais cru aux légendes des gnomes maléfiques qui hantaient les forêts et dont on rapportait les mauvaisetés. D'ailleurs, le seul petit être qu'il eût connu était un brave homme, mais quand même...

— Où suis-je ? interrogea-t-il en parcourant la pièce des yeux.

Une salle basse aux murs de pierre dont l'un abritait un grand foyer encombré de chenets, marmites, chaînes et crochets, et les autres des couchettes de bois. Un toit de branches et de fougères. Une grande huche supportant une lanterne à chandelle de résine, et des outils un peu partout : des haches, des pics, des pelles, des paniers.

— Chez nous ! clama le nain hilare. Mon nom est Fröhlich[1]. Voici mes frères : Schlau[2] et Mürrisch[3]. Nous sommes mineurs. On vous a repêché dans la rivière, voici trois jours, avec la pointe d'un carreau d'arbalète dans le dos.

Il désigna un vêtement suspendu à une cheville de bois, près du lit.

— Vous portez une drôle de chainse ! Des pièces d'or cousues un peu partout ! En tout cas, elles vous ont sauvé la vie. Quand on vous a trouvé, on a cru que vous n'étiez qu'un cadavre, comme la buse qui commençait à vous bécoter, d'ailleurs. Le courant vous avait rejeté sur une grève de cailloux, et vous aviez encore les jambes dans l'eau. J'ai vu la blessure. Un fer de carreau dont la hampe avait été brisée. On vous a transporté dans notre maison, et Schlau, notre mire, a retiré le fer, ainsi que la pièce d'or que la pointe avait enfoncée. Mais votre corps a percuté tant d'obstacles qu'il est meurtri, écorché et tuméfié de partout. Heureusement, vous n'avez rien de cassé.

À ces paroles, Guilhem retrouva la mémoire, il se souvint du choc dans son dos, de la douleur et de sa chute. Il reprenait conscience quand on l'avait poussé dans l'eau glacée. Ensuite, il y avait eu la violence des flots, les roches qu'il heurtait, qui le déchiraient, puis plus rien.

Quant à sa chainse, il s'agissait de sa seconde chemise. Il en portait une première de voile fin à même la peau, puis une seconde de laine, sur

1. Joyeux.
2. Futé.
3. Grincheux.

laquelle, dans le dos et le torse, il avait fait coudre par la mère de Guillaume des bandes de tissus contenant deux cents pièces d'or, des florins de Louis VI, des chaises de Louis VII, des masses et des besants. Le vêtement, qu'il portait toujours en voyage, constituait une sorte de broigne, et ce n'était pas la première fois qu'il arrêtait un fer.

Qui lui avait tiré dessus ? Des gens de l'empereur, certainement ! Mais alors, qu'étaient devenus Guillaume et Gretel qui se trouvaient devant lui ? Et Wolfram et Hermann qui devaient les rejoindre ?

Il se redressa complètement et, malgré les abominables douleurs qu'il ressentait, se contraignit à s'asseoir.

— Depuis combien de temps suis-je ici ?

— Trois jours, mais vous ne pouvez pas vous lever, messire, vous avez des contusions partout ! Votre corps est meurtri de toutes parts, et votre blessure à peine refermée ! protesta Fröhlich en secouant la tête.

— Je dois partir ! Ceux qui m'ont attaqué s'en sont peut-être pris à mes amis. Il faut que je sache ce qu'ils sont devenus…

Le nain sévère lissa sa longue barbe en déclarant d'un ton indifférent :

— Le bailli impérial recherche des évadés…

— Je fais partie de ceux qu'ils traquent… Et il y a une belle récompense ! rétorqua Ussel d'un ton de défi. Voulez-vous la gagner ?

— Si c'était le cas, on ne vous aurait pas soigné, seigneur, observa doucement le chauve, puisque le bailli aurait payé pour votre cadavre. Et on aurait gardé votre or.

Il désigna la chainse.

— Je vous demande pardon, j'ai parlé sans réfléchir.

— Aucune importance ! Voyez-vous, les affaires de l'empereur ne nous regardent pas, répliqua le barbu sérieux. Ce qui ne nous empêche pas de savoir dans quel camp nous sommes. Ce bailli se nomme Gottschalk, le savez-vous ?

— Je l'ai appris.

— Ce Gottschalk s'est acoquiné avec une sorcière, or nous luttons de toutes nos forces contre ces maudites qui viennent dans le Harz gâcher la vie des pauvres gens.

— Vous faites allusion à Marguerite d'Antioche…

— La connaissez-vous ?

— Non, mais… mes amis, oui, bafouilla Guilhem.

— Vous parlez bien mal notre langue, observa Fröhlich. D'où venez-vous ?

— Du royaume de France.

— Je vous l'avais dit, mes frères ! clama Mürrisch. Et que venez-vous faire chez nous ?

Guilhem soupira, en demeurant assis. Il n'avait pas envie de raconter sa vie et souhaitait partir au plus vite, mais il sentait ces nains capables de l'aider.

— Mon nom est Guilhem d'Ussel. Voici quelques années, j'ai rencontré en France un *Minnesänger* : Wolfram d'Eschenbach. J'avais promis de venir le voir. J'ai tenu ma promesse et me suis donc rendu au château de la Wartburg où il vit. Mais, quand je suis arrivé, vers Noël, il était parti pour Goslar avec Hermann, le fils du landgrave de Thuringe, qui voulait demander la main d'une noble dame. J'ai décidé de les rejoindre et, en chemin, un colporteur m'a révélé que tous deux avaient été arrêtés par le bailli que vous venez de citer. Je suis parvenu à les délivrer et, depuis, nous avons appris que la noble damoiselle dont Hermann voulait faire sa femme avait été assassinée par sa belle-mère, Marguerite d'Antioche.

Ce discours fut ponctué d'hésitations et agrémenté de mots latins, français et flamands quand Guilhem ne connaissait pas leur équivalent en langue allemande, mais les nains parurent comprendre car leurs visages exprimaient l'inquiétude. Même Fröhlich sembla effrayé.

— Cette damoiselle ne se nomme-t-elle pas Blancheflor ? interrogea Schlau.

— Oui, l'aviez-vous rencontrée ?

Les nains se regardèrent avec force mimiques et signes de tête mystérieux.

— Messire d'Ussel, tout à l'heure, je vous suppliais de ne pas vous lever et, pourtant, maintenant, j'aimerais que vous soyez capable de faire quelques pas, dit Fröhlich.

— Je vois un bâton, là-bas, donnez-le-moi. En m'appuyant dessus, et après avoir bu encore un peu de votre mixture souveraine, j'irai où vous voulez !

Schlau prit le pot des mains d'Ussel pour le remplir à une cruche. Fröhlich, lui, avait apporté le bâton. Une simple branche bien taillée.

Guilhem se redressa en reposant son poids dessus. Il s'efforça de surmonter la douleur et avança jusqu'à Schlau, qui lui tendit le pot. L'ayant vidé d'un trait, il se sentit mieux.

— Vous ne marcherez guère, messire. Voyez cette porte, elle conduit à une chambre. C'est là que nous allons, dit Fröhlich.

Intrigué, Guilhem le suivit, accompagné de Mürrisch, qui avait attrapé la lanterne.

*

Il pénétra dans la pièce, un réduit minuscule, certainement un cellier car s'y trouvaient des tonneaux, des paniers et des jarres. Mais il y avait également une autre couchette en branches de sapin, fabriquée récemment car certaines avaient gardé leur résine odorante. Dessus, allongée sous un drap, une jeune fille paraissait dormir.

Ussel devina de qui il s'agissait :

— Blancheflor ?

— Oui.

— Réveillez-la, je veux lui parler.

— La réveiller serait notre plus cher désir, mais c'est impossible. Elle se meurt.

Guilhem remarqua alors combien le visage de la damoiselle était hâve.

— Qu'a-t-elle ?

— Sorcellerie ! répondit gravement Schlau. Elle a mordu dans une pomme empoisonnée. Schlau en a retrouvé des morceaux, et les rats auxquels il les a donnés à ronger sont tombés dans le même état.

— Dort-elle ?

— C'est une sorte de léthargie. Une torpeur entre le sommeil profond et la mort. Les ours, les loirs et les marmottes se mettent dans le même état quand il fait froid. Parfois, elle se réveille, mais n'arrive pas à parler. On lui fait boire du lait de nos chèvres et on la nourrit avec le miel de nos ruches, cela la maintient en vie. Mais pour combien de temps ?

Guilhem demeura un long moment à regarder la jeune fille qui respirait à peine. L'esprit en désordre, il ne savait que faire, n'ayant jamais été confronté à une telle situation. Il songea alors à Hermann. Il fallait qu'il sache si le fils du landgrave était revenu à Falkenstein, et, si tel était le cas, le conduire ici. Peut-être découvriraient-ils un moyen de transporter Blancheflor à la Wartburg où des mires la soigneraient.

— Comment l'avez-vous trouvée ? demanda-t-il.

— Nous revenions de la ferme où nous achetons de l'orge, du seigle et des choux, expliqua Fröhlich. Nous avons entendu un homme et une femme parler. Ils disaient : « Elle est morte, le philtre a agi. » Nous nous sommes cachés pour savoir de quoi il retournait. Il y avait trois chevaux, un homme et une femme penchés sur un corps humain. L'homme a vidé une outre de ce qui semblait être du sang sur le corps et aux alentours. La femme ne disait rien. Elle tremblait de peur. L'homme a alors sorti une griffe d'un sac attaché à une selle. Il s'apprêtait à en frapper la damoiselle quand Schlau a imité le grognement d'un ours, ce qu'il adore faire pour nous effrayer. Le couple a pris peur, et est remonté en selle.

» Après leur départ, poursuivit Fröhlich, on s'est approchés. Bien qu'elle ait grandi, j'ai reconnu Blancheflor que j'avais vue voici quelques années, à Falkenstein. Je connaissais sa belle-mère, et savais quel genre de femme c'était, donc j'ai tout compris, d'autant plus que Schlau avait trouvé le morceau de pomme, l'avait humé et affirmé qu'il était empoisonné. On a fait un brancard en coupant des branches, et ramené la jouvencelle ici. Mais, depuis, elle demeure dans cette torpeur et on la voit s'amaigrir chaque jour un peu plus. Si elle n'en sort pas, elle passera, c'est une certitude.

Guilhem hocha la tête plusieurs fois et revint dans la salle où il avait vu une autre porte, certainement l'entrée de la maison. Il s'en approcha et sortit.

Le froid le saisit, puisqu'il était en chemise. La neige était tombée récemment. C'était le soir. Impossible de partir maintenant. Il songea aussi qu'il n'avait pas d'arme.

Il revint vers sa couche et chercha sa ceinture. Il l'aperçut derrière sa chemise, mais les trois étuis à couteau étaient vides et son fourreau d'épée brisé. Ne restaient que le sac de son briquet et son escarcelle. Posés sur une escabelle, il vit ses gants, ses soliers, ses houseaux[1] et son coltin fourré. Rien d'autre.

— Avez-vous trouvé mes armes ?

Les nains étaient revenus dans la salle.

1. Grosses bottes qui prenaient le pied et la jambe et s'attachaient.

— Non, seigneur, toutes vos affaires sont là. Le courant a emporté le reste.

Il n'avait donc plus de manteau.

— Je partirai demain. S'il n'est rien arrivé à mes amis, nous reviendrons avec une charrette pour transporter Blancheflor.

— Et ensuite ?

— Nous trouverons un mire pour la guérir.

Schlau fit la moue.

— Me vendrez-vous un vêtement pour le froid ?

— J'ai un paletot en peau de chevreuil que j'utilise rarement, je vous le donnerai, seigneur. Il sera court mais nous avons la même largeur d'épaules, proposa Fröhlich.

— J'ai également besoin d'une épée.

— Nous n'en avons point, seigneur, nous sommes des gens pacifiques. Mais…

— Mais ?

— Mais on peut vous en forger une, proposa Fröhlich d'un air malicieux.

— Avez-vous du fer ? Une forge ?

— Mieux que cela ! Chaussez-vous pendant que je retrouve mon paletot.

Fröhlich alla à la huche et, après l'avoir fouillée, en sortit une veste en fourrure.

Guilhem, en chausses, gagna le lit, s'assit, enfila ses heuses de cuir ferrées et les attacha. Il put le faire aisément. Les douleurs s'atténuaient, constata-t-il.

Quand il eut endossé le paletot, les nains s'étaient également couverts pour aller à l'extérieur. Ils sortirent.

Ils contournèrent la chaumière, passèrent devant une grange, à moins que ce ne fût un poulailler ou une étable, et gagnèrent un auvent en saillie. L'endroit était déneigé. Dans un large puits cerclé de pierre, on apercevait le sommet d'une échelle. L'entrée de la mine des nains, en déduisit Guilhem. Mais ce qui attira son attention, ce fut la forge et son énorme soufflet en cuir, avec plusieurs enclumes disposées sur des rondins de bois, ainsi que des bassines et des tonneaux. Et aussi, plus loin, empilés, des lingots de fer noirs striés de rouge, brillants comme il n'en avait jamais vu. Et également des barres de cuivre et d'étain, ainsi que de grandes quantités de bois et de charbon.

Appréciant cet atelier qui lui rappelait celui de Lamaguère, il examina tout, remarquant seulement l'absence d'outil. Il prit l'un des lingots noir et rouge, qui lui parut fort léger.

— Du fer ? demanda-t-il aux nains, surpris par le poids.

— Oui, nous le sortons du sol pas loin d'ici. Il provient d'une énorme roche tombée du ciel, il y a bien longtemps, qui a fait un gigantesque trou dans la montagne. On en tire des pics qui brisent n'importe quelle matière.

— Pourrait-on faire une épée avec ce fer ?

— Certainement, mais nous n'en avons jamais façonné. On peut néanmoins essayer.

— J'ai été forgeron, dit Guilhem. Et je sais fabriquer toutes sortes de lames.

— Croyez-vous pouvoir forger une brette, demain matin ?

— Certainement, mais j'ai besoin d'autres éléments.

— Quoi donc ?

— De la graisse, ou de l'huile, de l'urine, de la corne broyée, des œufs, de la cendre, répondit Guilhem en énumérant avec les doigts de sa main gauche.

Mürrisch se frotta la barbe en faisant la moue.

— On n'aura pas d'œufs, nos poules en font peu en hiver. Pour le reste, on y arrivera.

— En cherchant bien, on peut en trouver dans la paille du poulailler. Mais ils ne seront pas frais, fit Schlau. Je vais aller voir.

Guilhem soupesa de nouveau les lingots, examina le charbon, le foyer et le soufflet.

— Pourrez-vous m'aider ? demanda-t-il aux nains. Je veux être de retour à Falkenstein demain soir. Or, forger une épée prend une grosse journée quand on est seul. Pour finir à midi, nous devrons être plusieurs à frapper le fer.

— Nous avons l'habitude, répliqua Fröhlich avec insouciance.

Ils rentrèrent.

Tandis que les nains préparaient un copieux repas – Guilhem était affamé après avoir jeûné durant trois jours –, il leur parla de lui tout en examinant plus longuement la maison. C'est ainsi qu'il remarqua, sur une étagère, une statue de bois représentant un jaquet avec bourdon, mantelet et chapeau à large bord orné d'une coquille. La figure portait également un rouleau et une épée.

— Honorez-vous saint Jacques[1] ?

1. Saint Jacques le Majeur.

— Vous connaissez les saints, seigneur, observa Fröhlich.

— J'aurais pu être moine. Cependant, je suis surpris, saint Jacques n'est pas le patron des mineurs.

— Mais c'est lui qui délie des démons et détruit les livres de magie. Il nous protège dans le Harz.

— Nous l'avons prié pour Blancheflor, intervint Mürrisch, puisqu'il intervient auprès du Seigneur afin qu'Il relève ceux qui sont abattus et délie ceux qui sont enchaînés, mais le charme qui la soumet dans cette infernale torpeur est trop puissant pour ce saint.

— Je dois aller m'occuper d'elle, dit Schlau en prenant le bol de lait qu'il avait préparé, après avoir trait leur chèvre et déniché trois œufs dans l'étable.

Il partit dans le cellier, et Guilhem aida Fröhlich à monter les tréteaux de la table tandis que Mürrisch s'affairait à touiller une épaisse soupe à la châtaigne. Sur une broche rôtissait un canard.

*

Guilhem se réveilla au milieu de la nuit, en partie à cause de ses douleurs, bien que celles-ci se soient atténuées grâce à un onguent donné par Schlau dont il avait frotté ses contusions, mais surtout car il voulait préparer le feu de la forge.

Ayant dormi habillé, il se leva et, à la lumière des braises de la cheminée, enfila sa chainse cousue de pièces puis son gambison, et passa le paletot que lui avait donné Fröhlich. Il mit ses heuses et prit ses gants. Les nains ronflaient. Il remplit un caquelon de braises et se rendit à la porte qu'il déverrouilla.

Il sortit. La lune était lumineuse.

Il mit les braises dans le foyer de la forge, rajouta un fagot et, quand le feu eut pris, ajouta du bois et du charbon. Rapidement, le foyer dégagea une chaleur infernale.

C'est alors que Schlau parut.

— Je vous ai entendu vous lever, dit-il.

— J'ai assez dormi ces jours-ci, persifla Guilhem.

— Je vais chercher des outils.

45

Au même moment, à Falkenstein, alors que tout le monde dormait, Guillaume sortit de son inconscience. Plutôt, un cauchemar le ramena à la vie. Il se trouvait avec Gretel, un sifflement et un bruit d'impact. Il se retournait, son seigneur tombait, et apparaissait un homme des bois...

Réveillé brusquement, trempé de fièvre, il ressentit immédiatement la douleur dans son torse et comprit qu'il était dans un lit. Il ouvrit les yeux.

Rien. Il ne vit rien. Le noir total. Était-il aveugle ?

Le cœur battant, pris d'une incontrôlable terreur, il redressa le torse, et la douleur irradia son corps. Il s'affaissa.

Alors, il entendit bouger près de lui. Il allait appeler à l'aide quand la personne proche se mit à parler. Une voix singulière, sans timbre, mais qu'il reconnut. Celle de Gretel, son amour.

— Hans, Hans ! psalmodiait-elle en dormant. Hans, reviens... Ne pars pas...

L'appelait-elle Hans ?

Le cœur de Guillaume se serra. Gretel croyait veiller son frère...

*

Une heure plus tard, les autres nains étaient également venus à la forge. Mürrisch s'était, d'autorité, choisi le travail au soufflet, qu'il manipulait adroitement, faisant déjà rougir les barres de fer placées sur les charbons. De son côté, Fröhlich avait apporté des masses, des marteaux et de grosses pinces ainsi que des gants et des tabliers de forgeron. Malgré le froid, grâce au soufflet et à la qualité de la houille, le métal passait maintenant du rouge au blanc et commençait à devenir pâteux. La chaleur devint telle que Guilhem ôta son paletot avant de commencer à marteler le premier fer.

Il fut surpris par la qualité de la matière qui se laissait façonner aisément. Ayant donné une forme de lame à ce premier morceau, il se préparait à faire un premier trempage pour le durcir quand il observa que Schlau, qui avait brisé les chandelles de glace pendant du toit, en emplissait un tonneau vide dans lequel il ajouta de la neige avant de tasser le tout à l'aide d'une bûche.

— Trempez le fer dedans, tout de suite ! hurla alors le nain.

L'extrémité du long morceau de métal étant maintenue par la grosse tenaille, Guilhem obtempéra, bien que ce ne fût pas sa manière de façonner. Quand le fer devenait acier à cause du charbon de bois, il faisait d'abord un premier trempage dans de l'huile.

Un immense jet de vapeur jaillit lorsqu'il enfonça le métal en pleine glace. Il attendit un moment, puis Schlau fit signe de le sortir et de le remettre sur les braises. Guilhem prit alors une autre barre blanche qu'il se mit à marteler de coups puissants.

Fröhlich, qui n'était pas resté inactif, avait remis du charbon dans le foyer et faisait maintenant ramollir un lingot de cuivre. Schlau, lui, surveillait le premier fer traité, attendant qu'il redevienne blanc. Pendant ce temps, avec la pince, Guilhem enfonçait sa seconde ébauche de lame dans le tonneau de glace.

Ayant remis le fer durci sur les braises, il demanda des explications sur ce que faisait Fröhlich avec le cuivre, qu'il martelait sur une autre enclume.

— La glace durcit l'acier bien mieux que l'eau ou l'huile, mais le rend cassant. Pour donner de la souplesse à votre épée, mieux vaut fusionner un peu de cuivre dans son cœur, mais pas seulement. Je vais aussi faire fondre d'autres minerais que j'ai apportés (il désigna un panier contenant des barres métalliques de différentes teintes).

C'était un procédé que Ussel ne connaissait pas, mais qu'il comprenait. Il devinait que les nains étaient des métallurgistes autrement plus talentueux que tous les forgerons qu'il avait croisés.

Sur les charbons ardents, les deux lames de métal étant redevenues blanches ; il les sortit et Fröhlich plaça adroitement entre elles son cœur de cuivre. Les deux hommes se mirent à marteler l'ensemble de façon à fusionner les métaux. Intervint un nouveau trempage, cette fois dans un tonneau de cendres mélangées à de l'urine et des œufs. Suivi d'un retour de l'ébauche de lame sur les charbons, afin de faciliter la fusion. La neige s'était remise à tomber et, pourtant, ils transpiraient abondamment.

Deux autres barres furent à leur tour martelées, puis pliées et soudées aux précédentes. Fröhlich remplaça alors Mürrisch au soufflet, et Schlau partit chercher à boire. Tous avaient les muscles endoloris mais savaient qu'il ne fallait pas perdre de temps et continuer à battre le métal pendant des heures et des heures, dans cette chaleur d'enfer.

À l'étape suivante, Schlau fusionna deux métaux mystérieux qui disparurent entièrement dans l'acier battu. Chaque soudure, et chaque martelage qui lui succédait entraînaient une perte de volume de la lame qui se resserrait et se densifiait.

En se relayant pour la frappe, tant elle était épuisante, ils continuèrent à plier et à forger, passant de plus en plus de temps sur les deux tranchants de la future épée afin qu'ils supportent les chocs les plus violents sans s'ébrécher.

Enfin, Guilhem la jugea suffisamment résistante. Alors il façonna une garde, un manche et un pommeau, eux aussi en acier, que les nains enrobèrent de cuivre, d'argent. Et même d'or pour le pommeau afin d'alourdir et d'équilibrer l'arme.

Le résultat fut une épée resplendissante, particulièrement légère et longue d'un peu moins de trois pieds. Guilhem la mania un moment, faisant des tourniquets et toutes sortes de mouvements visant à en vérifier l'équilibre. Restait à affûter les tranchants.

Fröhlich et Mürrisch installèrent une meule, et Guilhem commença à aiguiser doucement l'arme, sur laquelle Schlau versait une huile. Cette étape s'éternisant, Ussel voyait avec inquiétude le soleil décliner. Fröhlich apporta des morceaux de jambon qu'ils dévorèrent en buvant une ale épaisse.

De nouveau, ce fut l'affûtage. Enfin, l'épée fut terminée.

— Selon vous, elle pourrait tout trancher ? demanda Guilhem aux trois nains, arborant un sourire satisfait.

— Essayez donc sur cette bûche, répliqua Fröhlich en posant un rondin large d'un demi-pied sur un billot.

Guilhem saisit la brette à deux mains et l'abattit de toutes ses forces. Le rondin fut tranché net, comme d'un coup de hache, mais également le billot ! Il examina alors le fil de l'acier sans la moindre éraflure.

— Vous trancherez aussi bien un casque ou un écu de fer avec elle, promit Fröhlich, particulièrement fier.

— Et même une épée ordinaire, renchérit Mürrisch. N'hésitez pas à l'utiliser comme vous venez de le faire, elle ne pourra jamais s'ébrécher ou casser.

— Cependant, contre des êtres maléfiques, elle pourrait être insuffisante, ajouta Schlau, aussi vous devrez lui parler.

— Parler à mon épée ? ironisa Guilhem. J'ai déjà un écuyer qui parle aux chevaux !

— Je vous sens incrédule, seigneur. Vous avez tort. Les minerais qui composent votre lame ne sont pas ordinaires, vous vous en rendez compte. Alors, contre le mal, vous n'aurez qu'à dire en frappant votre adversaire : « *Entzieh den Zauber*[1] ! » L'épée comprendra.

— Ma foi, pourquoi pas !

À son ton, les nains devinèrent qu'il n'en croyait rien, et Mürrisch balança tristement du chef, peiné par ce scepticisme.

— Je vais partir maintenant, annonça Ussel. Plus tard, je façonnerai à cette merveille un fourreau digne d'elle.

— Vous êtes épuisé, objecta Schlau, et il est tard, pourquoi ne pas vous reposer encore une nuit ?

— Je vous l'ai dit, il faut que je sache ce qui est arrivé à mes amis. Mais vous me reverrez vite, certainement avec le prince Hermann.

Il n'ajouta pas : s'il est encore vivant.

— Nous allons vous accompagner jusqu'à l'endroit où l'on vous a découvert. Pensez-vous ensuite retrouver aisément Falkenstein ?

— J'en suis certain !

Fröhlich, Schlau et Mürrisch le laissèrent près du torrent, toujours aussi impétueux. Avant qu'ils ne se séparent, Fröhlich donna son arc et ses flèches à Guilhem, et Schlau lui remit son propre couteau.

— Ils pourront vous être utiles, dit-il, et vous nous les rendrez en revenant.

---

1. « Retire le charme ! »

Après de franches accolades, ils se quittèrent. Les nains regardèrent partir non sans tristesse l'homme qu'ils avaient sauvé.

*

Marchant d'un bon pas en évitant de penser à ses muscles et chairs endoloris, Guilhem gagna l'endroit où il avait reçu le carreau. Comme la neige était tombée depuis, ne demeurait aucune trace de l'agression, aussi ne s'attarda-t-il pas.

Il descendait un sentier quand retentit un hennissement. Gardant l'arc dans la main gauche, il tira son épée et chercha où se dissimuler, mais l'endroit était plat et dégagé. Et si les sapins étaient nombreux, les premiers derrière lesquels il aurait pu se cacher se trouvaient trop loin. Déjà un cheval parut, et le cavalier le vit :

— Là ! Un de nos marauds !

Immédiatement, il baissa son javelot et éperonna l'animal. Deux autres montures surgirent, l'une d'elles portait deux servants.

De sa lame, Guilhem frappa la lance, un battement de cils avant qu'elle ne le touche. Le cavalier fut déséquilibré mais demeura en selle. Le temps qu'il arrête l'élan de sa monture et fasse demi-tour, Guilhem fit face aux autres. Ses adversaires brandissaient haches et épée. Ils patrouillaient depuis le matin à partir d'un campement installé dans une maison abandonnée avec ordre de sonner du cor s'ils découvraient les fugitifs. Mais, ayant aperçu un inconnu apparemment seul, ils avaient décidé de s'amuser avant de toucher une éventuelle récompense.

Persuadés de leur toute-puissance, ils n'avaient pas songé que trois hommes sur deux chevaux ne pouvaient que se gêner. Celui qui brandissait une épée, de la main droite, arriva à dextre de Guilhem. Les deux autres foncèrent sur Guilhem à senestre en tenant leur hache de la main gauche. S'ils étaient droitiers, ils se montreraient maladroits, pensa Ussel qui glissa sur la droite lorsque les chevaux furent quasiment sur lui. Ainsi les montures se retrouvèrent-elles toutes à sa gauche. Les deux cavaliers sur le même cheval ne pouvaient donc plus le toucher, et l'épéiste avait moins d'allonge. Bien que détestant agir ainsi, et malgré le fait que le destrier portait un harnachement en épaisses mailles de fer, Guilhem frappa la bête au flanc, brisant les mailles et provoquant une telle douleur que l'animal rua et s'enfuit au galop, heurtant le premier destrier qui revenait sur ses pas. Quant à celui portant deux hommes, il dut faire un écart pour éviter la collision.

Le désordre fut alors à son comble. Guilhem en profita pour frapper les deux jambes gauches des cavaliers à sa portée, les tranchant net malgré les heuses de mailles qui les protégeaient.

Hurlements, malédictions, cris de désespoir et de douleur emplirent l'air. Le cheval se cabra, et ceux qu'il portait, mortellement blessés, tombèrent.

Ussel ne s'occupa plus d'eux. Déjà le premier cavalier revenait sur lui en brandissant son épée. Les brettes se heurtèrent dans une pluie d'étincelles mais, au second coup, la lame des nains brisa le fer adverse. Guilhem ne laissa pas le temps de fuir à son adversaire puisqu'il le frappa au flanc, le coupant quasiment en deux.

Le destrier blessé du second attaquant était tombé sur les jambes avant, et son cavalier s'extrayait difficilement de la selle. Terrorisé, il porta à sa bouche le cor pendu en travers de son torse pour tenter d'appeler à l'aide. Mais c'était trop tard. Ussel se rua sur lui et, d'un revers de taille, fit sauter sa tête à quelques pas, bien que son cou fût protégé d'un camail.

Haletant, Ussel parcourut du regard les alentours, craignant l'arrivée de renforts. Mais personne ne vint. Deux adversaires étaient morts, deux autres sans connaissance se vidaient de leur sang. Rassuré, il s'approcha du cheval qui avait porté ces mourants, le flatta un moment pour le calmer, tout en vérifiant qu'il n'était pas blessé, puis le prit par la bride et alla l'attacher à un arbre éloigné.

Il revint vers le deuxième destrier, celui du cavalier dont il avait brisé l'épée, l'apaisa également avant de le conduire au même arbre. Puis il récupéra couteaux, haches, casques, gants et manteaux. Bref tout ce qui pourrait être utile. En même temps, il examinait les fourreaux des vaincus et en trouva un qui convenait à son épée. Il le prit, attacha son butin sur l'une des montures et grimpa sur l'autre. Un sourire de résurrection aux lèvres.

*

À l'heure des chandelles allumant, il arriva devant le fossé de Falkenstein. Le tablier du pont avait été rentré dans la tour.

Devant la porte, il héla en s'annonçant. À peine eut-il parlé qu'il reconnut la voix de Wolfram.

— Guilhem ? Vivant ? cria le *Minnesänger* depuis une archère.

La souffrance qui nouait le ventre d'Ussel disparut d'un seul coup.

— Non ! Je reviens de l'enfer, plaisanta-t-il. Satan m'a laissé sortir pour qu'on chante ensemble une dernière ballade.

Un instant plus tard, le temps que Wolfram descende du corps de guet, la herse de bois remontait en grinçant. Puis le portail s'ouvrit, et Eschenbach poussa le plateau qui, réparé, roulait parfaitement sur des rondins de bois.

Descendu de cheval, Guilhem attrapa l'extrémité du pont dormant pour le tirer puis fit avancer sa première monture que Wolfram saisit par la bride. Ensuite, ce fut le tour du second et, enfin, Guilhem franchit la fosse avant de tomber dans les bras de son ami.

— Si tu savais comme on t'a pleuré ! fit Eschenbach les larmes aux yeux. Où étais-tu ?

— Des gens m'ont sauvé et soigné… Mais dis-moi plutôt qui m'a atteint d'un vireton et ce qui est arrivé ensuite. Guillaume, Gretel, sont-ils saufs ?

Tout en tirant le pont roulant en arrière, Wolfram expliqua :

— Celui qui t'a blessé était Constantin, le frère de la comtesse. Il a aussi entaillé Guillaume, que l'on a cru perdu, mais, ce matin, ton servant a repris conscience, et je crois qu'il s'en tirera. C'est le loup de Gretel qui l'a sauvé.

— Incroyable ! s'exclama Guilhem. Je craignais tant pour Guillaume, et pour vous !

Il aida son ami au pont, puis ferma le portail, plaça les barres et se mit au treuil afin de baisser la herse.

— Les autres sont dans la cuisine. Quelle tête ils feront en te voyant ! s'écria joyeusement le *Minnesänger*. Mais d'où tiens-tu ces chevaux et ces armes ?

Tandis qu'ils conduisaient les animaux à l'écurie, Guilhem raconta brièvement l'attaque subie.

— Ce n'est pas tout, Wolfram, j'ai retrouvé Blancheflor. Vivante.

Les gens du château étaient rassemblés devant le feu, à l'exception du vieux concierge que Wolfram avait envoyé dans la tour de garde. Même Guillaume était là, fiévreux, pâle, mais le cœur débordant de joie en revoyant son maître.

Guilhem raconta ce qui lui était arrivé, comment les nains l'avaient trouvé et soigné, et en vint à Blancheflor.

À peine eut-il annoncé qu'elle vivait que Hermann voulut partir la chercher.

— Non, messire ! s'y opposa Ussel. Blancheflor est… malade.

Il expliqua alors le mauvais sort qui la frappait.

— … La conduire ici en pleine nuit pourrait faire empirer son état. Nous partirons demain matin, bien armés et équipés, avec les chevaux que j'ai ramenés et la charrette du château permettant de la transporter.

— On aura alors retrouvé les corps de ceux que tu as vaincus, observa Wolfram, auquel cas, il faut s'attendre à croiser le fer avec les hommes de Gottschalk.

— Possible, mais ils ne penseront pas forcément que nous sommes restés dans les environs. J'espère qu'ils chercheront plus loin. Quant à la neige, elle aura effacé mes traces.

En vérité, Guilhem redoutait une rencontre. Que feraient-ils à quatre contre une grosse troupe ?

*

Ils partirent à la fin de la nuit en raison du ciel clair et de la lune lumineuse. Guilhem chevauchait en tête avec Waldemar derrière lui. Wolfram assurait l'arrière-garde et Hermann conduisait la charrette du château, tirée par une mule et sur laquelle on avait posé un matelas où trônait Gretel. Guillaume aurait préféré qu'elle demeure au château, mais la jouvencelle avait tenu à venir en expliquant que la présence d'une jeune fille rassurerait Blancheflor, ce que Hermann avait approuvé.

Ils mirent plusieurs heures pour atteindre le torrent, la charrette n'ayant pu emprunter le sentier qu'ils avaient déjà pris. Contre toute crainte, ils ne firent aucune mauvaise rencontre et arrivèrent dans la matinée à la maison des nains.

Ceux-ci les accueillirent avec joie et franche confiance. Ils proposèrent un dîner de pâté aux hérissons et champignons, que les autres ne refusèrent pas tant ils étaient affamés. Hermann avait surtout hâte de voir Blancheflor, n'étant pas convaincu que la pauvre malade découverte par les nains était celle dont il voulait faire sa femme. Observant son impatience, Schlau le conduisit donc au cellier où la damoiselle sommeillait.

Le fils du landgrave resta figé un moment avant de s'agenouiller. Une main sortait de la couverture qui couvrait le frêle corps. Il la prit, l'embrassa.

Guilhem, comme les autres, était entré dans le cellier. Il vit les paupières de la jeune fille se soulever et, à la lumière de la lanterne tenue par Schlau, eut l'impression de lire un éclat de vie dans ses yeux. Un sentiment confirmé par l'ébauche d'un sourire, mais, hélas, rien de plus. Blancheflor n'était pas sortie de sa torpeur.

— Peut-elle marcher ? s'enquit Hermann.

— À peine, quand nous la conduisons aux latrines, dit-il en montrant une planche percée dans un coin du cellier. Mais puisqu'elle semble vous reconnaître, parlez-lui. Ce serait une grande victoire qu'elle vous suive dans la salle.

Hermann opina du chef.

— Gräfin Blancheflor von Falkenstein, je suis Hermann de Thuringe, dit-il en serrant sa main. Nous nous sommes vus voici quelques mois. Me ferez-vous l'honneur de m'accompagner ?

Les pupilles de la damoiselle s'animèrent. Prenant cela pour une réponse favorable, Hermann ajouta en présentant Gretel :

— Cette damoiselle va vous soutenir pour vous lever, Gräfin.

Gretel s'agenouilla contre le lit et souleva le torse de la jouvencelle, qui se laissa faire. Hermann l'aida à son tour, et l'héritière de Falkenstein parvint à s'asseoir. Elle apparut dans la robe qu'elle portait le jour où elle aurait dû mourir, encore maculée de sang séché. Toujours en la tenant par la taille, le prince réussit à la faire se dresser. Maintenue également par Gretel, la jeune fille fit quelques pas plus aisément que Ussel ne l'aurait imaginé.

On l'assit sur l'un des lits de la salle, appuyée sur des coussins. Mais, au grand désespoir de Hermann, qui demeurait agenouillé près d'elle, elle replongea dans la torpeur. Les nains, eux, se montrèrent réjouis en échangeant force mimiques.

— Elle n'a jamais tant fait de choses depuis qu'elle est ici ! assura Schlau dont le sourire s'élargissait jusqu'à ses immenses oreilles.

Chacun s'installa commodément. Fröhlich et Mürrisch distribuèrent pâté et escargots en sauce qu'ils avaient préparés, accompagnés de grands pots d'hydromel que les visiteurs se partagèrent, puisqu'il n'y en avait que quatre. Guilhem raconta son retour de la veille, le combat qu'il avait livré avec sa merveilleuse épée ; les nains répétèrent comment ils avaient découvert Blancheflor.

Puis vint l'heure du départ. L'ensorcelée fut transportée sur le matelas de la charrette, assise contre une ridelle, Gretel devant marcher à son côté et lui tenir compagnie.

Le retour fut aussi long que l'aller, aggravé par une averse de neige à proximité de Falkenstein. Sous les flocons, Blancheflor, à qui Gretel et Hermann répétaient qu'elle rentrait chez elle, parut reconnaître le château. Pour la première fois, elle émit même des sons de gorge, sans parvenir toutefois à articuler la moindre parole.

Au manoir, elle fut installée dans son ancienne chambre. Là, Gretel et l'épouse de l'intendant, qui se prénommait Hilde, lavèrent la jeune fille, la vêtirent d'une chainse propre et s'efforcèrent de lui faire avaler du lait et du miel.

Dès le lendemain, les serviteurs se pressèrent pour la voir et lui rappeler des souvenirs de sa jeunesse. Une servante apporta ses jouets d'enfant, ce qui provoqua des lueurs d'intérêt dans ses yeux. Dès lors, Hermann ne cessa de lui tenir compagnie, parlant de la Wartburg, de ses parents et de sa fratrie, douces paroles qui ne la tirèrent point de sa léthargie. Wolfram essaya, de son côté, de la divertir par ses chants, sans plus de succès. Quant à Gretel, elle s'inquiéta auprès d'eux du manque de vêtements de Blancheflor. Elle ne possédait que la robe qu'elle portait depuis son départ de Goslar, et, même lavée, il s'agissait d'une vêture insuffisante. Mais comment se procurer des habits sans courir le risque de révéler la présence de jeunes femmes au château ?

Ussel, lui, était plus préoccupé par Guillaume. Si le jeune homme récupérait chaque jour de sa blessure – il avait même accompagné son seigneur un soir à la chasse –, il se montrait mélancolique et lointain, même en présence de celle qu'il aimait.

*

Quelques jours après l'arrivée de Blancheflor, Gretel et Guillaume se trouvaient dans la cuisine avec l'épouse de l'intendant. Assis sur une escabelle, le fils d'Aignan aiguisait les couteaux avec une meule et Hilde, à la table, hachait de la viande.

Gretel, devant la même table, tablier noué sur sa robe, utilisait un moulin à pierre pour broyer des grains de froment. Quand elle eut terminé, Guillaume l'observant du coin de l'œil, elle en fit une pâte, qu'elle étala dans un plat. Hilde prit le récipient pour le remplir de son hachis et Gretel se leva afin de saisir une cruche pleine de lait de chèvre.

— Je vais porter à boire à messire et à sa nièce, annonça-t-elle. Elle passa alors devant Guillaume et lui sourit. Il lui répondit de même, plus tristement. Elle quitta la cuisine.

Hilde s'adressa alors au jeune homme, d'un ton à la fois rude et ironique :

— Vous me semblez bien niais, mon garçon, à moins qu'elle ne vous plaise pas !

— Gretel ?

— Qui d'autre ?

— J'aime fort Gretel, elle aussi, je crois, mais nous ne nous aimons pas de la même façon.

— *Ach !* Expliquez-moi cela !

Guillaume demeura silencieux, concentré sur la lame qu'il posait sur la roue de pierre, et finalement, lâcha :

— Elle retrouve en moi son frère Hans. Elle m'aime comme une sœur.

— Son frère ? s'esclaffa Hilde. *Lieber Gott !* J'en crois rien ! Mais si vous avez des doutes, essayez de défaire le nœud de son devantel.

Il s'arrêta d'aiguiser et la regarda sans comprendre.

— Son tablier ! C'est vrai que vous n'êtes pas d'ici, fit-elle d'un ton exaspéré. Décidément, il faut tout vous dire. En Saxe, en Thuringe, partout, quoi, lorsqu'un garçon veut demander une fille en mariage, il essaie de défaire le nœud de son devantel en lui parlant de choses et d'autres. Si la fille lui laisse prendre les cordons, c'est que le garçon lui plaît. C'est comme ça que mon mari m'a choisie.

— Vous croyez que je peux ?

— Sauf si vous préférez rester son frère.

*

Le soir du jour où Guilhem avait combattu les quatre hommes de l'empereur, les dépouilles de ces derniers avaient été découvertes par un détachement. Le carnage avait laissé pantois le chevalier qui commandait la troupe patrouillant entre le torrent et le château de Falkenstein. Nul doute que les évadés de Goslar étaient les agresseurs, mais comment ces fuyards, mal armés et à pied, avaient-ils pu l'emporter face à plusieurs guerriers à cheval couverts de fer ? À coup sûr, ils avaient reçu des renforts. Mais d'où, de qui ? Dans quel but ? Ne voulant courir le risque de perdre d'autres hommes, le chevalier avait ramené sa troupe au *Kaiserpfalz* afin que le bailli prenne la décision d'envoyer plus de *Wehrmänner*. La compagnie avait donc quitté le campement, ce qui expliquait pourquoi Guilhem et ses amis n'avaient rencontré aucun ennemi en allant chercher Blancheflor.

Seulement, quelques jours plus tard, les gens de l'empereur revinrent en force et, chez les occupants du château, l'inquiétude resurgit. À quel moment Gottschalk comprendrait-il que les évadés se cachaient dans la forteresse ? Il n'était pourtant pas difficile de relier Hermann de Thuringe à Blancheflor de Falkenstein.

Ils en discutaient à table. Si l'état de la damoiselle s'était amélioré depuis son arrivée, il ne progressait plus, et Hermann voulait rentrer à la Wartburg avec elle, où des médecins, selon lui, pourraient la soigner. Mais impossible de traverser le Harz, surtout avec une malade dans une charrette. Le fils du landgrave proposait donc qu'ils passent par la Saxe. Un long détour, le voyage durerait certainement trois semaines, mais les gens de l'empereur n'oseraient pas les poursuivre dans le duché.

Gretel, qui participait aux discussions avec les autres hommes, ayant gagné sa place parmi eux, désapprouva l'idée :

— Messire, dit-elle au prince, pardonnez mon audace, mais je crains qu'aucun mire ne puisse soigner dame Blancheflor. C'est la magie qui l'a plongée dans cet état, et seule la magie l'en fera sortir.

Une fois de plus, Guillaume admira l'assurance de la jeune fille, qui s'opposait ouvertement au fils d'un prince. Depuis la veille, ses relations avec elle avaient du reste changé. Alors qu'il l'avait accompagnée à l'étable pour traire les chèvres, il avait saisi le cordon de son devantel et elle l'avait laissé faire. Les tourtereaux s'étaient alors embrassés, et il avait découvert que, pour elle, il n'était pas Hans.

— Fräulein Gretel a raison, reconnut Wolfram, et de surcroît il me fâcherait de partir d'ici en n'ayant puni ni la sorcière ni ce maudit Gottschalk.

— Mais rester, c'est tôt ou tard se voir assiégé par ses gens, observa Waldemar qui, chaque jour, priait Dieu de se trouver ailleurs.

— Nous sommes cinq combattants, intervint Ussel. Six avec Gretel qui a montré sa valeur, et nous disposons seulement de deux chevaux. Si Gottschalk nous poursuit quand même et que nous nous trouvons face à deux, trois ou quatre douzaines de guerriers, avec Blancheflor dans une charrette tirée par une mule, qui l'emportera ?

— Vous avez raison, reconnut Hermann, mais j'ai la certitude de pouvoir obtenir deux ou trois chevaux du comte d'Arnstein. Et je me désespère à voir ma mie ainsi, à être impuissant. Quant à punir Marguerite d'Antioche et Gottschalk, j'ai juré que je le ferai, et, pour eux, je reviendrai avec une armée.

À ce moment, Hilde entra, le visage défait.

— Qu'y a-t-il ? demanda Guilhem installé face à la porte par où la vieille femme venait d'entrer.

— C'est notre maître, seigneur. Je lui ai porté à boire... Mais...

Elle éclata en sanglots.

— Il venait de passer...

Tous les serviteurs se précipitèrent. Ne restèrent dans la salle que nos amis.

— La mort du seigneur de Falkenstein change tout, intervint Guilhem, après un instant de réflexion. Elle nous offre une opportunité à laquelle j'avais pensé, sans avoir trouvé jusque-là le moyen de la réaliser.

— Laquelle ? interrogea Wolfram.

— Puisqu'il est impossible de nous rendre à Goslar pour forcer la sorcière à nous remettre un moyen de guérir Blancheflor, faisons-la venir ici.

Devant l'air attentif de ses amis, il ajouta, après un court silence destiné à les faire languir :

— Lorsqu'elle apprendra que son beau-frère vient de trépasser, elle voudra prendre possession du château.

46

Ussel et Adalbert, le vieil intendant, arrivèrent en vue de Goslar à la mi-février. Après une nouvelle tempête de neige, un froid terrible les avait empêchés de partir plus tôt.

Adalbert conduisait la charrette tirée par la mule et Guilhem marchait à côté. C'était un long trajet de Falkenstein à Goslar, un voyage de quatre jours au pas de la vieille mule qui avançait lentement. Ils avaient fait une première halte au village de Quedlinburg, puis une autre à Wernigerode, et enfin un arrêt dans une ferme du château de Bad Harzburg. Des étapes de deux ou trois lieues, tout ce que pouvait supporter l'animal sur les chemins enneigés, bien que la charrette fût vide. Apparemment, au moins, car, en dessous, Guilhem et Guillaume avaient adroitement attaché une arbalète, une trousse de carreaux et la magnifique épée forgée avec les nains. Ainsi Guilhem et Adalbert ne portaient-ils que des couteaux, comme n'importe quel vilain.

À chaque halte, on leur avait offert une paillasse dans une salle chauffée en échange d'un heller à faible teneur d'argent. Les gens payaient des redevances croissantes à leur seigneur et s'appauvrissaient chaque jour un peu plus, aussi recevoir une piécette pour héberger un voyageur se révélait inespéré. De plus, Adalbert était connu et respecté. Quant à Ussel, vêtu de hardes et de vieilles chaussures, avec un grand chaperon et affichant une expression de niaiserie admirablement rendue, il avait été présenté par l'intendant comme un nouveau serviteur de Falkenstein, neveu éloigné d'un des gardes du château ; un pauvre garçon nommé Kyot qui avait l'esprit simple et s'était toujours montré incapable de parler.

Adalbert avait, lui, dit la vérité : son maître venait de mourir et il se rendait à Goslar afin de prévenir la comtesse… et acheter un tonneau de bonne bière destiné au repas qui suivrait les obsèques. Kyot l'accompagnait car, s'il était muet, il était fort, et indispensable pour transporter le tonnelet et désembourber la charrette le cas échéant.

*

Dans l'après-midi du quatrième jour de voyage, ils se présentèrent au pont-levis de la *Breite Tor*[1], la plus grande des quatre entrées de la ville. Adalbert répéta les raisons de sa visite, et Ussel se montra bon acteur dans son rôle de muet imbécile. Ils entrèrent sans difficulté et gagnèrent de même la place du marché. On s'en souvient, c'est là que se dressaient la maison de Marguerite d'Antioche et, à son opposé, celle du landgrave de Thuringe. Entre elles se trouvait la plus grande auberge de la

1. La Porte large.

petite cité, Das Wildschwein, une bâtisse arborant l'enseigne d'un sanglier – puisque tel était le sens de son nom.

Adalbert laissa Guilhem sur la place et se rendit dans une écurie où il rangea la charrette de telle sorte que, lorsque les timons seraient en appui sur un mur, on ne découvrît pas les armes qu'il y avait dessous.

Le prétendu muet attendait à l'endroit où l'intendant l'avait laissé, tête et visage couverts par le grand capuchon de sa vieille chape rapiécée.

Partout, de gros amas de neige, résultat du nettoyage de la place. Ussel s'était installé contre l'un d'eux. Il n'osait observer ouvertement les façades des maisons alentour, toutes décorées de chandelles de glace. Si Gottschalk avait envisagé que les évadés vinssent se venger de Marguerite, il avait pu placer des musards dans l'une ou l'autre de ses demeures. Autant rester prudent. Certes, personne ne le connaissait, mis à part Eckhard et ses hommes, qui devaient le rechercher dans le Harz, mais il jugeait préférable de ne pas se faire remarquer.

Néanmoins, il ne put s'empêcher de regarder discrètement l'étrange maison de Marguerite, que Wolfram lui avait précisément décrite. Les fenêtres en étaient closes et, de l'intérieur, on ne pouvait assurément rien voir à travers les carreaux de verre dépolis et enneigés. En adoptant une attitude insouciante, il se tourna également vers la maison du landgrave. Là encore, rien ne lui parut suspect.

Sur la place même, peu de gens circulaient. Et les rares qui l'osaient se montraient pressés. Des bourgeois ou des serviteurs. Aucun homme d'armes.

Donc tout allait bien. Dès qu'Adalbert serait là, ils iraient au Wildschwein afin d'obtenir un lit pour la nuit, puis se rendraient ensemble chez un fripier pour acheter des bliauts ou des robes à Blancheflor et Gretel, avec quelques chainses et autres vêtements, sans oublier le baril de bière. Son regard s'égara alors vers l'auberge, maison basse avec un étage à deux fenêtres et un toit de forte pente.

Un frisson le parcourut. La fenêtre à senestre était entrebâillée, chose invraisemblable avec ce froid de loup. Il baissa la tête pour mieux dissimuler son visage, puis fit quelques pas en s'éloignant de l'hôtellerie de sorte qu'on ne puisse le voir depuis l'étage. Là, il leva de nouveau les yeux. Le battant demeurait ouvert.

Il vit alors arriver Adalbert et préféra ne rien dire pour ne pas l'inquiéter. L'intendant lui annonça que charrette et mule étaient bien installées et pénétra le premier dans l'établissement.

Un sombre corridor, bas de plafond, débouchait dans une salle qui puait la bière et la fumée, mais d'une chaleur réconfortante. À droite, un escalier, qui ressemblait plus à une échelle, conduisait à un palier, certainement aux chambres, et sans doute au grenier. Au sol, de la paille souillée de neige et de boue.

Au fond de la pièce, un foyer occupait un mur. Une poignée d'individus, assis sur des billots, des caisses ou des bancs constitués de troncs d'arbre coupés en deux dans le sens de la longueur, s'y réchauffaient.

Sur un côté trônait une longue table en planches à peine dégrossies où se tenait une douzaine de clients. Et dans une alcôve située de l'autre côté du corridor se trouvaient deux individus, devant un brasero de charbon.

À la cheminée, Adalbert s'adressa à un rouquin de haute taille, large d'épaules, édenté et au nez en chou-fleur, qui coupait des saucisses pour les jeter dans une marmite bouillante suspendue au-dessus du foyer.

— Salut, Berward ! dit-il. J'ai besoin d'un lit ce soir, à partager avec celui qui m'accompagne.

Il désigna Guilhem en retrait, visage toujours dissimulé sous son capuchon.

— Adalbert ! Qu'est-ce qui t'amène à Goslar ?

— Mon maître vient de trépasser. Je vais prévenir sa belle-sœur la comtesse et faire quelques achats pour les obsèques.

— Les chambres sont occupées, mais il y a de la place au grenier. Vous voulez manger ?

— Oui.

— Asseyez-vous et emplis-toi un pot d'ale.

L'intendant attrapa un hanap de bois posé sur un tonneau et y vida le contenu d'un cruchon émaillé. Puis il suivit les conseils de Guilhem : se mettre où il y aurait le moins de monde. Ses pas le dirigèrent donc vers l'alcôve.

Son compagnon lui glissa à l'oreille :

— Je vais examiner le grenier, attends-moi.

Adalbert resta un instant interloqué, mais comme il avait promis au seigneur d'Ussel de faire ce qu'il lui dirait sans discuter, il alla s'asseoir et goûta son ale.

Guilhem revint sur ses pas et gagna l'échelle-escalier, qu'il gravit. Au palier, deux portes apparurent, à peine visibles dans l'obscurité, ainsi qu'une autre échelle conduisant vers le grenier.

Il jugea que la porte en face de lui devait être celle de la chambre à la fenêtre ouverte. Prudent, il vérifia qu'il avait son couteau. Si un aviseux lui ouvrait, mieux vaudrait agir vite et le maîtriser avant qu'il ne crie ; sinon, il s'excuserait et sortirait.

Il appuya sur le loquet mais la porte resta fermée. On avait mis un verrou.

— *Was ?* s'enquit une voix de l'autre côté.

— *Gastwirt*[1] *!* répliqua-t-il.

La porte s'ouvrit, et Gregorio apparut.

Tous deux restèrent un instant stupéfaits, mais Guilhem fut le premier à recouvrer la maîtrise de ses sens. Il entra en s'exclamant :

— Que fais-tu là ?

Il découvrit alors le Flamand et Friedrich, et se montra encore plus ébahi, non par la présence de Jehan – car après tout, si Gregorio était là, pourquoi pas son ancien écuyer ? – mais par celle de Friedrich, qu'il avait connu comme massier près du roi, au service de Lambert Cadoc.

1. Aubergiste.

Les deux hommes, levés, s'avancèrent avec déférence. Guilhem remarqua que ses serviteurs étaient en robe et le garde en gambison. Sur un coffre traînaient des épées, un casque et un haubert.

— Jamais je n'aurais imaginé vous rencontrer à Goslar ! s'exclama Guilhem. Comment êtes-vous arrivés là ?

— À Rouen, nous avons découvert que le nommé Eckhard et sa bande vous suivaient, seigneur, expliqua le Flamand. Avec Alaric, on a attendu Peyre et Gregorio à Paris et décidé de vous rattraper pour vous prévenir. Frère Guérin nous a donné Friedrich comme guide. Mais quand nous sommes arrivés à la Wartburg, nous avons été enfermés…

— Pourquoi ?

— On se méfiait de vous, seigneur, et de nous par la même occasion. Heureusement, quand le landgrave a appris que vous aviez délivré son fils, il nous a laissés partir pour le ramener, si on vous retrouvait, mais il a gardé Alaric et Peyre en otages.

Guilhem hocha lentement la tête. De retour à la Wartburg, il aurait aussi à débarrasser le landgrave d'un félon.

— Pour l'heure, je ne suis pas seul, dit-il. Je vais donc chercher mon compère.

— Guillaume, Vidal ?

— Ni l'un ni l'autre. Guillaume est gaillard, bien qu'il ait été blessé plusieurs fois. Quant à Vidal, malheureusement il est trépassé. Celui qui m'accompagne est l'intendant d'un château où nous nous sommes réfugiés.

Il frappa affectueusement sur l'épaule du Flamand :

— Nous allons avoir beaucoup à nous dire, et vous ne pouviez tomber mieux. Encore que je ne sais pas si vous trouverez un avantage à être mêlés à mes ennuis. Au fait, avez-vous soupé ?

— Oui, seigneur.

— Pas nous ! Descendez avec moi, sans montrer que vous me connaissez, et réclamez de quoi manger et boire, je suis affamé. Vous monterez ce souper ici et nous pourrons parler tranquillement. Auparavant, fermez cette fenêtre, on gèle !

— On surveillait une maison, seigneur, ou plutôt deux.

— Lesquelles ?

Gregorio se rendit à la fenêtre pour les lui montrer. C'étaient celles de Marguerite d'Antioche et du landgrave, évidemment.

— Devinez qui loge actuellement dans celle-là, seigneur.

Il désigna celle du landgrave.

— Comment le saurais-je ?

— Je vais vous aider, seigneur, plaisanta Gregorio. Un chevalier sans nez, qui vient de Trifels...

— Eckhard ?

— Lui-même, avec son compère Engelhard qui doit avoir une jambe cassée, car on l'a aperçu sur des béquilles.

Guilhem songea au combat et se souvint que Engelhard avait été écrasé par son cheval, ce qui le fit sourire.

— Nous aurons certainement l'occasion de les retrouver ! Mais trêve de bavardage, descendons.

Ils sortirent. Guilhem rejoignit Adalbert auquel il livra de brèves explications sur la présence de ses amis.

D'un regard en biais, ce dernier examina les trois hommes qui commandaient un souper, à la fois inquiet et rassuré par leur présence. Inquiet, parce qu'il s'agissait de rugueux combattants, capables de provoquer quelque rixe, rassuré, car il devinait que ces guerriers les rejoindraient à Falkenstein, ce qui renforcerait la défense du château.

Quand Ussel le lui dit, il se rendit près de l'aubergiste, lui remit une piécette de cuivre pour l'ale, et annonça que, finalement, il s'en allait.

Peu après, ils se retrouvèrent dans la chambre, leur souper étalé sur un coffre devenu table de fortune. Certains s'étaient assis sur le lit, une couche assez grande pour qu'ils y dorment à quatre, d'autres s'étaient installés sur un banc. Dans la pièce régnait une douce chaleur, venue à la fois du plancher, qui surmontait l'alcôve en dessous, et du mur côté salle.

Tandis que Guilhem dévorait, Gregorio faisait un récit détaillé de leur voyage, complété par le Flamand sur la venue des Allemands à Rouen. Il y ajouta quelques digressions au sujet des foires de Troyes avant de raconter ce qui s'était passé à Wartburg et leur voyage à Goslar.

— … Nous avions un guide qui nous a conduits jusqu'au Harz avant de revenir en Thuringe. On a traversé la montagne, en se perdant un peu, mais on est quand même arrivés à Goslar. Nous nous sommes installés dans cette auberge en nous prétendant marchands, avec Friedrich présenté comme notre garde du corps. Sans aucune idée de l'endroit où vous vous trouviez, on savait juste que le fils du landgrave avait été arrêté chez la comtesse de Falkenstein. Aussi espérait-on vous apercevoir tôt ou tard traverser la place, pour s'en prendre à elle.

— Hermann de Thuringe le souhaitait, mais le risque était bien trop grand, car le bailli, qui l'a déjà fait prisonnier, doit également penser qu'il apparaîtra. Aussi ai-je proposé de faire venir cette femme à Falkenstein, où nous nous cachons.

— Comment ?

— Le seigneur de Falkenstein vient de trépasser. Blancheflor étant donnée pour morte, la comtesse se croira la seule héritière du fief. Adalbert lui fera savoir, et elle s'y rendra, pensant qu'il y a uniquement là-bas de vieux serviteurs. Sauf qu'elle va nous y trouver.

— Astucieux ! déclara Gregorio en hochant la tête avec admiration.

Rusé comme un renard, il reconnaissait avoir trouvé un maître en son seigneur.

Ce dernier emplit son pot et le passa à Adalbert avec qui il le partageait.

— Vous avez eu raison d'être prudent, messire, renchérit le Flamand, car on a repéré un chevalier qui vient chaque jour chez la comtesse, et qui a laissé chez elle des hommes d'armes. Intrigué, Gregorio a demandé à Friedrich de se renseigner sur lui, un jour de marché. Il s'agit du bailli dont vous venez de parler.

— Gottschalk ! s'exclama Guilhem.

Il se tourna vers Adalbert :

— Te sens-tu capable de jouer ton rôle, même si ce maudit bailli t'interroge ?

— Je ne ferai que dire la vérité, seigneur. Mon maître est mort, et je viens prévenir sa belle-sœur, répliqua le vieil homme en un sourire d'évidence.

— Bien ! Maintenant, que savez-vous d'autre sur les gens de Trifels ?

— Rien de plus, seigneur. Nous avons reconnu Eckhard et Engelhard, mais vu peu d'hommes d'armes.

— Les autres doivent participer aux patrouilles qui nous cherchent. Cependant, il y a quelqu'un dont vous ne m'avez pas parlé : Mabilla. Était-elle chez moi à Paris ?

— Le seigneur Streit n'était pas encore venu quand nous avons quitté la ville.

Cette absence surprit Guilhem, mais, comme il ne pouvait rien faire, il écarta les questions qui le taraudaient.

— Demain, après s'être rendu chez la comtesse de Falkenstein, Adalbert ira préparer mule et charrette. Quant à vous deux, trouvez une échoppe où vous achèterez bliauts, robes, chainses et autres vêtures pour les dames de Falkenstein. Je voulais m'en charger, mais avec la présence d'Eckhard mieux vaut que je ne me montre pas jusqu'au départ. Ensuite, Adalbert et moi passerons par la Porte large. Vous deux, vous sortirez par une autre porte et nous rejoindrez en prenant soin de rester à bonne distance.

— La nuit est tombée, mais je peux vous conduire à la *Rosentor*[1] et vous la montrer, proposa l'intendant aux anciens écuyers.

— Bonne idée, allez-y ensemble ! Quant à moi, je vais dormir. J'en ai besoin !

*

Le lendemain, Guilhem décida de se raser, jugeant qu'Eckhard, l'ayant seulement vu barbu dans la forêt de Châteauroux, ne le reconnaîtrait peut-être pas s'il le voyait glabre. Certes, il l'était également quand tous deux s'étaient rencontrés au château de Trifels, mais quinze ans s'étaient écoulés. L'Allemand pouvait-il se souvenir de son visage ? Ussel pensait que non, aussi Gregorio alla-t-il demander de l'eau chaude tandis que le Flamand partait chercher de quoi manger.

À tierce, Gregorio, Jehan et Friedrich sortirent, ce dernier emportant les pièces de tissu achetées à Eisenach qu'il chargerait sur la mule après avoir préparé les chevaux. Quant à Adalbert, il partit chez la comtesse. Guilhem le suivit des yeux par la fenêtre et le vit entrer dans la maison aux diables. Désormais, il ne pouvait qu'attendre et espérer que son plan se déroule sans accroc.

Près d'une heure s'était écoulée quand ses anciens écuyers revinrent à cheval avec Friedrich et une mule bâtée. Ils demeurèrent devant l'auberge tandis que la place du marché se remplissait de clients et de badauds, les étals s'étant installés.

---

1. La porte des Roses.

Guilhem aperçut alors une poignée d'hommes d'armes en train de se frayer un chemin dans la cohue. À leur tête, un homme d'aspect autoritaire, en houppelande fourrée, avec épée au flanc. Ils s'arrêtèrent devant la maison aux diables, et y pénétrèrent.

Tout cela était inquiétant. Il hésitait à rejoindre ses amis quand Adalbert sortit enfin. Immédiatement, Guilhem quitta la chambre.

Sur la place, après avoir échangé un regard avec ses gens, il suivit l'intendant jusqu'à l'écurie, où il le rattrapa.

Les palefreniers reconnurent le vieil homme. Il les paya et commença à atteler la vieille mule pendant que Guilhem l'interrogeait à voix basse.

— L'as-tu vue ?

— Oui, mais on m'a fait attendre longtemps. Sa servante était allée la chercher et j'étais seul dans une salle où se trouvaient toutes sortes d'objets terrifiants. Elle est enfin arrivée et je lui ai annoncé la mort de son beau-frère. Elle n'a manifesté aucun émoi ni rien demandé. Je lui ai dit que les serviteurs du château l'attendaient, elle m'a alors déclaré qu'elle se rendrait à Falkenstein au printemps. Je lui ai expliqué que j'avais besoin de la présence d'un maître pour certaines décisions, en particulier la mine, mais elle m'a répondu sèchement qu'elle ne quitterait pas Goslar avant le dégel, les voyages étant trop dangereux, son frère ayant disparu sans qu'elle sache où il se trouvait. Je n'ai pas osé insister. Au surplus, à ce moment sont arrivés un chevalier et ses gens. J'ai dû partir.

— Sais-tu qui était ce dernier ?

— Gottschalk, seigneur. La dame de compagnie l'a annoncé en le faisant entrer. Il semblait avoir ses habitudes dans la maison.

La charrette était prête. Guilhem avait vérifié que ses armes étaient en place et monta s'asseoir à côté de l'intendant, songeant qu'ils devraient modifier leurs plans. Mais la présence de Gregorio, du Flamand et de Friedrich allait tout simplifier.

*

Les deux groupes se suivirent à une centaine de toises l'un de l'autre, feignant de ne pas se connaître. Comme à l'aller, Adalbert et Guilhem firent halte le soir dans la même ferme du château de Bad Harzburg. Peu après leur arrivée, les faux marchands drapiers et leur guide obtinrent l'hospitalité.

Le voyage se poursuivit le lendemain avec le retour des flocons. Ils s'arrêtèrent également au village de Wernigerode, mais pas dans la même maison. Aussi personne ne demanda-t-il à Adalbert pourquoi il ne transportait pas de tonneau.

Le matin, la neige tombait toujours. Malgré les difficultés que cela entraînerait, ils repartirent.

Au milieu de la journée, sous un ciel aussi sombre qu'au crépuscule, Guilhem, assis à côté du vieil intendant qui conduisait, distingua un groupe de cavaliers encore loin devant, mais bien visible sur le paysage blanc. Il demanda à Adalbert d'arrêter le véhicule, descendit et passa sous la charrette. Là, il tira son épée du fourreau arrimé au plancher et détacha l'arbalète. La veille, il avait déjà retiré trois carreaux qu'il gardait sur lui. Il enfonça la lame dans la neige, à portée de main, tendit le câble de l'arbalète, posa un carreau dans la rainure et dissimula l'arme sous le ballot de vêtements achetés à Goslar.

Gregorio et ses compagnons arrivèrent et s'arrêtèrent à quelques pas, tout en demeurant en selle. Eux aussi avaient aperçu la troupe en approche. Six cavaliers casqués, certainement en broigne ou haubert sous leurs manteaux. En tête, un chevalier en heaume, tenant une lance.

— Ne t'inquiète pas, Adalbert, dit Guilhem en entendant le claquement des dents de son compagnon. Si ça tourne mal, saute de ton siège et cache-toi sous la charrette.

Alors, il attendit, debout devant la roue, du côté opposé au chemin, essayant de dissimuler son visage sous le capuchon et derrière la ridelle.

La troupe apparut enfin et approcha jusqu'à eux.

— Qui êtes-vous ? s'enquit un servant d'un ton désagréable.

Adalbert se présenta. Intendant du château de Falkenstein, il revenait de Goslar avec un domestique.

— On recherche des hommes d'armes qui se sont opposés à l'empereur.

— J'ai vu personne, messire.

L'homme regarda la charrette. Rien d'anormal.

— Pourquoi vous êtes-vous arrêtés ?

— L'essieu grince, le garçon est allé voir ce qu'il avait.

— Et eux ?

De sa lance, le chevalier désigna Gregorio, Jehan et Friedrich.

— Ce sont des drapiers, répondit ce dernier en allemand. Lui de Pise et lui de Gand. Ils se rendent à Leipzig pour ouvrir un comptoir, et je suis leur guide.

— Vous les connaissez ?

Toujours de sa lance, le chevalier désigna l'intendant.

— Pas du tout, on s'est arrêtés en voyant qu'ils avaient besoin d'aide.

L'un des cavaliers s'approcha alors un peu plus et, une lueur de surprise dans le regard, pointa Gregorio du doigt.

— J'ai vu cet homme en France quand je chevauchais avec mon seigneur, messire Eckhard. Il était avec le nommé Ussel qu'on recherche !

Dans l'instant, Guilhem tira l'arbalète vers lui en la faisant passer sous la ridelle et visa le chevalier, qui reçut le vireton à bout portant en pleine poitrine. Au même instant, Gregorio, le Flamand et Friedrich, qui avaient dégainé en un éclair, éperonnèrent leurs chevaux et foncèrent sur la troupe. Les cavaliers ne s'attendant pas à être attaqués, trois hommes tombèrent avant même d'avoir saisi une arme.

De son côté, Guilhem avait sorti l'épée de la neige et courait au-devant du plus proche guerrier. Quand il frappa la jambe du tranchant de sa lame, le sang jaillit, l'homme hurla et tomba de sa monture. Pris de court en voyant son chef et ses compagnons hors de combat, le survivant s'efforça de faire demi-tour afin de s'enfuir. Mais déjà Guilhem avait sauté sur le cheval et, comme ses anciens écuyers, l'avait rattrapé. Quatre contre un, le combat était perdu d'avance.

L'affaire avait été si brève qu'Adalbert n'avait pas eu le temps de terminer la patenôtre qu'il murmurait sous le chariot. Guilhem revint vers lui, tenant son épée sanglante. Au sol, le chevalier agonisait, ses hommes gisaient dans la neige rougie.

— Gregorio, Adalbert, rassemblez les chevaux, dépouillez les morts et attachez tout ce qui pourra être utile sur deux ou trois montures. Mettez-y aussi le ballot qui est dans la charrette. Friedrich, Jehan, aidez-moi à dissimuler les corps.

Quand ils repartirent, à part quelques taches sanglantes sur la couche blanche, bientôt recouvertes, il n'y avait plus aucune trace de l'affrontement. Sinon un monticule, qui n'existait pas auparavant, et dissimulait six corps.

47

Il était désormais exclu de s'arrêter au village de Quedlinburg, car d'autres impériaux pouvaient s'y trouver et reconnaître les chevaux ou les selles de leurs compagnons. Seul Adalbert y ferait halte avant de poursuivre ensuite la route, tandis que Guilhem et ses hommes fileraient directement à Falkenstein, qu'ils atteindraient très tard.

Effectivement, quand ils y arrivèrent, la nuit avait enveloppé les lieux depuis longtemps, et il neigeait toujours.

Guillaume, de garde à la porte, éclata de joie en entendant son maître, et plus encore en découvrant Gregorio et le Flamand, ce dernier, vieil ami de sa famille, étant comme un oncle pour lui.

Quelqu'un devant rester en faction, Friedrich fut désigné. Les autres se retrouvèrent alors dans la cuisine, avec Wolfram et Hermann qu'on était allé réveiller, tout comme Waldemar et Gretel, que Guillaume s'était chargé de prévenir.

Si Wolfram d'Eschenbach se souvenait du Flamand, rencontré à Lamaguère, il ne connaissait pas Gregorio, aussi Guilhem fit-il les présentations. Après quoi, il rapporta ce qui était arrivé à Goslar, et le Pisan expliqua les raisons de sa présence et de celle de son compagnon.

— La sorcière ne viendra pas à Falkenstein dans les jours qui viennent, comme je l'espérais, conclut Guilhem. Quant à s'en saisir à Goslar, inutile d'y songer avec Gottschalk devenu un habitué de sa maison. Mais il reste un moyen de la capturer…

— Walpurgis ? suggéra Wolfram.

— Exactement ! Elle y sera. Et si elle prend le même chemin que l'année dernière, elle passera devant la mine de Falkenstein. Nous nous y dissimulerons et, cette fois, impossible qu'elle nous échappe.

— Elle ne sera pas seule, objecta un Hermann inquiet. Elle se trouvera en compagnie des plus effroyables sorciers et sorcières de Germanie.

— Nous ferons face ! décida Guilhem en forçant sur l'insouciance. Au demeurant, voyez-vous d'autres moyens ?

Comme le fils du landgrave secouait la tête, Wolfram Eschenbach expliqua à Gregorio et au Flamand ce qu'était la nuit de Walpurgis, et les abominations vues par le vieil intendant. Si le récit inquiéta Jehan, il provoqua une franche hilarité chez Gregorio.

— J'ai toujours rêvé de rencontrer des sorcières, plaisanta-t-il.

— L'enfer ne vous effraie point, messire ? s'inquiéta Gretel.

— Je ne crains pas d'affronter le Malin, gente damoiselle. J'ai suffisamment œuvré au service de la divine famille pour savoir qu'elle me protégera, comme vous tous, quand je le demanderai au Seigneur.

Longtemps voleur et vendeur de reliques, le Pisan était persuadé de faire partie de l'entourage de Dieu et des saints, ce que Guilhem expliqua sur un ton mi-sérieux, mi-ironique à ceux qui ne le connaissaient pas.

— Il est désormais inutile de rester plus longtemps à Falkenstein, poursuivit-il. Messire Hermann, je propose, comme vous le souhaitiez, que nous partions pour la Wartburg. Votre père a besoin d'être rassuré, et Blancheflor s'y trouvera mieux qu'ici. Nous sommes désormais huit, neuf avec damoiselle Gretel – qui vaut un guerrier confirmé (elle sourit) –, tous bien équipés, bien vêtus, et possédant dix chevaux robustes. De quoi affronter une troupe deux fois plus nombreuse que la nôtre. Notre seule difficulté tiendra à la charrette, qui ne peut avancer vite.

— Arrêtons-nous au château d'Arnstein, décida Hermann. Maintenant, il n'y a plus de risque à informer le comte de ce qui s'est passé, et il nous vendra certainement un chariot plus confortable, s'il en possède un.

*

Ils partirent deux jours plus tard, après le retour d'Adalbert, auquel Guilhem et Hermann donnèrent des instructions :

— Nous reviendrons dans le Harz avant la nuit de Walpurgis. Entre-temps, la comtesse pourrait se présenter. Recevez-la avec déférence et soyez patient. Si, à notre retour, elle est encore présente et nous empêche d'entrer, laissez des cordes pendre le long des fenêtres extérieures du manoir ou de l'enceinte. Nous reprendrons facilement possession des lieux, lui dit le prince.

*

Le château d'Arnstein, construit une centaine d'années plus tôt[1], était un grand donjon carré accolé à une tour ronde. Le comte Walther von Arnstein accueillit Hermann et ses amis dans sa chambre avec un mélange de surprise, d'intérêt mais également d'inquiétude, puisqu'il savait Hermann recherché par le bailli de l'empereur. Ce dernier sentiment s'évanouit quand le fils du landgrave annonça qu'il souhaitait seulement l'hospitalité pour la nuit, et qu'il repartirait le lendemain.

Lors du souper, qui se tint également dans la chambre, servi par un valet fidèle et ses filles – car le comte ne voulait pas qu'on apprenne l'identité de ses visiteurs –, Hermann raconta leurs aventures et les malheurs de Blancheflor, laquelle passa la nuit dans la chambre de la comtesse.

Hermann obtint aussi un solide et confortable chariot, et la troupe repartit le matin, munie de diverses recommandations pour les prochains hébergements.

*

La Wartburg leur apparut une quinzaine de jours plus tard. Le dégel avait commencé et les

1. En 1130.

pluies retardé les voyageurs. Singulièrement, malgré la fatigue et l'inconfort, l'expédition avait fait du bien à Blancheflor – à moins que, plus simplement, le poison absorbé ne commençât à se dissiper, ce qu'espérait Hermann.

La jeune fille ne parlait toujours pas, mais de plus en plus souvent son regard devenait vif, et, surtout, elle marchait plus aisément et semblait même attentive à ce qui se passait autour d'elle. De surcroît – ce qui ravissait le fils du landgrave –, une ombre de sourire ranimait son visage dès qu'il s'approchait d'elle.

Tous les habitants du château, comte, comtesse et leurs enfants en tête se trouvaient dans la cour quand la troupe arriva. Et pour cause : dès leur apparition aux abords d'Eisenach, Wolfram, au galop, était venu annoncer leur retour. Dans cette cohue se trouvaient Alaric, Peyre et les Gascons, que le comte avait délivrés de leur chambre.

Après le bouillonnement des embrassades, les larmes de joie et l'effervescence des émotions, le landgrave de Thuringe accola avec chaleur Guilhem d'Ussel, présenté par son fils comme celui qui lui avait rendu la liberté et retrouvé celle qu'il voulait épouser.

Blancheflor et Gretel, qui, une fois en Thuringe, avait abandonné ses habits d'hommes pour un bliaut, suscitaient la curiosité et surtout l'admiration de tous, même si beaucoup s'interrogeaient sur la singulière langueur de la première.

Hermann en dit quelques mots à sa mère, lui confiant les deux jouvencelles, que la duchesse

Sophie conduisit dans ses appartements où des servantes leur prépareraient une chambre.

Pendant ce temps, le landgrave, qui avait donné des ordres pour la préparation d'un banquet, réunit dans sa propre chambre les voyageurs afin d'entendre le récit de leurs mésaventures. Alaric et Peyre furent bien sûr conviés, ainsi que le chef de la chevalerie du château, tant il fallait parler des funestes projets de l'empereur Otton.

Singulièrement, Wolfram d'Eschenbach ne participa pas à ce conciliabule. Avec quelques fidèles, il surveillait le félon que Guilhem lui avait nommé.

Quand l'animation se fut calmée et que chacun eut repris son poste ou ses occupations, l'homme fit seller un cheval et quitta le château. Sa position lui permettait de sortir sans fournir d'explication.

Wolfram le suivit de loin, et ses fidèles se mirent dans les pas du *Minnesänger*, à bonne distance également. Ainsi le scélérat ne put-il les remarquer.

À Eisenach, ce dernier se rendit dans une maison isolée qui possédait un colombier. Il laissa sa monture dans l'écurie et y pénétra.

Wolfram se dissimula derrière une construction à pans de bois et fit signe à ses hommes d'approcher. Il leur indiqua la bâtisse, qu'ils entourèrent après être descendus de cheval.

Au moment où le fourbe sortit, il découvrit le *Minnesänger*. Bien que connaissant la valeur d'Eschenbach, il tira son épée. Mais voyant plusieurs arbalétriers et des chevaliers approcher, il se sut perdu et jeta sa lame.

*

Guilhem avait terminé ses explications. Hermann, à son tour, avait narré la mort de ses hommes et la manière dont Wolfram et lui avaient été arrêtés lorsque ce dernier entra en compagnie de l'intendant du château. Le ministérial affichait un visage ravagé.

— Noble sire, intervint alors Ussel, je vous ai rapporté comment mon fidèle Guillaume, Waldemar et moi-même avons été sauvés du froid et des loups par la gentille Gretel, et l'immense dette que nous avons envers elle. Mais je ne vous ai pas révélé tous les détails. Peu avant, nous avions été attaqués. Or nos assaillants n'en voulaient qu'à nos chevaux – qu'ils ont tués –, espérant ainsi que la neige et la glace nous emporteraient sans avoir à combattre. Néanmoins, Waldemar est parvenu à en abattre un. Un homme qui portait une cotte peinte d'un lion passant couronné. Vos armes.

— Qu'insinuez-vous ? interrogea le landgrave en plissant le front, d'un ton légèrement agressif.

— À mon tour de parler, père, fit Hermann en s'immisçant dans la conversation. Comment le bailli Gottschalk savait-il que nous serions à Goslar et que nous nous rendrions chez la comtesse de Falkenstein ?

— Et ces gens de Trifels, arrivés eux aussi bien à propos à Goslar en même temps que moi ? insista Guilhem. Ils me poursuivaient depuis des mois, mais ne pouvaient savoir que je me rendais dans cette ville, sauf s'ils l'avaient appris par quelqu'un de votre château.

Cette fois, le landgrave hocha la tête, ayant deviné où les deux hommes voulaient en venir.

— Il y a un félon ici, dit-il. Mais comment prévient-il mes ennemis ?

— Il y avait, noble sire, car je l'ai mis hors d'état de nuire, grâce à messire d'Ussel, intervint Wolfram d'Eschenbach. Quant à la façon dont il avertissait nos ennemis, elle était simple : des pigeons.

Le landgrave considéra alors Ulrich Kolb. Ce dernier fit quelques pas et s'agenouilla.

— C'est ma faute, seigneur, et j'aurais dû être plus vigilant. Quand le seigneur d'Ussel est arrivé ici, il ne m'a inspiré aucune confiance en n'apportant pas de preuve de ses dires et en refusant de me remettre sa lettre de créance. Bien que n'aimant guère messire Shenk, en raison de ses ambitions effrénées, je lui ai fait part de mes doutes et il les a confortés. Il m'a dit être capable de faire suivre le seigneur d'Ussel par son cousin Rodolphe, afin d'apprendre où il se rendait. Je l'ai laissé libre d'agir.

— Rodolphe Shenk ? fit sévèrement le landgrave.

— Oui, noble sire.

— Rodolphe a disparu depuis des semaines, expliqua Hermann de Thuringe à Guilhem. Maître Kolb m'avait convaincu que vous l'aviez occis, après vous être aperçu de sa présence. C'était, entre autres, l'une des raisons que j'avais de me méfier de vos gens.

— Maître Kolb n'avait pas tort quant à la fin de votre homme, persifla Guilhem, tandis que l'intendant s'affaissait un peu plus.

Wolfram ouvrit alors la porte et fit entrer Adolphe Shenk, entravé.

— Je l'ai suivi comme tu me l'as demandé, Kyot. Il s'est rendu à une maison d'Eisenach possédant un pigeonnier. On l'a pris lorsqu'il en sortait et j'ai saisi ses complices. Il apportait un message annonçant ton arrivée et celle du prince Hermann, et se disait prêt à livrer le château.

Le landgrave se leva, blanc de rage, en désignant le chevalier félon.

— Tu as osé ! gronda-t-il.

Shenk baissa la tête et s'agenouilla.

— Comment avez-vous identifié ce traître, messire d'Ussel ? reprit le comte en se tournant vers Guilhem.

— Je dois dire que, en découvrant l'un de nos agresseurs portant une cotte à vos armes, noble sire, j'ai d'abord suspecté votre intendant, qui s'était montré si peu hospitalier. Seulement, l'homme tué par Waldemar possédait une chevalière.

Guilhem fouilla son aumônière et sortit une bague, qu'il présenta au landgrave.

— Le chaton portait une serre d'aigle, motif déjà remarqué sur la chevalière de messire Shenk. Aussi, tout à l'heure, j'ai fait part de mes défiances à Wolfram qui s'est chargé de le surveiller, tout en gardant un œil sur maître Kolb, bien que je le soupçonnasse moins. Le traître allait certainement annoncer le retour de messire Hermann, et, pour cela, se rendre à l'endroit où nichaient les pigeons. Ce ne pouvait être votre propre pigeonnier, à moins d'imaginer que le serviteur qui s'en occupe ne soit également déloyal.

Eschenbach poursuivit :

— Maître Kolb s'est rendu dans sa chambre, mais Shenk a quitté le château, et je l'ai suivi.

— Depuis quand me trahis-tu, perfide ? interrogea le landgrave.

— J'ai toujours été fidèle, seigneur, jusqu'au jour où j'ai cédé à la tentation, l'été dernier. Pardonnez le mal que j'ai commis, seigneur, et je suis prêt à recevoir mon juste châtiment.

— Je veux entendre ta complète confession !

— Cet été, alors que je remplaçais votre *Hauptmann* quand vous vous êtes rendu à Goslar, j'ai écouté un homme de l'empereur, Dieu que je le regrette...

Il se mit à pleurer.

— Il m'a proposé de l'or, je l'avoue, mais m'a surtout dit que l'empereur allait prendre la Thuringe, que tous vos fidèles seraient aveuglés et éventrés, sauf ceux ayant rejoint messire Otton. Il a également promis que je deviendrais le seigneur du château lorsque l'archevêque Albert de Magdebourg serait le nouveau landgrave.

— J'ai toujours su que tu étais infidèle ! rugit l'intendant, soulagé maintenant qu'il n'était plus accusé.

— Et les pigeons ? s'enquit Wolfram.

— Un serviteur de l'empereur, venu de Cologne, les a portés à Karl qui tient le pigeonnier. Karl est un serf de ma famille.

— Combien de messages as-tu envoyés ?

— Deux seulement, noble sire. Le premier pour rapporter que votre fils se rendait à Goslar, et le second pour dire qu'un Français voulait le rejoindre, mais que j'avais envoyé des gens le retarder.

Guilhem hocha la tête en regardant Guillaume et Waldemar. Tout cela correspondait parfaitement à ce qu'il avait envisagé.

— Qui étaient ceux ayant abattu nos chevaux ?

— Des chasseurs que Karl et mon cousin connaissaient. À leur retour, ils ont prévenu Karl que Rodolphe n'était pas avec eux. Karl m'a averti, et c'est là que j'ai fait partir le second message par un pigeon. Je craignais fort que Rodolphe n'ait été pris et n'ait parlé...

— Sa bague a parlé pour lui, fit Guilhem, qui s'adressa ensuite à l'intendant. Quant à cette lettre du roi de France qui vous intéressait tant, maître Kolb, je ne l'ai plus, mais j'espère la retrouver à la fin du mois d'avril. Et vous aurez l'occasion de voir qu'il ne s'agit pas d'une invention.

L'autre baissa plus encore les yeux.

Le landgrave s'adressa alors au chef de sa chevalerie :

— Je devrais punir cruellement ce félon et ses complices, mais cela ne m'apportera aucune satisfaction. Qu'ils puissent recevoir les sacrements et soient pendus ce soir aux merlons.

— Pas tout de suite, noble sire, intervint Guilhem. Shenk peut nous être utile. Je vous supplie de le garder en vie encore quelque temps.

48

Le jour de la Saint-Aubin[1], un vilain de Quedlinburg découvrit avec horreur un bras et sa main sortant d'un monticule de neige. Il détala pour quérir de l'aide et, avec quelques compagnons courageux, sortit six corps meurtris portant, pour deux d'entre eux, des surcottes aux armes impériales. L'un des hommes du village prévint alors son seigneur, lequel envoya ses gens récupérer les cadavres et avertit messire Gottschalk.

Ce dernier dépêcha Eckhard, qui identifia l'un de ses soldeniers et devina ce qui s'était passé. La patrouille avait rencontré les fugitifs. Sans doute Ussel avait-il été reconnu et y avait-il eu bataille. Une fois encore, le *Leiter* des *milites* de Trifels ne s'expliquait pas comment quelques fuyards mal équipés avaient pu vaincre six guerriers. Une seule réponse s'imposait : ils bénéficiaient de complices. Mais lesquels ?

Revenu à Goslar, il avait rassemblé ses gens, à l'exception d'Engelhard qui ne pouvait toujours pas monter à cheval, afin de repartir avec eux sur la route de Quedlinburg.

---

1. Le 1er mars.

Tout au long du chemin, il avait posé maintes questions à ceux qu'ils rencontraient, toujours sans résultat. Néanmoins, à Wernigerode on se souvenait de deux drapiers accompagnés de leur guide, des gens armés, qui avaient passé la nuit. Pouvait-il s'agir d'Ussel ? Difficile à croire puisque l'un des marchands, un Flamand, était roux et l'autre, un Pisan, frisé. Aucun ne correspondait au Français, et le guide, un Saxon, encore moins. Quant au vieillard, honorable intendant du château de Falkenstein qui avait également passé la nuit avec son serviteur, il était hors de cause.

En poursuivant ses investigations, Eckhard n'avait plus trouvé trace de ces trois-là. Qu'étaient-ils devenus ? Énième mystère ! Il s'était donc arrêté à Falkenstein pour interroger l'intendant. Hélas ce dernier n'avait guère de souvenirs nets du trio d'individus qu'il avait côtoyé. Quant à son serviteur, inutile de l'interroger, avait-il dit : il était muet et simple d'esprit.

Eckhard et sa troupe avaient poursuivi jusqu'au château d'Arnstein, où personne n'avait observé le passage d'étrangers. Poussant jusqu'au bourg de Heiczstete[1], où il avait fait halte afin d'abreuver les chevaux près d'une source qui ne gelait jamais, ils avaient discuté avec un mineur logeant à proximité. Par chance pour eux, celui-là, bon observateur, se souvenait d'une troupe apparue huit ou dix jours plus tôt. Il s'agissait d'une dizaine de cavaliers escortant un chariot où se trouvait une femme, qu'il n'avait pas vue car

1. Devenu Hettstedt.

elle n'était pas sortie du véhicule bâché. L'homme avait entendu les gens s'interpeller, parfois en une langue inconnue. Au jeune chevalier prénommé Hermann, tous marquaient une profonde déférence. Oui, il y avait un grand rouquin et un frisé avec eux. Et l'un des voyageurs semblait correspondre à Ussel. Celui-là avait été appelé Kyot par l'un de ses compagnons, lui-même prénommé Wolfram. Quant à la femme dans le chariot, son prénom était… Blancheflor, oui c'était cela, Blancheflor.

À coup sûr, il s'agissait d'eux ! Le rouquin et le frisé étaient bel et bien des complices d'Ussel. Comment était-ce possible ? Difficile à dire, mais peu lui importait. Une certitude s'imposait : les maudits fuyards avaient quitté le Harz et devaient, maintenant, se trouver à la Wartburg.

Revenu au plus vite à Goslar, Eckhard avait dressé son rapport au bailli impérial. Il convenait de lancer l'offensive sur la Thuringe au plus vite, insista-t-il, car le landgrave allait préparer sa défense, et chaque jour écoulé lui assurerait un avantage supplémentaire. Pour sa part, il était prêt à marcher sur la Wartburg avec la centaine d'hommes présents à Goslar. En quatre jours, les troupes seraient au pied du château et, avec l'aide du félon, elles prendraient la place sans peine. Le chevalier de Trifels savait qu'en agissant rapidement il trouverait Ussel là-bas et solderait ainsi toutes leurs dettes communes.

Pourtant Gottschalk s'était montré bien circonspect. Il avait même annoncé devoir retourner à

Cologne rassembler les troupes d'invasion de la Thuringe. En promettant de revenir à la fin avril avec suffisamment d'hommes pour fondre sur le château de la Wartburg. D'ici là, Eckhard, qui aurait le commandement du *Kaiserpfalz*, n'aurait qu'à faire construire des machines de siège.

Avant de quitter Goslar, le bailli était allé trouver sa maîtresse. La comtesse de Falkenstein avait en effet jeté son dévolu sur lui, même si lui croyait plutôt l'avoir séduite. Elle en avait fait sa créature à l'aide de maints philtres et l'avait même convaincu de venir au sabbat de Walpurgis. Le diable l'aiderait, avait-elle promis, s'il lui livrait son âme.

Complètement sous domination, Gottschalk s'était laissé convaincre. En vérité, avait-il le choix ? Quand l'empereur apprendrait qu'il avait laissé fuir le prince Hermann, sa punition serait terrible. Non seulement il perdrait sa charge, mais Otton, qui détestait l'échec, se montrerait envers lui aussi cruel que son prédécesseur Henri VI, qui punissait les gens le fâchant des plus effroyables manières : crevant les yeux, empalant, enterrant vif, écorchant, brûlant ou faisant scier les corps.

Le bailli avait donc besoin d'attendre la nuit de Walpurgis, soit celle du 30 avril. Les arguments livrés à Eckhard sur le temps nécessaire aux préparatifs d'invasion relevaient des fallaces.

Avant de partir, il avait révélé à Marguerite d'Antioche que les fuyards escortaient une femme prénommée Blancheflor. Il n'ignorait pas que la belle-fille de la comtesse, qui s'appelait ainsi et que le fils du landgrave de Thuringe voulait épouser, avait été dévorée par un ours, bien qu'on n'ait pas retrouvé ses restes, mais la coïncidence l'intriguait. Se pouvait-il que Hermann l'ait découverte, vivante, dans le Harz, et conduite à la Wartburg?

À cette nouvelle, bien qu'elle fût terrorisée, Marguerite s'était évidemment composé un masque d'indifférence en déclarant qu'il s'agissait à coup sûr d'une autre personne, son frère Constantin et sa dame de compagnie, Angelina, lui ayant certifié Blancheflor trépassée.

Gottschalk n'avait pas insisté, l'affaire ne l'intéressant aucunement. Pour Marguerite, en revanche, le doute n'était plus permis: Blancheflor vivait. Et Constantin lui avait menti, ce qui expliquait sa disparition. Son frère s'était enfui par crainte de sa vengeance lorsqu'elle découvrirait la vérité.

Afin d'en savoir plus, elle avait battu Angelina comme plâtre, lui faisant subir les pires sévices, mais sans rien obtenir de plus que ce que la dame lui avait déjà dit. Elle avait alors interrogé son miroir:

— Miroir, gentil miroir, dis-moi, dans le duché de Saxe, qui est la femme la plus belle?

Une image était apparue, et elle avait cru reconnaître le visage de Blancheflor.

La prise du château de la Wartburg devenait donc impérative pour la sorcière. Il lui fallait à tout prix faire disparaître sa belle-fille. Et ceux auxquels elle avait révélé ses turpitudes.

*

À la Wartburg, chacun avait repris des forces, soigné gelures et blessures. Le chasseur Waldemar n'éprouvait pas la moindre envie de repartir, surtout pour combattre des sorcières, mais bien qu'il n'ait jamais donné sa foi au seigneur d'Ussel, il se sentait désormais obligé de demeurer auprès de lui.

Guilhem, lui, avait hâte d'en finir et été fort contrarié par une exigence de la jeune Gretel, à laquelle il avait expliqué son dessein. Il avait même de prime abord refusé sa demande, mais elle lui avait rappelé sa promesse, aussi ne pouvait-il se délier. Contraint d'obtempérer, plusieurs heures par jour, il l'entraînait à l'épée jusqu'à l'épuisement, tant avec lui qu'avec ses hommes et Friedrich, chacun apprenant à la jeune femme ses plus redoutables ruses. Guillaume luttait aussi parfois contre elle, mais au bout d'un mois à peine son habileté était devenue telle qu'elle l'emportait à chaque passe d'armes. Les derniers jours avant leur départ, Guilhem lui avait même confié son épée. Dotée de cette arme légère et puissante, elle était sortie victorieuse de toutes ses joutes !

Hermann se plaisait à assister aux assauts amicaux, bien que souvent violents, dont Wolfram était le héraut d'armes. Le reste du temps, le fils du landgrave le passait avec Blancheflor, qui ne parlait toujours pas mais semblait comprendre ce qu'il lui disait. Elle soupait à présent avec lui, et les médecins venus l'examiner assuraient qu'elle retrouverait un jour ses sens, sans cependant pouvoir prédire si ce miracle arriverait dans des mois ou des années.

Guilhem et Wolfram venaient également souvent la charmer par des chants, le second utilisant sa harpe et le premier une viole que son ami lui avait dénichée.

*

Ils partirent pour le Harz une semaine avant la nuit de Walpurgis. Le landgrave avait proposé que quelques *Wehrmänner* du château les accompagnent, mais Guilhem avait refusé. À treize avec les trois Gascons, Gretel, Hermann et Wolfram, on ne pouvait rêver meilleurs guerriers. Et il était nécessaire que tous les servants de la Wartburg soient présents si l'armée impériale se montrait. En revanche, ils avaient emmené des coursiers supplémentaires.

Grâce à un temps beau et sec, ils purent chevaucher sans débotter. Si bien que, deux jours après leur départ, ils atteignirent Falkenstein où ils furent accueillis avec soulagement. L'intendant leur annonça que la comtesse n'était pas venue, et Guilhem lui expliqua ce qu'il avait prévu.

Après une journée de repos, ils se rendirent à la tour Maltermeister avec quelques chevaux supplémentaires pour transporter ce qu'ils rapporteraient. Adalbert les accompagnait. En chemin, ils racontèrent aux nains leur périple, leur parlèrent de l'état de Blancheflor et laissèrent chez eux leurs montures, sauf trois d'entre elles. Guilhem les informa également de ce qu'ils allaient faire ; les nains promirent de prier pour eux.

Une nuit passée dans la chaumière et une autre journée de marche furent nécessaires pour atteindre la tour. Une journée épuisante, car ils portaient leurs armes, même s'ils avaient chargé les chevaux avec les écus, les hauberts et les arbalètes. Heureusement, le Harz étant désormais vide de patrouilles impériales, ils ne firent aucune mauvaise rencontre.

La butte, où se dressait la tour, apparut à la nuit tombée. Waldemar vérifia qu'il n'y avait personne dans les environs, tant ils étaient proches de Goslar, puis tous se rendirent à la fortification après avoir attaché les chevaux à des arbres en contrebas.

Gretel ne s'était jamais séparée de la clef de la porte, comme des deux autres d'ailleurs, que Guilhem lui avait rendues. Juchée sur les épaules du Flamand, elle déverrouilla l'huis et pénétra. Guillaume monta à son tour sur les épaules de Jehan pour entrer. Avec la jouvencelle, il fit descendre l'échelle de l'étage à l'extérieur. Ainsi tout le monde put grimper avec armes et bagages.

La porte refermée, ils s'installèrent commodément sur les deux niveaux tandis que Wolfram montait sur la terrasse, d'où il pouvait surveiller la ville et les chemins alentour. Quelques compagnons explorèrent également la cave, mais Gretel avait remis la pierre en place après que Guillaume et son maître eurent emprunté le souterrain, aussi n'y existait-il nulle trace d'une issue.

Si, avec l'accord de la jeune fille, Guilhem avait révélé l'existence du passage secret à Hermann et Wolfram, il n'en avait pas parlé à ses compagnons, pas plus qu'au landgrave, lorsqu'il avait dévidé le récit de leurs aventures. Plus tard, le fils l'apprendrait au père et, pour tous les autres, inutile qu'ils sussent comment il avait pénétré dans le château du *Kaiserpfalz*. Au demeurant, Otton découvrirait tout la première fois où il se rendrait dans la chapelle impériale.

*

Mi-avril, l'intendant de Kaiserswerth, à Cologne, avait reçu un nouveau message de celui qui trahissait son landgrave. Qu'il avait immédiatement fait porter au bailli Gottschalk, lequel préparait l'expédition guerrière contre la Thuringe.

Dans un précédent courrier porté par pigeon, remontant à la fin mars, l'espion avait précisé que le landgrave renforçait les surveillances, et qu'il ne pourrait agir avant un mois ou deux. La dépêche avait conforté le bailli sur l'inutilité de lancer l'offensive avant mai.

Mais la seconde dépêche se révélait d'une tout autre importance. L'espion avait appris que, l'avant-veille de la Sainte-Walburge, dans l'après-midi, Hermann de Thuringe rencontrerait, devant la tour Maltermeister, un sorcier venant au sabbat, lequel lui remettrait un philtre permettant de soigner la jeune Blancheflor victime d'un charme. Le damoiseau princier s'y rendrait seulement avec son écuyer, n'ayant rien dit à son père.

L'imprudent revenait donc ! La leçon ne lui avait pas servi ! Pour Gottschalk, cette chance inespérée le libérerait de son obligation de se rendre au sabbat et de perdre son âme, car une fois le jeune Hermann saisi, sa position auprès de l'empereur retrouverait de la solidité.

Il était donc parti quelques jours plus tard avec ses meilleurs guerriers.

*

Le lendemain à l'aurore, le guetteur en haut de la tour Maltermeister – il s'agissait du Flamand – repéra une troupe d'une dizaine de piétons qui sortaient du château par la *Kaiser Tor*.

Gottschalk avait décidé de se rendre à pied à celle-ci avec ses guerriers, et de se dissimuler autour de la butte, dans la forêt environnante, de façon à ne pouvoir être vus du jeune Hermann lorsque ce dernier arriverait. Ils le prendraient par surprise après avoir abattu son cheval, ainsi que l'écuyer qui l'accompagnait. Tous avaient donc emporté des arbalètes, et étaient excellents tireurs.

On l'a compris, les messages portés par les pigeons à Cologne, s'ils avaient bien été écrits par Shenk, avaient été dictés par Guilhem. Le traquenard semblait fonctionner.

Dans la tour, chacun se mit en place. Ceux qui possédaient un arc – Waldemar, Peyre, Gretel et Guillaume – s'installèrent sur la terrasse, dissimulés par les merlons. Les autres, munis d'arbalètes, se postèrent aux archères ou devant la porte, laquelle serait ouverte au dernier moment.

Quand les gens de Gottschalk se furent cachés, rien ne se passa pendant près de deux heures. Le bailli s'impatientait. Et si Hermann ne venait pas ?

Soudain, les impériaux virent, non sans surprise, la porte de la tour s'ouvrir et le fils du landgrave apparaître, regardant en pleine insouciance à droite puis à gauche. À l'évidence, il attendait quelqu'un.

Il est pris ! se réjouit Gottschalk. *Il suffit maintenant d'encercler la tour et, s'il ne se rend pas, d'aller chercher des renforts pour l'assiéger.* En attendant, gagné par l'ivresse d'une victoire facile, il donna ordre à ses *Wehrmänner* de monter sur la butte afin d'empêcher toute fuite.

Les hommes se déployèrent en cercle, et le bailli s'avança. C'est alors que Hermann le vit. Et se figea.

Gottschalk lui cria de se rendre, ignorant que ses serviteurs envoyés de l'autre côté de la tour venaient d'être atteints par des flèches et des viretons.

— Je me rends ! cria un Hermann casqué et en haubert.

Quelqu'un derrière lui fit passer une échelle, et il descendit. Mais à peine se trouvait-il en bas qu'un individu en harnois empruntait également l'échelle, suivi d'un troisième.

— Tirez sur ces deux-là ! ordonna Gottschalk.

En réponse, ses hommes s'affaissèrent, touchés par des traits mortels partis des meurtrières et de la porte.

— C'est toi qui es pris, maudit Gottschalk ! hurla Hermann. Tu vas payer la mort des miens !

Le bailli regarda autour de lui et découvrit une multitude de cadavres. Comprenant être tombé dans un piège, il dégaina son épée, lèvres dédaigneuses et œil insolent.

— Crois-tu que je vais me laisser faire ? gronda-t-il.

Alors il se précipita vers le fils du landgrave, brandissant sa brette.

— Arrête-toi, bailli ! ordonna Wolfram en s'interposant, lui aussi épée haute. Nos archers peuvent te meurtrir en un instant. Plutôt qu'une mort infamante, je te propose de sauver ton honneur dans un duel honorable !

Le fer de Gottschalk heurta celui d'Eschenbach qui tenait sa lame à deux mains. Le bailli s'arrêta.

— Un duel contre Hermann ? Entendu ! Aurai-je la vie sauve si je le vaincs ?

— Non, lança une voix de femme, le duel sera contre moi !

*

Gretel, descendue à son tour par l'échelle, se montra, en casque, camail et haubergeon, sans épée à la ceinture mais tenant une lance avec bannière bouton d'or représentant un ours noir.

Surpris, le bailli l'examina. Avant de ricaner.

— Une damoiselle déguisée en chevalier ? fit-il. Qui es-tu, la donzelle ?

— Celle qui va t'envoyer en enfer, toi qui as fait assassiner mes parents.

Les hommes de la tour entouraient ce qui allait devenir une lice. Le silence s'était fait. Gretel s'avança fièrement, torse dressé et visage sévère, sa blonde chevelure tressée sortant de son camail, telle une des déesses païennes que les Germains honoraient encore en secret.

— Qui es-tu ? répéta Gottschalk d'un ton moins ferme. La bannière l'intriguait. N'étaient-ce pas les armes de l'ancien intendant de Goslar ?

Il pressentait maintenant que le traquenard n'avait pas seulement été élaboré pour venger les gens du fils du landgrave.

— Mon nom est Gretel. Pour l'honneur de ma mère que vous avez condamnée au bûcher, pour celui de mon père que vous avez fait décapiter, j'ai juré à mes parents de vous envoyer en enfer. Je suis venue pour cela. Je vous ai attiré ici pour cela. Je vous offre ce combat, mais je vous le dis : c'est vous qui serez tué, car mes parents, maintenant près de moi, le veulent ainsi.

— La fille du *ministerialis*... murmura le bailli, la peau gagnée de frissons.

Guilhem tira son épée, celle des nains, et la donna à Gretel qui lui remit la lance en échange.

— Un chevalier ne combat pas contre une femme, fit Gottschalk en abaissant sa lame, espérant trouver ainsi un arrangement.

Son visage ruisselait de sueur. Pour la première fois de sa vie, il avait peur. Peur d'une femme !

— Chevaliers, amis servants, ce lâche refuse de se battre. Nous allons donc le pendre comme un maraud, déclara Gretel.

Livide, le bailli releva sa lame, qu'il prit à deux mains.

Son adversaire en faisait autant avec sa brette. Les fers se dressèrent. Et se heurtèrent farouchement en provoquant des étincelles.

Gottschalk sentit que la fille n'avait pas été ébranlée. Alors, honteux de ne pas être parvenu à faire chanceler une fillette, il frappa à plusieurs reprises rageusement en s'efforçant de meurtrir la jouvencelle. Seulement, celle-ci s'écartait à chaque assaut dans un fascinant mélange de grâce et de hardiesse, et l'épée de la brute ne faisait que frapper le sol. Après quelques échecs, haletant, il se reprit, s'évertuant plutôt à l'atteindre d'estoc puisqu'il avait plus d'allonge qu'elle. Hélas pour lui, trop agile, la fille de l'intendant de *Kaiserpfalz* évitait toujours le fer mortel pour mieux, ensuite, heurter sa lame contre celle de son ennemi dans un fracas d'acier enveloppé d'éclairs.

À chaque attaque, Gretel se contentait de parer, sans essayer de toucher le bailli, alors qu'Alaric, Peyre et Jehan l'y incitaient par leurs cris et encouragements.

Gregorio, lui, observait. Il devinait où elle souhaitait en venir. La jeune femme voulait que l'assassin de ses parents voie la mort arriver, et que la terreur lui fasse perdre peu à peu ses moyens.

Gottschalk transpirait, les mains moites, la cotte trempée. Chacun des témoins sentait la peur qui émanait de lui, alors que son adversaire se montrait fraîche et moqueuse.

Et puis, brusquement, le bailli conduisit un furieux tourbillon avec son fer, tentant de trancher le col de Gretel. Celle-ci fit un bond en arrière, et l'épée du bailli siffla seulement dans l'air, tandis qu'elle-même enfonçait sa propre lame dans la bedaine du bourreau des siens.

Malgré la cotte de mailles, le ventre de la brute s'ouvrit, et ses entrailles sortirent, grouillantes et fumantes comme d'énormes vers horribles. Gretel retira son épée rouge et recula, attendant la suite d'un air mauvais.

Gottschalk lâcha son arme. De ses mains, il tenta de retenir ses boyaux, mais ses forces l'abandonnèrent. S'affaissant sur les genoux, il haleta :

— Pardon...

Guillaume, qui s'était rapproché de Gretel, prit l'épée qu'elle lui tendit et en essuya la lame sur une touffe d'herbe naissante avant de la rendre à son seigneur.

— Je... vous en supplie... Pardonnez-moi... Je veux une sépulture chrétienne... balbutia le bailli.

— Ta sépulture sera sur le Brocken, avec celles de tes amies les sorcières ! cracha-t-elle. Et tu seras damné pour l'éternité.

— Non... gémit-il en s'affalant.

*

L'assistance se dispersa, désormais indifférente. Chacun revint vers la tour pour récupérer les bagages à emporter. Hermann et Wolfram restèrent encore un peu à regarder le corps agonisant de celui qui avait tué leurs serviteurs. Puis s'éloignèrent à leur tour.

Guilhem, Gretel et Guillaume demeurèrent seuls devant la dépouille du bailli. Gretel prit alors la main du fils d'Aignan et la porta à ses lèvres. À la lisière des bois, Teufel les regardait en gémissant doucement.

49

Après une nuit à la belle étoile, l'intendant les guida jusqu'à la mine appartenant au comte de Falkenstein où ils arrivèrent dans l'après-midi. Construite à flanc de colline, en troncs et planches de mélèze, la maisonnette des mineurs se voyait à peine. En contrebas, à une centaine de toises, serpentait le chemin rocailleux qui conduisait de Goslar au Brocken, la sinistre montagne visible au-dessus du faîte des sapins. Le lendemain serait la Sainte-Walburge.

L'endroit était déserté. Si, après l'incendie de l'année précédente, les mineurs avaient réparé leur cabane, pour rien au monde ils n'y seraient restés une nouvelle nuit de sabbat. Adalbert n'en menait donc pas large en s'approchant de la bâtisse, même si la bande de rudes gaillards qui l'entouraient aurait dû le rassurer.

L'esplanade devant le logis était occupée par de grandes réserves de bois et un énorme fourneau circulaire, en pierre, servant à fondre les minerais, un *Stückofen*, expliqua l'intendant à Guilhem, très intéressé par le four puisque, dans sa jeunesse, il avait utilisé de tels équipements pour fondre du fer. Pendant ces éclaircissements, les autres déchargèrent bagages et sellerie des montures, puis Peyre, Waldemar et l'un des Gascons partirent avec deux d'entre elles pour les dissimuler en forêt. Le Flamand s'installa sur un rocher afin de faire le guet, et le troisième destrier fut emmené au Brocken par Gretel, Guillaume, Friedrich et Alaric.

Ceux qui restèrent entrèrent dans la maison. Aucune serrure à la porte. À l'intérieur, un foyer central avec un trou dans le toit de branches, deux couchettes, des coffres, et une porte basse ouvrant vers la galerie de la mine. Dans un coin étaient entassés pics, pioches, sacs, lanternes et quantité de paniers d'osier ou de bois, dont plusieurs débordant de gravats.

— Vos mineurs ne craignent pas les voleurs, observa Gregorio.

— Il n'y a rien à voler, messire, et ils ont dû emporter, ou cacher, l'argent extrait. Si demain je suis encore vivant, ils me le remettront quand ils reviendront.

— Pas d'inquiétude, mon maître ! promit Wolfram avec un sourire engageant tout en déposant son casque sur l'une des huches. Guilhem, comment vois-tu la suite ?

— Dès que Gretel et les hommes reviendront, nous dévorerons le beau chevreuil que Waldemar a abattu. Mon ventre hurle de malefaim. Ensuite, nous attendrons le passage des damnés. Et nous les suivrons.

Peyre entra à son tour, accompagné de Waldemar et Guiraud.

— J'ai mis les chevaux à l'abri, seigneur, le Flamand et Comminges sont restés à faire le guet. On ira les remplacer dans un moment.

— J'ai trouvé une outre d'hydromel, annonça Adalbert qui commençait à se rassurer en constatant que ses compagnons n'éprouvaient aucune inquiétude.

— À boire, donc, pour tout le monde ! Après, nous rassemblerons du bois pour le feu, et Waldemar préparera son gibier, déclara Guilhem.

Aidé par Peyre, il retira son haubert. Les autres l'imitèrent.

*

Le souper achevé, les hommes s'installèrent sur les couchettes, à part ceux chargés du guet. Certains s'endormirent, tandis que Guilhem chantonnait en faisant tourner la roue de la vielle. Qui aurait pu imaginer que ces gens tranquilles allaient affronter l'innommable ?

Le feu n'était plus que braises et la nuit s'installait quand Wolfram sortit en emportant un seau, qu'il remplit de terre et, revenant, vida dans le foyer en train de s'éteindre.

Chacun sortit de sa torpeur, boucla son ceinturon et prépara, qui son arc et ses flèches, qui ses arbalètes et ses carreaux, plusieurs possédant désormais deux balestres après avoir récupéré celles des gens de Gottschalk. Devant un crucifix attaché à un mur, Hermann, Friedrich, Gregorio, Adalbert et les Gascons s'agenouillèrent pour prier le Seigneur suivant les rites de Rome. Gretel s'apprêtait à les rejoindre quand elle vit Guillaume, qui se tenait près du Flamand, la regarder non sans embarras.

— Nous préférons prier dehors, lui dit-il avec un brin d'embarras.

Ils sortirent. Après une hésitation, la jouvencelle les rejoignit.

Quant à Alaric et Peyre, qui avaient vécu dans un milieu rejetant l'Église de Rome et assurant que ce monde était gouverné par le diable, ils avaient connu trop d'horreurs pour croire que les prières catholiques les protégeraient de Satan. Cependant, ils étaient persuadés que dans la famille divine la Sainte Vierge les écoutait, et ce fut elle qu'ils invoquèrent, debout devant un grand sapin.

Non loin, le Flamand s'était placé de telle sorte qu'il voyait tout le chemin. Près de lui, Guillaume tenait la main de Gretel.

— Père saint, juste Dieu des bons esprits, Toi qui ne Te trompas jamais, qui jamais ne mentis, qui jamais ne doutas, nous implorons Ta miséricorde et Ta protection contre le Malin que nous allons combattre, déclara Jehan.

À l'écart, Guilhem observait. Il ne priait pas, ou ne voulait le faire, mais songeait à Sanceline et à son enfant qu'il aurait tant aimé tenir dans ses bras.

La lueur blanchâtre de la lune éclairait le chemin. Il vit avec inquiétude se dessiner une bande noire de lourds nuages. Et, au même moment, paraître Wolfram et Waldemar.

Il avança vers eux.

— Ils arrivent ! annonça le chasseur de loups d'une voix étranglée.

Guilhem, doté d'une bonne oreille, perçut alors une psalmodie lointaine et assourdie. Un flot de sons sans harmonie dont certains rappelaient les plaintes vociférées par les écorchés. Il crut distinguer une flûte, des tambourins, une viole aussi.

— En place ! dit-il. Waldemar, va prévenir les autres !

Alaric, Peyre et le Flamand le rejoignirent et se dissimulèrent derrière le *Stückofen*. Guillaume entra dans la maison avec Gretel et se plaça près d'Adalbert, sur un côté de la porte restée ouverte. Hermann se tenait de l'autre côté de l'huis, avec Gregorio, les Gascons derrière eux. Le feu étant éteint, du chemin on ne pourrait rien voir.

Quant à Waldemar, il ressortit et retrouva Friedrich près du tas de bois.

Personne ne parlait, Adalbert s'efforçait même de ne pas respirer. Aucun ne voulait manquer le passage des damnés.

*

La musique lancinante devint plus forte, puis apparurent des lueurs, et enfin un répugnant cortège vaguement éclairé par des torches grasses et fumantes.

En tête s'avançait un individu de haute taille, aux os saillants, aussi maigre qu'un squelette, le visage jaunâtre, des yeux caves et une barbiche rousse. Il portait un bonnet noir, une robe de la même couleur, et avait en main un bâton de cérémonie ciselé dont Guillaume comprit avec horreur qu'il était surmonté d'une tête de chat noir sanguinolente. De l'autre main, il jouait de la flûte.

Derrière, à distance respectueuse, se pressait la troupe diabolique. Marchant en premier, un géant voûté tenant une hallebarde. Sa tête, énorme, pesante, boursouflée et cabossée comme si elle avait été cognée à un plafond trop bas, était enfoncée dans les épaules. Une bouche, d'où sortaient des crocs de sanglier, occupait la plus grande partie de cette face violacée et hirsute.

Dans ses pas, une douzaine de femmes de tous âges en camisoles ou cottes noires ou rouges, coutelas à la taille, se balançaient d'obscène façon en accord avec les tambourins qu'elles secouaient.

Chuchotant à l'oreille de Guilhem, Wolfram lui désigna l'une de celles qui brandissaient une torche, laquelle ne respectait guère la cadence et paraissait regretter sa présence dans la diabolique procession.

— C'est Angelina, la dame de compagnie de la comtesse. Derrière elle se trouve Marguerite d'Antioche.

Guilhem s'attarda sur la comtesse de Falkenstein. Revêtue d'un ample bliaut écarlate galonné d'argent et coiffée d'un chapeau pointu, elle paraissait plongée dans ses pensées, marchant silencieusement à côté d'un homme dont les bras mesuraient presque une moitié de plus que des membres ordinaires. Le visage de l'être étrange surprenait aussi avec ses joues si flasques qui atteignaient son cou et son large front couvert de pustules. Il tenait la bride d'un énorme bouc en train de tirer une charrette décorée de guirlandes de crapauds et transportant des cages contenant plusieurs coqs et des chats noirs miaulant de terreur, comme s'ils devinaient leur sort.

Autour de la charrette cheminaient des sorciers et sorcières de noir vêtus, agitant torches et bâtons griffus. Plus loin encore, d'autres femmes et quelques hommes entouraient un moine tonsuré dont le cou arborait une croix de fer suspendue à l'envers et qui tenait un flambeau de résine. Les femmes étaient vêtues de grandes chainses qui révélaient leurs corps, formes aisément visibles puisqu'elles dansaient en avançant. Certaines portaient des serpes aux fers brillant sous la lumière lunaire.

— La femme du meunier est celle qui tient un bouc et la fille du coutelier suit son père, celui au cauchoir de tonnelier, souffla Adalbert à Gretel.

Deux sorciers, ou aides de sorcier, terminaient le cortège maléfique. Des hommes dans la force de l'âge, l'un porteur d'une doloire, l'autre d'une hache.

La cohorte diabolique poursuivit son chemin et, déjà, les premiers avaient disparu dans l'obscurité. Guilhem et ses amis demeuraient figés, silencieux, ébranlés et souillés par ce qu'ils venaient de voir. Si seul le son des tambourins continuait à se faire entendre en s'éloignant, le cortège laissait derrière lui une sorte de moiteur écœurante qui exaltait le mal.

— C'est à nous, maintenant, dit Guilhem en sortant ses compagnons de leur torpeur. Allez chercher les autres et suivons ces maudits de loin. Inutile de nous presser, nous savons où ils vont et Gretel nous guidera.

Adalbert ne les accompagnerait pas.

*

À mesure que Guilhem et ses gens approchaient de la cime du Brocken illuminé par des torches et un grand feu, le charivari des flûtes, des tambourins et de la viole se fit de plus en plus lugubre, accompagné de cris et de lamentations mystérieuses. S'y mêlaient d'étranges chants psalmodiés qui glaçaient le sang.

Ils grimpèrent silencieusement sur le plateau en se dissimulant, mais ils auraient pu ne pas chercher à se cacher puisque aucun des adeptes sataniques ne faisait attention à ce qui se passait en contrebas.

Aussi choisirent-ils soigneusement leurs cibles. Il n'y aurait pas de survivants, avait-il été décidé. Seule Marguerite serait épargnée, afin qu'elle fournisse l'élixir capable de guérir Blancheflor. Mais ensuite, elle aussi serait exécutée. Wolfram alla voir chacun pour la désigner et avertir que le seigneur d'Ussel, par le tir de son arbalète, déclencherait l'attaque.

Justement, Guilhem, accompagné de Guillaume et Gretel, s'était le plus rapproché des damnés afin d'observer le spectacle infernal.

Alors que les femmes dansaient, certaines, désormais nues, alors que d'autres déchiraient des crapauds à belles dents en poussant d'odieux glapissements, que le moine défroqué passait entre les damnés pour leur faire boire un breuvage tiré d'une outre, brusquement retentirent les vagissements d'un nourrisson.

L'une des sorcières se rendit à la charrette et, d'une caisse, sortit un enfantelet dans ses langes. Il devait jusque-là dormir, sans doute drogué par quelque philtre, car aucun nourrisson n'aurait pu s'assoupir dans un tel vacarme.

Le maître de cérémonie, le maigre au visage jaunâtre, ordonna le silence et appela l'une des jeunes bacchantes.

— Es-tu prête ?

— Je le suis, serviteur de l'Ange.

— Prononce ton serment avant le sacrifice.

D'une voix rauque, la sorcière en devenir déclara :

— Je promets à vous, Belzébuth, que je vous servirai toute ma vie. Je vous donne mon cœur et toutes les facultés de mon âme, toutes mes œuvres et mes pensées, je vous donne toutes les parties de mon corps, toutes les gouttes de mon sang. Et pour vous prouver mon amour, je vous offre cet enfant non encore baptisé.

Guilhem regarda Gretel. De grosses larmes roulaient sur ses joues. Elle aurait voulu qu'il intervienne, mais le moment n'était pas encore venu.

— Monte sur le rocher, on te portera l'enfantelet et je te rejoindrai quand son sang coulera. Ensuite, on détranchera les chats, dit le sorcier à la novice.

Le géant à la hallebarde déplaça sa lourde carcasse et lui tendit un coutelas qu'elle prit sans hésiter avant de s'engager sur le sentier conduisant à la roche.

On la perdit de vue quelques instants, puis elle réapparut en haut du rocher. Soudain, elle poussa un effroyable hurlement.

Alors que Guilhem allait tirer, c'est Gretel qui lui avait logé une flèche dans la poitrine. Mais quand la sorcière tomba du monticule, un autre corps fut entraîné dans sa chute.

*

La comtesse de Falkenstein avait attendu le bailli toute la soirée. Elle le savait à Goslar, et pourtant il n'était pas venu. En rage, décidée à punir le félon qui lui avait juré de participer au sabbat, elle avait quitté la ville au lever du soleil en compagnie d'Angelina pour retrouver les autres participants dans un refuge situé près d'un lac, à deux lieues de Goslar. Là, peu à peu, d'autres sorciers et sorcières étaient arrivés avec les animaux à sacrifier et l'enfantelet que la fille du coutelier avait volé à ses voisins. La jeune femme, venue avec son père, sur une mule, nourrissait le marmot avec une corne allaitante emplie de lait de chèvre.

Puis ils étaient partis vers le Brocken situé à trois lieues. Le long du trajet, Marguerite n'avait guère participé aux festivités. Elle songeait à la façon dont elle châtierait ce Gottschalk qui avait eu l'audace, l'outrecuidance de lui manquer et mentir.

Maintenant, elle attendait avec hâte le sacrifice de l'enfançon avant de s'offrir elle-même au démon. Elle priait silencieusement Lucifer lorsque le hurlement qui déchirait la nuit la tira de ses pensées. Sans en comprendre la raison, elle vit la nouvelle sorcière chuter du rocher, puis un second corps dégringoler derrière elle. Stupéfaite, comme tous les participants au sabbat, elle s'approcha. Et reconnut avec effarement, dans le cadavre gisant au sol, le bailli impérial, ventre ouvert sur ses entrailles.

Elle n'eut pas le temps de se poser des questions que déjà, tout autour, ses compagnons tombaient les uns après les autres, assaillis par une pluie de flèches et de viretons. Se ressaisissant, elle courut se mettre à l'abri derrière une pierre, mais un trait qui ne lui était pas destiné l'atteignit au flanc. Elle s'affala.

Aux premiers carreaux, le géant à la hallebarde s'était précipité dans la direction d'où les tirs provenaient. Alaric l'avait vu accourir vers lui et, ayant déjà utilisé ses deux arbalètes, se montra, épée brandie.

Situation similaire avec l'homme aux bras démesurés. Bien qu'ayant reçu un vireton dans le ventre, le sorcier courut en hurlant vers Wolfram qui l'avait blessé.

La fille du coutelier, pourtant également touchée à la cuisse par une flèche et par un vireton dans le torse, ne paraissait nullement souffrir. Boitillant, coutelas en main et écume sanglante aux lèvres, suivie par son père, elle se précipitait vers Waldemar, qui l'avait atteint à la cuisse, mais demeurait épouvanté en la voyant bondir telle une furie.

Waldemar, en chasseur expérimenté, reçut la démone comme s'il s'agissait d'une louve. Il saisit le bras tenant le couteau et lui ouvrit le ventre avec son propre coutelas. Cette fois, la sorcière s'affaissa. Du coin de l'œil, il aperçut Alaric qui reculait en tentant d'éviter la hallebarde. Alors que le géant passait à sa portée, le chasseur enfonça sa lame dans le flanc du damné. Hélas, Waldemar avait négligé de se garder à gauche, par où arrivait le coutelier, lequel le frappa de son cauchoir, lui tranchant un bras, puis le cou, avant de tomber lui-même sous les assauts d'un des Gascons.

Plus loin, les deux sorciers armés du doloire et de la hache combattaient Peyre et le Flamand. En temps normal, les Français n'auraient eu aucun mal à vaincre ce genre d'adversaires, mais ils étaient effrayés par ce qu'ils voyaient : plusieurs des blessées, tombées dans l'herbe, se relevaient maintenant et, comme ivres, revenaient les agresser avec des couteaux ou des piques. Même de nouveaux tirs d'arbalète de Guiraud et Comminges ne les arrêtaient pas.

Gregorio, lui, protégeait le prince Hermann – qui répugnait à meurtrir des femmes, fussent-elles des sorcières, d'autant plus que certaines étaient entièrement nues. Mais le Pisan n'éprouvait aucun scrupule, ayant déjà connu des furies sous l'emprise d'herbes enivrantes d'Arabie, quand un bateau de pirates avait abordé la nef de son oncle. Aucun des hommes et des femmes qui les avaient attaqués ne ressentaient la peur ou la douleur, alors les Italiens avaient dû les exterminer sans pitié.

Friedrich n'hésitait pas plus. De son épée sanglante, il frappait sans embarras les corps dénudés qui s'approchaient de lui. Quand il eut terminé avec eux, il fracassa le crâne du moine qui croyait s'être bien dissimulé dans un buisson.

Quant à Guilhem, il combattait avec fureur le maître de cérémonie muni d'une large lame saisie on ne sait où et qu'il maniait avec une infernale dextérité. Pendant ce temps, Guillaume et Gretel protégeaient ses flancs des attaques suicidaires des femmes furieuses.

Bien sûr, le sorcier maigre ne pouvait l'emporter, car, même si quelques-uns de ses coups avaient atteint l'ancien prévôt de l'hôtel du roi, ils avaient juste heurté des mailles de fer. En revanche, Guilhem l'avait plusieurs fois blessé, lui tranchant même une main sans que le maudit cesse sa charge enragée. Et puis, à un moment, perdant trop de sang, il tomba sur les genoux. D'un coup, Ussel le décapita.

Lorsque le chevalier se tourna vers ses compagnons pour vérifier s'ils avaient besoin d'aide, ce qu'il découvrit le désespéra. À vingt toises, Gretel avait meurtri deux sorcières mais, ayant glissé dans du sang, venait de tomber. Marguerite d'Antioche, un carreau d'arbalète sortant pourtant de son flanc, s'apprêtait à lui enfoncer une dague dans le corps.

— Arrêtez, et vous aurez la vie sauve ! hurla Guilhem.

La sorcière leva les yeux vers l'homme qui l'interpellait. Alors il vit, à son visage inexpressif, que seul le mal se reflétait au fond de ses pupilles sombres. Marguerite était possédée par un démon qui avait pris le contrôle de son corps comme de sa volonté. Tenter de la convaincre serait vain. La jouvencelle était assurément perdue puisque Guillaume ne pouvait l'aider, combattant avec peine une autre furie.

Trop loin pour intervenir, Guilhem lança son épée sur la démone en un geste désespéré, conscient qu'elle ne l'atteindrait jamais à cette distance. Se souvenant de la recommandation des nains, il cria quand même :

— *Entzieh den Zauber !*

Mue par sa propre force, la lame vola et pénétra dans la poitrine de la maudite, qui fut projetée à quelques pas. Au même instant, un prodigieux éclair zébra le ciel, illuminant la scène.

Gretel, qui s'était vue morte, tremblait de tous ses membres quand Guillaume, ayant enfin achevé la nécromante qu'il affrontait, se rua vers elle pour la protéger.

Mais elle ne risquait plus rien. Les gens d'Ussel avaient complètement vaincu le mal. Alentour gisaient cadavres et corps sans vie. Le silence s'abattit tandis qu'ils exploraient le champ de bataille, encore étourdis par la violence du massacre. Ce calme, terrifiant car ponctué de miaulements effrayés, fut soudain troublé par le vagissement du nouveau-né. Chacun se tourna dans la direction des cris. Ils virent avec horreur l'une des sorcières tenir l'enfantelet.

C'était Angelina.

50

Guilhem avait récupéré son épée dans le corps de Marguerite d'Antioche, en songeant que Blancheflor ne serait sans doute jamais guérie, mais il n'avait pas hésité entre Gretel et la future épouse de Hermann de Thuringe. Cependant, découvrant Angelina vivante, une idée lui vint. Alors il s'approcha d'elle, comme les autres.

Elle tenait le nourrisson dans ses bras et ne paraissait pas vouloir lui faire de mal. Aussi Alaric, qui s'apprêtait pourtant à la passer au fil de son épée, se retint.

— *Miserere !* supplia-t-elle, recroquevillée, en voyant ces hommes farouches aux armes dégoulinantes de sang et aux intentions mortifères l'entourer.

— Pas de pitié pour les êtres comme toi ! rétorqua le jeune Hermann. Ne t'apprêtais-tu pas à sacrifier une âme pure à Satan ?

— Non… Je ne venais au sabbat que sur ordre de ma maîtresse… Sinon, elle m'aurait tuée.

— Qui peut croire une sorcière, persifla le même Hermann en levant son arme. Donne cet enfant à l'un de nous et repens-toi.

— Attendez, messire. Angelina doit d'abord nous révéler d'où vient l'enfantelet, intervint

Gretel. Il faut le ramener à ses parents qui doivent souffrir mille morts.

Plusieurs des hommes hochèrent du chef, tandis que le nourrisson hurlait furieusement.

— Pas seulement, intervint Guilhem.

Il s'adressa à elle :

— Veux-tu racheter tes péchés ?

— Donnez-moi cette chance, seigneur, et je jure que je consacrerai ma vie à soulager le malheur des autres, je sais soigner et guérir…

En parlant, elle berçait l'enfant pour l'apaiser, mais sa douceur se montrait sans effet car le bambin continuait à vociférer.

— Connais-tu le philtre qui a empoisonné Blancheflor ?

— Oui, seigneur. J'aidais ma maîtresse quand elle préparait ses poisons.

— Maudite ! intervint Hermann en cherchant à l'occire.

Mais Wolfram le retint à temps :

— Attendez, messire ! Cette femme peut nous permettre de sauver votre dame.

Hermann se calma.

— Y a-t-il un antidote, sorcière ? cracha-t-il.

— Oui, messire. Dans la maison de la comtesse. Je vous le remettrai quand vous voudrez…

Guilhem échangea un regard embarrassé avec Wolfram qui signifiait : « Pouvons-nous faire confiance à cette femme ? »

— Qui sont les parents de l'enfant ? intervint Gretel, qui prit l'enfantelet pour, à son tour, essayer de calmer ses peurs.

— Les voisins du coutelier. Lui et sa fille l'ont volé hier.

— Étiez-vous avec eux ? demanda sévèrement Hermann, tandis que Gretel s'éloignait avec le nourrisson et Guillaume.

— Non, seigneur, et j'ignorais qu'ils envisageaient de le faire. Ma maîtresse ne m'en avait pas parlé. Je savais seulement que, comme chaque année, je devais me rendre au Brocken en sa compagnie pour pratiquer les rites démoniaques. Je ne voulais pas, mais que pouvais-je faire ? Domestique de la dame d'Antioche depuis ma naissance, je suis serve et je faisais tout ce qu'elle m'ordonnait, même si cela me répugnait. Nous avons quitté Goslar au lever du soleil, chacune sur une mule. À la mi-journée, nous sommes arrivées à la maison où nous nous rendions chaque fois et qui appartenait à notre maléfique seigneur.

Elle désigna le cadavre du maître de cérémonie.

— Le coutelier et sa fille sont venus plus tard avec l'enfant. C'est alors que j'ai compris ce que le maître voulait faire. Les autres années, il sacrifiait uniquement des chats noirs. Je me suis trouvée mal, mais ma maîtresse m'a avertie que si je me comportais comme une sotte, elle me donnerait au bouc et je serais sacrifiée avec l'enfant.

» J'ai obéi, là encore. J'ai absorbé le philtre que le maître nous a fait boire, mais en le recrachant ensuite. Et j'ai dansé comme on me l'ordonnait. Quand vos flèches sont tombées, je me suis cachée, et dès que j'ai pu, j'ai pris l'enfant qui pleurait, abandonné par terre, pour le protéger. J'ai juré à la Vierge Marie que, si je restais vivante, je le rendrais à ses parents.

L'enfantelet s'était tu. Ce soudain silence attira les regards vers Gretel.

Dans la caisse où le nourrisson avait été transporté, la jeune femme avait trouvé l'une des cornes au goulot de cuir qui servent à allaiter les tout-petits quand la mère ne peut le faire. Il y avait également une gourde de lait de chèvre qu'elle avait mélangé à de l'eau. Une maigre nourriture, mais suffisante pour apaiser un nouveau-né affamé.

Guilhem désigna le cadavre de Gottschalk.

— Vous savez de qui il s'agit…

— Oui, messire, du bailli envoyé par l'empereur.

Gretel revenait avec l'enfant qui tétait avidement le bec de cuir.

— Cet homme est la cause de mes malheurs, dit cette dernière. Quelles étaient les relations entre lui et la comtesse ? Pourquoi votre maîtresse a-t-elle faussement accusé ma mère de sorcellerie ?

— Êtes-vous la fille du *ministerialis* condamné ?

— Oui.

— Ils étaient alliés. Il avait pris l'engagement de lui faire rencontrer l'empereur si elle jurait devant les juges que vos parents pratiquaient la sorcellerie. Elle avait accepté, car elle voulait épouser Otton et devenir impératrice. Elle avait promis à Lucifer de diriger un Reich qui dominerait le monde. Plus tard, elle vous a choisi pour devenir empereur, messire, précisa-t-elle en s'adressant à Hermann. Depuis quelques semaines, elle était devenue la maîtresse du bailli. Après votre évasion, il craignait d'être puni par messire Otton, aussi l'avait-elle convaincu de participer au sabbat pour devenir un protégé du diable. Seulement, il n'est pas venu. Et j'ignore comment il a fini ici.

Guilhem présenta son épée à Angelina :

— Cette lame a frappé Marguerite d'Antioche et le bailli. Pour Gottschalk, c'est la jouvencelle qui la tenait.

Il désigna Gretel.

— Tout à l'heure, cette damoiselle est venue déposer le corps ici. Nous avions décidé de tous vous occire quand vous le découvririez.

— Nous le méritions, seigneur, murmura-t-elle.

Était-elle sincère ? s'interrogea Guilhem.

— Sais-tu pourquoi mon épée a vaincu ta maîtresse ? s'enquit-il.

— Je la devine magique, seigneur, capable de vaincre les charmes. Sinon, la comtesse l'aurait emporté, le dieu de l'enfer l'ayant toujours protégée.

— Tu vois juste ! Cette lame va donc te découper vive, en de terribles tourments. Tu seras damnée pour l'éternité et le Grand Bouc fera de toi sa chose, gronda-t-il.

Livide, Angelina claquait des dents. Des larmes roulaient sur son visage. Elle sut qu'elle allait mourir et souffrir à jamais.

— Mais je peux te mettre à l'épreuve, ajouta Ussel.

— Je ferai ce que vous ordonnerez, seigneur.

— Tu vas m'accompagner à Goslar avec l'enfant. Tu le rendras à ses parents et tu me conduiras chez la comtesse où tu me remettras l'antidote pour Blancheflor. Si tu tentes de me trahir, l'épée me le dira, et alors tu souffriras les mille maux.

— Je ne vous trahirai jamais, seigneur. Donnez-moi la possibilité d'être sauvée, je vous en supplie.

— Nous l'emmenons ! décida Guilhem.

Il parcourut des yeux ses compagnons pour connaître leur sentiment et, soudain, s'aperçut qu'il manquait quelqu'un.

— Où est Waldemar ?

— Mort, hélas, répondit Alaric. En me sauvant la vie.

Guilhem demeura silencieux, plus atteint par cette triste nouvelle qu'il ne l'aurait pensé. Si Waldemar n'était rien pour lui, juste un mercenaire rémunéré, il lui avait sauvé la vie. Et, alors qu'il ne tenait pas à se battre et aurait pu refuser de les suivre, il les avait accompagnés. C'était un homme noble et vraiment fidèle, en dépit de sa laideur et de son air sournois.

— Y a-t-il des blessés parmi vous ? demanda-t-il.

— Quelques égratignures, dit Alaric en montrant son bras gauche rougi.

— Moi aussi, fit Friedrich. Rien qui ne se soigne...

Une sorcière qu'il croyait morte lui avait enfoncé un couteau dans le mollet.

— Jamais je n'aurais imaginé une telle résistance, admit Guilhem en une grimace. Maintenant, il est temps de partir. Prenons les torches qui brûlent encore et retournons chez les mineurs.

— Que fait-on des cadavres ? Et des chats comme des coqs vivants ? s'enquit le Flamand.

— Libérez les animaux. Ils nous suivront, s'ils le veulent. Pour les corps, jetez la comtesse dans le feu, afin qu'on soit bien certain qu'elle ne revienne jamais. Mettez-y aussi les hommes.

*

Le retour se déroula en silence, bien que le ciel, illuminé d'immenses éclairs, n'arrêtât pas de tonner. Ils se pressèrent pour éviter l'orage. Alaric et le Flamand soutenaient Friedrich, qui avait du mal à marcher. Guilhem et Wolfram encadraient Angelina. Derrière eux, Gretel câlinait l'enfantelet, Guillaume auprès d'elle.

À la maison de la mine, Adalbert les attendait avec inquiétude. En retirant leur harnois, Hermann et Wolfram lui racontèrent la bataille. Plusieurs hommes s'allongèrent, à la recherche d'un repos bien mérité. Angelina soigna et pansa la blessure de Friedrich. Gretel changea l'enfançon en déchirant une chainse trouvée dans les bagages, tandis que Guillaume alla traire la chèvre des mineurs afin d'avoir du lait frais. Guilhem, lui, prit Gregorio à part.

— Je souhaite que tu viennes avec moi à Goslar.

— Je suis prêt, seigneur.

— Ce sera dangereux. Rien ne dit que cette femme ne nous dénoncera pas. Aussi je ne veux pas courir le risque de nous y rendre trop nombreux. Seul Friedrich nous accompagnera, si sa blessure ne le fait pas trop souffrir. Vous serez ceux qui parleront quand on nous questionnera. Heureusement, les sentinelles de la porte ne pourront prévenir le bailli !

Gregorio pouffa.

— Si tu es d'accord, nous partirons au lever du jour. Avec elle prise en croupe à tour de rôle. Elle portera l'enfant.

— Il ne restera qu'un cheval.

— Peyre et Gretel l'utiliseront pour se rendre chez les nains et ils ramèneront ceux laissés là-bas. Quand ils reviendront, chacun aura une monture pour retourner à Falkenstein, où nous les rejoindrons d'ici à un ou deux jours.

— Que fera-t-on d'Angelina ensuite, si elle nous livre le contrepoison ?

— Je n'ai rien envisagé. Nous verrons à ce moment-là.

Un silence.

— Je vais essayer de dormir un peu, tu devrais faire pareil.

*

Au lever du soleil, Guilhem expliqua à ses compagnons qu'il partait pour Goslar avec Gregorio et Friedrich. Ses amis souhaitaient participer à l'expédition mais il les en dissuada en donnant ses raisons, qu'ils acceptèrent. Gretel abandonna l'enfant à Angelina non sans regret, et demanda – à voix basse – à Gregorio de se méfier d'elle. Ce qu'il promit.

Adalbert leur avait conseillé de suivre le chemin jusqu'à un lac. Ils trouveraient le gué à son extrémité et, en filant vers le septentrion, ils arriveraient tout près de Bad Harzburg. Ensuite, Ussel n'aurait qu'à suivre le grand chemin.

Ce fut un voyage sans histoires, ponctué seulement par les vagissements de l'enfantelet dont Angelina s'occupa correctement. À la Porte large, elle fut reconnue par les gardes et raconta être partie la veille avec sa maîtresse, la comtesse, qui se rendait à Bad Harzburg. En chemin, ils avaient rencontré ces hommes – elle désigna Ussel, Friedrich et Gregorio –, lesquels avaient trouvé un enfançon abandonné. Elle l'avait reconnu comme celui d'une voisine, aussi, après avoir passé la nuit à Bad Harzburg, sa maîtresse l'avait-elle renvoyée à Goslar. Les hommes, qui se rendaient à Cologne, l'avaient accompagnée.

Les gardes ayant entendu parler d'un nourrisson volé avalèrent l'histoire sans s'interroger plus. Ce n'était, hélas, pas la première fois que des enfants disparaissaient. Pourquoi celui-là avait-il été abandonné ? Mystère !

Ils gagnèrent la place du marché, puis la ruelle du coutelier à l'échoppe close. Forcément ! Guilhem aida Angelina à descendre de cheval et alla frapper au heurtoir des voisins. Très vite, on ouvrit. C'était une femme. En voyant le marmouset, elle écarquilla les yeux et fondit en larmes.

Angelina ressortit la même fable. La mère, serrant son enfant et visage ruisselant, les fit entrer dans sa modeste demeure, à l'exception de Friedrich, qui demeura avec les chevaux. Dans cette famille rassemblée en une sinistre veillée, le retour de l'enfantelet disparu provoqua des cris de surprise, puis un joyeux vacarme, malgré les hurlements de faim qu'il se mit à pousser.

Aussitôt, la mère sortit son sein, et l'enfant s'y agrippa. Elle s'assit, entourée de sa progéniture et de ses parents.

Le mari, chapelier de son état, demanda des détails sur la façon dont ces visiteurs avaient retrouvé son fils. L'imagination illimitée de Gregorio fit merveille. Il expliqua ensuite qu'ils devaient partir, et la famille, tout à son bonheur, n'insista pas pour les garder.

Ils remontèrent en selle pour retourner place du marché. Guilhem portait une casaque courte sur ses deux chemises, son manteau par-dessus. Le capuchon rabattu sur son visage empêcherait qu'il soit reconnu si Eckhard se trouvait dehors, ou à sa fenêtre.

Angelina leur fit franchir un porche situé à côté de la maison en sapin rouge. Dans une courette, ils descendirent des chevaux. La blessure de Friedrich ne le faisait plus souffrir, alors il conduisit les montures dans l'écurie pour les desseller, tandis que la dame de compagnie ouvrait une porte dont elle possédait la clef.

Gregorio et Ussel pénétrèrent, empreints de curiosité et d'une légère crainte. Ils n'étaient jamais entrés dans la maison d'une sorcière.

*

La jeune servante qui parut les fit sursauter. La donzelle demeura elle aussi interloquée en voyant surgir deux inconnus.

—Katharine, vous ne reverrez jamais la comtesse, annonça froidement Angelina. Sa belle-fille Blancheflor n'est pas trépassée, contrairement à ce que nous croyions tous. Elle se trouve au château de la Wartburg où elle va épouser le fils du landgrave de Thuringe. Elle reviendra dans quelque temps prendre possession de sa maison.

Ébahie par l'avalanche d'informations inattendues, la domestique ouvrit plusieurs fois la bouche comme un poisson hors de l'eau.

—*Ja... Frau*, parvint-elle quand même à articuler.

—Ces personnes sont avec moi, déclara Angelina, sans plus d'explications. Un troisième compagnon entrera dès qu'il aura fini de s'occuper des montures. Dites à la cuisinière de préparer un souper qu'ils prendront dans leur chambre.

Elle se dirigea alors vers un escalier aux balustres sculptés.

Gregorio aurait aimé passer plus de temps dans la salle. Et surtout regarder l'étrange livre posé sur un lutrin, ouvert à une page représentant un sabbat au sommet d'une montagne, avec le diable entouré de sorcières dépoitraillées. Il aurait volontiers emporté l'ouvrage mais n'eut pas le temps d'évoquer l'idée, son seigneur suivant déjà la dame de compagnie. Il l'imita après un coup d'œil de regret aux scènes infernales.

Angelina pénétra dans une chambre en annonçant qu'il s'agissait de celle de sa maîtresse. Guilhem parcourut prudemment la pièce du regard, mais rien ne trahissait la tanière d'une sorcière.

L'ancienne dame de compagnie se dirigea vers un dressoir exposant des coupes et des vases d'argent ciselé. Elle le poussa sans peine et dévoila une étroite ouverture vers un petit cabinet éclairé par une fenêtre grillagée aux verres verdâtres translucides. L'endroit contenait une table garnie de toutes sortes d'instruments de cuivre et de verre, un petit fourneau dans lequel Gregorio reconnut un athanor alchimique, un pupitre sur lequel s'empilaient des grimoires, et des étagères où s'alignait une armée de fioles et pots.

Angelina les examina et choisit un flacon bleuté.

— Voici la panacée. Il suffit que Fräulein Blancheflor en avale une cuillère.

Ainsi, ce serait aussi simple que cela ! songea Guilhem. Mais devait-il croire cette sorcière ?

Il saisit la petite bouteille et la regarda, songeur. Le liquide paraissait épais et déplaisant. Il retira le bouchon de verre et huma. Une odeur parfumée.

— Vous ne me croyez pas, seigneur ?

— Je ne sais, répliqua-t-il, indécis.

Elle désigna un flacon de même forme, de couleur rouge.

— Voici le poison. Pour vous convaincre, je peux l'absorber, si vous le désirez, et vous m'administrerez ensuite l'antidote.

— Et si vous absorbez seulement le contrepoison ? s'enquit Gregorio.

— Il est sans danger.

— Prenez-en quelques gouttes, alors, décida Guilhem en tendant la fiole.

Elle fit tomber un peu de liquide sur son index, qu'elle suça.

Il ne se produisit rien.

— Très bien. Il est tard. Comme convenu nous passerons la nuit dans la maison.

Elle opina d'un signe de tête.

— Vous pouvez utiliser cette chambre, ou une autre. Je demeurerai à côté dès que l'on vous aura porté à souper. Si vous avez besoin de moi, appelez. Je demeure à votre service.

— Nous resterons ici, décida Guilhem.

Un silence pesant s'installa jusqu'à ce que la femme ajoute :

— Qu'avez-vous décidé, en ce qui me concerne, seigneur ?

Il soupira.

— Rien. Vous gouvernerez cette maison en attendant que Blancheflor y vienne. C'est elle qui décidera de votre sort. En attendant, que personne n'en sorte avant notre départ.

— Merci, seigneur, fit Angelina, soulagée, car elle était persuadée qu'ils allaient l'occire.

Ils revinrent dans la chambre dont Gregorio fit le tour. D'un naturel coquet, il aperçut un miroir d'argent dont le manche représentait le corps d'une femme. Il le prit et se mira en souriant, se jugeant plutôt bel homme.

— Ce miroir est magique, seigneur, dit la servante d'un ton légèrement inquiet.

— Comment cela ? s'enquit-il, soudain intéressé.

— Ma maîtresse le tenait de son père qui l'avait trouvé dans un temple ancien. Si on l'interroge, il répond par une image. Son père affirmait qu'il pouvait parler, mais personnellement je ne l'ai jamais entendu.

— Peut-il répondre à toutes les questions ? demanda Ussel, amusé.

— Oui, seigneur.

Il le prit et interrogea :

— Miroir, où se trouve le sire Eckhard ?

L'image se brouilla et il crut reconnaître la place du marché.

Plus que troublé, il jeta l'objet par terre.

— Détruisez-le ! ordonna-t-il à Angelina.

*

Ils partirent au lever du jour. Avant de quitter les lieux, Gregorio avait longuement feuilleté l'*Antirrhetica Apophasis Megalê*, tandis que son maître et Friedrich avalaient une soupe préparée par la cuisinière et arrosée d'hydromel.

— Si ce livre te plaît, emporte-le, avait dit Ussel à son écuyer. La comtesse n'a plus besoin de le consulter pour savoir ce qui se passe en enfer. Elle s'y trouve.

La domestique qui les servait avait blêmi, et Gregorio prit l'ouvrage.

*

Ils retrouvèrent leurs compagnons le surlendemain, après une chevauchée sans encombre. Les patrouilles du bailli avaient bel et bien disparu, et Eckhard, s'il se trouvait toujours dans la maison du landgrave, comme l'affirmait le miroir, ne s'était pas montré.

Le retour se fit par le Harz, Guilhem ayant encore à récupérer les bibles et les bagages que

Guillaume et lui avaient cachés au début de l'année. Sans Gretel, ils n'auraient pu retrouver l'endroit. Une fois sur place, le fils d'Aignan eut grand-peine à distinguer les marques qu'il avait faites. La neige avait fondu et les branchages avaient en partie été dispersés par des animaux sauvages. Mais au moins tout était là. En particulier les caisses contenant les deux bibles.

Alors qu'ils s'apprêtaient à repartir, Teufel parut, et chacun demeura sur ses gardes, sauf Gretel. Le loup, jugea Guilhem, avait encore forci. C'était maintenant une vigoureuse bête, bien plus grosse qu'un loup normal, certainement capable d'égorger un homme d'un coup de gueule. L'animal s'avança vers celle qui l'avait élevé et se coucha à ses pieds en gémissant, attendant une caresse qu'elle lui accorda. Guillaume était resté près de Gretel. La bête sauvage lécha la main de la jeune fille, puis celle du fils d'Aignan, comme pour dire au garçon qu'il lui confiait celle qu'il aimait. Il se redressa alors, s'éloigna et disparut.

Gretel pleurait.

Ils arrivèrent à la Wartburg le lendemain soir. Où une surprise les attendait.

51

En pénétrant dans le corps de garde du château avec le fils du landgrave, Guilhem découvrit Karl von Streit.

Ce ne fut pas la présence du chevalier qui le surprit le plus, mais celle des deux femmes à ses côtés : Fabrissa et sa fille Mabilla. Qui lui souriaient.

D'un bond, il sauta au sol et tendit les bras à l'ancienne aubergiste cathare, qui se jeta contre lui. Tous deux s'étreignirent affectueusement et sincèrement, comme des frère et sœur.

Fabrissa n'avait pas changé, simplement, son sourire, que Guilhem avait toujours connu marqué d'une ombre de tristesse, s'affichait à présent généreux. Elle demeura un instant de trop contre lui tandis qu'il lui disait :

— Vivante ! Vous êtes vivante ! Dois-je croire à un miracle !

Elle quitta ses bras et, d'un joli geste, repoussa sa chevelure serrée dans un anneau d'argent.

— Pas seulement, car si le Saint-Esprit a été miséricordieux envers moi, les bons soins de l'infirmier de Souillac, la patience de messire von Streit et l'amour de ma fille sont pour beaucoup dans ma guérison.

Guilhem l'abandonna pour se tourner vers l'Allemand.

— Messire, nous allons avoir beaucoup à nous dire, mais, avant tout, rattrapons le prince Hermann que je vois filer avec mon ami Wolfram et ses parents. Je devine où ils vont, et nous sommes tous impatients de savoir ce qui va survenir. Suivez-moi, mes amis ! ajouta-t-il à l'intention de ses gens.

Mabilla, sa fille et Herr von Streit devaient savoir de quoi il s'agissait car l'Allemand demanda, tandis qu'ils sortaient du corps de garde :

— Avez-vous vaincu cette sorcière ? Et trouvé un moyen de soigner la douce Blancheflor ?

— La sorcière brûle en enfer, et nous apportons un philtre d'antidote, mais la guérira-t-il ?

*

Devant eux marchaient donc Wolfram et Hermann, ce dernier avec son père, sa mère, sa sœur Irmgarde et son frère Louis. Les suivaient l'intendant Ulrich Kolb et plusieurs chevaliers, dont le *Leiter* des *milites* du château.

Pressé de savoir si le philtre agirait, Hermann avait donc abandonné Ussel avec ce chevalier dont il ignorait l'identité et les femmes qui l'accompagnaient, puisque tous quatre semblaient très proches. Il était trop impatient pour demander des explications qui, il le savait, viendraient plus tard.

Le groupe se rendit jusqu'au fond de la cour et pénétra par la poterne. Guilhem, Streit, Fabrissa et sa fille, Gretel et les Français l'avaient presque rattrapé et entrèrent à sa suite.

Ussel connaissait la petite salle lambrissée au décor orné d'ours, de singes et de chats. Comme la dernière fois où il était venu, des femmes filaient et tissaient près des fenêtres en embrasure. Seul changement, un lit avait été installé dans la pièce. Sur cette couche, assise avec les jambes allongées, reposait Blancheflor qui, bien qu'ayant les yeux ouverts, se montrait indifférente à ce qui l'entourait. Elle tourna néanmoins la tête quand tout le monde entra, sans afficher pour autant une expression de curiosité.

Hermann s'approcha d'elle après avoir demandé à ses parents de l'accompagner. Et à eux seuls. Le silence s'installa. Les femmes qui tissaient s'étaient arrêtées elles aussi. Les nouveaux entrés demeurèrent contre les murs.

Le fils du landgrave tenait à la main le précieux flacon, cette fiole dite salvatrice qui avait fait le voyage dans une besace et n'avait jamais quitté le jeune prince. Sur un dressoir de la salle reposaient des coupes d'argent. Il en prit une et y vida le contenu de la petite bouteille, puis alla s'agenouiller devant Blancheflor et lui dit :

— Comtesse, je vous en prie, buvez cette potion qui vous rendra la vie.

La jeune fille demeurait indolente mais le laissa porter la coupe à ses lèvres. Il lui tint la tête, elle avala le contenu sans manifester réticence ou dégoût.

Seulement, il ne se passa rien. Des chuchotements de déception commencèrent à s'élever. Guilhem voyait la coupe trembler dans les mains de Hermann, qui s'efforçait de cacher sa déception.

Et puis, soudain, le miracle eut lieu. Blancheflor s'appuya sur le lit et se redressa. Ses yeux éteints s'éclairèrent et elle demanda d'une voix douce, mais parfaitement distincte :

— Mon Dieu ! Où suis-je ?

— Au château de la Wartburg, demeure du landgrave de Thuringe dont je suis le fils ! Moi qui vous aime plus que tout au monde ! s'écria Hermann, le cœur débordant de joie.

— Hermann ! ô, Hermann ! Je vous voyais souvent dans ma torpeur… J'essayais de vous parler, mais je n'y parvenais jamais. Quel affreux cauchemar ai-je fait ! Que m'est-il arrivé ?

Elle s'assit complètement et découvrit avec crainte cette multitude de gens qui la regardaient.

— Blancheflor, vous souvenez-vous de votre belle-mère, Marguerite, de son frère et d'Angelina ?

— Oui… Je me rendais à Falkenstein pour y rencontrer les serviteurs… J'avais faim et j'ai croqué une pomme… Puis, plus rien… Un sommeil profond… Dans mes rêves, j'ai vu des nains s'occuper de moi… Et je vous ai aperçu, Hermann. Combien de fois ai-je essayé de sortir de ce sommeil lourd sans jamais y parvenir !

Son regard s'arrêta sur Guilhem.

— J'ai vu également ce seigneur.

— C'est lui qui vous a sauvée.

Alors il lui raconta ce qui s'était passé et termina par ces mots :

— Voici ma mère et mon père, restez avec nous ! Vous serez ma femme et leur fille.

— Oui, cher Hermann, je le veux car je sens que je vous aime et ne rêvais que de vous épouser.

Guilhem s'éloigna alors avec Streit et Fabrissa, tandis que Mabilla restait devant Blancheflor, émerveillée par une si belle histoire d'amour.

*

— Maintenant, racontez ! demanda Ussel, impatient, dès qu'ils furent dans la cour où ses serviteurs et amis les rejoignirent, à l'exception de Guillaume et Gretel, restés avec les amoureux.

— Vous le savez, Fabrissa était perdue selon l'infirmier de l'abbaye de Souillac, commença le chevalier allemand dans un mélange de langues. Mais, en vérité, ce moine gardait un faible espoir. Il nettoyait la plaie plusieurs fois par jour et, surtout, appliquait dessus un emplâtre à base de champignons. Au surplus, il faisait boire à Fabrissa une mixture de sa composition. Il me l'a avoué, quand elle a repris ses sens, c'étaient des expériences qu'il tentait puisque, à ses yeux, elle était condamnée.

» Tout ce que je voyais, c'était qu'elle ne succombait pas. Alors, chaque jour, avec sa fille, nous priions pour elle. C'est dans cet état d'esprit que j'ai reçu la visite de mes amis Eckhard et Engelhard, ceux dont vous m'avez parlé. Ils n'ont pas vu Mabilla et je ne leur ai rien révélé sur elle ni sur sa mère. Puisqu'ils se réjouissaient de la croisade à venir, je ne pouvais leur déclarer que, à quelques pas, se mourait une cathare ! Seulement, je leur ai dit quelques mots sur vous, qui m'aviez sauvé, et Engelhard m'a affirmé qu'il vous connaissait et vous estimait. Sottement, je lui ai appris où vous demeuriez à Paris.

Guilhem comprenait maintenant la visite du clerc envoyé par un Allemand, et pourquoi l'écolier n'avait pas fait allusion à Mabilla.

— Alors que Fabrissa avait cessé de délirer, mon écuyer est arrivé, prévenu que j'étais soigné dans l'abbaye. Aussi, dès qu'elle s'est montrée capable de voyager, nous sommes partis avec sa fille. Chez vous, à Paris, rue de la Vieille-Draperie, où je voulais vous annoncer que nous rentrions en Allemagne et que j'épouserai Fabrissa. Mais vous n'étiez pas là. Vos serviteurs savaient pour Mabilla, aussi leur ai-je raconté notre histoire, et ils m'ont cru. Ils m'ont alors parlé de la visite qu'ils avaient eue, et de vos amis partis à votre recherche en Thuringe. Ils ne savaient pas tout, mais j'ai compris qu'Eckhard m'avait menti, donc qu'il voulait vous causer du tort pour des raisons que j'ignorais. J'ai décidé de vous prévenir à mon tour, et éventuellement de convaincre Eckhard, si je le rencontrais, de cesser de vous traquer. Nous nous sommes d'abord rendus à Scharfenberg, où j'ai présenté Fabrissa à mon père. Qui n'a pas apprécié que j'envisage d'épouser une roturière, cathare de surcroît, craignant une mésalliance qui me ferait déchoir de la noblesse. Mais Fabrissa est née libre, n'est pas allemande, et je suis fortuné. Je peux rendre hommage au prince que je choisis.

» Nous sommes ensuite venus ici. Où, de prime abord, nous n'avons pas été bien reçus. Le château de Scharfenberg appartient à l'archevêque Conrad, comme vous le savez un fidèle de l'empereur Otton. Mon père m'avait informé de son dessein quant à la Thuringe et donc conseillé de ne pas m'y rendre, mais j'étais persuadé que le landgrave m'écouterait et ne me ferait pas prisonnier. Il ne s'agissait pas pour moi de lui faire la guerre, mais de retrouver et d'aider un ami.

» Nous sommes arrivés voici trois jours, et il m'a entendu. Vous étiez parti avec son fils, m'a-t-il dit, aussi m'a-t-il proposé de vous attendre. À condition que mes hommes et moi abandonnions nos armes et acceptions de rester enfermés la plupart du temps. On nous a fait sortir tout à l'heure, quand les sentinelles ont vu votre troupe et reconnu la bannière de Thuringe.

Fabrissa intervint :

— Mais vous-même, sire d'Ussel, on nous a rapporté tant de choses sur vous depuis que nous séjournons ici ! Beaucoup de vos exploits ne m'ont pas étonnée, car je vous connais bien (elle eut un sourire mutin), mais j'aimerais les entendre de votre bouche !

— Cela va être long. Si nous allions nous installer sur ces bancs ?

*

Ussel n'avait pas encore terminé son récit, auquel Gregorio et le Flamand participèrent à plusieurs reprises, quand Guillaume sortit avec Wolfram d'Eschenbach.

Tous deux annoncèrent que le landgrave les attendait dans sa chambre en compagnie de son épouse, son fils et Blancheflor.

— Guillaume, va chercher ma selle. Wolfram, comme j'ignore où je logerai ici, puis-je aller chez toi ? J'ai une besogne à faire avant de rencontrer le landgrave.

Le *Minnesänger* haussa les sourcils, sans poser de questions.

— Viens avec moi. Et si nous croisons Ulrich Kolb, je vais lui rappeler que toi et tes gens doivent séjourner au château dans les meilleures conditions.

Ils revinrent dans la salle où les femmes tissaient. Les discussions y étaient vives, surtout autour de Friedrich, qui racontait la terrible nuit de Walpurgis avec force gestes et exclamations allemandes. Eschenbach prévint un page de la venue d'un écuyer porteur d'une selle, qu'il devrait accompagner dans sa chambre.

Ensuite, par une succession de couloirs et d'escaliers éclairés de petites lampes de fer, ils gagnèrent une vaste pièce aux fenêtres ouvrant sur la vallée. Des instruments de musique y étant nombreux, Guilhem essaya une viole en attendant Guillaume. Ce dernier arriva rapidement et déposa sur une huche la selle de son seigneur, siège de bois capitonné de cuir rouge avec haut et large dosseret permettant au cavalier de soutenir la violence d'un coup de lance sans chuter.

Guilhem tira alors l'un de ses couteaux et, sous le regard intrigué de son servant comme de Wolfram d'Eschenbach, découpa le cuir et le capitonnage jusqu'au bois. Ayant entièrement dégagé le dossier, il poussa deux tirettes de fer situées à l'arrière et fit tomber une sorte de couvercle, libérant une cavité dont il sortit une assiette serrée dans une étoffe de velours brodée d'or, un quareignon scellé de rouge et une bourse.

— Frère Guérin m'avait prévenu, expliqua Guilhem, en souriant devant la stupéfaction du fils d'Aignan. Transporter dans une sacoche le présent et la lettre pour le landgrave, c'était prendre le risque de se les faire voler. Les dissimuler dans la selle se révélait en revanche adroit, voilà pourquoi j'exigeais que tu ne la laisses jamais dans une écurie.

Il vida la bourse de cuir qui contenait douze besants d'or de Jérusalem, autant de mancuses de Castille et de ces florins que le père de Philippe Auguste avait fait frapper à Florence avec un écusson chargé de six fleurs de lys. Et, enfin, douze masses royales représentant le roi de France assis, couronné, tenant une fleur de lys et un sceptre. Ces sommes devaient lui permettre de faire face aux dépenses du voyage.

— Nous pouvons aller chez le landgrave Hermann, maintenant, dit-il au *Minnesänger*.

*

Ils revinrent au premier étage et furent introduits dans la chambre d'apparat que Guilhem connaissait, salle aux parois recouvertes de tentures brodées représentant des scènes de chasse et des vols de faucons. Le lit, richement tapissé, était entouré de rideaux verts, et tous les sièges portaient d'épais coussins.

Se trouvaient là le chef des chevaliers et l'intendant. Le comte était assis sur un haut siège, son épouse sur une banquette, et son fils racontait le sabbat du Brocken. Blancheflor écoutait, stupéfaite, elle qui ne s'était jamais doutée d'avoir une sorcière pour belle-mère.

— Messire d'Ussel ! s'exclama le landgrave en se levant et en lui faisant signe d'approcher. Je vous dois tant que je ne sais comment je pourrai un jour vous remercier.

— Je n'étais pas seul, noble sire, fit Guilhem en s'inclinant profondément. Messire d'Eschenbach et votre fils se sont comportés comme des preux de la Table ronde.

Le jeune Hermann rougit.

Guilhem avança et tendit au landgrave ce qu'il tenait.

— Voici une lettre de mon roi, qui souhaite enrichir les liens entre le royaume de France et le landgraviat de Thuringe. Il m'a également remis ce présent pour sceller cette amitié.

Hermann Ier saisit la coupe pour la donner à son épouse, puis s'occupa de la lettre, dont il brisa le grand sceau avec sa dague. Le pli était long. Aussi, dans un profond silence, prit-il le temps de le lire, tandis que Guilhem regardait narquoisement Ulrich Kolb qui, recroquevillé, aurait voulu se rendre invisible.

— Messire d'Ussel, je répondrai à votre roi que j'accepte avec reconnaissance son alliance contre l'empereur. Je vous remettrai à mon tour une lettre. Quant à cette coupe (il désigna la pièce d'orfèvrerie que la duchesse Sophie avait sortie de son écrin pour l'admirer), elle sera la plus belle pièce de mes trésors.

Un bref silence.

— Tout à l'heure sera dressé un banquet en l'honneur de la nouvelle comtesse de Falkenstein, et du vôtre également. Je vous y attends, avec vos gens, et nous aurons le plaisir de discuter plus longuement. Mon fils et messire d'Eschenbach m'ont appris que vous étiez également troubadour, aussi j'espère avoir le plaisir de vous entendre.

*

Dans la salle comtale au plafond peint et aux murs agrémentés de tapisseries, d'étendards, d'écus, de statues et d'aigles majestueux prenant leur envol, deux grandes tables de planches de sapin revêtues de draps avaient été dressées dans le sens de la longueur ainsi que, à l'une des extrémités, une troisième, en chêne, richement parée d'un tapis écarlate et surélevée d'un parquet auquel on accédait par quelques marches. Un grand feu flambait dans l'une des trois cheminées.

C'est à cette table d'honneur que Guilhem avait été placé, juste entre le landgrave, assis sur une haute chaise, et Wolfram d'Eschenbach. De l'autre côté trônaient la duchesse Sophie, également sur un haut siège, avec son fils et sa future belle-fille, puis se tenaient le chapelain, l'intendant et plusieurs religieux, tandis que le chef des chevaliers et d'autres notables de la cour se trouvaient à droite du *Minnesänger*.

Tous les hommes libres du château, et bien sûr également les visiteurs, étaient installés aux autres tables avec, aux extrémités, les femmes et les enfants de race noble, dont ceux du landgrave.

Malgré le peu de temps dont ils avaient disposé, les cuisiniers s'étaient surpassés avec de la venaison en ragoût et de la chair de faisans dodus provenant de la ferme du château, pétrie et agrémentée de plumes de telle façon que les animaux paraissaient vivants. Des pièces qui suscitèrent l'admiration de tous lorsque les valets les présentèrent.

Les conversations furent animées, entre celles qui portaient sur Blancheflor de Falkenstein et le prince Hermann, celles sur les chevaliers envoyés par le roi de France, des preux qui avaient démantelé le projet d'invasion de l'empereur en faisant passer à trépas celui chargé de conduire l'expédition, et celles sur ce chevalier venu de Scharfenberg, placé avec sa dame et une enfant de France au plus près de la table d'honneur.

La cour du landgrave disposait de quelques jongleurs et bouffons qui multiplièrent les cabrioles, les tours de gobelets et d'adresse, à la grande joie de Mabilla. Ale, hydromel et même vin coulèrent à flots. Lorsque le banquet se termina, le landgrave se leva pour proposer, selon la tradition de la Wartburg, un duel de *Minnesänger* auquel tous ceux sachant violoner, chanter ou conter de belles histoires pouvaient participer.

Wolfram d'Eschenbach, accompagné d'une harpe, ouvrit la joute avec un récit sur Lancelot. Plusieurs chevaliers interprétèrent des *Minnesänge* à deux voix, des chants d'amour, mais également des *Lieder* violents et coléreux contant l'épopée des croisades et soutenus par des tambourins, des luths et même des cors aux moments les plus critiques. L'écuyer de messire von Streit, à qui Guilhem avait rendu sa vielle à roue, fit pleurer les dames avec une pastourelle apprise en France. Enfin Guilhem, à qui on avait prêté une viole, arrangea le chant de Gaucelm Faidit, « Dame charmante, dame pure et bonne, je crois que le tendre amour vous touche et vous anime », en en modifiant les paroles pour qu'il concerne Blancheflor et Hermann. Le succès fut tel qu'il dut recommencer avec la canson de Bodel, « Belle pucelle et joli cœur avoir, si chanterai d'amour pour mieux valoir », cette fois pour Gretel et Guillaume.

Généreux, le landgrave récompensa le vainqueur, l'un de ses chevaliers, avec une dague au manche empierré de béryl, et Guilhem reçut un hanap d'argent gravé d'un aigle.

Ensuite, ce furent les danses, à la grande réprobation du chapelain et des religieux qui se retirèrent. Les *Minnesänger* devenus ménestrels entraînèrent les danseurs en de joyeuses estampies et caroles endiablées, avec des refrains repris en chœur par tous les convives. Une fête que Blancheflor n'avait jamais connue.

52

Ussel ne resta pas pour les épousailles. Peyre et Gregorio avaient hâte de rentrer, revoir leur dame et préparer leur propre mariage, Alaric et le Flamand de retrouver leur famille, Guillaume de présenter Gretel à ses parents.

Streit aussi, qui devait revenir au plus vite à Scharfenberg avant que son seigneur, l'archevêque Conrad, n'apprenne qu'il s'était rendu en Thuringe. Or, il y avait une centaine de lieues à faire. Un périple d'au moins trois semaines.

Qui, d'Ussel ou de Streit, proposa le premier qu'ils fissent route ensemble ? Chacun affirma que c'était lui, mais la décision était, en vérité, évidente. Certes, passer par Scharfenberg allongerait beaucoup le parcours des Français, mais offrait l'avantage d'un voyage autrement moins risqué. La troupe allemande comprenait neuf cavaliers, plus une femme et une enfant, et les Français étaient onze avec Gretel. Aucune bande de brigands n'oserait s'en prendre à une compagnie aussi bien armée. De surcroît, pour les anciens de Lamaguère, le trajet se révélerait plus agréable. La présence de Fabrissa et de sa fille, que tout le monde aimait, l'assurait.

Le voyage fut effectivement plaisant. D'autant plus que le temps demeura doux. Aux étapes, souvent dans des châteaux dont Streit connaissait les seigneurs, Dagmar et Ussel jouaient de la vielle, échangeant mutuellement des chants à la satisfaction de chacun.

Tout se gâcha à l'approche de burg Scharfenberg.

Dix-neuf jours après leur départ, ils apercevaient en effet le grand donjon quand des cris retentirent derrière eux :

— Streit ! Streit !

Une galopade, et les voyageurs se retournèrent. Ceux qui apparurent avaient identifié le guidon du chevalier.

Hélas ! Guilhem reconnut également les nouveaux venus : Eckhard, Engelhard et leurs gens.

*

À Goslar, messire Gottschalk avait disparu. Eckhard, qui commandait provisoirement les gens de *Kaiserpfalz*, avait fait conduire des recherches. Longtemps sans succès jusqu'au jour où, par hasard, des chasseurs attirés par d'innombrables oiseaux de proie tournoyant au-dessus du Brocken avaient découvert le carnage.

Évidemment, ils avaient deviné le sabbat dénaturé. Sans doute Lucifer s'était-il fâché et avait-il exécuté ses fidèles. Prévenu, Eckhard s'était rendu sur les lieux. Et là, il avait reconnu le bailli, malgré son corps en partie brûlé et dévoré. Ainsi, Gottschalk était un disciple de Satan ! Tout comme la comtesse de Falkenstein, dont le cadavre avait également été identifié ? Quelques jours plus tard, des mineurs avaient, de leur côté, découvert des corps percés de flèches et de viretons près de la tour Maltermeister.

Ne sachant que faire, Eckhard avait envoyé un messager à Cologne. L'affaire allait désormais passer dans les mains de l'Église et d'un autre bailli. Faute de capitaine, l'expédition contre la Thuringe paraissait abandonnée. Quant à tenter d'assiéger la Wartburg, inutile d'y songer.

Sans réponse de Cologne, sans instruction, et souhaitant quitter une ville qu'ils jugeaient maudite et où ils avaient perdu plusieurs hommes, Eckhard et Engelhard avaient donc décidé de rentrer à Trifels.

Et c'est en arrivant près du château qu'ils avaient aperçu la bannière de leur ami.

*

Leur troupe approcha et, Eckhard, fort joyeux à l'idée de revoir son camarade, affichait un sourire réjouissant sur son hideux visage. Mais cette expression s'effaça quand il découvrit Ussel, dans lequel il reconnut le troubadour qui l'avait vaincu quinze ans auparavant à Notre-Dame de Niedermunster. Avoir rasé sa barbe n'avait donc servi à rien à Guilhem.

— Par les cornes de Belzébuth, que fais-tu avec ce maudit ? lança-t-il à son compagnon de jeunesse.

— Il va falloir en parler, mon ami, répondit Streit en passant devant Guilhem comme pour le protéger. Je t'ai dit que messire d'Ussel m'avait sauvé la vie. Je l'ai retrouvé, voici quelques jours, et nous faisions route ensemble.

— Reste en dehors de notre querelle, Karl ! répliqua sèchement Eckhard. Maintenant que j'ai retrouvé le pourceau que je hais depuis des années, je le ferai passer de vie à trépas, lui et ses gens. Rentre à Scharfenberg et laisse-nous !

— Je dois la vie au sire d'Ussel. Mon honneur est en jeu. Si tu veux te battre avec ses gens, je serai à ses côtés, prévint Streit froidement.

Les deux hommes s'affrontèrent du regard. Eckhard lâcha :

— Oublies-tu que tu me dois également la vie ?

— Je n'oublie rien. Tu es mon ami, et j'ignore la querelle qui te sépare du sire d'Ussel, mais je sais aussi ce que je lui dois : la vie et une épouse. Je n'ai aucune envie de te combattre, Eckhard. Nous nous connaissons depuis l'enfance, mais si tu m'y pousses, je le ferai.

Guilhem observait Engelhard, qui ne pipait mot. Le nommé Harold suivait également le débat avec un brin d'inquiétude. Après toutes les pertes subies, les gens de Trifels étaient treize. Contre, en face, dix-neuf hommes, peut-être plus valeureux qu'eux. Harold connaissait la trempe des Français et la vaillance de Streit. Il craignait donc la défaite.

C'est alors que Gregorio intervint, sourire chaleureux aux lèvres.

— Seigneur, je me nomme Gregorio Orlando et suis pisan. En Italie, nous avons l'habitude de vider ces querelles en combat singulier, car ainsi Notre-Seigneur en est le juge ultime. Pourquoi ne pas affronter messire d'Ussel dans une joute ? Dieu choisira qui a tort et qui a raison.

Raide sur sa selle, Eckhard ne répondit pas d'emblée. Il évaluait ses chances. Plus grand d'au moins une tête et demie, bien plus lourd que son ennemi, lors d'une passe d'armes, il ne pouvait que l'emporter.

— Streit, seras-tu notre juge d'armes ? s'enquit-il sans regarder Ussel.

— Si tu veux.

Ce dernier se tourna vers Guilhem.

— Messire d'Ussel, acceptez-vous de régler votre différend dans une joute d'honneur ?

— Je l'accepte et je laisse à messire Eckhard le choix des armes et du combat, puisqu'il se sent offensé.

— À la lance et, si c'est nécessaire, ensuite à l'épée. Mais je veux un combat à mort. Et le vainqueur gardera tous les biens et les bagages du vaincu, sans contestation aucune.

Avec un mélange d'assurance et de cruauté, il ajouta en s'adressant à Engelhard, tout en désignant un arbre :

— J'accrocherai les tripes de ce chien en haut de ce chêne !

— Entendu pour un combat à outrance, accepta Guilhem d'un air indifférent qui fit enrager le *Leiter* de Trifels. Mais je n'ai ni lance ni heaume. Messire von Streit, me prêtez-vous les vôtres ? Si je suis vaincu, je laisserai à messire Eckhard ma chemise qui contient deux cents pièces d'or.

Engelhard écarquilla les yeux. Les gens de son escorte échangèrent des regards satisfaits. Ils ne doutaient pas que leur maître l'emporterait et leur remettrait une part de ce magnifique butin.

— Dagmar, ordonna Streit à son écuyer, donne mon heaume et ma lance à messire d'Ussel. Eckhard, ce chemin te convient-il pour jouter ?

— Oui.

— Choisis le côté où tu veux te mettre.

*

La voie était légèrement pentue. L'Allemand désigna la partie la plus élevée. Sa monture irait ainsi plus vite et lui permettrait de balayer sans peine son adversaire. Il demanda à son écuyer et à Harold de l'accompagner, puisqu'ils portaient son écu et son heaume. Et se dirigea vers le haut du chemin.

Guilhem le regarda s'éloigner tout en buvant à la gourde que lui tendait Alaric. Il songeait que, depuis des années, il n'avait plus jouté à la lance – ce qui ne devait pas être le cas de son assaillant – et passa en revue les ruses qu'il connaissait. Il enfila ensuite le heaume que lui donna Dagmar, attrapa la lance, un javelot d'environ huit pieds qui se terminait par une pointe de fer, et prit le bouclier que lui tendait Guillaume. Pendant ce temps, en maugréant, Peyre vérifiait que sa selle était correctement attachée. C'était une selle offerte par le landgrave pour remplacer celle de frère Guérin, siège confortable pour un long voyage mais en rien adapté à une joute avec son dosseret trop bas.

Voyant Eckhard faire caracoler son cheval, Streit demanda à Guilhem s'il était prêt. Il répondit par l'affirmative, ayant finalement décidé de sa conduite. Comme son écu était en acier avec doublage en chêne, la lance d'Eckhard ne le percerait pas. Mais si elle se plantait dedans, il serait mis à bas sous le choc. Il devait donc éviter d'être heurté de front.

Sur un ordre du juge d'armes, les deux adversaires se placèrent dans le sens du chemin en gardant leur lance baissée et bien droite.

— Laissez aller ! cria Karl von Streit, faisant signe de sonner de la trompe.

Immédiatement, les champions enfoncèrent leurs éperons dans les flancs des montures, les poussant au grand galop. La distance qui les séparait, d'une centaine de toises, était suffisante pour que la rencontre se fasse à pleine vitesse.

Lance en avant, Guilhem se concentrait sur le cavalier qui fonçait sur lui. À l'instant où les pointes allaient heurter les pavois, il mit le sien en biais afin que l'haste ne le frappe pas de front, lui-même visant la tête de l'Allemand.

La pique d'Eckhard heurta cependant son bouclier. Avec une telle violence que, contre toute attente, elle le pénétra et en déchira même le métal. Guilhem lâcha son écu au premier contact tandis que sa propre lance se plantait dans le pavois de l'Allemand, qui l'avait relevé au dernier moment pour se protéger le visage. La hampe se brisa en deux.

Ussel parvint à rester en selle en se retenant à l'arçon de la main qui avait tenu son bouclier.

Faisant virer son cheval, il vit que son adversaire n'était pas tombé et n'endurait aucune blessure, même si lui aussi avait abandonné son écu. Déjà il tirait son épée et se précipitait dans sa direction.

Les lames se heurtèrent dans une pluie d'étincelles. Le *Leiter* de Trifels, plus grand et lourd que Ussel, frappait à coups redoublés avec une incroyable vigueur, essayant de toucher la tête, le col ou un bras de son ennemi en hurlant sans cesse :

— Pour Otton !

Guilhem, mutique, supportait le choc et déviait l'épée adverse, s'efforçant surtout d'écouter le bruit de sa lame quand elle rencontrait celle de son ennemi.

Finalement, parce qu'il avait repéré un son plus sourd près de la garde, à l'occasion d'un nouvel échange de coups il cogna à cet endroit précis en y mettant toutes ses forces.

La lame d'Eckhard fut tranchée net à l'endroit de la faiblesse décelée par Guilhem ! L'Allemand en demeura stupéfait. Pantois, il regarda la poignée qui lui restait dans la main, se demandant comment cela était arrivé, puis comprit être à la merci de son ennemi.

— Le diable vous protège ! hurla-t-il en jetant rageusement le reste de son épée au loin.

— Moi ? persifla Ussel sans se montrer menaçant. Pourtant je n'ai pas un compère qui participe au sabbat sur le Brocken.

À ces mots, Eckhard, encore plus stupéfait, demeura bouche bée.

— Tuez-moi, je suis à votre merci, articula-t-il enfin.

— Je n'en ai pas l'intention. Vous êtes libre et je n'ai que faire de vos biens.

L'Allemand demeura immobile, incapable de répondre. Engelhard et Streit s'approchèrent de lui.

— Le combat a été loyal, fit ce dernier.

— Et Ussel honorable, ajouta le premier.

— Je n'en ai pas fini, pourtant ! Je suis vaincu, messire d'Ussel, je l'admets. Mais je vous jure que nous nous retrouverons ! Et cette fois, j'aurai une plus solide épée ! hurla Eckhard en levant un poing vengeur.

— Quand vous voudrez, répondit Guilhem en retirant le heaume qu'il tendit à l'écuyer. Vous savez où me trouver.

Il s'adressa à Streit :

— Je suis fâché pour votre lance, messire, mais j'ai moult épées dans mes bagages, dont l'une ciselée appartenant à un bailli de votre empereur qui s'est compromis avec Satan. Je vous l'offre. Guillaume, va chercher la brette et donne-la à messire Dagmar. Qu'il choisisse également une autre lame pour lui-même, en remerciement de m'avoir prêté sa vielle.

Engelhard vint alors vers lui :

— Que savez-vous de la fin de messire Gottschalk, chevalier ?

— Qu'elle ne fut pas honorable, comme sa vie. Voyez-vous cette damoiselle ?

Il désigna Gretel, et Engelhard hocha la tête.

— Gottschalk s'est accordé avec une sorcière pour faire brûler sa mère et décapiter son père, pourtant d'honnêtes *Edelfreien*. Mal lui en a pris, aussi Gretel l'a-t-elle combattu et vaincu dans une ordalie où l'Esprit saint l'a protégée. Si vous cherchez le corps de ce bailli dévoyé, vous le trouverez sur le Brocken avec la sorcière et d'autres damnés.

De nouveau, il s'adressa à Streit :

— Maintenant, je vous fais mes adieux, messire. Protégez et aimez Fabrissa et sa fille. Elles le méritent.

— J'aurais voulu vous recevoir à Scharfenberg.

— Mieux vaut que je ne m'y rende pas. Et ma route est encore longue jusqu'à Rouen.

Il fit aller son cheval jusqu'à Fabrissa qui, les larmes aux yeux, lui tendit la main. Il l'embrassa tandis que Gregorio, de l'autre côté, faisait apparaître un œuf dans sa coiffe et le donna à Mabilla.

La troupe des Français repartit. Guilhem songeait qu'il ne reverrait plus ses amis ni les gens de Trifels. Il se trompait.

Vrai et faux

Ce roman est le fruit de mon imagination, même si l'histoire de la Thuringe et M. Grimm m'ont particulièrement inspiré. Hermann Ier de Thuringe fut un grand prince, élevé à la cour de France, qui s'opposa effectivement à Otton, l'empereur d'Allemagne. Il eut quatre fils. L'aîné, Hermann, décéda en 1216. On ignore s'il avait épousé Blancheflor de Falkenstein.

Dans sa jeunesse, Hermann Ier, dont le frère Louis était le landgrave en titre, avait rejoint Frédéric Barberousse contre Henri le Lion, le plus riche et le plus puissant des princes allemands. L'empereur avait récompensé Louis en le faisant comte palatin de Saxe, mais ce dernier avait donné son titre à son frère Hermann. À la mort de Louis (1190), Hermann aurait dû devenir landgrave à son tour, mais le fils de Frédéric Barberousse considérait la Thuringe comme un fief vacant de l'empire et s'y opposa. Hermann passa outre, et Henri VI, ayant besoin de son aide en Sicile, avait finalement cédé.

Le nouveau landgrave avait rejoint la croisade en 1197 et était revenu à la mort d'Henri VI, dont nous avons parlé dans ce roman. Après un conflit avec Philippe de Souabe, qui voulait lui aussi s'attribuer la Thuringe (1204), il l'avait finalement soutenu contre Otton. Mais, à la mort de Philippe, il était devenu la bête noire du nouvel empereur.

Après notre roman, en 1211, Hermann Ier rassemblera à Nuremberg les ducs de Bavière et d'Autriche, Ottokar de Bohême et l'archevêque de Mayence afin de soutenir Frédéric II et déposer Otton de son trône impérial. Pour le punir, les troupes saxonnes de l'empereur envahiront la Thuringe, et Hermann ne sera sauvé que par l'armée de Frédéric II. Mais, dès lors, les princes électeurs se rallieront presque tous au dernier Hohenstaufen. L'empereur ne contrôlera plus que la Rhénanie et une partie de la Saxe, et ne pourra lever la grande armée qu'il souhaitait dans sa coalition avec Jean sans Terre contre Philippe Auguste.

Ce dernier l'emportera donc à Bouvines. C'est une autre histoire que nous raconterons bientôt, dans laquelle Guilhem d'Ussel aura un rôle important.

Pour des raisons de simplicité, nous parlons d'Allemagne dans ce roman, ce qui est faux. Il n'y a pas d'Allemagne à cette époque (elle n'existera qu'au XIXe siècle), mais un empire germanique. Un *Reich* ou un *Regnum teutonicum*. Cependant, les historiens eux-mêmes cèdent à cette simplification. L'unité de cet empire, qui n'était pas un État, se fait, en gros, autour d'une langue, l'allemand, mais pas entièrement car, dans ce qui reste de la Lotharingie, on parle flamand, ou français (en Lorraine, par exemple). De surcroît, certains États de l'empire, telle la Bohême, ne sont pas allemands.

Blanche-Neige, que nous avons appelée ici Blancheflor, a-t-elle existé ? Les frères Grimm ont repris de vieux contes germaniques, mais se sont aussi inspirés des récits historiques entendus dans les régions forestières où ils vivaient. Quoi qu'il en soit, selon les spécialistes, la véritable Blanche-Neige aurait pu vivre entre le Xe et le XVIIIe siècle, ce qui nous autorise à la situer au début du XIIIe. Quantité de régions allemandes ont été identifiées comme étant les lieux où l'histoire de Blanche-Neige aurait pu se dérouler, et nous avons jugé que le Harz convenait parfaitement avec ses forêts, ses mines d'argent... et ses sorcières, à Goslar.

L'Église a très tôt assimilé Walpurgis à sainte Walburge pour faire oublier Walpurga, une grande femme blonde, déesse de la Fertilité de la mythologie saxonne et nordique.

Sainte Walburge, religieuse anglaise, avait évangélisé les Germains à la fin du IXe siècle et était devenue abbesse de Heidenheim. Mais ces mêmes Germains honorant toujours Walpurga dans une grande fête orgiaque la nuit du 30 avril, similaire aux Lupercales où l'on sacrifiait un bouc, symbole de la luxure, l'Église condamna ces réjouissances comme des sabbats infernaux où le bouc était le démon.

Dès lors, la nuit de Walpurgis fut la nuit du sabbat et, durant plusieurs siècles, les sorcières, ou celles qui se prétendaient telles, se rendirent à Goslar pour atteindre le Brocken où se tenait la fête démoniaque.

Bibliographie

Assailly Octave d', *Les Chevaliers-poètes de l'Allemagne (Minnesinger)*, Didier et Cie, 1862

Blaze de Bury Henri, « La Thuringe, voyage à travers l'Allemagne du passé et du présent », *Revue des Deux Mondes*, 1866

Boutaric Edgard, *Organisation judiciaire du Languedoc au Moyen Âge*, Bibliothèque de l'École des chartes, 1855

Guilland Rodolphe, « La Noblesse byzantine », *Revue des études byzantines*, tome XXIV, 1966

Lacroix Paul, *Mœurs, Usages et Costumes au Moyen Âge et à l'époque de la Renaissance*, Librairie de Firmin Didot, 1877

Lartigaut Jean, « L'historien et les traditions locales, Quercy médiéval », *Bulletin de la Société des études du Lot*, tome CXIV, 1993

Le Bret Henri, *Histoire de Montauban*, volume I, Rethoré, 1841

Luchaire Achille, *Philippe Auguste et son temps, 1137-1226*, Tallandier, 1980

Parisse Michel (dir.), *De la Meuse à l'Oder : L'Allemagne au* XIII*e siècle*, Picard, 1994

Pfister Johann Christian, *Histoire d'Allemagne depuis les temps les plus reculés jusqu'à nos jours, d'après les sources*, volume IV, Janet et Cotelle, 1837

Polge Henri, « Des charrois traditionnels dans le Sud-Ouest de la France », *Annales du Midi*, tome LXXIX, 1967

Trautz Fritz, « Noblesse allemande et noblesse anglaise. Quelques points de comparaison », *Famille et Parenté dans l'Occident médiéval*, actes du colloque de Paris (6-8 juin 1974), École française de Rome, 1977

http://www.mairie-cahors.fr/cahors/publication/PDF/Autres/2017/chantiers_2016-pages-BD-V02.pdf

Pour ceux qui n'ont pas eu l'opportunité de se rendre au château de la Wartburg, il existe une visite panoramique :

https://www.wartburg.de/NR2/

Et un site pour Goslar et le Harz :

http://www.raymond-faure.com

Remerciements

Tous mes remerciements à Johann Glaser et à son épouse, de fidèles lecteurs qui ont corrigé mes maladresses en allemand et sur le Moyen Âge durant le Saint Empire.

Sans les pertinentes remarques et les talentueuses suggestions de Thierry Billard, mon éditeur aux Éditions Plon, ce livre aurait présenté bien des défauts.

Enfin, bien des bévues ont été évitées grâce aux relectures attentives de Lorène Gnat-Bécart.

Pour toutes les erreurs qui demeurent, j'en suis le seul responsable.

Vous pouvez joindre l'auteur :
aillon@laposte.net
http://www.grand-chatelet.net

Composition :
Soft Office (38)

Achevé d'imprimer par Rodesa Estella
en janvier 2020

N° d'editeur : 2059746
Dépôt légal : janvier 2020
Imprimé en Espagne